बुनियादी मसीही सच्चाईयाँ

वॉल्यूम 1

कार्ल सिल्वा

ISBN 979-8-89026-773-3

यह पुस्तक मेरे प्रथम दो पास्टरों के प्रति समर्पित हैं: जोसेफ स्वाइडर, एक अभिषिक्त बाइबल अध्यापक और मित्र

और

ग्लेन कैनन, सबसे अधिक मसीह-समानता वाले पुरुषो में से

एक जिनसे मैं कभी मिला हूँ।

मेरे जीवन में आपके आत्मिक निवेश को कभी भी नहीं भुलाया जा सकता है।

* * *

"यदि नेवें ढ़ा दी जाएं, तो धर्मी क्या कर सकता है?"

भजन 11:3

अनुक्रमणिका

आभार

हिंदी में यह पुस्तक "बुनियादी मसीही सच्चाईयाँ" - खंड # 1 कई लोगों की कड़ी मेहनत और समर्पित प्रयासों के कारण ही संभव हो पाया है।

हम एबेनेझर हाऊस की आयशा शेख के आभारी हैं जिन्होंने इस पुस्तक की सामग्री को अनुवाद कराने और प्रारूप तैयार करने में अहम भूमिका निभाई है।

साथ ही, हेमा रावत, सूरज कोली, क्षमा केस्कर और पास्टर अतुल हक्सर को भी विशेष धन्यवाद देते हैं जिन्होंने हिंदी अनुवादित सामग्री की समीक्षा और विश्लेषण करने में अपना भरपूर योगदान दिया है।

– धन्यवाद

प्रस्तावना

पास्टर कार्ल सिल्वा एक खास दोस्त, प्रभु यीशु के शिष्य, एक विश्वासयोग्य सेवक और भारत में एक कलीसिया स्थापित करने में परिपक्व व्यक्ति थे। वह इस पुस्तक में कुछ महत्वपूर्ण मुद्दों की चर्चा करते हैं, जैसे की हमें अच्छे समय में और "बुरे समय" में मसीह के साथ कैसे जीना और चलना है। जैसे उन्होंने 30 से अधिक वर्षों के लिए अपनी मण्डली और इसके द्वारा स्थापित हुए अन्य सेवकाई में कार्य किया, उन्होंने इसके विषय में दिखाया। अपने जीवन के अंतिम आठ वर्षों में, वह एक गंभीर बीमारी से जूझ रहे थे और ऐसे समय में भी उन्होंने लोगों को परमेश्वर और उसके कार्य के लिए गहरे प्रेम को दर्शाया। उनका जीवन वास्तव में उल्लेखनीय था! इस पुस्तक में उनके द्वारा बांटे गए सच्चाई का सबूत उनका जीवन है। इन्हें पढ़ें, इन्हें सीखें, और इन्हें बांटे ।

पास्टर थॉमस श्यालर

सीनियर पास्टर - ग्रेटर ग्रेस वर्ल्ड आउटरीच (जी.जी.डब्ल्यू.ओ), बाल्टीमोर, मेरीलैंड, यू.एस.ए

***

यह पुस्तक चट्टान जो कि यीशु मसीह है- उसके अनन्त वचन, रिश्ता रखनेवाला वचन, जीवित वचन, परमेश्वर के वचन पर आधारित है। "आदि में वचन था, और वचन परमेश्वर के साथ था, और वचन ईश्वर था" (यूहन्ना 1: 1)। पास्टर कार्ल सिल्वा ने परमेश्वर के वचन को परमेश्वर के व्यक्ति के रूप में पढ़ा, अध्ययन किया और इसके अनुसार जीवन बिताया। वे हमेशा के लिए बने रहेंगे!

पास्टर स्टीवन एस. शिबेली - मिशन निर्देशक

ग्रेटर ग्रेस वर्ल्ड आउटरीच (जी.जी.डब्ल्यू.ओ), बाल्टीमोर, मेरीलैंड, यू.एस.ए

***

यह पुस्तक हमारे विश्वास के आवश्यक सिद्धांतों को एक बहुत ही व्यावहारिक तरीके से कवर करती है। यह उन विश्वासियों के लिए मूलभूत है जो परमेश्वर के वचन की समझ को बढ़ाने और गहराई से कार्य करने के लिए उत्सुक हैं। इसका उपयोग मैरीलैंड बाइबिल कॉलेज और सेमिनरी में छात्रों द्वारा किया जा रहा है।

– फिलिप सेराडजी

युवा वयस्कों के निदेशक, ग्रेटर ग्रेस वर्ल्ड आउटरीच (जी.जी.डब्ल्यू.ओ)

अध्याय 1

बायबल परमेश्वर का वचन क्यों है और इसे कैसे साबित करें?

प्रत्येक मसीही के विश्वास में विकास का आरम्भिक स्थान बाइबल की प्रेरणा और अधिकार के बारे में दृढ़ विश्वास से होना चाहिए।

बाइबल स्वयं में ही इस बात की घोषणा करती है कि यह परमेश्वर के द्वारा प्रेरित वचन है।

> 2 तीमुथियुस 3:16 - "सम्पूर्ण पवित्रशास्त्र (यूनानी भाषा में 'ग्राफे' - जिसका अर्थ है परमेश्वर के द्वारा रचा गया) परमेश्वर की प्रेरणा से रचा गया है जो शिक्षा, सुधार, समझाने, धर्म की शिक्षा के लिए लाभप्रद है, ताकि परमेश्वर का जन परिपक्व बने, और हर एक भले काम के लिए तत्पर हो जाए।"

यह शब्द 'परमेश्वर की प्रेरणा' से का यूनानी में 'थिओप्रेपउसटास' (Theopneustos) है और शाब्दिक अर्थ 'परमेश्वर की सांस' है।

> 2 पतरस 1:21 - "हमें बताता है कि 'क्योंकि कोई भी भविष्यवाणी मनुष्य की इच्छा से कभी नहीं हुई, पर भक्त जन पवित्र आत्मा के द्वारा उभारे (शाब्दिकः ले जाकर) जाकर परमेश्वर की ओर से बोलते थे।"

3800 से भी अधिक बार, बाइबल "परमेश्वर ने कहा" या "प्रभु यों कहता है" क बारे में बताती है (उदाहरण के लिए: निर्गमन 14:1, 20:1, यिर्मयाह 1:11 इत्यादि)।

बाइबल की दैवीय प्रेरणा के बारे में स्वयं मसीह ने पुष्टि की

> मत्ती 4:4 में, यीशु स्वयं कहता है कि "मनुष्य केवल रोटी ही से नहीं परन्तु परमेश्वर के मुंह से निकलने वाले प्रत्येक वचन से जीवित रहेगा।"

> मत्ती 24:35 में यीशुघोषणा करता है कि, "स्वर्ग और पृथ्वी टल जाएंगे, परन्तु मेरे मुंह का वचन कभी नहीं टलेगा!"

हर एक मसीही को यह जानना क्यों आवश्यक है कि बाइबल परमेश्वर का वचन है?

- ✶ आपका उद्धार और अनंत का भाग्य बाइबल के सुसमाचार के संदेश की समझ पर निर्भर करता है।
- ✶ आपकी आत्मिक वृद्धि बाइबल के नियमों पर जीवन जीने पर निर्भर करती है।
- ✶ परमेश्वर के लिए गवाही देने के लिए आपकी सामथ्र्य परमेश्वर के वचन पर आपके विश्वास पर निर्भर करती है।

इसलिए आपको इस बात के लिए पूरी तरह से निश्चय होना चाहिए कि बाइबल परमेश्वर का वचन है।

यहां पर कई सारे कारण पाए जाते हैं कि विद्वान बाइबल को परमेश्वर का कभी न गलती करने वाला वचन मानते हैं। आइए मैं आपके सामने इनमें से चार कारणों को प्रस्तुत करना चाहता हूँ।

1. बाइबल को परमेश्वर का वचन बताया गया है क्योंकि इसके पीछे वैज्ञानिकयथार्थता पाई जाती है।

अब कृपया कर इस बात को स्मरण रखें कि परमेश्वर के भविष्यवक्ताओं ने बाइबल के वचनों को मात्र विज्ञान की पुस्तक के तौर पर नहीं लिखा था, परन्तु मानवजाति के लिए उसके उद्देश्य और संदेश को प्रस्तुत करती है। हालांकि, क्योंकि बाइबल परमेश्वर के द्वारा प्रेरित थी, हम इस बात को मान सकते हैं कि जब भी परमेश्वर ने अपनी सृष्टि और विज्ञान के बारे में बात करना चाहा, तो उसने उचित तरह से बात की।

आश्चर्यजनक तौर पर, जब हम बाइबल को पढ़ते हैं, तो हम कई ऐसी आधुनिक वैज्ञानिक खोजों को पाते हैं जिन्हें लिखने के सैंकड़ों सालों के बाद, वैज्ञानिकों के द्वारा खोजा गया था। हम उनमें से केवल कुछ उदाहरणों को देखेंगे।

1. भौतिक विज्ञान

पृथ्वी को अंतरिक्ष में रखा गया है - यह तथ्य जो लगभग 3500 साल पहले से ही वचनों में लिखा गया था।

> अय्यूब 26:7 - में लिखा है कि "परमेश्वर बिना टेक पृथ्वी को लटकाए रखता है।"

सबसे बुनियादी आधुनिक वैज्ञानिक तथ्यों में से एक यह है कि आप और हम इस सत्य को आज जानते हैं कि पृथ्वी को अंतरिक्ष में रखा गया है। पृथ्वी को अंतरिक्ष में रखे जाने के पीछे का तथ्य गुरुत्वाकर्षण और गति के नियमों पर आधारित है जिसकी खोज सर आइज़क न्यूटन ने लगभग सन् 1700 में की थी। न्यूटन परमेश्वर से प्रेम करते थे और विश्वास करते थे कि परमेश्वर का वचन बाइबल ही है। उन्होंने एक बार लिखाथा, "मैं परमेश्वर के वचन बाइबल पर आधारीय विश्वास करता हूँ, जिसे प्रेरणा पाए हुए लोगों के द्वारा लिखा गया था। मैं प्रतिदिन बाइबल का अध्ययन करता हूँ।"

हालांकि प्राचीन संस्कृति को हमेशा से इसके बारे में पता नहीं था।

- प्राचीन मिस्री पृथ्वी को खंभों के द्वारा टिका हुआ मानते थे।
- प्राचीन यूनानी विश्वास करते थे कि पृथ्वी एक विशाल एटलस दैत्य की पीठ पर लदी हुई है।
- प्राचीन हिन्दुओं का विश्वास कुछ और ही बेतुका सा था - कि पृथ्वी विशाल हाथियों की पीठ पर रखी हुई है और जब हाथी पैरों को ज़मीन पर ज़ोर से पटकते हैं तो इसके कारण भूकम्प होता है।

यह उन प्राचीन दिनों का विज्ञान था!! हालांकि, जब आप और मैं बाइबल उठाते है तो हमे इस प्रकार की कथाएँ नहीं मिलती। इसके बजाय, हम अय्यूब 26:7 को पढ़ने के द्वारा आश्चर्य में पड़ जाते हैं कि "वह (परमेश्वर) उत्तर दिशा को निराधार फैलाए रहता है, और बिना टेक पृथ्वी को लटकाए रखता है।"अय्यूब कैसे जान सकता था कि पृथ्वी अंतरिक्ष में रखी गई है? अय्यूब केवल परमेश्वर की पवित्र आत्मा की प्रेरणा के द्वारा ही यह जान सकता था। 2 तीमुथियुस 3:16 कहता है कि "सम्पूर्ण पवित्र शास्त्र परमेश्वर की प्रेरणा से लिखा गया है।"

पृथ्वी गोल है न कि चपटी - इस तथ्य को 2400 साल पहले लिखा गया था।

> यशायाह 40:22 में लिखता है कि "परमेश्वर पृथ्वी के घेरे के ऊपर विराजमान है।"

आज हम सब यही मानते हैं कि पृथ्वी गोल है। क्या हम इसे प्राकृतिक अवलोकन से जान सकते हैं? नहीं,

यह कदापि हो ही नहीं सकता। यदि आप स्वभाविक तौर पर किसी समुद्र के किनारे खड़े हों और समुद्र की ओर देखें तो पृथ्वी चपटी ही दिखाई देगी।

कई सदियों तक, यहां तक कि सन् 1492 तक, जब प्रसिद्ध खोजकर्ता क्रिस्टोफर कोलम्बस ने कई समुद्रों को पार किया एवं नई भूमि की खोज की, लोगों ने सोचा कि पृथ्वी चपटी है और इसका कहीं न कहीं अंत होगा। वास्तव में उन्होंने कोलम्बस को चेतावनी भी दी कि "कोलम्बस तुम्हें सावधान रहने की आवश्यकता है; तुम कहीं पृथ्वी के छोर से बह कर न चले जाओ।" फिर भी यशायहा 750 ईसापूर्व में कहता है कि, "परमेश्वर पृथ्वी के घेरे के ऊपर विराजमान है।" यहां पर इब्रानी भाषा में "घेरे" का अर्थ "च्वग (chuwg)" ह जिसका अर्थ 'गोलक या वृत्त' का अर्थ है। अय्यूब कैसे जानता था कि परमेश्वर ने पृथ्वी को अंतरिक्ष में रखा है?

यशायाह किस प्रकार से 750 साल पहले जानता था कि पृथ्वी एक गोलक थी? 2 पतरस 1:21 कहता है कि "क्योंकि कोई भी भविष्यवाणी मनुष्य की इच्छा से कभी नहीं हुई, पर भक्त जन पवित्र आत्मा के द्वारा उभारे जाकर परमेश्वर की ओर से बोलते थे।"

2. खगोल विज्ञान

> यिर्मयाह 33:22 लिखता है कि "आकाश की सेना की गिनती और समुद्र की बालू के किनकों का परिमाण नहीं हो सकता है।"

इस बात को परमेश्वर के भविष्यवक्ता यिर्मयाह ने यिर्मयाह 33:22 की पुस्तक लगभग 2200 साल पहले लिखा था। क्योंकि कई सदियों से तारों की गिनती करने का प्रयास किया जाता रहा है।

★ लगभग 150 ईसापूर्व, एक हिप्पार्कस नामक व्यक्ति ने अपनी नग्न आंखों से तारों को गिनने की कोशिश की थी। उसने उन्हें कई सप्ताहों और महिनों तक गिना जब तक कि उसकी आंखों की रोशनी कम नहीं पड़ गई। उसने यह

निष्कर्ष निकाला कि लगभग 1022 तारे हैं और उनकी एक सारणी बना दी। यह उसके समय की विज्ञान बन गई थी!

* लगभग 250 साल के बाद एक औरटालोमी नामक व्यक्ति ने सितारों को गिनना आरम्भ किया और कहा कि 'क्या हिप्पार्कस ने कहा था कि 1022 तारे हैं? क्या ही बेहुदा बात है! यहां पर वास्तव में 1056 तारे हैं।' उसकी गिनती ने विज्ञान को कुछ समय के लिए उन्नत कर दिया था।
* लगभग 1300 साल के बाद, एक चिकित्सा के क्षेत्र के एक गैलीलियों नामक विद्यार्थी ने पहली क्रूड दूरबीन की खोज की। उसने उस दूरबीन को आकाश की ओर लगाया और नग्न आंखों से परे देखे जाने वाले तारों को देखा। वहां पर तारे और भी अधिक तारे - सैंकड़ों और हज़ारों और लाखों और करोड़ों तारे थे और उनकी गिनती इसी प्रकार बढ़ती जाती है! किसी भी मूर्ख ने दोबारा तारों की गिनती करने का फिर कभी विचार नहीं किया।

केवल आज की आधुनिक वैज्ञानिकों ने पाया है कि पृथ्वी के समुद्र के किनारे पाई जाने वाली बालू से कहीं अधिक सितारे पाए जाते हैं। फिर भी यिर्मयाह, यिर्मयाह 33:22 में 2200 साल पहले कहता है कि "आकाश की सेना की गिनती और समुद्र की बालू के किनकों का परिमाण नहीं हो सकता है।"

वास्तव में मनुष्य विज्ञान के माध्यम से मात्र उन चीज़ों की खोज कर रहा है जिसे सर्वज्ञानी ने पहले से ही बना दिया है। विज्ञान, बाइबल के प्रकाशन की ही खोज करता जा रहा है।

3. रक्त विज्ञान

मानव शरीर में रक्त जीवन को लेकर बहता है - यह एक तथ्य है, जिसे मूसा के द्वारा 3000वर्ष पूर्व लिखा था।

> लैव्यव्यवस्था 17:11 में, मूसा लिखता है कि "क्योंकि शरीर का प्राण लहू में रहता है।"

मैं और आप, आज इसे स्वीकार करते हैं कि हमारे शरीर में लहू बहता है और इसे 'जीवन की लाल नदी' कहते हैं। हालांकि इसे सन् 1628 ईसवीं तक नहीं पता था कि खून हमारे शरीर में बहता है जब इसकी खोज एक मसीही मेडीकल डाक्टर विलियम हार्वे ने नहीं खोजा।

खून मनोहर परिष्कृत द्रव्य होता है, जिसे एक वास्तविक जीवन की नदी कहते हैं!

1. यह कोशिकाओं के लिए ईंधन लेकर बहता है।
2. यह ईंधन जलाने के लिए प्रायवायु को लेकर बहता है।
3. यह हमेशा अपशिष्ट लेकर बहता है तथा बीमारी से लड़ता है।
4. यह शरीर के तापमान को स्थिर बनाए रखता है।

हालांकि ये सब हाल ही का विज्ञान है। "प्राचीन दिनों" म जब कोई बीमार होता था, तो अक्सर यह कहा जाता था कि "इसका खून खराब है।"लोगों ने सोचा कि उन्हें कुछ गंदा खून निकालने की आवश्यकता है, इसलिए उन्होंने इस खून को बहाया। क्या आप सोच सकते हैं कि कोई व्यक्ति बीमार हो और उसका खून बहाया जाए? कभी-कभी वे जोंक को उनका खून निकालने के लिए इस्तेमाल में लाते थे। जब जार्ज वाशिंगटन, संयुक्त राज्य के राष्ट्रपति बीमार हुए तो चिकित्सकों ने उसका खून निकाला, और खून निकाले रहे। उन्होंने वास्तव में उनके मौत के समय तक खून बहाया। ओह! तब से लेकर अब तक नेता उस हिसाब को बराबर करने के लिए आज तक हमारा खून बहा रहे हैं! वास्तव में आज, हम एक बीमार व्यक्ति को रक्त का आदान प्रदान करते हैं।

आज से 3000 साल पहले मूसा के द्वारा बाइबल ने लैव्यव्यवस्था 17:14 में बताया था कि "क्योंकि शरीर का प्राण जो है वह उसका लहू ही है जो उसके प्राण के साथ एक है।" मूसा को लहूके जीवन देने वाले गुण का कैसे पता था? सच्चाई यह है कि, सम्पूर्ण पवित्र शास्त्र परमेश्वर की प्रेरणा से रचा गया है। बाइबल की चिकित्सा विज्ञान वास्तव में बहुत ही अद्‌भुत है!

डा. एस. आई. मैक मिलन ने अपनी रोचक पुस्तक 'नन आफ दीज़ डिसीज़ज़' में बताया है कि पुरात्तवविदों ने मूसा के समय की लगभग 1500 ईसापूर्व की एक मेडीकल की 'एबर्स पेपिरस' नामक पुस्तक को खोजा है। मिस्र के लोग चतुर और कुशल होते थे फिर भी उनके विचार कुछ मूर्खता पूर्ण भी थे। यहां पर कुछ मिस्त्रियों के चिकित्सा विज्ञान की पुस्तक की सलाह प्रदान की गई है।

- बालों को सफेद होने से बचाने के लिए - इनकी काली बिल्ली के खून के साथ मालिष करनी चाहिए।
- बालों को गिरने से बचाने के लिए - छः जानवारों अर्थात् घोड़ा, दरियाई घोड़ा, मगरमच्छ, बिल्ली, सांप और मेढ़ा की चरबी से मालिष करनी चाहिए।
- यदि आप को कोई घाव होता है - तो कीड़े के खून या गधे के गोबर को लगाएं।

क्या आप कल्पना कर सकते हैं कि कितने टिटनस के जीवाणु एक गधे के गोबर में हो सकते हैं?

हालांकि मूसा ने मिस्र के सम्पूर्ण ज्ञान का अध्ययन किया था (प्रेरितों के काम 7:22) और हो सकता है कि

'एबर्स पेपिरस' में लिखी सभी बकवासों को भी सीखा होगा, फिर भी मुझे खुशी है कि जब भी मैं बाइबल को खोलता हूँ तो इस प्रकार के बेतुके उपचार मुझे नहीं मिलते हैं।

4. लैव्यव्यवस्था में पाए जाने वाली दवाइयां, सार्वजनिक स्वास्थ्य और संगरोधन

> निर्गमन 15:26 में परमेश्वर मूसा से कहता है कि "यदि तू अपने परमेश्वर यहोवा का वचन तन मन से सुने, तो जितने रोग मैं ने मिस्रियों पर भेजे हैं, उनमें से एक भी तुझ पर न भेजूंगा"

इसके बाद परमेश्वर ने मूसा को स्वच्छता, संगरोधन एवं रोगाणुनाशन के विस्तृत निर्देश प्रदान किए - इन सभी नियमों को 3000 साल पहले, आधुनिक विज्ञान ने खोज निकालने से पहले दिया।

- ✶ उदाहरण के लिए लैव्यव्यवस्था 15:13 हमें रोगाणुनाशन के नियमों को देता है और कहता है कि "इस्राएली लोग अपने हाथों को किसी ठहरे हुए पानी के बर्तन या ठहरे हुए पानी के कुंड में नधोएं बल्कि बहते हुए पानी में धोएं।" बाइबल की इस आयत से, सन् 1840 ईसवीं, विएना केएक मसीही डाक्टर ने किसी गर्भवती मरीज़ों को देखने से पहले कर्मचारियों को बहते हुए पानी से हाथ धोने के लिए अभ्यास आरम्भ किया था। इस समय से पहले तक संक्रमण के कारण बहुत अधिक प्रतिशत में माताओं की मृत्यु हो रही थी।
- ✶ लैव्यव्यवस्था 13:46 में, परमेश्वर मूसा को संगरोधन के नियम के बारे में बताता है। 14वीं सदी के दौरान यूरोप में, 'काली महामारी' नामक बीमारी थी। चार लोगों में से एक व्यक्ति की इस बीमारी के कारण मृत्यु होती थी! लोगों को नहीं पता था कि क्या करना चाहिए। सम्पूर्ण यूरोप भर में खलबली मची हुई थी। वे इस पर नियंत्रण नहीं रख पा रहे थे। इस बीमारी या प्लेग का अंततः किस प्रकार से अंत हुआ? बाइबल के द्वारा!

एक दिन, एक युवा बाइबल पढ़ रहा था, वह लैव्यव्यवस्था 13:46 आयत पर पहुंचा; जहां पर परमेश्वर मूसा को संगरोधन के नियम के बारे में बता रहा था। लैव्यव्यवस्था 13:46 कहता है कि "यदि किसी में कोई व्याधि हो, तो उसे बीमार या अशुद्ध ठहराया जाएगा और उसे छावनी से बाहर अकेले रहने को छोड़ा जाएगा जब तक कि वह पूरी तरह से चंगा न हो जाए।" इसलिए यह युवा व्यक्ति गया और उस शहर के अगुवों को बताता है। वे उससे पूछते हैं कि "तुम्हें इसका विचार कहां से आया?"उसने कहा, "इसी बात को परमेश्वर ने मूसा से 3000 साल पहले कहा था।"उन्होंने भी वही कार्य किया और वह बीमारी बढ़नी रूक गई और इस काली महामारी प्लेग से यूरोप को बचा लिया गया!

बाइबल को परमेश्वर का प्रेरित वचन कहा गया है क्योंकि इसमें वैज्ञानिक सटीकता पाई जाती है। एक सामान्य नियम के तौर पर, आज के समय में ऐसा माना जाता है कि यदि आप एक वैज्ञानिक हैं, तो आप बाइबल में विश्वास नहीं कर सकते हैं। परमेश्वर के वचन पर लगभग प्रत्येक स्कूल, कालेज और विश्वविद्यालयों में विज्ञान के नाम पर संपूर्ण संसार भर में आक्रमण किया गया है। फिर भी जब कोई भी विज्ञान के इतिहास के बारे में अध्ययन करता है, तो वह आश्चर्य करता है कि अधिकांश आधुनिक विज्ञान के "पिता"न केवल महान वैज्ञानिक थे, परन्तु वे पूरी तरह से परमेश्वर के वचन पर भी विश्वास करते थे। उन आश्चर्यजनक वैज्ञानिकों की सूची पर गौर करें जिन्होंने बाइबल पर परमेश्वर का दैवीय प्रेरित वचन के तौर पर विश्वास किया।

योहान्स केप्लर	1571-1630	ईसवीं - खगोल विज्ञान के क्षेत्र में प्रसिद्ध वैज्ञानिक
सर आइज़क न्यूटन	1642-1727	ईसवीं - गुरुत्वाकर्षण, गति और गणना के नियम के अन्वेशक
सर माइकल फैराडे	1791 - 1867	ईसवीं - इलैक्ट्रो मैग्नेटिज्म (विद्युत चुंबकत्व) के अन्वेशक
जेम्स जूल	1818 - 1889	ईसवीं - भौतिकी और ऊर्जा के नियमों के क्षेत्र के प्रमुख वैज्ञानिक
लार्ड कैल्विन	1818 - 1889	ईसवीं - थर्मोडैनामिक्स (ऊश्मप्रवैगिकी) के क्षेत्र में प्रमुख वैज्ञानिक
लूई पाश्चर	1822-1859	ईसवीं – माइक्रोबायोलाजी (सूक्ष्म जीव विज्ञान), बैक्टीरियोलाजी

(जीवाणु विज्ञान) और वैक्सीनेशन (टीकाकरण) के अन्वेषक

चार्ल्स बैबेज	1792-1871	ईसवीं - कम्प्यूटर विज्ञान के क्षेत्र में अन्वेशक
जोसफ लिस्टर	1827 - 1912	ईसवीं - स्टेरेलाइज़ेशन (जीवाणु-नाशन) और एंटीसेप्टिकस (रोगाणु रोधक) के क्षेत्र में अन्वेषक

इन सब के अलावा, कई अन्य सैंकड़ों वैज्ञानिक हैं जिन्होंने आधुनिक विज्ञान के आंदोलन को आरम्भ किया, वे बाइबल पर विश्वास करते थे और कलीसिया में जाया करते थे। यहां तक कि माइकल फैराडे अपनी कलीसिया के सहायक पास्टर थे!

हमने बाइबल में पाए जाने वाले अन्य कई चिकित्सा और वैज्ञानिक सच्चाईयों को भी सतही स्तर पर देखा है। वास्तव में विज्ञान बाइबल की बातों को ही पकड़ रहा है! विज्ञान में लगातार परिवर्तन और इसके 'सिद्धांतों' को छोड़ा जा रहा है। परन्तु बाइबल - कभी नहीं बदलती है!

2. बाइबल को परमेश्वर का वचन बताया गया है क्योंकि इसकी एकता अद्भुत है

उत्पत्ति से लेकर प्रकाशितवाक्य बाइबल में 66 पुस्तकें पाई जाती हैं जिनमें से 39 पुराने नियम में हैं तथा 27 नए नियम की पुस्तके हैं। एक बार फिर से सुनें कि परमेश्वर कैसे कहता है कि उसने इसे लिखा है।

> 2 पतरस 1:21 हमें बताता है कि परमेश्वर ही बाइबल का मुख्य लेखक और संपादक है। उसने अपने चुने हुए भविष्यवक्ताओं जैसे कि मूसा, यशायाह, यिर्मयाह, दाऊद, दानिय्येल और प्रेरितों को प्रेरित किया, ताकि वे पवित्र आत्मा से मार्गदर्शन पाकर प्रत्येक पुस्तक को लिख सकें। इन अद्भुत तथ्यों को सुनिएः

- बाइबल लगभग 40 भिन्न-भिन्न लेखकों के माध्यम से लिखी गई थी।
- ये लोग लगभग 1600 सालों में विभिन्न समयों में रहे हैं।
- ये लोग लगभग 13 भिन्न देशों में 3 अलग-अलग महाद्वीपों जैसे कि यूरोप, एशिया और अफ्रीका में रहे थे और इनमें से कई तो एक दूसरे को जानते तक नहीं थे।
- उन्होंने इसे 3 भिन्न-भिन्न भाषाओं में लिखाः इब्रानी, यूनानी और आरामी।
- ये लोग भिन्न-भिन्न पृष्ठभूमि से थेः कुछ चरवाहे, राजा, सैनिक, मछुआरे, विद्धान और इतिहासकार रहे।

जब आप इन सभी 66 पुस्तकों को एक साथ रखते हैं, तो वे सब मिलकर एक पुस्तक की रचना करती हैं, जिन सब में एक ही कहानी पाई जाती है, उत्पत्ति से आरम्भ होकर प्रकाशितवाक्य की ओर जाती है।

- ★ बाइबल में एक मुख्य विषय पाया जाता है - परमेश्वर की उद्धार की योजना
- ★ बाइबल में एक मुख्य नायक पाया जाता है - प्रभु यीशु मसीह
- ★ बाइबल में एक ही खलनायक पाया जाता है - शैतान
- ★ बाइबल का एक ही सामान्य उद्देश्य है - परमेश्वर की महिमा!

कल्पना कीजिए कि 1600 वर्षों के समय काल में 40 भिन्न-भिन्न लेखकों को लेना, जिनके भिन्न-भिन्न देश हैं और प्रत्येक को लिखने के लिए कहना, एक दूसरे से स्वतंत्र होकर, बिना देखे कि किसी ने क्या लिखा है। आपको क्या प्राप्त होगा? लेखों की खिचड़ी जिसमें अधिकांश लेखक एक दूसरे के पूरक होने के बजाय विरोधाभास प्रगट करेंगे।

फिर भी जब परमेश्वर ने जीवन के प्रत्येक क्षेत्र से 40 भिन्न-भिन्न लेखकों को उपयोग में लाया और उनके लेखों को एकत्रित किया, यह परमेश्वर के सत्य के एक खूबसूरत भवन की रचना करता है। प्रत्येक लेखक ने इस प्रकार से लिखा कि यह कई सदियों पहले किसी अन्य लेखक के द्वारा लिखे गए लेख से पूरी तरह से मिल गया और पूरक हुआ। क्या यह सब दुर्घटना वश हो सकता है? नहीं! बाइबल की एकता परमेश्वर के वचन की प्रेरणा के शानदार प्रमाणों में से एक है।

3. बाइबल परमेश्वर का वचन इसलिए है क्योंकि भविष्यवाणियां पूर्ण हुई है।

डा. ग्रांट जैफरी ने 'दी सिग्नेचर आफ गाड' (The signature of God) नामक एक पुस्तक लिखी है, जिसमें वे कहते हैं किः 'परमेश्वर यह किस प्रकार से सिद्ध कर सकता है कि बाइबल, अन्य दार्शनिको के द्वारा लिखित अन्य धार्मिक पुस्तकों की तुलना में किस प्रकार से उसके स्वयं का सत्य और मानवजाति को दिया गया वैध प्रकाशन है? उसने यह किया है, अपने ही दावों के अनुसार, भविष्यवाणियों को कहने और बाद में उसे पूरा करने के द्वारा ही किया है!!'

परमेश्वर के अलावा और कोई भी भविष्य में होने वाली बातों को विस्तार से बता नहीं सकता है। भविष्य के बारे में न ही शैतान और न ही उसके अन्य दुश्टात्माएं बता सकती

हैं। फिर भी 2500 साल पहले, भविष्यवक्ता यशायाह ने सीधे सर्वशक्तिमान परमेश्वर से इन वचनों को प्राप्त कर लिखा था:

"प्राचीनकाल की बातें स्मरण करो जो आरम्भ ही से हैं, क्योंकि मैं ही परमेश्वर ह, और मेरे तुल्य कोई नहीं। मैं ही परमेश्वर ह, और मेरे तुल्य कोई नहीं है। मैं अन्त की बात आदि से और जो बातें अब तक नहीं हुईं उन्हें प्राचीनकाल से बताता आया हूँ। मैं कहता हूँ कि मेरी योजना स्थिर रहेगी और मैं अपनी भली इच्छा पूरी करूंगा' (यशायाह 46:9, 10)।

* बाइबल में 8352 आयतों के 737 अलग-अलग विशयों से संबंधित 1817 भविष्यवाणियां पाई जाती हैं। इन सभी भविष्यवाणियों में सम्पूर्ण वचन में पाई जाने वाली 31,124 आयतों का 27 प्रतिशत होता है।
* इसका अर्थ है कि सम्पूर्ण बाइबल का 1/4 भाग भविष्यवाणियां थी जब इसको लिखा गया था!

पिछले 2000 सालों में असंख्य बाइबल विद्धानों ने बाइबल की कई भविष्यवाणियों को खोज लिया है और इनके सटीक तथा विस्तृत सम्पूर्ण होने पर आश्चर्य भी किया। यह परमेश्वर के अस्तित्व एवं बाइबल उसका वचन होने का एक और अटूट प्रमाण है।

इस तथ्य के बावजूद भी कि संसार असंख्य धार्मिक लेखकों के द्वारा लिखे गए आत्मिक लेखों से भरा पड़ा है, इन सभी आत्मिक साहित्य के लेखों का गहराई से परीक्षण करने पर यह प्रकट होता है कि इनमें से किसी भी लेखों में पूरी हुई भविष्यवाणियों का विस्तृत विवरण नहीं पाया जाता है। इसका कारण बहुत ही सरल है - भविष्य को सटीकता से सच्चे परमेश्वर के अलावा और कोई नहीं जान सकता है, और जिन धार्मिक दार्शनिकों ने अन्य लेखों को लिखा है वे भविष्यवाणियों के विस्तृत अभिलेख न लिखने से बचने के लिए काफी बुद्धिमान थे, जिससे तुरंत ही साबित होता है कि उनके लेखक भी गलत थे!!

यूनानी, रोमी और अन्य मध्य पूर्वी संस्कृतियों के उत्कृष्ट और धार्मिक साहित्य में भविष्य में होने वाली घटनाओं, लोगों और प्रचलन के बारे में कोई भी विशिष्ट, विस्तृत भविष्यवाणियां नहीं थीं। इसी प्रकार से बुद्ध, मुहम्मद या अन्य किसी धार्मिक अगुवों के आगमन के बारे में भी कोई भविष्यवाणियां नहीं थीं। हालांकि, बाइबल में यीशु नासरी (हमारे प्रभु और उद्धारकर्ता) के जन्म, जीवन, सेवकाई, मृत्यु और पुनरुत्थान से संबंधित

333 भविष्यवाणियां पाई जाती हैं। बहरहाल, इन 333 बाइबल की भविष्यवाणियों को मसीह के बैतलेहम में जन्म लेने से सैंकड़ों वर्ष पूर्व कहा और लिखा गया था।

यीशु के बारे में कहीं गई 333 भविष्यवाणियों में से 17 के बारे में मुझे बताने दें:

1. मसीह के जन्म का स्थान बैतलहम होगा (मीका 5:2), (जिसके बारे में लगभग 500 ईसापूर्व भविष्यवाणी की गई थी और यह मत्ती 2:1 में पूरी हुई थी।)
2. मसीह के पहले जंगल में एक संदेशवाहक भेजा जाएगा (यशायाह 40:3), (जिसकी भविष्यवाणी लगभग 700 ईसापूर्व की गई थी और यह मत्ती 3:1, 2 में पूर्ण हुई)।
3. मसीह यरूशलेम में एक गधी के बच्चे पर सवार होकर प्रवेश करेगा (ज़कर्याह 9:9), (जिसकी भविष्यवाणी लगभग 500 ईसापूर्व की गई थी और यह लूका 19:35-37 में पूर्ण हुई)।
4. मसीह को उसके मित्र के द्वारा धोखा दिया जाएगा (भजन संहिता 41:9) (जिसकी भविष्यवाणी लगभग 1500 ईसापूर्व की गई थी और यह मत्ती 26:47, 48 में यहूदा के द्वारा में पूर्ण हुई)।
5. मसीह को 30 चांदी के सिक्कों के लिए धोखा दिया जाएगा (ज़कर्याह 11:12) (जिसकी भविष्यवाणी लगभग 500 ईसापूर्व की गई थी और यह मत्ती 26:5 में पूर्ण हुई)।
6. मसीह को पकड़वाने वाले पैसों को मंदिर में फेंक दिया जाएगा और इसका उपयोग एक कुम्हार का खेत खरीदने के लिए किया जाएगा। (ज़कर्याह 11:13) (जिसकी भविष्यवाणी लगभग 500 ईसापूर्व की गई थी और यह मत्ती 27:5, 6 में पूर्ण हुई)।
7. मसीह अपने आरोप लगाने वालों के सामने खामोश खड़ा रहेगा (यशायाह 53:7) (जिसकी भविष्यवाणी लगभग 700 ईसापूर्व की गई थी और यह मत्ती 27:12-14 में पूर्ण हुई)।
8. मसीह अपने शत्रुओं के द्वारा कोड़ों से पीटा जाएगा (यशायाह 53:5) (जिसकी भविष्यवाणी लगभग 700 ईसापूर्व की गई थी और यह मत्ती 27:26 में पूर्ण हुई)।
9. मसीह पर थूका और उसे पीटा जाएगा (यशायाह 50:6) (जिसकी भविष्यवाणी लगभग 700 ईसापूर्व की गई थी और यह मत्ती 26:67 में पूर्ण हुई)।

10. मसीह के हाथों और पैरों को छेदा जाएगा (भजन संहिता 22:16) (जिसकी भविष्यवाणी लगभग 1500
11. ईसापूर्व की गई थी और यह लूका 23:33 में पूर्ण हुई)।
12. मसीह को चोरों के साथ क्रूस पर लटकाया जाएगा (यशायाह 53:12), (जिसकी भविष्यवाणी लगभग 700 ईसापूर्व की गई थी और यह मत्ती 27:38 में पूर्ण हुई)।
13. मसीह के कपड़ों के लिए जुआ खेला जाएगा (भजन संहिता 22:18), (जिसकी भविष्यवाणी लगभग 1500 ईसापूर्व की गई थी और यह यूहन्ना 19:23-24 में पूर्ण हुई)।
14. मसीह के बगल को छेदा जाएगा (ज़कर्याह 12:10), (जिसकी भविष्यवाणी लगभग 500 ईसापूर्व की गई थी और यह यूहन्ना 19:34 में पूर्ण हुई)।
15. मसीह - उसकी कोई भी हड्डी नहीं तोड़ी जाएगी (भजन संहिता 34:20), (जिसकी भविष्यवाणी लगभग 1500 ईसापूर्व की गई थी और यह यूहन्ना 19:33 में पूर्ण हुई)।
16. मसीह की मृत्यु के बाद पृथ्वी पर अंधेरा छा जाएगा (आमोस 8:9), (जिसकी भविष्यवाणी
17. लगभग 500 ईसापूर्व की गई थी और यह मत्ती 27:45 में पूर्ण हुई)।
18. मसीह की देह को एक अमीर व्यक्ति की कब्र में रखा जाएगा (यशायाह 53:9), (जिसकी भविष्यवाणी लगभग 700 ईसापूर्व की गई थी और यह मत्ती 27:57-60 में पूर्ण हुई)।
19. मसीह की देह सड़ेगी नहीं (भजन संहिता 16:10), (जिसकी भविष्यवाणी लगभग 1500 ईसापूर्व की गई थी और यह प्रेरितों के काम 2:31 में पूर्ण हुई)।

जब हम इन मात्र सत्रह मसीहा से संबंधित मुख्य भविष्यवाणियों पर ध्यान करते हैं तो इन भविष्यवाणियों को संयोग से किसी एक व्यक्ति के द्वारा पूरा करने का अंतर खगोलीय - 480 अरब गुणा 1 अरब गुणा 1 खरब वर्ष में एक बार होगा।

> 2 पतरस 1:19 कहता है कि भविष्यवाणी का एक वचन किसी गवाह के वर्णन करने से अधिक सटीक होता है।

4. बाइबल को परमेश्वर का वचन कहा गया है क्योंकि इसमें जीवन परिवर्तित करने की सामर्थ्य होती है।

महान प्रेरित पौलुस ने रोमियों 1:16 में कहा है कि -

"मैं सुसमाचार से लज्जित नहीं होता, क्योंकि यह प्रत्येक विश्वास करने वाले के लिए परमेश्वर की सामर्थ्य है।"

> 1 थिस्सलुनीकियों 2:13 में पौलुस कहता है -

"इस कारण हम भी सर्वदा परमेश्वर का धन्यवाद करते हैं कि जब हमारे द्वारा तुम्हें परमेश्वर के वचन का संदेश मिला (उद्धार के संबंध में), तो तुमने उसे (मात्र) मनुष्यों का नहीं, परन्तु परमेश्वर का वचन समझ कर ग्रहण किया - सचमुच वह है भी - जो तुम विश्वासियों में अपना कार्य भी करता है (विश्वास के अनुसार उसकी निहित, अलौकिक शक्ति का अभ्यास करते हैं)।" एम्पलीफाइड

> इब्रानियों 4:12 कहता है कि "क्योंकि परमेश्वर का वचन जीवित, प्रबल और किसी भी दोधारी तलवार से तेज़ है।"

जीवित के लिए यूनानी शब्द 'जोए' (Zoe) है और इसका अर्थ जीवन देने वाला होता है। प्रबल के लिए यूनानी शब्द 'एनरजिस' (Energes) है और इसका अर्थ ऊर्जा देने वाला होता है।

बाइबल में जीवन और ऊर्जा पाई जाती है। हमने अन्य पुस्तकों को भी पढ़ा है, परन्तु यह पुस्तक हमें पढ़ती है। यह बहुत ही आश्चर्यजनक है! यह पापियों को बचाने के लिए है। मैंने इस पुस्तक को लोगों को मसीह के पास तक लाने के लिए इस्तेमाल किया है और मैंने बहुत से जीवनों को परिवर्तित होते हुए देखा है।

संसार के प्रसिद्ध सुसमाचार प्रचारक बिली ग्राहम ने एक युवा के रूप में अपनी सेवकाई का आरम्भ किया था और अक्सर प्रचार करते समय वे कहते थे कि 'बाइबल कहती है... बाइबल कहती है।' सन् 1954 में, वे लंदन में ग्रेट हारिंग्वे क्षेत्र में प्रचार करने के लिए गए। वहां पर बहुत भारी भीड़ थी, जिसमें कई सारे पत्रकार भी शामिल थे। दो लोग महान अमेरिकन सुसमाचार प्रचारक को देखने के लिए आते हैं, जो स्टैंड में बैठे हुए बिली ग्राहम के बारे में चर्चा कर रहे थे। उनमें से एक मेडीकल डॉक्टर था। वे लगभग

सभी बातों में गलतियां ढूंढ रहे थे। फिर भी जब बिली ग्राहम प्रचार करना आरम्भ करते हैं और बाइबल से एक आयत के बाद दूसरी आयत को बोलना आरम्भ करते हैं तो परमेश्वर का वचन तलवार की भांति उन लोगों को काटने लगता है। परमेश्वर कहता है, 'क्या मेरा वचन आग के समान नहीं है?... और हथोड़े के समान नहीं कि वह चट्टानों को टुकड़े-टुकड़े कर डाले?' (यिर्मयाह 23:29)।

वह हथौड़ा उन पर गिरता और उस स्थान पर एकत्रित लोगों को महसूस हुआ। जब बिली ग्राहम ने मसीह को ग्रहण करने के लिए लोगों को आगे आने को आमंत्रित किया, तो पहले बिली ग्राहम के बारे में बुरा-बुरा बोलने वाला मेडीकल डॉक्टर अपने बगल में बैठे व्यक्ति से कहता है, 'मैं तुम्हारे बारे में नहीं जानता, परन्तु मैं अपना जीवन और हृदय मसीह को देने जा रहा हूँ।' और उसके बगल में बैठे हुए व्यक्ति ने कहा, 'हां, और मैं भी तुम्हारे साथ चलूंगा, और यह तुम्हारा बटुआ है। वास्तव में, मैं एक जेब कतरा हूँ परन्तु मैं अब वैसा नहीं रहूँगा!'

थोड़ी देर में बिली ग्राहम ने कहा, 'मैं हमेशा देखता हूँ कि प्रचार करते समय जब भी मैं परमेश्वर के वचन का उपयोग करता हूँ तो यह जीवनों को बदल देता है और जब मैं इसे पवित्र आत्मा की सामर्थ्य के साथ कहता हूँ तो यह मेरे सामने प्रत्येक व्यक्ति को बाध्य कर देता है।'

अब अंत में, मैं यह कहना चाहता हूँ कि परमेश्वर के वचन के परिवर्तन करने वाले सामर्थ्य को मैं जानता हूँ। इसने मेरे जीवन को बदल दिया। किसी ने कहा था कि बाइबल हैः

- ✶ पापियों के लिए उद्धारः यह विवेक को जागृत करती है, पापी के मन को बाध्य करती और उसकी आत्मा को बदल देती है।
- ✶ संतों के लिए सुगंधितः परमेश्वर के वचन में आप आनन्द और बुकशैल्फ पाएंगे। ओह परमेश्वर के वचन क्या ही अनमोल हैं!
- ✶ पीड़ित के लिए पर्याप्तः कितनी बार परमेश्वर के लोगों ने इस वचन से महान प्रोत्साहन को प्राप्त किया। मैं उन लोगों के लिए खेदित होता हूँ जिनके पास सांत्वना और मार्गदर्शन प्राप्त करने के लिए बाइबल नहीं है।

मैं और आप बाइबल पर भरोसा कर सकते हैं। आइए इसे हम अपने जीवन का लक्ष्य बना लें कि हम परमेश्वर के वचन पर गहराई से मनन करें। यदि आप ऐसा करेंगे, तो बाइबल आपके मार्ग के लिए हमेशा-हमेशा के लिए एक 'ज्योति' का कार्य करेगी और

आपके जीवन तथा परिवार के लिए मार्गदर्शन एवं बुद्धि को उपलब्ध कराएंगी। स्मरण रखें कि जब तक आप बिना दृढ़ विश्वास के साथ नहीं मानेंगे कि बाइबल ही परमेश्वर का वचन है, तब तक आप एक परिपक्व मसीही नहीं बन सकते हैं। हालांकि, यदि आप इस पर पूरी तरह से विश्वास करते हैं, इस पर अध्ययन करते हैं और इसका पालन करते हैं, तो आप आशीषित रहेंगे।

संदर्भः

[1]इस अध्याय के मुख्य भागां को निम्नलिखित में से लिया गया है - एड्रियनरोज़र्स केद्वारा लिखित 'वाय द बाइबल इज गॉडस् वर्ड' और डॉ. अबू रहम के द्वारा लिखित 'अमेज़िंग साइंटिफिक फैक्ट्स'। इन्हीं को सरलीकरण और संशोधित करके उपयोग में लाया गया है।

[2]डॉ. एस. आई. मैक मिलन द्वारा लिखित 'नन ऑफ दीज़ डिसीज़' - रेवेल प्रकाशन

[3]डॉ. हेनरी एम. मॉरिस के द्वारा लिखित 'मैन ऑफ सांइस मैन ऑफ गॉड' - मास्टर बुक्स

[4]डॉ. ग्रांट जैफरी द्वारा लिखित 'सिगनेचर ऑफ गॉड'

अध्याय # 1 गृहकार्य # 1

अ. निम्नलिखित वाक्यों को पूरा करें:

1. 2 तीमुथियुस 3:16 कहता है कि 'सम्पूर्ण पवित्रशास्त्र(यूनानी में ग्राफे - जिसे परमेश्वर के द्वारा लिखा गया).. है।
2. मत्ती 4:4 में यीशु स्वयं कहता है कि 'मनुष्य केवल रोटी ही से नहीं परन्तु ....जो परमेश्वर के मुख से निकलता है।'
3. .... में, परमेश्वर ने मूसा को संगरोधन का नियम दिया था।
4. 2 पतरस 1:21 हमें बताता है कि परमेश्वर बाइबल का मुख्य .... और .... था। उसने अपने चुने हुए भविष्यवक्ताओं को प्रत्येक पुस्तक को लिखने के लिए प्रेरित किया क्योंकि वे पवित्रआत्मा के द्वारा .... गए थे।
5. 'क्योंकि मैं परमेश्वर हूँ और मेरे सिवाय कोई दूसरा नहीं है, ... और प्राचीनकाल से उस बात को बताता आया हूँ जो अब तक नहीं हुई। मैं कहता हूँ 'मेरी युक्ति स्थिर रहेगी और मैं अपनी इच्छा को पूरी करूंगा।' (यषायाह 46:9, 10)।
6. ऐसे चार कारणों की सूची बनाएं कि क्यों विद्वान बाइबल को परमेश्वर का अपरिहार्य वचन मानते हैं।
7. उचित उत्तरों से दी गई तालिका को पूर्ण करें।

दैवीय प्रेरित वैज्ञानिक दावे	बाइबल की आयत	तिथि की भविष्यवाणी
पृथ्वी अंतरिक्ष में लटकी हुई है।		
पृथ्वी गोल है न कि सपाट		
आसमान के तारे अनगिनत हैं।		
शरीर का जीबन खून में होता है।		

वैज्ञानिक	वैज्ञानिक खोज
योहान्स केप्लर	
सर आइज़क न्यूटन	
सर माइकल फैराडे	
जेम्सं जूल	
लार्ड कैंल्विन	
लुईंस पास्चर	
चाल्स बैबेज	
जोसफ लिस्टर	

8. इस कथन की व्याख्या करें, “बाइबल की अद्‌भुत एकता के लिए इसे परमेश्वर का वचन बताया गया है।”

अध्याय 2

बायबल को किस प्रकार से समझें और प्रतिदिन के जीवन में लागू करें

राजा दाऊद, भजन संहिता का प्रेरित लेखक, भजन 119:18 में इस प्रकार की प्रार्थना करता है कि "मेरी आंखें खोल दे, कि मैं तेरी व्यवस्था की अद्‌भुत बातें देख सकूं।"और इसके बाद फिर से भजन संहिता 119:11 में कहता है कि "मैंने तेरे वचन को अपने हृदय में रख छोड़ा है, कि तेरे विरूद्ध पाप न करूं।"

मैं आप को स्पष्ट तौर पर कह सकता हूँ कि यदि एक मसीही व्यक्ति परमेश्वर के वचन को जानना, प्रेम करना, लागू करना और मानना नहीं सीख सकता तो वे कभी भी एक विजयी मसीही नहीं बन सकता है।

जैसे हम इस पाठ का अध्ययन करते हैं, मैं चाहता हूँ कि आप वचन का अध्ययन करना सीखें और इसे इस प्रकार से पढ़ना सीखें कि परमेश्वर का वचन आपके हृदय में एक आत्मिक ज्योत जला दे।

> लूका 24:13-35 में, हमारे पास यीशु की एक दिल को छू देने वाली कहानी मिलती है, अपने पुनरुत्थान के बाद यीशु इम्माऊस के मार्ग पर अपने दो चेलों के साथ जाता है और उन्हें 'मूसा और अन्य भविष्यवक्ताओं की 'उससे' संबंधित सभी वचनों की व्याख्या करता है। उसी अध्याय की आयत 32 में, हम दो चेलों की बातों को सुनते हैं।'जब वह मार्ग में हम से बातें करता था और पवित्र शास्त्र का अर्थ हमें समझाता था तो क्या हमारे मन में उत्तेजना न उत्पन्न हुई?'

आप देखें, परमेश्वर के लिए आत्मिक ज्वलंत इच्छा का रहस्य, परमेश्वर की आत्मा को 'परमेश्वर को अपने वचन से हमें अद्‌भुत बातें सिखाने के लिए हमारी आंखों को खोले रखने के लिए' कहना है। आयत 33 कहती है कि वे चेले उसी घड़ी उठकर गए और अन्य लोगों को भी 'मार्ग में' उसके प्रकट होने के बारे में बताया। हमें भी 'ज्वलंत हृदयों' के साथ प्रत्येक सुबह प्रभु के साथ मिलना चाहिए, तब हम 'मार्ग में' हुए उसके अनुभवों को बांटने में दृढ़ता महसूस करेंगे। जैसे हम इस अध्याय में आगे बढ़ते हैं,

मैं चाहता हूँ कि इन चार बातों को करना आप सीखें:

- ✶ परमेश्वर के वचन के महत्व पर विचार करना।
- ✶ परमेश्वर के वचन को प्रार्थनापूर्वक अध्ययन करना और सच्चाईयों पर मनन करना।
- ✶ परमेश्वर के वचन की शिक्षाओं का अभ्यास करना और लागू करना।
- ✶ परमेश्वर के वचन की घोषणा और गवाही संसार भर में देना।

यदि कोई मसीही इन चार बातों को लगातार अपने जीवन में करेगा, तो बाइबल आपके हृदय में एक आत्मिक ज्योत को आरम्भ करेगा और यह आपके जीवन में कभी भी समाप्त नहीं होगा।

1. परमेश्वर के वचन के महत्व पर विचार करना।

यह केवल तभी होता है जब हम परमेश्वर के वचन के महत्व की सराहना करते हैं कि हमारे जीवन में उसके वचन को सीखने और लागू करने की इच्छा रखेंगे।

बाइबल केवल किसी महीने या किसी साल की पुस्तक नहीं है। बाइबल युगां की पुस्तक है, वह पुस्तकों की पुस्तक है। इसमें छियासठ पुस्तके हैं। यहां तक कि 40 व्यक्तियों ने इन पुस्तकों को लिखा है, वे बाइबल के वास्तविक लेखक नहीं हैं।

परमेश्वर की पवित्र आत्मा इन सभी छियासठ पुस्तकों का लेखक है।

> 2 तीमुथियुस 3:16 कहता है कि "सम्पूर्ण पवित्र शास्त्र परमेश्वर की प्रेरणा से लिखा गया है।"
>
> 2 पतरस 1:21 में हम पढ़ते हैं कि "क्योंकि कोई भी भविष्यवाणी मनुष्य की इच्छा से कभी नहीं हुई, पर भक्त जन पवित्र आत्मा के द्वारा उभारे जाकर परमेश्वर की ओर से बोलते थे।"

यहां पर कुछ महत्वपूर्ण तथ्य दिए गए हैं जिन्हें आपको बाइबल के महत्व के बारे में जानना आवश्यक है।

बाइबल एक अनंत पुस्तक है

भजन संहिता 111:89 में हम पढ़ते हैं कि

"हे यहोवा, तेरा वचन, आकाश में सदा तक स्थिर रहता है।"

बाइबल को लिखे हज़ारों साल बीत चुके हैं। अन्य पुस्तकें आईं और चली गईं परन्तु बाइबल अभी तक बनी हुई है। साम्राज्यों का उदय हुआ और पतन भी हो गया; सभ्यताएं आईं और आकर चली गईं परन्तु फिर भी बाइबल अभी तक बनी हुई है।

कई वर्षों से अनेकों सम्राटों और दुष्ट षासकों ने इतिहास भर में बाइबल को नष्ट करने का प्रयास किया और नास्तिकों ने बाइबल के विरोध में बलपूर्वक अभियान चलाए। वे सभी चले गए परन्तु बाइबल अभी भी संसार की सबसे अधिक बिकने वाली पुस्तक बनी हुई है।

सन् 303 ईसवीं में, रोमन शासक डायक्लेटीयन ने मसीहियों को आराधना करने से मना करने का अध्यादेश जारी किया और बाइबल की सभी प्रतियों को नष्ट करने का भी प्रयास किया। परन्तु परमेश्वर ने बाइबल को बचाए रखने के लिए दैवीय तौर पर हस्तक्षेप किया। केवल पच्चीस साल के बाद, एक और रोमन शासक कांस्टेंटाइन मसीह का खुलेआम स्वीकार करने वाला अनुयायी बन गया आरै पवित्र शास्त्र की पचास प्रतियों को सरकारी खर्च पर बनाने का आदेश दिया!

कई सदियों बाद, एक फ्रांसीसी नास्तिक, वॉल्टेर नामक व्यक्ति ने एक अहंकार से भरा कथन प्रस्तुत किया, "आज से सौ साल के बाद, मसीहियत का नामोनिशान नहीं रहेगा और वह इतिहास का एक हिस्सा बन जाएगी।"एक बार फिर से परमेश्वर ने अपनी कलीसिया को दिखाया कि उसके पास भी हास्यवृत्ति है। सन् 1778 में वॉल्टेर की मृत्यु के बाद, मात्र पचास साल ही हुए थे (उसके मृत्यु के बाद) कि जिनेवा बाइबल सोसाइटी ने उसकी प्रिंटिंग प्रेस को खरीद लिया और उसके घर को बाइबल छापने का स्थान बना दिया।

बाइबल ने आलोचनाओं, अविश्वासियों और संदेहियों के हमलों का सामना किया है। आरम्भ से ही मनुष्यों ने पवित्रशास्त्र की सामर्थ्य और उपस्थिति को बदनाम, नष्ट और निम्न करने की कोशिश की है। फिर भी यह आज पहले से कहीं अधिक मज़बूत स्थिति में है। बाइबल को अभी भी लाखों लोगों के द्वारा प्रेम की जाती है, लाखों लोगों के द्वारा पढ़ी जाती है, और लाखों लोगों के द्वारा अध्ययन किया जाता है। किसी भी साहित्यों में इस प्रकार की कोई भी पुस्तक नहीं पाई जाती है। बाइबल असामयिक और अविनाशी है।

बाइबल एक सच्ची पुस्तक है।

> भजन संहिता 119:142 कहता है कि

"तेरी धार्मिकता सदा सर्वदा की धार्मिकता है और तेरे नियम सत्य हैं।"

> भजन संहिता 119:151 कहता है कि

"हे यहोवा तू निकट है और तेरी आज्ञाएं सत्य हैं।"

> भजन संहिता 119:160 कहता है कि "तेरा सम्पूर्ण वचन सत्य है।" बाइबल सत्य है क्योंकि सत्य का परमेश्वर कभी गलत नहीं बोलता है। यदि आप पुराने नियम को पढ़ेंगे, तो आपको ये कथन मिलेंगे, "प्रभु का वचन" या "परमेश्वर का वचन" या "प्रभु ने कहा" या "परमेश्वर ने कहा" या "प्रभु बोला"। इन सभी का उपयोग लगभग 3,808 बार किया गया है!

यदि आप बाइबल में दिए गए किसी भी स्थान या जगहों के बारे में पुरातात्विक खोजों पर लिखी गई किसी भी पुस्तक को पढ़ेंगे तो आप पाएंगे कि पुरात्तवविदों ने बाइबल की सैंकड़ों ऐतिहासिक यर्थाथता की पुष्टि की है। आज भी, जो नया जन्म प्राप्त किए हुए मसीही वैज्ञानिक हैं वे सैंकड़ों कॉलेजों और विश्वविद्यालयों के परिसरों में बात करते हैं और बाइबल की आश्चर्यजनक वैज्ञानिक यर्थाथताओं पर बड़ी भीड़ के सामने चर्चा करते हैं।

बाइबल एक खज़ाने की पुस्तक है

> भजन संहिता 119:72 में भजनकार कहता है -

"तेरे मुंह की व्यवस्था मेरे लिए सोने और चांदी के हजारों सिक्कों से भी उत्तम है।"

क्या यह आपके लिए सही है? परमेश्वर हम में से प्रत्येक विश्वासी की सहायता करें की हम भी ऐसा कर सकें। यदि कोई आप से सोना, चांदी, हीरे, जवाहरात, स्टॉक और ब्रॅंड के बड़े ढेर और परमेश्वर के वचन में से किसी एक को चुनने के लिए कहे तो मैं आशा करता हूँ कि आप परमेश्वर के वचन का चुनाव करने में हिचकिचाएंगे नहीं।

यहां पर एक सच्ची कहानी है। हमारे एक पुराने मिशनरियों में से एक मिशनरी, एक पूर्व साम्यवादी देश में जा रहे थे। सीमा शुल्क विभाग पर, अधिकारियों ने उन्हें रोक लिया और उससे उनका ब्रीफकेस खोलने को कहा। उन्हें उनकी बाइबल मिली। पूछताछ में उन्होंने उनसे पूछा कि क्या वे सोना या चांदी जैसे कोई बहुमूल्य वस्तुएं लेके जा रहे हैं। उस मिशनरियों ने बाइबल की ओर इशारा करते हुए कहा कि "असली सोना इस पुस्तक के पृष्टों में पाया जाता है!"

जितना अधिक हम बाइबल का अध्ययन करेंगे, उतना ही अधिक हम "परमेश्वर के खज़ाने" तथा अपने जीवन के लिए उद्देश्य को खोजेंगे। मूडी बाइबल संस्थान के पूर्व अध्यक्ष, डॉ. लॉसन ने बाइबल के बारे में कहा है:

"इस पर ध्यान से विचार करें, प्रार्थनापूर्वक इस का अध्ययन करें,

आपके दिल की गहराईयों में, इसकी आज्ञाएं बसने दें।

उसके रहस्यों पर सोचें, इसके इतिहास को हल्के में न लें;"

कोई भी इसके बारे में सप्रेम या अच्छी तरह से सोच सकता है।'

इस असामयिक, असली और बहुमूल्य पुस्तक पर कुछ समय बिताने के बाद, हम आरम्भ करेंगे...

2. परमेश्वर के वचनों की सच्चाईयों पर प्रार्थनापूर्वक अध्ययन और मनन करें।

पहला, प्रार्थना करें, जैसे आप परमेश्वर के वचन को पढ़ने की तैयारी करते हैं। भजन संहिता 111:18 में दाऊद प्रार्थना करता है:

"मेरी आंखें खोल दे, कि मैं तेरी व्यवस्था की अद्‌भुत बातें देख सकूं।" फिर से वह भजन संहिता 119:12 में प्रार्थना करता है:

"हे यहोवा, तू धन्य है; मुझे अपनी विधियां सिखा!"

हो सकता है कि आपकी शारीरिक आंखों की रोशनी 20/20 हो, परन्तु परमेश्वर को आपकी आत्मिक आंखों को खोलने दें ताकि आप उसके वचन की अद्‌भुत बातों को देख सकें। यीशु पुनरुत्थान के बाद, अपने बचे हुए चेलों के बीच ऊपरौठी कोठरी में प्रकट हुआ। लूका 24:45 में कहता है कि 'तब उसने पवित्रशास्त्र बूझने के लिए उनकी समझ खोल दी।'

बाइबल पढ़ने से पहले आप इस प्रकार की प्रार्थना करें: 'प्रभु परमेश्वर, आप मेरे गुरू हो, मेरी आंखों को खोल दें ताकि आज मैं वह सीख सकूं जो आप सिखाना चाहते हैं'। जब हम प्रार्थना करेंगे, तो हमारी आत्मिक आंखें खुल जाएंगी, हमारे हृदय उभारे जाएंगे और हमारे मन परमेश्वर के वचन को समझने के लिए प्रकाशित किए जाएंगे।

दूसरा, आज बाइबल के जिस भाग को पढ़ना और अध्ययन करना चाहते हैं, उसे चुन लें।

बाइबल की पुस्तकों को दो भागों में बांटा गया है।

पहले भाग को पुराना नियम कहा जाता है और परमेश्वर के द्वारा प्रेरित किए गए भविष्यवक्ता और प्रभु यीशु मसीह के जन्म से पहले लिखी गई बातों का संग्रह पाया जाता है।

यहां पर पुराने नियम में 39 पुस्तकें हैंः

उत्पत्ति से लेकर व्यवस्थाविवरण तकः नियम की 5 पुस्तकें हैं (सृष्टि की रचना ओर मानवजाति का आरम्भिक इतिहास)

यहोशू से एस्तेरः	12 इतिहास की पुस्तकें (यहूदी राष्ट्र का इतिहास)
अय्यूब से श्रेष्ठगीतः	बुद्धि साहित्य की 5 पुस्तकें
यशायाह से दानिय्येलः	प्रमुख भविष्यवक्ताओं की 5 पुस्तकें
होशे से मलाकीः	छोटे भविष्यवक्ताओं की 12 पुस्तकें

बाइबल का दूसरा भाग नया नियम के तौर पर जाना जाता है, जिसमें यीशु के जन्म के बाद, जीवन और सेवकाई की पुस्तकें पाई जाती हैं।

नया नियम में 27 पुस्तकें पाई जाती है जो इस प्रकार से हैंः

मत्ती से यूहन्नाः	4 सुसमाचार - यीशु के जीवन से संबंधित ऐतिहासिक पुस्तकें।
प्रेरितों के कामः	प्रथम सदी कलीसिया पर लिखी गई 1 ऐतिहासिक पुस्तक।
रोमियों से इब्रानियोंः	पौलुस के द्वारा लिखी 14 पत्रियां (यीशु के बारें में, उद्धार और कलीसिया)
याकूब से यहूदाः	7 सामान्य पत्रियां
प्रकाशितवाक्यः	भविष्यवाणी की 1 पुस्तक (अंत के समय की घटनाओं पर शिक्षा)

नोटःकई विद्वानों का यह दृष्टिकोण है कि पौलुस ने इब्रानियों की पुस्तक को लिखा है। परन्तु कई अन्य इस के बारे में ऐसा नहीं सोचते हैं। यहां पर हमने इब्रानियों को पौलुस की पत्रियों के अंतर्गत वर्गीकृत किया है।

तीसरा, सम्पूर्ण परमेश्वर के वचन को पढ़ना और अध्ययन करना

एक विश्वासी के लिए सम्पूर्ण बाइबल को मनन के जैसे साल भर में पढ़ने की आदत बनाने से बहुत ही अधिक आत्मिक लाभ होता है। आमोस आर. वैल्स के द्वारा लिखी हुई इस रचनात्मक कविता को सुनें, जो मेरी बात को प्रमुखता देती है।

मैंने सोचा कि मैं अपनी बाइबल को जानता हूँ, थोड़ा-थोड़ा पढ़ा,
छोड़ दिया या छूट गया थोड़ा सा।

"यूहन्ना" या "मत्ती" में से, थोड़ा सा "उत्पत्ति" से चुराया,

कुछ पाठ "यशायाह" से, तो कुछ "भजन" 23 के -

"रोमियों" बारहव से, "नीतिवचन" का पहला,

हां, मैंने सोचा कि मैं परमेश्वर का वचन जानता हूँ,

तुम जो लेखों के सरताज के साथ व्यवहार करते हो, जैसे कि तुम एक अन्य पुस्तक के एक भाग का हिस्सा जैसे जुड़ा मानते हो, एक अधूरा और अथीर सा लगता है।

मैं याचना करता हूँ कि सुयोग्य प्रक्रिया की कोशिश करो।

एक योग्य और स्थिर दृष्टिकोण

की कोशिश और तुम अधिक उत्साह से झुकोगे, जब तुम बाइबल को पढ़ोगे।

मेरे विचार से बाइबल को आपको निर्देशित करने वाले किसी तंत्र के साथ पढ़ने में अधिक लाभ प्रदान करेगी। कई प्रकार के विभिन्न तरीके तैयार हैं। आइए, मुझे अपना तरीका आपके साथ साझा करने दें। प्रत्येक सुबह को मैं पुराने नियम से तीन अध्याय और नये नियम से दो अध्याय पढ़ने की कोशिश करता हूँ। इससे मुझे सहायता मिलती है कि मैं प्रत्येक वर्ष पुराने नियम को पढ़ सकता हूँ और नया नियम एक साल में कई बार पढ़ लेता हूँ। मेरे पहले के अव्यवस्थित पढ़ने के तरीकों से, मैं अक्सर सालों तक कुछ पुस्तकों को छोड़ दिया करता था। कभी-कभी, मैं बाइबल की किसी पुस्तक या उसके किसी विषय को पढ़ने, अध्ययन करने और मनन करने के लिए कुछ सप्ताहों को लेता हूँ। आप को मात्र 30-40 मिनिट की आवश्यकता होती है कि आप बाइबल के कुछ अध्यायों को प्रत्येक दिन पढ़ें। परमेश्वर आप से क्या कह रहे हैं, उस पर ध्यान करे और मनन करें फिर इसे अपने जीवन में लागू करें!

परमेश्वर के वचन पर मनन करना

मनन की बाइबल आधारित परिभाषा क्या है?

जे. आई. पैकर के द्वारा लिखी "नोईंग गॉड" (Knowing God) नामक पुस्तक में मनन के बारे में कही हुई बात को मैं बहुत ही पसंद करता हूँ। "मनन परमेश्वर के वचन को दिमाग में लाने की क्रिया है और उसे बार-बार सोचना तथा अपने जीवन में विभिन्न बातों पर लागू करना है जिसे वह कार्यों, मार्गों, उद्देश्यों और प्रतिज्ञाओं में परमेश्वर के वचन की पाया जाना मानता हो। यह पवित्र विचारों की क्रिया है- परमेश्वर की ही सहायता से परमेश्वर की संगति करना। इसका उद्देश्य एक व्यक्ति के परमेश्वर के मानसिक और आत्मिक दृष्टिकोण के प्रति स्पष्ट है और यह जानना कि हम से उसका वचन क्या कह रहा है ताकि वह अपना पूर्ण और व्यक्तिगत प्रभाव किसी व्यक्ति के दिमाग और दिल पर डाले।"

मनन के लिए पुराने नियम में उपयोग किया गया इब्रानी का शब्द 'सियाक' (siyach) है जिसका अर्थ परमेश्वर के वचन के किसी खास पहलू पर बिना किसी आंतरिक और बाहरी निर्देशों के शांत चिंतन और ध्यान करना है। यूनानी नया नियम में मनन के लिए आया शब्द 'मिलाताओ' (उमसंजंव) है और सत्य को बार-बार दोहराना और पूरी तरह से समझने तक इस पर ध्यान करते रहना है।

भजन संहिता 1 में परमेश्वर कहता है -

> "क्या ही धन्य है वह पुरूष जो दुश्टों की युक्ति पर नहीं चलता, और न पापियों के मार्ग में खड़ा होता और न ठट्ठा करने वालों की मण्डली में बैठता है! परन्तु वह तो यहोवा की व्यवस्था से प्रसन्न रहता और उसकी व्यवस्था पर रात दिन ध्यान करता रहता है। वह उस वृक्ष के समान है, जो बहती नालियों के किनारे लगाया गया है। और अपनी ऋतु में फलता है, और जिसके पत्ते कभी मुरझाते नहीं। इसलिये जो कुछ वह पुरूष करे वह सफल होता है"
>
> (भजनसंहिता 1:1-3)।

परमेश्वर हमें भजन संहिता 1:2 में कहता है कि "परन्तु वह तो यहोवा की व्यवस्था से प्रसन्न रहता और उसकी व्यवस्था पर रात दिन ध्यान करता रहता है।"

डॉक्टर कार्ल स्टीवंस ने ऊपर दी गई टिप्पणी पर निम्नलिखित बहुत ही उपयोगी बात कही है। भजन संहिता 1:1 में आया शब्द "धन्य" इब्रानी के बहुवचन संज्ञा 'आनन्द' (happiness) के बराबर है। इस प्रकार से वह व्यक्ति जो परमेश्वर के नियम पर आनन्द करता और प्रतिदिन उन पर मनन करता है, वह आनन्द और प्रोत्साहन के आश्चर्यजनक स्रोत को प्राप्त करेगा। 'व्यवस्था' शब्द के लिए एक और अर्थ स्पष्ट सिद्धांत है - परमेश्वर

के साथ, वचन के प्रत्येक विषय पर पवित्र शास्त्र की आयतों पर कैसे सोचें। जिस प्रकार से हम स्पष्ट सिद्धांत को अपने हृदयों में छिपाते हैं और परिपक्वता से परमेश्वर के साथ सीखते हैं, तो पवित्र आत्मा, हमारे व्यक्तिगत जीवन में या दूसरों की सहायता करने में आने वाली सारी परेशानियों के लिए सलाह देने में विश्वासयोग्य है। परमेश्वर के वचन पर दिन और रात मनन करना ही मुख्य बात है।

चार्ल्स स्टेन्ली अपनी पुस्तक "लिसनिंग टू द वॉइस ऑफ गॉड" (Listening To The Voice of God) में लिखते हैं: व्यक्तिगत गुप्त मनन प्रभु के साथ अकेले और उसके सामने शांत होने पर आरम्भ होता है। यह हो सकता है कि 5 मिनिट के लिए हो, हो सकता है कि यह 30 मिनिट के लिए हो, हो सकता है कि यह एक घंटे के लिए हो। परन्तु मुख्य बात यह है कि हमें अपने जीवनों के लिए मार्गदर्शन और उद्देश्य पाने के लिए प्रभु के साथ अकेले होने पड़ेगा।

यीशु ने कहा, "मनुष्य मात्र परमेश्वर के मुख से निकले प्रत्येक वचन (कहा हुआ रेहमा) (Rhema) से ही जीवित रहेगा" (मत्ती 4:4)। यह आपकी स्मरण की हुई बाइबल नहीं है और न ही आपके बुकशैल्फ की बाइबल है। यह आपकी आत्मा से कहा हुआ परमेश्वर का वचन है, एक शांत स्थान पर बाइबल को पढ़ना और मनन करना। इस प्रकार से मनुष्य जीवित रहेगा। आपके आत्मिक जीवन में एक आग को बनाए रखने का कार्य प्रतिदिन हमारी आत्मा से कहा गया जीवित परमेश्वर का वचन है।

हम इसे क्यों बाइबल पर मनन करने का एक अभ्यास बनाएं?

1. प्रभु यीशु के लिए आज्ञाकारी होना, क्योंकि उसने हमें उसे खोजने और जीवन की अनंत विशेषता के लिए पवित्र शास्त्र को पढ़ने के लिए कहा है!! (यूहन्ना 5:39)
2. परमेश्वर ने प्रतिज्ञा की है कि जब एक विश्वासी दिन और रात परमेश्वर के वचन पर मनन करना सीखता है तथा उसके लिखे अनुसार अपने जीवन में सावधानीपूर्वक लागू एवं अभ्यास करता है, इसके बाद परमेश्वर उसके (विश्वासी के) मार्गों को सफल करता एवं उसे सफलता देता है (यहोशू 1:8; भजन संहिता 1:1-3)।
3. बाइबल पर मनन करने से निम्नलिखित लाभ भी होते हैं:
   - हमें पाप न करने में सहायता मिलती है (भजन संहिता 119:11)
   - हमारी आत्मा के लिए आत्मिक भोजन और पोषण प्राप्त होता है (अय्यूब 23:12, भजन संहिता 119:103, यिर्मयाह 15:16, 1 पतरस 2:2)।

- हम परमेश्वर के सही सिद्धांतों को सीख सकते हैं और झूठे सिद्धांतों से दूर रहने में सहायता प्राप्त होती है।

4. यह हमें परमेश्वर के वचन के अनुसार प्रार्थना करने और परमेश्वर की इच्छा जानने में आत्मविश्वास दता है (यूहन्ना 15:7; 1 यूहन्ना 3:21-22; 1 यूहन्ना 5:14-15)।

5. बाइबल पाप और शैतान के विरूद्ध में युद्ध करने में आत्मा की तलवार के रूप में कार्य करती है (इफिसियों 6:17)। बाइबल मनन से हम युद्ध में तलवार को सही तरह से इस्तेमाल कर सकते हैं।

6. बाइबल मार्गदर्शन का स्रोत है। भजन संहिता 119:105 'तेरा वचन मेरे पैरों के लिए दीपक और मेरे मार्ग के लिए उजियाला है।' कभी-कभी हो सकता है कि हमारे मार्ग में अंधकार हो तो परमेश्वर का वचन हमें मार्ग दिखाएगा यदि हम उस पर विश्वास करें हैं।

हमें परमेश्वर के वचन पर कब मनन करना चाहिए?

भजनकार भजन संहिता 119:15 में कहता है कि 'मैं तेरे उपदेशों पर ध्यान करूंगा।' आयत 147 कहती हैं कि 'मैंने पौ फटने से पहले दोहाई दी; मेरी आशा तेरे वचनों पर थी।' दूसरे शब्दों में वह कहता है कि वह प्रभु के सामने प्रत्येक सुबह शांत रहने का समय निकालता है। भजनकार आयत 148 में आगे कहता है कि

'मेरी आंखें रात के एक एक पहर से पहले खुल गईं, कि मैं तेरे वचनों पर ध्यान करूं।'

परमेश्वर के वचन पर ध्यान करने के लिए समय की आवश्यकता होती है। यदि आप को एक घंटे पहले उठना हो तो जरूर उठें। यदि आप को एक घंटे देरी से सोना है तो जरूर देर से सोएं। जबकि संसार आराम करने के लिए अतिरिक्त नींद लेता है, तो विश्वासी अपनी शान्ति और तरोताजगी को परमेश्वर के साथ संगति और उसके वचन पर मनन करके पाता है।

हमें बाइबल पर मनन कैसे करने की आवश्यकता है?

हमारे पास स्वयं की बाइबल की एक कॉपी होना अति आवश्यक है, इसलिए कि आप महत्वपूर्ण आयतों को चिन्हित कर सकते हैं और जहां कहीं आवश्यक हो तो मार्जिन में अपने विचारों और टिप्पणियों को लिख सकते हैं।

- ✶ यदि आप एक मानक बाइबल चाहते हैं, तो मैं आप को एनकेजेवी (न्यू किंग जेम्स वर्जन) या एक एन.ए .एस.बी (न्यू अमेरिकन स्टेंडर्ड वर्जन) की बाइबल की सिफारिश करूंगा।
- ✶ और भी अधिक गंभीर छात्रों के लिए मैं एक स्टडी बाइबल की सिफारिश करूंगा। एक स्टडी बाइबल किसी गम्भीर छात्र के लिए वचन का अध्ययन करने के लिए बनाई जाती है। यह विद्वानों वाली जानकारी प्रदान करती है, ताकि इसकी सहायता से पाठक को बाइबल की सामग्री की सही समझ मिल सके।

एक मुख्य अंतर, जो एक स्टडी बाइबल और एक मानक बाइबल में होता है वह अध्ययन के नोट्स और लेख होते हैं जो वचन के साथ-साथ स्टडी बाइबल में लगे होते हैं। ये बाइबल के नोट्स खासतौर पर बाइबल की टीका होती है, और वचन के साथ-साथ नोट्स भी लगे होते हैं। ये नोट्स वचन को और भी अधिक विस्तृत या पाठक को कुछ प्रकार के कार्यों को करने में सहायता प्रदान करते हैं। स्टडी बाइबल में बाइबल की अलग-अलग किताबों में कई अंतर्स्थापित लेख पाए जाते हैं जो दिए गए पाठ की पृष्ठभूमि में या किसी विशेष विषय पर और भी अधिक विवरण, ऐतिहासिक और सांस्कृतिक जानकारी प्रदान करता है।

अन्य बाइबल उपकरण जिन्हें एक स्टडी बाइबल में शामिल किया जाता है, परन्तु हो सकता है कि किसी मानक बाइबल में शामिल किया जाता हो या न हो, वे वचन के प्रतिनिर्देश (क्रोस-रेफरन्स), विषय-क्षेत्र-संबंधी निर्देषिका (टापिकल इन्डेक्स), शब्दानुक्रमणिका (कान्कॉर्डन्स), तथा बाइबल को किस प्रकार से अच्छी तरह से अध्ययन कर सकें और पढ़ने की योजना बना सकें।

निम्नलिखित स्टडी बाइबल और बाइबल स्टडी गाइड्स आपको आरंभ करने के लिए अनुशंसित की जाती हैं।

1. द रायरी स्टडी बाइबल (The Ryrie Study Bible)
2. थॉम्पसन चेन रेफरेंस बाइबल (Thompson Chain Reference Bible)
3. विलमिंगटनस गाइड टू द बाइबल (Wilmington Guide To The Bible)
4. द न्यू अंगर बाइबल डिक्षनरी (New Ungers Bible Dictonary)
5. दी बाइबल नॉलेज कॉमेन्टेरी (The Bible Knowledge Commentary)

हमेशा पेंसिल और एक नोटबुक होना अच्छा होता है - अपने साथ एक आत्मिक डायरी (पत्रिका) रखना, तारीख के अनुसार चिन्हित करना, कई सारे बिन्दुओं को लिखना जिन्हें परमेश्वर आप से बात कर रहा है और आप के शांत समय को प्रोत्साहित करे।

मैं हमेशा अपने हाथ में एक पेन या पेंसिल लेकर बाइबल पढ़ता हूँ। क्यों? क्योंकि मैं प्रभु से प्राप्त करने की अपेक्षा करता हूँ। यदि आप कुछ प्राप्त करने की अपेक्षा करते हैं तो आप उसे लिखने के लिए तैयार रहें। आप सोचते हैं कि 'मैं इसे याद रखूंगा। 'म आशा करता हूँ कि आप ऐसा करेंगे। यहां पर एक कहावत है,'एक कमजोर स्याही उत्तम याद से भी बेहतर होती है।' अपनी व्यक्तिगत आत्मिक डायरी को प्रतिदिन खोलना एक विशेष बात होती है और देखें कि परमेश्वर आप के साथ प्रतिदिन क्या बांट रहा है। यह आपके विश्वास को बढ़ाएगा। रोमियों 10:17 कहता है कि “विश्वास सुनने से, और सुनना मसीह के वचन से होता है।

जिस प्रकार से आप पढ़ते हैं, तो उस दिन के लिए वचन का पाठ अपना ध्यान केन्द्रित करने के लिए चुनें।

- ✶ इसे ध्यान से पढ़ें, इसे बार-बार पढ़ें, इसे जिज्ञासा से पढ़ें।
- ✶ इस पर ध्यान दें कि वहां पर क्या है और क्या नहीं - उदाहरण के लिए मत्ती 2:1-2 में ध्यान दें कि पूरब से बालक यीशु को दंडवत करने के लिए कितने ज्योतिशी आए थे। परम्परा के अनुसार तीन लोगों के बारे में बताया गया था। हालांकि वचन यह नहीं बताता कि कितने लोग आए थे।

जबकि बाइबल का एक बड़ा भाग आसान और समझने योग्य है, हो सकता है कि कुछ भाग समझने में कठिन हो, जिस प्रकार से वे सांस्कृतिक अभिव्यक्ति के लिए, कथनों, भविष्यवाणियों या नीतिवचनों में संकेतों का उपयोग जो 21वीं सदी के पाठकों के लिए अपरिचित हैं। यही वह जगह है जहां पर एक बाइबल स्टडी, कुछ बाइबल स्टडी गाईड और प्रशिक्षित पासवान या बाइबल शिक्षक सहायक साबित हो सकते हैं।

जैसे आप एक पाठ का अध्ययन करते हैं, तो यहाँ पर कुछ पूछे जाने योग्य प्रश्न हैं:

1. इस पाठ से मुझे सबसे महत्वपूर्ण संदेश कौन सा मिलता है?
2. इस पाठ से मैंने परमेश्वर के बारें में क्या सीखा है?
3. इस पाठ से मैंने अपने बारें में क्या सीखा है?

4. क्या इस पाठ में आदेश मानने के लिए दिए गए हैं? क्या मैं उनका पालन कर रहा हूँ? पाठ में दिए गए सभी आदेशों के लिए अपने आप को समर्पित करें और ऐसा करने के लिए परमेश्वर के असीम अनुग्रह को प्राप्त करें।
5. क्या परमेश्वर की आशीषें इस भाग में लिखी हैं? इन आशीषों को विश्वास से प्राप्त करें।
6. क्या इस भाग में किसी पाप के विषय में बताया गया है? क्या मैं इनमें से कोई पाप कर रहा हूँ? उन पापों को मानें और प्रभु के सामने उनका अंगीकार करें तथा उन्हें छोड़ दें। (नीतिवचन 28:13, 1 यूहन्ना 1:9)
7. क्या इस भाग में कोई आशीष है जिसे परमेश्वर मुझे आनन्द मनाने के लिए याद दिला रहे है?
8. क्या यहां पर कोई नया विचार है जिसे मैं अपने साथ ले जा सकता हूँ?

3. परमेश्वर के वचन का अभ्यास करना और शिक्षाओं को लागू करना।

परमेश्वर के वचन पर प्रार्थना करने और ध्यान देने के बाद, परमेश्वर के साथ चलते हुए बढ़ने के लिए उसके वचन का अभ्यास करना और लागू करने की आवश्यकता है।

भजन संहिता 119:11 -

भजनकार कहता है कि "मैं ने तेरे वचन को अपने हृदय में रख छोड़ा है, कि तेरे विरूद्ध पाप न करूं।"

आयत 16 कहती है, "मैं तेरी विधियों से सुख पाऊंगा; और तेरे वचन को न भूलूंगा।" इसका अर्थ है कि आप को परमेश्वर के वचन को अपने हृदय में खजाने के समान छिपाना है।

> भजन संहिता 119:1-5 कहता है कि 'क्या ही धन्य हैं वे जो चाल के खरे हैं, और यहोवा की व्यवस्था पर चलते हैं! क्या ही धन्य हैं वे जो उसकी चितौनियों को मानते हैं, और पूर्ण मन से उसके पास आते हैं!'

वचन की कई आयतों में हमें बताया गया है कि परमेश्वर के वचन से मात्र सुनना ही काफी नहीं है। बार-बार, हमें याद दिलाया जाता है कि वह व्यक्ति जो परमेश्वर के वचन पर मनन करता और उसके वचन के अनुसार कार्य करता है वह आशीषित है।

> यहोशू 1:8 "और जो लिखा है उन सब को मानने में चौकसी करना।"

> भजन संहिता 1:1-3 "जो काम वह पुरुष करे वह सफल होता है।"
>
> यूहन्ना 13:17 "तुम तो ये बातें जानते हो, और यदि उन पर चलो, तो धन्य हो।"
>
> याकूब 1:22, 25 "यह मनुष्य आशीषित है; परन्तु वचन पर चलनेवाले बनो, और केवल सुननेवाले ही नहीं जो अपने आप को धोखा देते हैं।"

क्या आप परमेश्वर और उसके वचन के बारे में और भी अधिक जानना चाहते हैं? तो जिन भागों को आप जानते हैं उन का पालन करें। यह बहुत ही आसान है। उदाहरण के लिए जब बाइबल कहती है कि, 'और एक दूसरे के साथ इकट्ठा होना न छोड़ें, जैसे कि कितनों की रीति है, पर एक दूसरे को समझाते रहें; और ज्यों ज्यों उस दिन को निकट आते देखो, त्यों त्यों और भी अधिक यह किया करो" (इब्रानियों 10:25), ऐसा करो और आशीषित बने रहो!! और जब बाइबल कहती है कि 'हे प्रियों, हम आपस में प्रेम रखें; क्योंकि प्रेम परमेश्वर से है: और जो कोई प्रेम करता है, वह परमेश्वर से जन्मा है; और परमेश्वर को जानता है।'

> (1 यूहन्ना 4:7), इसे करें और परमेश्वर को तुरन्त जानें।

जितना अधिक आप परमेश्वर की आज्ञा मानेंगे, उतना ही अधिक वह सिखाएगा। यूहन्ना 7:17 में यीशु कहता है - 'यदि कोई उस की इच्छा पर चलना चाहे, तो वह इस उपदेश के विषय में जान जाएगा कि वह परमेश्वर की ओर से है, या मैं अपनी ओर से कहता हूँ।' मत्ती 13:12 में भी यीशु कहता है, 'क्योंकि जिस के पास है, उसे दिया जाएगा; और उसके पास बहुत हो जाएगा;

4. संसार को परमेश्वर के वचन की घोषणा और गवाही देना

> भजन संहिता 119:27 में भजनकार कहता है -
>
> "अपने उपदेशों का मार्ग मुझे बता, तब मैं तेरे आश्चर्य कर्मो पर ध्यान करूंगा।"
>
> इसके बात आयत 46 में और कहता है -
>
> "और मैं तेरी चितौनियों की चर्चा राजाओं के साम्हने भी करूंगा, और संकोच न करूंगा;"

होने दें कि परमेश्वर का वचन निरंतर आपके मुंह में बना रहे। किसी ने एक बार कहा था कि 'अपने हृदय में वचन को एकत्रित करके रखो, अपने परिवर्तित जीवन में वचन को दिखाओ और संसार में वचन को बोओ।'

> मैं इस पाठ को एक महान प्रतिज्ञा के साथ समाप्त करना चाहता हूँ। 2 कुरिन्थियों 3:18 में, प्रेरित पौलुस एक विश्वासी के जीवन में जीवन-परिवर्तक बदलावों के बारे में बताता है जब वह बाइबल को समझता (या समझती है) और उसे अपने जीवन में लागू करता (या करती) है। यह कहता है, "परन्तु जब हम सब के उघाड़े चेहरे से प्रभु (यीशु) का प्रताप इस प्रकार प्रगट होता है, जिस प्रकार दर्पण में, (परमेश्वर के वचन का चिन्ह) तो प्रभु के द्वारा जो आत्मा है, हम उसी तेजस्वी रूप में अंश अंश कर के बदलते जाते हैं।"

जब परमेश्वर की संतान उसके वचन से प्रेम करती है और उसके पुत्र की ओर देखती है, तो वह परमेश्वर के आत्मा के द्वारा, परमेश्वर की महिमा के लिए, परमेश्वर के स्वभाव में बदल जाता है!

कक्षा में इस बिन्दु पर, प्रशिक्षक (शिष्य बनाने) दृढ़ता से सिफारिश कर सकता है कि एक नया विश्वासी उचित तरीके से बाइबल को पढ़ने का अभ्यास करना आरम्भ कर सकता है। इस बात का सुझाव दिया जा सकता है कि उत्पत्ति से आरम्भ करें और इसके बाद लूका के सुसमाचार को पढ़े। उन पुस्तकों से उनके द्वारा समाप्त करने के द्वारा, उन्हें निर्गमन की पुस्तक पढ़ना आरम्भ करने को कहें और फिर यूहन्ना का सुसमाचार और इसी प्रकार से आगे की पुस्तकें।

यह केवल तभी होता है जब एक नया विश्वासी स्वयं से बाइबल पढ़ना आरम्भ करता है ताकि वे पवित्र शास्त्र के महत्व को देखें और उसके सामर्थ को पहचानें।

उन्हें बाइबल पढ़ने के लिए प्रोत्साहित करें और जिन भागों को वे नहीं समझते हैं उन्हें चिन्हित करने के लिए कहें। वे उनके साथ साप्ताहिक आधार पर मिल सकते हैं और उन्हें उन भागों के अर्थ के बारे में स्पष्ट करें।

एक नए विश्वासी को शिष्य बनाने करने का यह एक बहुत ही अच्छा तरीका है - उन्हें मसीही बुनियादी सच्चाईयों को सिखाना और उनके बाइबल अध्ययन कार्यक्रम को आरम्भ करवाएं। वास्तव में यह बिना कहे ही सत्य है कि उन्हें बाइबल पर विश्वास करने वाली कलीसिया में जाने के लिए प्रोत्साहित करें, जिससे कि अन्य विश्वासियों के साथ वे संगति कर सकें और मसीह की देह के जीवन का आनन्द ले सकें।

सन्दर्भः

[1]अ जनरल इंटरोडक्षन टू द बाइबल बाय गीसलर और निक्स - मूडी प्रेस

[2]नोईंग गॉड, जे. आई. पेकर के द्वारा

[3]डॉक्टर कार्ल स्टीवन के द्वारा (सुस्पष्ट मनन) कॅटागोरीकल मेडिटेशन

[4]चार्ल्स स्टेन्ली के द्वारा लिसनिंग टू दि वॉईस ऑफ गॉड

गृहकार्यः # 2 पाठ # 2

1) नीचे दिए गए कथन को पूर्ण करें:

1. परमेश्वर के लिए आत्मिक ज्वलंत इच्छा का रहस्य, परमेश्वर की आत्मा को '.... ....' कहना है।
2. भजन संहिता 119:89 कहता है कि, ...'
3. भजन संहिता 119:160 कहता है कि,..'
4. भजन संहिता 119:72 में भजनकार कहता है कि, 'तेरी दी हुई व्यवस्था मेरे लिये हजारों .... से भी उत्तम है।'
5. यहां पर .... पुस्तकें पुराने नियम और .... पुस्तकें नए नियम में है।
6. मनन ....दिमाग में लाने की क्रिया है और उसे बार-बार सोचना तथा............... जिसे वह कार्यों, मार्गों, उद्देष्यों और प्रतिज्ञाओं में परमेश्वर के वचन की पाया जाना मानता हो।।

2) खाली स्थान भरें:

जैसे आप किसी भाग को पढ़े जो उसके लिए कुछ पूछे जाने योग्य प्रश्न इस प्रकार से हैं:

1. इस पाठ से सबसे महत्वपूर्ण बात .... जो मैंने पाई है?
2. इस पाठ से मैंने ....के बारें गें क्या सीखा है?
3. इस पाठ के बारे में मैंने क्या सीखा है?
4. क्या इस पाठ में कोई ऐसी बात है जिसे मुझे माननी चाहिए? क्या मैं उन्हें मान रहा हूँ?
5. क्या यहां पर इस पाठ में परमेश्वर की ओर से कुछ लिखा गया है? इन्हें प्राप्त करें
6. क्या यहाँ पर इस पाठ में .... दिया गया है? क्या मैं इनमें से किसी को भी मान रहा हूँ ....? अपने .... को मानो और प्रभु से उनका अंगीकार करो तथा उन्हें छोड़ दो (नीतिवचन 28:13; 1यूहन्ना 1:9)।

7. क्या इस पाठ में कोई .... है, जिसका आनंद उठाने के लिए परमेश्वर मुझे याद दिला रहा है?

8. क्या यहाँ पर कोई नया .... अपने साथ ले जाने के लिए है?

3) नीचे दिए गए पाठ को आप प्रश्न पूछते हुये पढ़ें और मनन करें (जिन्हें आपने ऊपर लिखा है) और प्रभु ने आप को जो भी इस पाठ से प्रकाशन दिया और कार्य किया है, उन्हें लिखें।

> 2 कुरिन्थियों 6:14-18,
>
> "अन्य जातियों के साथ असमान जुएं में न जुतो (करीबी संगति न करो) अविश्वासियों के साथ असमान जूए में न जुतो, क्योंकि धार्मिकता और अधर्म का क्या मेल जोल? या ज्योति और अन्धकार की क्या संगति? और मसीह का बलियाल के साथ क्या लगाव? या विश्वासी के साथ अविश्वासी का क्या नाता? और मूरतों के साथ परमेश्वर के मन्दिर का क्या सम्बन्ध? क्योंकि हम तो जीवते परमेश्वर का मन्दिर हैं; जैसा परमेश्वर ने कहा है कि मैं उन में बसूंगा और उन में चला फिरा करूंगा; और मैं उन का परमेश्वर हूंगा, और वे मेरे लोग होंगे। इसलिये प्रभु कहता है, कि उन के बीच में से निकलो और अलग रहो; और अशुद्ध वस्तु को मत छूओ, तो मैं तुम्हें ग्रहण करूंगा। और तुम्हारा पिता हूंगा, और तुम मेरे बेटे और बेटियां होगेः यह सर्वशक्तिमान प्रभु परमेश्वर का वचन है।"

अध्याय 3

बायबल की केन्द्रीय कहानी - उद्धार के लिए परमेश्वर की योजना

जब आप बाइबल की सभी 66 किताबों को एक साथ लाते हो, तो वे एक पुस्तक बन जाती है जिसमें एक केंद्रीय कहानी है, जो उत्पत्ति की पहली पुस्तक से आरंभ होकर प्रकाशितवाक्य की आखरी किताब तक जाती है।

बाइबल में एक भव्य विषय है - उद्धार के लिए परमेश्वर की योजना

बाइबल में एक महान नायक है - प्रभु यीशु मसीह

बाइबल में एक खलनायक है - शैतान

बाइबल में एक सामान्य उद्देश्य है - परमेश्वर की महिमा!

यह बाइबल को बेहतर तरीके से समझने के लिए एक विश्वासी की मदद करता है जब वह बाइबल के मुख्य कहानी को समझ लेता है। इस अध्याय में मैं बाइबल में दिए गये पाँच बड़ी सच्चाईयों को बताते हुए और उन प्रत्येक को स्पष्ट करते हुए आपके साथ यह साझा करना चाहूँगा कि बाइबल में यह केंद्रीय कहानी क्या है। जबकि हम इन सभी सच्चाइयों के माध्यम से होकर गुजरते हैं, तो मैं चाहूँगा कि हर सच्चाई को उजागर करने वाले प्रमुख आयतों को ध्यान में रखें और याद करते जाएं।

बाइबल की पहली पुस्तक उत्पत्ति में पहले तीन प्रमुख सत्य पाए जाते हैं। इब्रानी भाषा में उत्पत्ति शब्द का अर्थ है 'शुरुआत'। ऐसा इसलिए है क्योंकि उत्पत्ति की किताब कुछ विशिष्ट विवरणों के साथ स्पष्ट करती है, कि किस तरह से परमेश्वर ने आकाश और पृथ्वी की सृष्टि की, प्रथम पुरूष और स्त्री - आदम और हव्वा की रचना कैसे हुई, अदन की वाटिका में मनुष्य द्वारा किया गया पहला पाप और पहली बार मनुष्य से एक उद्धारकर्ता का वायदा किया गया।

आइए, हमारे पहली प्रमुख सत्य से शुरू करें ...

1. परमेश्वर ने अपने स्वरूप में मनुष्य को बनाया

> उत्पत्ति 1:26-30 में हम पढ़ते हैं -
>
> फिर परमेश्वर ने कहा, "हम मनुष्य को अपने स्वरूप के अनुसार अपनी समानतामें बनाएं और वे समुद्र की मछलियों, और आकाश के पक्षियों, और घरेलू पशुओं,और सारी पृथ्वी पर, और सब रेंगने वाले जन्तुओं पर जो पृथ्वी पर रेंगते हैं, अधिकार रखें। तब परमेश्वर ने मनुष्य को अपने स्वरूप के अनुसार उत्पन्न किया, अपने ही स्वरूप के अनुसार परमेश्वर ने उसको उत्पन्न किया, नर और नारी करके उसने मनुष्यों की सृष्टि की। और परमेश्वर ने उन को आशीष दी और उन से कहा, फूलो-फलो, और पृथ्वी में भर जाओ, और उसको अपने वश में कर लो, और समुद्र की मछलियों, तथा आकाश के पक्षियों, और पृथ्वी पर रेंगने वाले सब जन्तुओ पर अधिकार रखो। फिर परमेश्वर ने उन से कहा, सुनो, जितने बीज वाले छोटे छोटे पेड़ सारी पृथ्वी के ऊपर हैं और जितने वृक्षों में बीज वाले फल होते हैं, वे सब मैं ने तुम को दिए हैं। वे तुम्हारे भोजन के लिये हैं। और जितने पृथ्वी के पशु, और आकाश के पक्षी, और पृथ्वी पर रेंगने वाले जन्तु हैं, जिन में जीवन के प्राण हैं, उन सब के खाने के लिये मैं ने सब हरे हरे छोटे पेड़ दिए हैं।" और वैसा ही हो गया।"

आप परमेश्वर के स्वरूप में बनाए गये हैं ताकि उसके जीवन, प्रेम और उद्देश्य को बॉंट सके। आप उसके लिए असीम रूप से मूल्यवान हैं। परमेश्वर ने कुछ भी तुच्छ नहीं बनाया। जो कुछ वह बनाता है वह सब कुछ परिपूर्ण है। उसने आपको अनोखा बनाया है। पौधों और जानवरों से अलग, परमेश्वर ने मनुष्य को अपनी छवि और समानता में बनाया है - आत्मिक और नैतिक प्राणी के रूप में। पौधों में केवल एक शरीर होता है, लेकिन कोई आत्मा और प्राण नहीं है। जानवरों को शरीर के साथ एक बहुत ही बुनियादी प्राण दिया गया है। जबकि मनुष्य को शरीर, प्राण और आत्मा के साथ बनाया गया है। मनुष्य का प्राण बहुत जटिल होता है और इसमें कम से कम पांच भाग हैंः मन, विवेक, आत्म चेतना, भावनाएं और स्वतंत्र इच्छा।

- ✶ मनुष्य का भौतिक शरीर उसे उसके आसपास की दुनिया के प्रति जागरूक बनाता है- दुनिया के प्रति जागरूक।
- ✶ मनुष्य का प्राण उसे उसके भीतर की दुनिया के प्रति सचेत रखता है - स्वयं के प्रति जागरूक।

- ✶ किसी मनुष्य की आत्मा उसे उसके दुनिया के परे उसे जागरूक बनाती है - परमेश्वर के प्रति जागरूक।

जानवर कभी प्रार्थना नहीं करते, कभी परमेश्वर की तलाश नहीं करते, कभी आराधना नहीं करते, क्योंकि उनमें कोई आत्मा नहीं होती है। जो मनुष्य को एक चतुर जानवर से बढ़कर बनाता है, और बोलने और सीधे चलने की क्षमता प्रदान करता है वह उसकी आत्मा ही है। जो मनुष्य के आत्मा को गरिमा देती है - जो इसे पूरी दुनिया से अधिक मूल्यवान बना देता है - वह यह है कि उसका प्राण उसकी आत्मा से अभिन्न रूप से जुड़ा हुआ है। एक जानवर का प्राण नाश हो जाएगा, लेकिन मनुष्य का प्राण, जो सदा के लिए उसकी आत्मा से जुड़ा हुआ है, वह हमेशा के लिए जीवित रहेगा। यह अंतहीन, समयहीन और अनंत है। एक पुरूष या स्त्री पूरे संसार की तुलना में अधिक मूल्यवान है क्योंकि मनुष्य, उसकी आत्मा के माध्यम से, परमेश्वर को जान सकता है, उसकी आराधना कर सकता है और उसका आनंद उठा सकता है। आप अद्भुत तरीके से बनाए गये हो - अपने आप में अनोखे।

> दाउद ने भजन 139:13-14
>
> "मेरे मन का स्वामी तो तू है, तू ने मुझे माता के गर्भ में रचा। मैं तेरा धन्यवाद करूंगा, इसलिये कि मैं भयानक और अद्भुत रीति से रचा गया हूँ"

इससे पहले कि आप पैदा हुए, आप परमेश्वर के मन में मौजूद थे। आपको परमेश्वर द्वारा दिए गये मूल्य किसी श्रेष्ठ माता-पिता से मिले विशेष वंशाणु पर निर्भर नहीं करता है। परमेश्वर के सम्बन्ध में आपका मूल्य आपकी संपत्ति, आपकी त्वचा के रंग, आपकी बुद्धि या औपचारिक शिक्षा से नहीं मापा जाता है। आप बहुमूल्य हैं क्योंकि बाइबल कहती है, "आप परमेश्वर की कारीगरी हैं" (इफिसियों 2:10) दाऊद, जिसने सबसे ज्यादा भजन लिखे हैं, वह इस बात से आश्चर्यचकित था कि परमेश्वर ने मनुष्य को कैसे बनाया।

उसने आत्मा की प्रेरणा में होकर लिखा -

"क्योंकि तू ने उसको परमेश्वर से थोड़ा ही कम बनाया है, और महिमा और प्रताप का मुकुट उसके सिर पर रखा है" (भजन 8:5)।

परमेश्वर के लिए जो मूल इब्रानी शब्द भजन 8:5 में इस्तेमाल किया गया वह "एलोहिम" (Elohim) है, वही शब्द जो उत्पत्ति 1:1 में परमेश्वर के लिए इस्तेमाल किया गया

शब्द है। बाद में भजन संहिता 8:6 में, उसने लिखा, "तू ने उसे अपने हाथों के कार्यों पर प्रभुता दी है। तू ने उसके पांव तले सब कुछ कर दिया है।"

यहाँ दूसरा प्रमुख सत्य है ....

2. मनुष्य ने परमेश्वर के निर्देशों का अविश्वास किया और उलंघन किया जिसका परिणाम पाप हुआ

हम उत्पत्ति अध्याय 1 और 2 में पढ़ते हैं, कि एक सच्चे परमेश्वर यहोवा (Yahweh) द्वारा, आकाश और पृथ्वी बनाने का शानदार कार्य समाप्त होने के बाद, उसने प्रथम आदमी और औरत बनाया - अर्थात् आदम और हव्वा, और उन्हें एक सुंदर बगीचे अदन में रखा।

मनुष्य के लिए परमेश्वर के उद्देश्य को भी उत्पत्ति की पहली पुस्तक में दर्ज किया गया है। अपने स्वरूप और समानता में मनुष्य को बनाने में उनकी योजना यह थी कि वे उनकी दोस्ती का आनंद उठा सके और वे उसका आनंद उठा सके। लेकिन इस दोस्ती को कुछ ऐसा होना चाहिए था, जिसकी स्वैच्छिक रूप से इच्छा की जानी चाहिए थी। आप देखें, परमेश्वर ने हर मानव को स्वतंत्र इच्छा के साथ सृजा है। इसका अर्थ यह है कि जबकि परमेश्वर हर उस व्यक्ति को प्यार करता है जिसे उसने बनाया है, वहीं पर हर इंसान को उसे वापस प्यार करने या उसे अस्वीकार करने का विकल्प भी देता है।

परमेश्वर को यह सुनिश्चित करने की आवश्यकता थी कि आदम और हव्वा उससे प्रेम करते थे कि नहीं, जैसे वह उनसे चाहता था। उन्हें उससे प्यार करने और सम्मान करने के लिए मजबूर नहीं किया गया था।

इसलिए परमेश्वर ने अदन के बगीचे में आदम और हव्वा को रखा और उन्हें "हर पेड़ जो आंखों के लिए सुखद है, और भोजन के लिए दिया अच्छा है, और जीवन के पेड़ को भी बगीचे के बीच में रखा" (उत्पत्ति2:9)।

तब परमेश्वर ने उनके विश्वास को नापने और उनके प्रति अपनी योजना को सशक्त करने के लिए केवल एक बात के प्रति निषिद्ध किया। उसने कहाः

"तू वाटिका के सब वृक्षों का फल बिना खटके खा सकता है; पर भले या बुरे के ज्ञान का जो वृक्ष है, उसका फल तू कभी न खाना; क्योंकि जिस दिन तू उसका फल खाए उसी दिन अवश्य मर जाएगा" (उत्पत्ति 2:16-17)।

चूंकि वे अपनी मित्रता को बांटने के लिए परमेश्वर के स्वरूप में बनाए गए थे, इसलिए जो उसने कहा था, उस पर उन्हें भरोसा रखना था। उनसे उम्मीद की जा रही थी कि परमेश्वर ने जो कहा था, उसके बारे में उन्हें भरोसा होना चाहिए था और यही वह आपसे और मुझसे अपेक्षा करता है।

खैर, जैसा कि हम उत्पत्ति अध्याय 3 को पढ़ते हैं, हमें पता चलता है कि आगे क्या हुआ। शैतान, परमेश्वर का दुश्मन, उसने परमेश्वर की योजना के बारे में सुना और उसने आदम और हव्वा को परमेश्वर के विश्वास को धोखा देने के लिए प्रेरित करने की एक योजना की कल्पना बनाई। हमारे पहले पूर्वज, आदम और हव्वा को गिरे हुए स्वर्गदूत, शैतान द्वारा प्रलोभित किया गया, जिसने सर्प की आवाज़ का इस्तेमाल किया और परमेश्वर के निर्देश का उल्लंघन कराने में सफल रहा।

> उत्पत्ति 3:1-7 में हम पढ़ते हैं-
>
> "यहोवा परमेश्वर ने जितने बनैले पशु बनाए थे, उन सब में सर्प धूर्त था, और उसने स्त्री से कहा, क्या सच है, कि परमेश्वर ने कहा, कि तुम इस बाटिका के किसी वृक्ष का फल न खाना? स्त्री ने सर्प से कहा, इस बाटिका के वृक्षों के फल हम खा सकते हैं। पर जो वृक्ष बाटिका के बीच में है, उसके फल के विषय में परमेश्वर ने कहा है कि न तो तुम उसको खाना और न उसको छूना, नहीं तो मर जाओगे। तब सर्प ने स्त्री से कहा, तुम निश्चय न मरोगे, वरन परमेश्वर आप जानता है, कि जिस दिन तुम उसका फल खाओगे उसी दिन तुम्हारी आंखें खुल जाएंगी, और तुम भले बुरे का ज्ञान पाकर परमेश्वर के तुल्य हो जाओगे। सो जब स्त्री ने देखा कि उस वृक्ष का फल खाने में अच्छा, और देखने में मनभाऊ, और बुद्धि देने के लिये चाहने योग्य भी है, तब उसने उस में से तोड़कर खाया और अपने पति को भी दिया, और उसने भी खाया। तब उन दोनों की आंखे खुल गई, और उन को मालूम हुआ कि वे नंगे है, सो उन्होंने अंजीर के पत्ते जोड़ जोड़ कर लंगोट बना लिये।"

शैतान उस बगीचे में आया और उसने परमेश्वर की आज्ञा को तोड़-मरोड़ के आदम हव्वा के सामने पेश किया, और अपने अधिकार को सुनिश्चित किया"।

शैतान ने कहा: "अगर तुम इस पेड़ का फल खाओगे, तो निश्चित न मरोगे" (उत्पत्ति 3:4)। हव्वा ने उस फल को लिया और उसे खाया। उसने कुछ अपने पति को भी दिया

और उसने भी खाया (उत्पत्ति 3:6)। यही मानवजाति का सबसे पहला और मूल पाप था - परमेश्वर के वचन पर भरोसा न करना और उसकी आज्ञा का उल्लंघन करना।

यह याद रखेंः जब भी हम परमेश्वर की आज्ञाओं का पालन नहीं करते, तब हम पाप करते हैं।

यहाँ एक कलीसिया के पादरी से संबंधित एक सच्ची कहानी है ...

"मैंने जो सबसे पहला अंतिम संस्कार किया था वह तीन साल की एक खूबसूरत बच्ची के लिए था। वह हमारी कलीसिया के एक दंपत्ति का पहला बच्चा था, और उनके विस्तारित परिवार में सबसे पहली पोती थी। दुर्भाग्य से, वह बिगड़ी हुई थी।

एक दिन उस छोटी बच्ची के घर का दौरा करते हुए, मैंने देखा कि वह अपने माता-पिता के निर्देशों का उल्लंघन करने में आनंद महसूस कर रही थी। जब वे उसे आने के लिए कहते, तो वह चली जाती। जब वे कहते, 'बैठ जाओ,' तो वह खड़ी हो जाती। उसके माता-पिता हँसते, और उसके इस व्यवहार को पसंद करते थे। एक दिन उनका सामने का दरवाजा अनजाने में खुला छोड़ दिया गया था। उसके माता-पिता ने अपने बच्चे को यार्ड से भागते और सड़क की ओर बढ़ते देखा। जब वह दो पार्क किए हुए कारों के बीच भागी तो वे दोनों चिल्लाये कि वह रूककर वापस मुड़कर आ जाए। वह एक पल के लिए रुक गई, अपने माता-पिता की ओर मुड़कर देखा, फिर हर्षित रूप से हँसते हुए वह पास ही आनेवाली एक कार के सीधे नीचे आ गयी। माता-पिता ने अपनी छोटी बच्ची को तुरंत अस्पताल पहुंचाया, लेकिन उसकी चोटों के कारण वह मर गई थी।

उस युवा पादरी ने इस सच्ची कहानी का निष्कर्ष इस तरह निकाला कि, "यह मेरे लिए गहन अध्याय था। मुझे एहसास हुआ कि मुझे परमेश्वर के लोगों को न केवल परमेश्वर की आवाज को पहचानने के लिए सिखाना चाहिए बल्कि उसकी आवाज को सुनते हुए उसे तुरंत मानना भी चाहिए जब वे सुनते हैं। यह जीवन है।'

यहाँ तीसरा प्रमुख सत्य है ....

3. मनुष्य की पापमय अनाज्ञाकारिता का दंड तत्काल आत्मिक मृत्यु था जिसका परिणाम अंतिम शारीरिक मृत्यु था

जिसकी परमेश्वर ने वास्तविक रूप से आदम और हव्वा के लिए योजना बनाई थी, कि वे हमेशा के लिए जीवित और समृद्ध होंगे। हालांकि, उन्होंने (परमेश्वर ने) उन्हें चेतावनी दी थी कि अगर उन्होंने परमेश्वर के विश्वास के साथ दुर्वव्यवहार किया और

उनके वचन पर अविश्वास किया,तो पाप में गिरने की प्रक्रिया शुरू हो जाएगी और वे मर जाएंगें। परमेश्वर ने उन्हें पहले से ही आगाह कर दिया था कि, "क्योंकि जिस दिन तू उसका फल खाए उसी दिन अवश्य मर जाएगा" (उत्पत्ति 2:17)।

आदम और हव्वा के परमेश्वर के भरोसे को त्यागने और उनके निर्देशों का पालन न करने के बाद, परमेश्वर वाटिका में आए और इसके क्या दर्दनाक परिणाम होंगे इसके बारे में उन्हें बताया।

> उत्पत्ति 3:16-19 हम पढ़ते है

फिर स्त्री से उसने कहा, मैं तेरी पीड़ा और तेरे गर्भवती होने के दुःख को बहुत बढ़ाऊंगा; तू पीड़ित हो कर बालक उत्पन्न करेगी; और तेरी लालसा तेरे पति की ओर होगी, और वह तुझ पर प्रभुता करेगा। और आदम से उसने कहा, तू ने जो अपनी पत्नी की बात सुनी, और जिस वृक्ष के फल के विषय मैं ने तुझे आज्ञा दी थी कि तू उसे न खाना उसको तू ने खाया है, इसलिये भूमि तेरे कारण शापित हैः तू उसकी उपज जीवन भर दुःख के साथ खाया करेगाः और वह तेरे लिये कांटे और ऊंटकटारे उगाएगी, और तू खेत की उपज खाएगा; और अपने माथे के पसीने की रोटी खाया करेगा, और अन्त में मिट्टी में मिल जाएगा; क्योंकि तू उसी में से निकाला गया है, तू मिट्टी तो है और मिट्टी ही में फिर मिल जाएगा।

आज संसार में आदम और हव्वा के पाप के परिणाम का एक दर्दनाक अनुस्मारक है। हर बार स्त्री प्रसव पीड़ा के साथ बच्चे को जन्म देती है और जब भी हम एक अत्येष्टि क्रिया में शवपेटिका को कब्र में ले जाते हुए देखते हैं, तो यह हमें याद दिलाता है कि उत्पत्ति के अध्याय 3 में परमेश्वर ने क्या बात की थी। आदम और हव्वा ने अपनी स्वतंत्र इच्छा का प्रयोग किया और परमेश्वर ने जो कहा था उसकी अपने कार्य से अवहेलना और अविश्वास किया। परमेश्वर ने जो कहा था उस सच्चाई पर उनके विश्वास की कमी को पाप कहा गया था।

बाइबल में बार-बार, परमेश्वर हमें याद दिलाते हैं किः

'पाप की मजदूरी मृत्यु है' (रोमियों 6:23)।

> यहेजकेल 18:4 में, परमेश्वर घोषणा करते हैं कि:
>
> "जो प्राणी पाप करे वही मर जाएगा" (यहेजकेल 18:4)।

आदम और हव्वा की अनाज्ञाकारिता के कारण, पाप ने मानव जाति में प्रवेश किया। यह सभी पीढ़ियों तक पारित किया जाएगा।

> रोमियों 5:12 याद दिलाती है-
>
> "इसलिये जैसा एक मनुष्य के द्वारा पाप जगत में आया, और पाप के द्वारा मृत्यु आई, और इस रीति से मृत्यु सब मनुष्यों में फैल गई, इसलिये कि सब ने पाप किया।"

यहाँ से पीड़ा, बीमारी, दर्द, घृणा, लालसा, जलन, हत्या, ईर्ष्या, अकेलापन, अपराध, गरीबी, भूख और मृत्यु के विनाश की शुरुआत हुई जिसे आज हम संसार में देखते हैं। पाप के हमेशा न केवल दर्दनाक परिणाम होते हैं, बल्कि यह दूसरों को भी प्रभावित करता है। आदम के पाप का निश्चित और तीव्र परिणाम मृत्यु था। परमेश्वर ने कहा था, 'जिस दिन तू उसका फल खाए उसी दिन अवश्य मर जाएगा' (उत्पत्ति 2:17)। लेकिन एक मिनट रुको! क्या आदम तुरंत 'निश्चित रूप से मर गया था'? यदि हां, तो बाइबल में यह क्यों दर्ज है कि वह कई सैकड़ों वर्षों तक जीवित रहा? वास्तव में आदम मर गया था, लेकिन यह समझना महत्वपूर्ण है कि वह कैसे मर गया था।

सबसे पहले, आदम की तुरंत अपनी आत्मा में मृत्यु हो गई थी। आत्मिक मृत्यु शारीरिक मृत्यु से अलग है। आत्मिक मृत्यु परमेश्वर से मनुष्य की आत्मा का अलगाव है।

दूसरा, आदम मृत्यु की ओर अग्रसर होकर और अंत में अपने भौतिक शरीर में मर गया। शारीरिक मृत्यु एक व्यक्ति के शरीर का आत्मा से अलगाव है।

आदम की उसी दिन आत्मिक रूप से मृत्यु हो गई थी जब उसने अदन की वाटिका में पाप किया था, भले ही वह तब भी अपने पैरों पर खड़ा था। उसके पाप के परिणामस्वरूप, उसकी आत्मा तुरंत परमेश्वर की आत्मा से अलग हो गई थी।

परमेश्वर की आत्मा का आदम से अलग होने का क्या परिणाम हुआ? परमेश्वर की आत्मा मनुष्य की आत्मा के लिए वैसे ही हैं जैसे लहू शरीर के लिए है। वह मनुष्य की आत्मा के लिए जीवन शक्ति है। यूहन्ना ने कहा, 'उस में जीवन था और वह जीवन मनुष्यों की ज्योति थी' (यूहन्ना 1:4)। ये वचन मसीह की बात कर रहे हैं, जो मसीह के बारे में सच है वह आत्मा के बारे में भी सच है। परमेश्वर मनुष्य के लिए ज्योति और जीवन है।

जब आदम ने पाप किया, तो प्रभु का आत्मा निकल गया। और जब प्रभु का आत्मा निकल गया, तो जीवन निकल गया। और जब जीवन निकल गया, तो ज्योति निकल गई। अब आदम आत्मिक रूप से दूशित हो गया था - कोई परमेश्वर नहीं, वह आत्मिक रूप से मर गया था - कोई जीवन नहीं, और उसका जीवन आत्मिक रूप से अँधेरे में था - कोई ज्योति नहीं थी। कई सदियों बाद तक भी ऐसा नहीं हुआ था जब तक यीशु मसीह की मृत्यु, दफनाया जाना और पुनरुत्थान ने इन सभी तीन समस्याओं का समाधान नहीं किया था। आदम की अपनी आत्मा में तुरंत और प्रगतिशील रूप से अपने शरीर में मृत्यु हो गई थी।

> उत्पत्ति 5:5 में दर्ज है:
>
> "और आदम की कुल अवस्था नौ सौ तीस वर्ष की हुईः तत्पश्चात वह मर गया"।

अब, अंत में, आदम का शारीरिक शरीर काम करने के लिए मर गया था। हालांकि, आदम में, मौत की प्रक्रिया इससे पहले ही शुरू हो गई थी। वह एक जीवित क्रिसमस पेड़ की तरह था, ताजा जड़ से कटा हुआ (जीवन के ट्रांसमीटर) और आपके कमरे में लाया गया। यह आपके घर में अपने सभी रंगीन गहनो और रोशनी के साथ अच्छा लगता है। यही है, नए साल के दिन तक अच्छा लगता है! तब तक, जब पेड़ को काटा जाता है तो उसके साथ क्या होता है, वह उसके बाहरी संकेतों से धीरे-धीरे स्पष्ट हो जाता है।

इसी तरह, बहुत से उद्धार न पाए हुए लोग हैं, जो पाप के कारण परमेश्वर से अलग हो गए हैं, स्वयं को सजाते हैं और यहां तक कि रविवार की सुबह कलीसिया में आते हैं और आराधना करने की कोशिश करते हैं। वे बहुत अच्छे हो सकते हैं, लेकिन उनमें कोई आत्मिक जीवन या ज्योति नहीं है। कई लोग जानते हैं कि कुछ गलत है, और वे दुखी हैं। वे सच्चे जीवन के स्रोत से कट गए हैंः परमेश्वर, और आत्मिक रूप से मर चुके हैं। अंततः वे शारीरिक रूप से भी मर जाएंगे। इसे बहुत अच्छी तरह से कहा गया है कि आपके सीने में हृदय की धड़कन 'कब्र की ओर अंतिम संस्कार के लिए जाते समय बजाये जाने वाला एक ढोल है'।

यहाँ एक हास्यपूर्ण कहानी हैः परमेश्वर का आदम और हव्वा को अदन की वाटिका से बाहर करने के कई सालों बाद, जब कैन और हाबिल मैदान में खेल रहे युवा लड़के थे, तब वे एक ऊंची दीवार के पास पहुंचे। दीवार की दूसरी तरफ क्या है उसका पता लगाने के लिए वे उत्सुक थे, इसलिए वे एक ऊंचे पेड़ पर चढ़ कर देखने लगे। उनके

आश्चर्य के लिए उन्होंने अद्‌भुत फल वाले वृक्षों और सबसे रंगीन फूलों से भरी सबसे सुंदर वाटिका देखी। यह स्वर्ग जैसा दिखता था।

बाद में उसी रात उन्होंने अपने पिता और माता से (आदम और हव्वा) उस सुंदर स्वर्गलोक जैसी वाटिका के बारे में पूछा जो उन्होंने देखी थी। आदम ने देखा और कहा, 'वह हमारा घर था जब तक तुम्हारी माता ने हमें फल खिलाकर वहां से नहीं निकाला था।'

यहाँ चौथा प्रमुख सत्य है ....

4. परमेश्वर ने मनुष्य से इतना प्रेम किया और उसे इतना मूल्यवान समझा कि उन्होंने उसे नष्ट ना होने दिया, इसलिए उनके लिए उद्धार का एक मार्ग तैयार किया।

परमेश्वर ने मनुष्य के लिए अपने उद्देश्य को कभी नहीं छोड़ा। परमेश्वर प्रेम है और प्रेम कभी त्यागता नहीं है। जब आदम और हव्वा ने पाप किया तो परमेश्वर का प्रेम कार्य करने के लिए उतर आया। उसे (परमेश्वर) मानवता को अपने साथ घनिष्ठ संबंध में वापस लाने के लिए एक वैध और कानूनी तरीका मिल गया।

यद्यपि मनुष्य ने परमेश्वर के वचन को अस्वीकार कर दिया था और उसकी अनाज्ञाकारिता की थी, फिर भी परमेश्वर नहीं चाहते थे कि उनकी सुंदर सृष्टि नष्ट हो जाए और मर जाए। और वह नहीं चाहते हैं कि आप आत्म विनाश में निराश और क्षय हो जाएं और आपको तिरस्कार की शर्म का सामना करना पड़े।

> यहेजकेल 18:32 में परमेश्वर सभी मनुष्य से कहा
>
> "क्योंकि, प्रभु यहोवा की यह वाणी है, जो मरे, उसके मरने से मैं प्रसन्न नहीं होता, इसलिये पश्चात्ताप करो, तभी तुम जीवित रहोगे।"
>
> 2 पतरस 3:9 कहता है:
>
> "परमेश्वर नहीं चाहता, कि कोई इन्सानी जाती में नाश हो; वरन यह कि सब को मन फिराव का अवसर मिले।"

आइए हम उत्पत्ति के अध्याय 3 में बाइबल कथा के खाते में आगे बढ़ें और परमेश्वर के प्रेमपूर्ण हृदय और आदम और हव्वा के साथ उसके कृपापूर्ण व्यवहार पर आश्चर्य करें।

> सबसे पहले, उत्पत्ति 3:8 - 9 में परमेश्वर ने पुरुष और स्त्री के पाप करने के बाद उनकी खोज की।

'उन्होंने (आदम और हव्वा), प्रभु परमेश्वर की शांत वाटिका में चलने की आवाज को सुना, और उस पुरुष और उसकी पत्नी ने यहोवा परमेश्वर की उपस्थिति से अपने आप को वाटिका के वृक्षों के बीच में छिपा लिया। तब परमेश्वर ने उस पुरुष से कहा, 'तुम कहां हो?'

कभी-कभी दार्शनिकों ने मूर्खता से यह घोषणा की, कि बाइबल केवल मनुष्य की परमेश्वर की खोज के बारे में है। लेकिन बाइबल में हम इसके विपरीत देखते हैं। वास्तव में बाइबल परमेश्वर की मनुष्य की खोज को दर्ज करती है! यहाँ उत्पत्ति 3:9 में, हम देखते हैं कि परमेश्वर स्वयं को वापस मनुष्य के साथ मेल-मिलाप करने के लिए पहला कदम उठाते है। परमेश्वर आदम और हव्वा को वैसे नहीं खोज रहे थे जैसे एक पुलिसकर्मी अपराधी को खोजता है। वास्तव में, परमेश्वर आदम और हव्वा की खोज ऐसे कर रहे थे जैसे एक प्रेमपूर्ण चरवाहा अपनी खोई हुई भेड़ को खोजता है। यह अयोग्य पापी के लिए परमेश्वर का कार्यशील प्रेम है। हम इसे 'परमेश्वर का अनुग्रह' कहते हैं।

जब हम बाइबल कथा को आगे पढ़ते हैं, हम परमेश्वर के कार्यशील प्रेम को फिर से देखते हैं जब वह उन्हेंएक उद्धारकर्ता देने का वायदा करते हैं (उत्पत्ति 3:15) और उन्हें वस्त्र पहनाते हैं (उत्पत्ति 3:21)।

> उत्पत्ति 3:21 में लिखा है:
>
> "और यहोवा परमेश्वर ने आदम और उसकी पत्नी के लिये चमड़े के अंगरखे बना कर उन को पहिना दिए"।

यद्यपि हमें विशेष रूप से ऐसा नहीं बताया गया है, संभवतः ऐसा प्रतीत होता है कि कुछ मासूम जानवरों को मरना पड़ा होगा ताकि आदम और हव्वा को वस्त्र पहनाए जा सके। इस प्रकार, यहां हमारे पास दोषी लोगों के लिए निर्दोष की मृत्यु के उस महान बाइबल सिद्धांत का पहला उदाहरण है।

एक निर्दोष जानवर के खून का बहाया जाना और उसको मारना, परमेश्वर के उद्धारकर्ता यीशु केबलिदान का पूर्वाभास था जो पवित्र था, लेकिन हमारी दोषी मानव जाति के पापों का भुगतान करने के लिए क्रूस पर मर गया। यीशु के जन्म से पहले शताब्दियों

की एक और भविष्यवाणी में, यशायाह भविष्यद्वक्ता ने भविष्यवाणी की थी कि यीशु मसीह को क्रूस पर चढ़ाया जाएगा और क्रूस पर छेदा जाएगा और मानव जाति के पापों का भुगतान करने के लिए उसका निर्दोष लहू बहाया जाएगा।

"परन्तु वह (मसीह) हमारे ही अपराधो के कारण घायल किया गया, वह हमारे अधर्म के कामों के हेतु कुचला गया, हमारी ही बुकशैल्फ के लिये उस पर ताड़ना पड़ी कि उसके कोड़े खाने से हम चंगे हो जाएं। हम तो सब के सब भेड़ों की नाईं भटक गए थे। हम में से हर एक ने अपना अपना मार्ग लिया और यहोवा (पिता परमेश्वर) ने हम सभों के अधर्म (पाप) का बोझ उसी (मसीह) पर लाद दिया" (यशायाह 53:5,6)।

जब हम बाइबल कथा को आगे पढ़ते हैं, तब हम देखते हैं कि परमेश्वर का प्रेम फिर से कार्यशील होता है जब वह अदन की वाटिका से आदम और हव्वा को हटाता है।

> "फिर यहोवा परमेश्वर ने कहा, मनुष्य भले बुरे का ज्ञान पाकर हम में से एक के समान हो गया है: इसलिये अब ऐसा न हो, कि वह हाथ बढ़ा कर जीवन के वृक्ष का फल भी तोड़ के खा ले और सदा जीवित रहे। तब यहोवा परमेश्वर ने उसको अदन की बाटिका में से निकाल दिया कि वह उस भूमि पर खेती करे जिस में से वह बनाया गया था। इसलिये आदम को उसने निकाल दिया और जीवन के वृक्ष के मार्ग का पहरा देने के लिये अदन की बाटिका के पूर्व की ओर करुबों को, और चारों ओर घूमने वाली ज्वालामय तलवार को भी नियुक्त कर दिया"
>
> (उत्पत्ति 3:22-24)।

परमेश्वर द्वारा अदन से मनुष्य का निश्कासन वास्तव में न्याय के बजाय दया का कार्य था। जैसे हमें उत्पत्ति 3:22 में बताया गया है, परमेश्वर ने मानव जाति को जीवन के वृक्ष में हिस्सा लेने और अनैतिकता में सदा जीवित रहने से रोकने के लिए ऐसा किया था। कल्पना किजिए कि इस ग्रह धरती पर रहना किस तरह का होगा, जहां दुष्ट और बुरे लोग हैं जो हमेशा के लिए जीवित रह सकते हैं? उदाहरण के लिए, एडोल्फ हिटलर का उदाहरण लीजिए, जो अपने 56वें जन्मदिन तक पहुंचने से कुछ दिन पहले ही खुद को मार लेता है। अपने संक्षिप्त जीवन काल के दौरान, वह निशानेबाजी, बम विस्फोट, लटकाने, जलाने, गैस का जहर के असर और अत्याचार और मृत्यु के अन्य रूपों से लाखों लोगों का वध करने के लिए सीधे जिम्मेदार था, जो उल्लेख करने के लिए बहुत भयानक है। लेकिन तब क्या होता अगर नाजी दैत्य 500 या यहां तक कि 5000 साल

तक जीवित रहता? या उससे भी बदतर, तब क्या होता अगर वह हमेशा के लिए जीवित रहता? इसीलिए परमेश्वर ने आदम को अदन से बाहर निकाला और उन्हें पाप करने के बाद उस जीवन के वृक्ष से खाने की अनुमति नहीं दी। परमेश्वर प्रेम है और उनका प्रेम अंत तक आपको आगे बढ़ाएगा।

यहां पाँचवां और अंतिम प्रमुख सत्य है ....

5. परमेश्वर ने यीशु को उद्धार का मार्ग प्रदान करने के लिए क्रूस पर मरनेके लिए भेजा।

परमेश्वर की उद्धार की योजना एक ऐसी योजना थी जिसमें मृत्यु की सजा को समाप्त करने का उद्देश्य था और लोगों को परमेश्वर के साथ सम्बन्ध में वापस बहाल करना था। उनकी उद्धार की योजना क्या थी, और यह कैसे आपको परमेश्वर के साथ बहाल कर सकती हैं और कानूनी तौर पर आपको पापों के लिए मृत्यु की सजा से कैसे मुक्त कर सकती हैं? परमेश्वर की योजना अपने ही अनन्त पुत्र, यीशु को भेजना था, जो क्रूसपर मरने के लिए एक निर्दोष विकल्प के रूप में पूरी दोषी मानव जाति की जगह ले सके।

यह परमेश्वर का कार्यशील प्रेम था। आपको एक विकल्प प्रदान करना, जिसका अपना स्वयं का कोई पाप नहीं किया और जिसका जीवन परमेश्वर के लिए कितना अनंत मूल्य का था कि उसका बलिदान पूरी मानव जाति के पापों का दंड देने के लिए कहीं अधिक होगा।

> 1 यूहन्ना 4:10 में हम पढ़ते है-
>
> "प्रेम इस में नहीं कि हम ने परमेश्वर ने प्रेम किया, पर इस में है, कि उस ने हम से प्रेम किया, और हमारे पापों के प्रायश्चित के लिये अपने पुत्र (यीशु मसीह) को भेजा।"
>
> 1 पतरस 2:21-24 में हम पढ़ते है-
>
> "..... मसीह भी तुम्हारे लिये दुख उठा कर, तुम्हें एक आदर्श दे गया है, कि तुम भी उसके चिन्ह पर चलो। न तो उस ने पाप किया, और न उसके मुंह से छल की कोई बात निकली। पर अपने आप को सच्चे न्यायी के हाथ में सौपता था। वह आप ही (यीशु मसीह) हमारे पापों को अपनी देह पर लिए हुए क्रूस पर चढ़ गया जिस

> से हम पापों के लिये मर कर के धामिर्कता के लिये जीवन बिताएं; उसी के मार खाने से तुम चंगे हुए।
>
> रोमियों 5:8 कहता है.....
>
> "परन्तु परमेश्वर हम पर अपने प्रेम की भलाई इस रीति से प्रगट करता है, कि जब हम पापी ही थे तभी मसीह हमारे लिये मरा।"

लेकिन यीशु के पास उद्धारकर्ता होने के लिए विशिष्ट रूप से क्या योग्यता थी - जो मानव जाति के लिए विकल्प था?

* सबसे पहला, क्योंकि यीशु मसीह का जन्म पाप रहित था और उसने पूरी तरह पापहीन जीवन जिया था।

अगर हम लूका अध्याय 1:26 - 35 के सुसमाचार को पढ़ते हैं, तो हम देखेंगे कि यीशु का जन्म अलौकिकरूप से एक कुंवारी के द्वारा हुआ था। यीशु का अलौकिक ढंग से कुंवारी से जन्म लेने का पूर्वानुमान यशायाह ने पहले ही भविष्यवाणी के द्वारा किया था (यशायाह 7:14)। परमेश्वर की आत्मा ने एक कुंवारी, मरियम पर छाया किया और मसीह के दिव्य जीवन का बीज उसके गर्भ में आ गया था। इस तरह, यीशु का जन्म मानव बीज से नहीं हुआ था जो पाप से संक्रमित था।

हालांकि, सिर्फ यीशु की अवधारणा ही नहीं, बल्कि लोगों के बीच उसके जीवन को निर्दोष होना था, ताकि वह आपका विकल्प बन सके। किसी भी मनुष्य के रूप में परमेश्वर के पुत्र को पाप के प्रलोभन का सामना करना था। यीशु की शैतान द्वारा परीक्षा ली गई थी, जैसे कि आदम और हव्वा की हुई और वह पाप रहित रहा। यही कारण है कि जैसे ही उसने अपनी सार्वजनिक सेवकाई शुरू की, वैसे ही यीशु को जंगल में परमेश्वर के आत्मा की अगुवाई में ले जाया गया, जहां शैतान उसे बिल्कुल वैसे ही परीक्षा देने के लिए आया था, जैसे उसने अदन की वाटिका में आदम और हव्वा की परीक्षा ली थी। हर बार शैतान ने यीशु को ऐसा करने के लिए प्रेरित किया, जो परमेश्वर की इच्छा नहीं थी, यीशु ने उसके सुझावों को अस्वीकार कर दिया और स्पष्टरूप से कहा कि परमेश्वर ने क्या कहा था (मत्ती 4:1-11)।

बाइबल कहती है कि यीशु के सांसारिक जीवन में, वह भी हर तरह के प्रलोभन में होकर गुजरा था जैसा कि आप हैं, फिर भी कोई पाप किए बिना (इब्रानियों 4:15; 1 पतरस 2:22)।

यह बताता है कि वह आपके लिए विकल्प क्यों बन पाया? हालांकि उसमें कोई पाप नहीं था, और उसने कोई पाप नहीं किया, वह आपके पापों को ग्रहण कर सकता है और अपने जीवन को आपके लिए रिहाई केरूप में दे सकता है।

> इब्रानियों 5:9 कहता है:
>
> "और सिद्ध बन कर, अपने सब आज्ञा मानने वालों के लिये सदा कालके उद्धार का कारण हो गया।"

✶ दूसरा, क्योंकि यीशु मसीह परमेश्वर का अनन्त पुत्र था, उसका बलिदान असीम मूल्य का था।

कोई भी मनुष्य कभी किसी अन्य मनुष्य के पापों का भुगतान नहीं कर सकता है। इसका कारण स्पष्ट है।एक पापी किसी दूसरे पापी के पापों के लिए कैसे भुगतान कर सकता है? हालांकि उपरोक्त को मानना भी संभव था, एक मनुष्य का पूरी मानव जाति के पापों का भुगतान करने के लिए पर्याप्त योग्य बलिदान प्रदान करना यह समझना अकल्पनीय होगा। यही कारण है कि यीशु मसीह का बलिदान इतना अनोखा और विशेष था। वह अनंत परमेश्वर का स्वयं का पुत्र था। उसका जीवन परमेश्वर पिता की नजर में इतना अनंत मूल्य का था, कि उसका बलिदान पूरी मानव जाति के पापों की सजा का भुगतान करेगा।

क्योंकि यीशु मसीह को आपके दंड का सामना करना पड़ा था, और जब उसने आपकी ओर से यह किया था, तब से अब आपको परमेश्वर के सामने दोषी ठहराए जाने की जरूरत नहीं है और अब आपने कोई भी पाप जो आपने कभी भी किया है उसके लिए आपका न्याय नहीं किया जाएगा। जो न्याय आप को भुगतना चाहिए था वो आपके विकल्प यीशु पर रखा गया था, और अब वह न्याय फिर से आपके लिए कभी भी नहीं किया जा सकता है। यह बाइबल में परमेश्वर के हृदय की योजना है जिसे हम उद्धार कहते हैं। इसे 'शुभ समाचार' या "सुसमाचार का संदेश" भी कहा जाता है।

यह बाइबल का केंद्रीय विषय या कहानी है। तो आपको अपने पापों और उसके उध्दार के लिए परमेश्वर की क्षमा प्राप्त करने के लिए क्या करने की आवश्यकता है?

> यूहन्ना 3:16 हमें बताता है कि:
>
> "क्योंकि परमेश्वर ने जगत से ऐसा प्रेम रखा कि उस ने अपना एकलौता पुत्र दे दिया, ताकि जो कोई उस पर विश्वास करें, वह नाश न हो, परन्तु अनन्त जीवन पाए।"

अनन्त जीवन प्राप्त करने के लिए आपको केवल अपने उध्दार के लिए यीशु पर भरोसा और विश्वास करना है।"

> प्रेरितों के काम 16:31 में, बाइबल कहती है:
>
> "प्रभु यीशु मसीह पर विश्वास कर, तो तू और तेरा घराना उध्दार पाएगा।"
>
> यूहन्ना 3:16 कहता है:
>
> "जो पुत्र पर विश्वास करता है, अनन्त जीवन उसका है।"

जब हम हमारे प्रभु और उद्धारकर्ता के रूप में यीशु पर भरोसा और विश्वास करते हैं, तो हमारे साथ बहुत अद्‌भुत चीजें होती हैं:

- ★ हमें हमारे सभी पापों की क्षमा मिलती हैं (इफिसियों 1:7)। यीशु को परमेश्वर का मेम्ना कहा जाता है जो पूरे संसार के पापों को दूर करता है (यूहन्ना 1:29)। परमेश्वर का अदन की वाटिका में एक जानवर को मारने का यह अर्थ था। निर्दोष जानवर के लहू का बहाव यीशु की ओर से प्रत्याशित था - अर्थात् परमेश्वर का मेम्ना।
- ★ परमेश्वर हमें अपने 'धार्मिकता के वस्त्र' (यशायाह 61:10) को पहनाता है। यीशु ने न केवल हमारे पापों को अपने शरीर पर ले लिया बल्कि वह हमें अपनी धार्मिकता के वस्त्र भी पहनाता है जब हम उस पर विश्वास करते हैं (2 कुरिन्थियों 5:21)। अदन की वाटिका में जानवर की खाल से आदम और हव्वा को वस्त्र पहनाने का यह अर्थ था। यीशु - हमारी धार्मिकता बन जाता है।
- ★ परमेश्वर का पवित्र आत्मा हमारे जीवन में आता है और हमारे अंदर निवास करता है (गलतियों 4:4; इफिसियों 1:13)। यदि आपको याद आता है, जैसे ही आदम और हव्वा ने पाप किया, तो प्रभु का आत्मा उनके जीवन से बाहर निकल गया। और जब प्रभु का आत्मा निकल गया, तो जीवन निकल गया। और जब जीवन निकल गया, तो ज्योति निकल गई। अब आदम आत्मिक रूप से दूशित था - कोई परमेश्वर नहीं। वह आत्मिक रूप से मृत था - कोई जीवन नहीं। वह आत्मिक रूप से अंधेरे में था - कोई ज्योति नहीं। लेकिन अब, जब कोई व्यक्ति यीशु पर भरोसा करता है, तो पवित्र आत्मा उसकी आत्मा में

रहने के लिए आता है और उसके शरीर को अपना मंदिर बना लेता है। अब यीशु के शरीर में रहने के साथ, विश्वासी के पास तीनों चीजें हैं, परमेश्वर, उसका जीवन और उसकी ज्योति।

एक मनुष्य का उध्दार उसे पृथ्वी से स्वर्ग तक ले जाने से कई अधिक है -उध्दार यह भी है की स्वर्ग का परमेश्वर मनुष्य के हृदय में वास करें जब वह इस धरती पर जी रहा है। यह बाइबल की केंद्रीय कहानी है। अदन की वाटिका में आदम और हव्वा हार गए, यीशु ने क्रूस के द्वारा मानव जाति के लिए वापस जीत हासिल की।

संदर्भः

[1]द पावर ऑफ हिज़ प्रेसेंस: डॉ. एड्रियन रोजर्स

[2]विलमिंगटन गाइड टू द बाइबल

गृहकार्य # 3पाठ # 3

1) रिक्त स्थान को भरें:

1. यहूदी भाषा में उत्पत्ति शब्द का अर्थ .... है।
2. मनुष्य को एक शरीर, एक .... और एक .... के साथ बनाया गया है। मनुष्य के प्राण में कम से कम 5 भाग हैं: ...., ..., ..., ... और एक ....।
3. मनुष्य का भौतिक शरीर उसे उसके आसपास के संसार के प्रति जागरूक बनाता है: उसे ....बनाता है। मनुष्य का प्राण उसके भीतर उसे संसार के प्रति जागरूक बनाता है - उसे .... बनाता है। मनुष्य की आत्मा उसके ऊपर संसार के प्रति जागरूक बनाती है - उसे .... बनाता है।
4. हमारे पहले पूर्वज आदम और हव्वा को गिराए गए स्वर्गदूत शैतान ने परीक्षा दी थी, जिसने सर्प के .... का इस्तेमाल किया और उन्होंने परमेश्वर के निर्देशों की अनाज्ञाकारिता की।
5. मानव जाति का पहला और मूल पाप - .... और .... परमेश्वर का वचन।
6. आदम अपनी आत्मा में .... मर गया। आत्मिक मृत्यु मनुष्य का .... से .... अलगाव है।
7. आदम की .... मृत्यु हुई और अंततः वह अपने भौतिक शरीर में भी मर गया। शारीरिक मृत्यु किसी मनुष्य का अपने .... से .... अलगाव है।
8. एक निर्दोश जानवर के लहू का बहाया जाना और हत्या, परमेश्वर के उद्धारकर्ता यीशु के ....का पूर्वाभास था, जो .... था, जिसने क्रूस पर दोशी मानव जाति के पापों का भुगतान करने के लिए मृत्यु सही।

2) नीचे निम्नलिखित वचनों को पूरा करें:

1. पाप की .... मृत्यु है (रोमियों 6:23)।
2. इसलिये जैसा एक मनुष्य के द्वारा ...... जगत में आया, और पाप के द्वारा ..... आई, और इस रीति से मृत्यु .....मनुष्यों में फैल गई, इसलिये कि सब ने पाप किया। (रोमियों 5:12)।

3. रोमियों 5:8 घोषित करता है, 'परन्तु परमेश्वर हम पर अपने प्रेम की भलाई इस रीति से प्रगट करता है, कि जब हम ...... ही थे तभी मसीह हमारे लिये मरा।'

3) 5 प्रमुख सच्चाईयों की सूची बनाएं, जो कि बाइबल की मुख्य कहानी है।

अध्याय 4

यीशु, एक प्रतिज्ञा किया हुआ उद्धारकर्ता और उनकी विशिष्टता

ऐसा अनुमान लगाया गया है, कि आदम के बाद से लगभग 40 अरब लोग इस धरती पर रह चुके हैं। मानवता के इस विशाल समूह में कितना अंतर देखा जा सकता है! इसमें विभिन्न जातियों के पुरुषों और महिलाओं को शामिल किया गया है। इन पुरुषों और महिलाओं ने पृथ्वी के हर कोने का अन्वेशण किया और उसमें बस गए हैं। वे दर्जनों भाषा बोलते हैं, बहुसंख्यक धर्मों को मानते हैं, और उन्होंने कई संस्कृतियों को प्रतिपादित किया है।

परन्तु हर एक मनुष्य एक महत्वपूर्ण बात का अनुकरण करता है। इस शिक्षा के विषय पर, उनके यहां के जीवन का उद्देश्य, और इस जीवन के बाद उनका अनन्त जीवन, प्रभु यीशु मसीह के साथ उनके व्यक्तिगत संबंधों पर पूरी तरह निर्भर करता है। इसलिए, यीशु के जीवन के महत्व पर अत्याधिक बल देना आवश्यक है। इस जगत का मुख्य प्रश्न"मसीह के बारे में आप क्या सोचते हैं" बना हुआ है? (मत्ती 22:42)।

मसीहा - यीशु मसीह के बारे में भविष्यवाणियां

पुराने नियम में तीन सौ ऐसे पद्यांष हैं, जो मसीह के प्रथम आगमन का उल्लेख करते हैं। इन सैकड़ों भविष्यवाणियों के अंतर्गत, बाइबल के विद्वानों ने यीशु के जीवन, मृत्यु और जी उठने के बारे में अड़तालीस विशिष्ट विवरण खोज निकाले हैं। मसीह के बतेलेहम में जन्म से पांच सदी पहले, इन शास्त्रीय भविष्यवाणियों को प्रकाशित किया गया था। इस अध्याय में हम इन सत्रह भविष्यवाणियों की चर्चा करेंगे, उनके निर्वाह के सबूतों की जांच करेंगे, और यह साबित करेंगे कि नासरत के यीशु ने उन्हें पूरा किया, और दिखाया कि वह प्रतिज्ञा किया हुआ मसीहा, अर्थात् परमेश्वर का पुत्र है।

संभाव्यता का नियम

आंकड़ों के अध्ययन में गणितीय संभाव्यता के सिद्धांत और नियम शामिल हैं। संभाव्यता उस सीमा का उल्लेख करती है, जहाँ कुछ होने की संभावना होती

है। संभाव्यता का नियम सामान्य नहीं हैं। वे इतने विश्वसनीय हैं कि बड़ी बीमा कंपनियां एक तीस वर्षीय पुरुष के परिवार को प्रति माह केवल 1500 ($ 30) के एक छोटे से प्रीमियम के बदले करोड़ों रुपये (लाखों डॉलर) का भुगतान करने का वादा करने वाली नीतियां लिखती हैं। वे केवल 1500 ($30) के मासिक प्रीमियम के बदले में इतनी बड़ी विपत्ति का प्रस्ताव कैसे रख सकती हैं? इसका जवाब संभाव्यता के नियम में पाया जाता है। मृत्यु दर की तालिकाओं का सावधानीपूर्वक विश्लेषण करने के बाद, बीमा कंपनियों को पता है, कि तीस साल के ग्राहकों का केवल एक छोटा सा हिस्सा हैं जिनका वेबीमा करते हैं, उनकी वास्तव में अगले वर्ष के भीतर मृत्यु हो जाती हैं। इसी तरह गणितीय संभावनाओं की अच्छी तरह से स्थापित परिगणना से, प्रतिदिन बीमा कंपनियां हजारों करोड़ रुपये (अरबों डॉलर) का खतरा उठाती हैं।

संभाव्यता के नियम प्रकट करता है, कि यदि किसी घटना की अव्यवस्थित घटित होने की संभावना पॉच में से एक है और दूसरी घटना की दस में से एक, तो इस बात की संयुक्त संभावना कि दोनों घटनाएं एक साथ क्रमानुसार घटित होंगी, पांच गुणा दस होगी। इस प्रकार, क्रमानुसार होने वाली दोनों घटनाओं की संयुक्त संभावना पचास में से एक है। उपरोक्त के परिप्रेक्ष्य में और ताकि उसकी सराहना कर सकें, सिक्के को हवा में उछालने पर, घटित परिणामों पर विचार करें। चूंकि एक सिक्के के दो पहलू होते हैं, जब आप एक रुपया का सिक्का उछालते हैं, तो आपको "चित" मिलने की संभावना पचास प्रतिशत या दो में से एक होती है। हालांकि, मान लें यदि आप एक ही समय में दो एक रुपये के सिक्कों को उछालते हैं। एक समय में दो बार "चित' आने की संभावनाएं क्या हैं? इसका उत्तर चार है। इसकी संयुक्त संभावनाएं 2x2 = 4 हैं। एक समय में दस सिक्के उछालने और एक के बाद एक दस 'चित' आने की संभावना काफी चौंका देने वाली है।

संभाव्यता के नियम के अनुसार, 'चित' प्राप्त करने की 1024 बार में से केवल एक संभावना है। मुझे नहीं लगता कि आपको अपने वेतन की शर्त लगानी चाहिए, कि आप इस तरह की संभावनाओं को हरा सकते हैं। हालांकि, जब आप इन चौका देने वाली संभावनाओं के बजाय यीशु मसीह के जीवन और मृत्यु के बारे में केवल सत्रह भविष्यवाणियों के बारे में सोचते हैं, तो आप यह महसूस करेंगे कि प्रमाण यह साबित करते हैं, कि यीशु प्रतिज्ञा किया गया मसीहा था और उन सभी का उद्धारकर्ता जो उस पर विश्वास करेंगे।

मसीह के बारे में सत्रह अविश्वसनीय भविष्यवाणियाँ

इस अध्याय में हम सबसे पहले सत्रह विशिष्ट भविष्यवाणियों की श्रृंखला की जांच करेंगे, जो आने वाले मसीहा (मसीह) के बारे में विभिन्न यहूदी भविष्यवक्ताओं द्वारा बनाई गई थी, जो व्यापक रूप से एक हजार साल की अवधि में अलग-अलग समुदायों में रहते थे। यह भविष्यवाणियां, दर्ज किए जाने के पाँच सौ साल बाद पूरी हुई।

हम यह भी जांचेंगे, कि कैसे ये भविष्यवाणियां नासरत के यीशु के जीवन में पूरी हुईं। जब आप इन भविष्यवाणियों को जांचते हैं, तब इस बात की संभावना पर विचार करें कि इनमे से कोई भी एक भविष्यवाणी अव्यवस्थित रूप से प्रभु यीशु मसीह के जीवन में पूरी हुई।

आने वाले मसीह के बारे में पुराने नियम की भविष्यवाणियां

इन घटनाओं की आकस्मिक रूप से घटित होने की संभावना

पहली भविष्यवाणीः यहूदियों की गोत्र से बेतलेहम में उनका जन्म

संभाव्यता: 2400 में एक संभावना

पुराने नियम की भविष्यवाणीः

"हे बेतलेहेम एप्राता, यदि तू ऐसा छोटा है कि यहूदा के हजारों में गिना नहीं जाता, तौभी तुझ में से मेरे लिये एक पुरूष निकलेगा, जो इस्राएलियों में प्रभुता करने वाला होगा और उसका निकलना प्राचीन काल से, वरन अनादि काल से होता आया है"(मीका 5:2)।

"जब तक शीलो न आए तब तक न तो यहूदा से राजदण्ड छूटेगा, न उसके वंश से व्यवस्था देनेवाला अलग होगा और राज्य राज्य के लोग उसके आधीन हो जाएंगे" (उत्पत्ति 49:10)।

नये नियम में पूर्तिकरणः "हेरोदेस राजा के दिनों में जब यहूदिया के बैतलहम में यीशु का जन्म हुआ, तो देखो, पूर्व से कई ज्योतिशी यरूशलेम में आकर पूछने लगे"(मत्ती 2:1)।

प्राचीन इस्राएल में बारह गोत्र थीं, जहां से मसीह का जन्म हो सकता था। फिर भी वह यहूदा के गोत्र से पैदा हुआ था क्योंकि मूसा ने पंद्रह सौ साल पहले भविष्यवाणी की थी। चूंकि उस समय बारह गोत्र थे, चूंकि मूसा ने मसीह के जन्म की गोत्र का सही ढंग से अनुमान लगाया था, जिसकी संभावना 12 में से 1 थीं। इसके अलावा, उस युग की

पहली शताब्दी के दौरान यहूदा की गोत्र को, दो हजार गांवों और कस्बों से ऊपर,घना आबादी वाला क्षेत्र आबंटित किया गया था। हालांकि रूढ़िवादी होकर, हमने 2400 में से 1 संभावना के इस आंकड़े के आंकलन का प्रयोग किया कि यदि कोई यह अनुमान लगा रहा हो, कि वह बेतलेहेम में पैदा होगा और यीशु के जन्म से पहले सदियों से यहूदा के गोत्र से नीचे उतर जाएगा।

दूसरी भविष्यवाणीः उसके आगे एक अग्रदूत को भेजा जाएगा

संभाव्यताः 20 में से 1 संभावना

पुराने नियम की भविष्यवाणीः

"किसी की पुकार सुनाई देती है, जंगल में यहोवा का मार्ग सुधारो, हमारे परमेश्वर के लिये अराबा में एक राजमार्ग चौरस करो" (यशायाह 40:3)।

नये नियम में पूर्तिकरणः

"उन दिनों में यूहन्ना बपतिस्मा देनेवाला आकर यहूदिया के जंगल में यह प्रचार करने लगा। कि मन रिाओ; क्योंकि स्वर्ग का राज्य निकट आ गया है" - (मत्ती 3:1,2)।

हमने 20 में से 1 संभावना का अनुमान लगाया है, लेकिन ऐतिहासिक आलेख/रिकार्ड, मेरी समझ से अन्य किसी राजा को प्रकट नहीं करता हैं, जो यूहन्ना बपतिस्मा देता जैसे दूतों द्वारा आगे किया गया हो। इन दो भविष्यवाणियों की संयुक्त संभावना की गणना करने के लिए हमें 2,400 बार को 20 से गुणा करना होगा, जो 48000 में से एक संभावना के बराबर होगा, कि यीशु संघटित रूप से दोनों भविष्यवाणियों को पूरा करेगा।

तीसरी भविष्यवाणीः वह एक जवान गदही के बच्चे पर सवार होकर यरूशलेम में प्रवेश करेगा

संभाव्यताः 50 में से 1 संभावना

पुराने नियम की भविष्यवाणीः

"हे सिय्योन बहुत ही मगन हो। हे यरूशलेम जय जयकार कर! क्योंकि तेरा राजा तेरे पास आएगा। वह धर्मी और उद्धार पाया हुआ है, वह दीन है, और गदहे पर वरन गदही के बच्चे पर चढ़ा हुआ आएगा" (जकर्याह 9:9)।

नये नियम में पूर्तिकरणः "वे उस गधी के बच्चे को यीशु के पास ले आए और अपने कपड़े उस बच्चे पर डालकर यीशु को उस पर सवार किया। जब वह जा रहा था, तो वे अपने

कपड़े मार्ग में बिछाते जाते थे। और निकट आते हुए जब वह जैतून पहाड़ की ढलान पर पहुंचा, तो चेलों की सारी मण्डली उन सब सामर्थ के कामों के कारण जो उन्होंने देखे थे, आनन्दित होकर बड़े शब्द से परमेश्वर की स्तुति करने लगी।" (लूका 19:35-37)

इतिहास के सभी राजाओं में से, हम किसी भी ऐसे राजा के बारे में नहीं जानते जिसने अपनी राजधानी मेंएक गदहे पर सवार होकर प्रवेश किया हो, जैसा कि यीशु ने भविष्यवाणी की पूर्ति करते हुए खजूर रविवार, ईसा पूर्व 32 को किया था। तीन भविष्यवाणियों की संयुक्त संभावना 50 × 48,000 है। हर आगामी भविष्यवाणी के जोड के साथ, संभाव्यता के नियम से पता चलता है, कि इन विविध भविष्यवाणियों को पूरा करने वाले किसी के विरुद्ध संयुक्त संभावनाएं केवल खगोलीय हैं।

चौथी भविष्यवाणीः उसे मित्र द्वारा धोखा मिलेगा

संभाव्यताः 10 में से 1 संभावना

पुराने नियम की भविष्यद्वाणीः

"मेरा परम मित्र जिस पर में भरोसा रखता था, जो मेरी रोटी खाता था, उसने भी मेरे विरुद्धलात उठाई है" (भजन संहिता 41:9)।

नये नियम में पूर्तिकरणः "वह यह कह ही रहा था, कि देखो यहूदा जो बारहों में से एक था, आया, और उसके साथ महायाजकों और लोगों के पुरनियों की ओर से बड़ी भीड़, तलवारें और लाठियां लिए हुए आई। उसके पकड़वाने वाले ने उन्हें यह पता दिया था कि जिस को मैं चूम लूं वही है, उसे पकड़ लेना। और तुरन्त यीशु के पास आकर कहा, हे रब्बी नमस्कार और उस को बहुत चूमा" (मत्ती 26:47-49)।

यद्यपि एक धर्मनिरपेक्ष राजा के लिए यह असामान्य नहीं है कि किसी करीबी सहयोगी ने धोखा दिया हो, लेकिन किसी धार्मिक नेता का विश्वासघात ऐतिहासिक रूप से काफी असामान्य है। हालांकि रूढ़िवादी होकर, मैंने आकस्मिक रूप से होने वाली घटनाओं की संभावनाओं को दस में से केवल एक संभावना को नियुक्त किया है। इन चार भविष्यवाणियों (10×2,400,000) की संयुक्त संभावना अब 24 लाख में केवल एक है।

पाँचवीं भविष्यवाणीः उसके हाथों और पैरों को छेदा जाएगा

संभाव्यताः 100 में से 1 संभावना

पुराने नियम की भविष्यवाणीः "क्योंकि कुत्तों ने मुझे घेर लिया है। कुकर्मियों की मण्डली मेरी चारों ओर मुझे घेरे हुए है। वह मेरे हाथ और मेरे पैर छेदते हैं।" - (भजन संहिता 22:16)

नये नियम में पूर्तिकरणः

"जब वे उस जगह जिसे खोपड़ी कहते हैं पहुंचे, तो उन्होंने वहां उसे और उन कुकिर्मयों को भी एक को दाहिनी और दूसरे को बाईं और क्रूसों पर चढ़ाया। तब यीशु ने कहा, हे पिता, इन्हें क्षमा कर, क्योंकि ये नहीं जानते कि क्या कर रहें हैं और उन्होंने चिट्ठियां डालकर उसके कपड़े बांट लिए" (लूका 23:33-34)।

इन पाँच भविष्यवाणियों (100×24 लाख) की संयुक्त संभावना अब 2.4 अरब में एक आश्चर्यजनक संभावनापर पहुंच गई है।

छठवीं भविष्यवाणीः वह अपने शत्रुओं द्वारा घायल किया जाएगा।

संभाव्यताः 10 में से 1 संभावना

पुराने नियम की भविष्यवाणीः

"परन्तु वह हमारे ही अपराधो के कारण घायल किया गया, वह हमारे अधर्म के कामों के हेतु कुचला गया। हमारी ही शान्ति के लिये उस पर ताड़ना पड़ी कि उसके कोड़े खाने से हम चंगे हो जाएं" (यशायाह 53:5)।

नये नियम में पूर्तिकरणः "इस पर उस ने बरअब्बा को उन के लिये छोड़ दिया, और यीशु को कोड़े लगवाकर सौंप दिया, कि क्रूस पर चढ़ाया जाए।" - (मत्ती 27:26)

इतिहास के दौरान, अधिकतर राजा जो मारे गए थे, उनकी हत्या अचानक हुई थी। हमारे प्रभु यीशु मसीह को जैसी यातनाए दी गई, ऐसे बहुत कम लोगों को दी गई थी। इस आकस्मिक घटना द्वारा घटित होने वाली संभावनाएं दस में एक से भी कम थीं। इन छह भविष्यवाणियों की संयुक्त संभावना (100 × 2.4 अरब) अब 24 अरब में एक हो जाती है।

सातवीं भविष्यवाणीः चांदी के 30 टुकड़ों के लिए विश्वासघात

संभाव्यताः 50 में से 1 संभावना

पुराने नियम की भविष्यवाणीः

“तब मैं ने उन से कहा, यदि तुम को अच्छा लगे तो मेरी मजदूरी दो, और नहीं तो मत दो।तब उन्होंने मेरी मजदूरी में चान्दी के तीस टुकड़े तौल दिए”- (जकर्याह 11:12)।

नये नियम में पूर्तिकरणः “(और (यहूदा) ने कहा, यदि मैं उसे (यीशु) तुम्हारे हाथ पकड़वा दूं, तो मुझे क्या दोगे? उन्होंने(अगुवे) उसे तीस चान्दी के सिक्के तौलकर दे दिए” - (मत्ती 26:15)।

विचार करें, कि भविष्य के पांच सौ वर्ष पूर्व ही, सही ढंग से भविष्यवाणी करना और विश्वासघातकी सही कीमत जो भविष्य के राजा की मृत्यु के लिए भुगतान की जाएगी, उसकी भविष्यवाणी करना कितना असंभव है। ये संभावनाएं (50 × 24 अरब) अब एक खरब, दो सौ अरब में एक हो गई हैं।

आठवीं भविष्यवाणीः उस पर थूका जाएगा और पीटा जाएगा

संभाव्यताः 10 में से 1 संभावना

पुराने नियम की भविष्यद्वाणीः

“मैं ने मारने वालों को अपनी पीठ और गलमोछ नोचने वालों की ओर अपने गाल किए,अपमानित होने और थूकने से मैं ने मुंह न छिपाया” (यशायाह 50:6)।

नये नियम में पूर्तिकरणः “तब उन्होंने उस के मुंह पर थूका, और उसे घूंसे मारे, औरों ने थप्पड़ मार के कहा” (मत्ती 26:67)।

यद्यपि पूरे इतिहास में कई राजा मारे गए थे, लेकिन बहुत कम को सताया, पीटा और ठट्ठों में उड़ाया गया था। हालांकि, यीशु मसीह ने हमारी चंगाई और मुक्ति के लिए उन कोड़ों को सहा। इन आठ भविष्यवाणियों(10 × एक खराब, दो सौ अरब) की संभावनाएं, अब 12 खराब में एक संभावना है।

नौवीं भविष्यवाणीः विश्वासघात किये हुए सिक्कों को मंदिर में फेंक दिया जाएगा और फिर एक कुम्हार के खेत को खरीदने के लिए दिया जाएगा।

संभाव्यताः 200 में से 1 संभावना

पुराने नियम की भविष्यद्वाणीः

“तब यहोवा ने मुझ से कहा, “इन्हें कुम्हार के आगे फेंक दे”, यह क्या ही भारी दाम है जो उन्होंने मेरा ठहराया है? तब मैं ने चान्दी के उन तीस टुकड़ों को ले कर यहोवा के घर में कुम्हार के आगे फेंक दिया” (जकर्याह 11:13)।

नये नियम में पूर्तिकरणः "तब वह उन सिक्कों को मन्दिर में फेंककर चला गया, और जाकर अपने आप को फांसी दी। महायाजकों ने उन सिक्कों को लेकर कहा, इन्हें भण्डार में रखना उचित नहीं, क्योंकि यह लोहू का दाम है। सो उन्होंने सम्मति करके उन सिक्कों से परदेशियों के गाड़ने के लिये कुम्हार का खेत मोल ले लिया" (मत्ती 27:5-7)।

यह जटिल भविष्यवाणी वास्तव में अपनी सतह पर विरोधाभासी लगती है। हालांकि, इसकी स्पष्ट असंभवता के बावजूद इस भविष्यवाणी का हर विवरण सटीक रूप में पूरा हुआ। यहूदा ने विश्वासघात के तीस सिक्के को मंदिर में फेंक दिया। बाद में याजकों ने यहूदा को जिसने अपराध पर विजय प्राप्त की और फांसी से लटक कर मर गया और उसके साथ अन्य अजनबियों को दफन करने के लिए कुम्हार के खेत को खरीद कर उन सिक्कों का इस्तेमाल किया। हमने बेहद रूढ़िवादी रूप से 200 में एक संभावना की गणना की थी। हालांकि, इन नौ भविष्यवाणियों की संयुक्त संभावना (200 × 12 खरब) 2,400 खरब तक पहुंच गई है।

दसवीं भविष्यवाणीः वह अपने दोष लगाने वालों के सामने चुप रहेगा

संभाव्यताः 100 में से 1 संभावना

पुराने नियम की भविष्यवाणीः

"वह (यीशु) सताया गया, तौभी वह सहता रहा और अपना मुंह न खोला, जिस प्रकार भेड़ वध होने के समय वा भेड़ी ऊन कतरने के समय चुपचाप शान्त रहती है, वैसे ही उसने भी अपना मुंह न खोला।" (यशायाह 53:7)

नये नियम में पूर्तिकरणः "जब महायाजक और पुरिनए उस पर दोष लगा रहे थे, तो उस ने कुछ उत्तर नहीं दिया। इस पर पीलातुस ने उस से कहा, क्या तू नहीं सुनता, कि ये तेरे विरोध में कितनी गवाहियां दे रहे हैं? परन्तु उस ने उस को एक बात का भी उत्तर नहीं दिया, यहां तक कि हाकिम को बड़ा आश्चर्य हुआ।"(मत्ती 27:12-14)

जब हम पर किसी अपराध का आरोप लगता हैं, तो हम खुद का बचाव करते हैं, तब भी जब हम दोषी होते हैं। इस भविष्यवाणी की अविश्वसनीयता पर विचार करें, कि एक पूरी तरह निर्दोष व्यक्ति खुद के बचाव के लिए कुछ बोले बिना पूर्ण चुप्पी से अपने दोष लगाने वालों के सामने खड़े हुआ हो। जब हमने सौ में एक संभावना को ठहराया, तो इस घटना के विरुद्ध घटने वाली यथार्थवादी संभावनाएं बहुत अधिक हैं। इन दस भविष्यवाणियों(100 × 2,400 खरब) के घटने की संभावना अब 24,000 खरब में एक है।

ग्यारहवीं भविष्यवाणीः वह चोरों के साथ क्रूस पर चढ़ाया जाएगा।

संभाव्यताः 100 में 1 संभावना

पुराने नियम की भविष्यद्वाणीः

“इस कारण मैं उसे महान लोगों के संग भाग दूंगा, और, वह सामर्थियों के संग लूट बांट लेगा, क्योंकि उसने अपना प्राण मृत्यु के लिये उण्डेल दिया, वह अपराधियों के संग गिना गया, तौभी उसने बहुतों के पाप का बोझ उठा लिया, और, अपराधियों के लिये बिनती करता है।”(यशायाह 53:12)

नये नियम में पूर्तिकरणः “तब उसके साथ दो डाकू एक दाहिने और एक बाएं क्रूसों पर चढ़ाए गए”(मत्ती 27:38)।

जब हम संभावनाओं की जांच करते हैं कि सभी सत्रह भविष्यवाणियां आकस्मिक रूप से हुईं, इन संभावनाओं का निरंतर गुणन वास्तव में चौंका देने वाले अंकों पर पहुंचता है। इस विश्लेषण के अंत में, मैं इन अविश्वसनीय संभावनाओं की अंतिम गणना दूँगा।

बाहरवीं भविष्यवाणीः लोग उसके कपड़ों को दांव लगाएंगे

संभाव्यताः 100 में 1 संभावना

पुराने नियम की भविष्यवाणीः

“वे मेरे वस्त्र आपस में बांटते हैं, और मेरे पहिरावे पर चिट्ठी डालते हैं” (भजन संहिता 22:18)।

नये नियम में पूर्तिकरणः “जब सिपाही यीशु को क्रूस पर चढ़ा चुके, तो उसके कपड़े लेकर चार भाग किए, हर सिपाही के लिये एक भाग और कुरता भी लिया, परन्तु कुरता बिन सीअन ऊपर से नीचे तक बुना हुआ था, इसलिये उन्होंने आपस में कहा, हम इस को न फाड़ें, परन्तु इस पर चिट्ठी डालें कि वह किस का होगा।यह इसलिये हुआ, कि पवित्र शास्त्र की बात पूरी हो कि उन्होंने मेरे कपड़े आपस में बांट लिये और मेरे वस्त्रपर चिट्ठी डाली। सो सिपाहियों ने ऐसा ही किया।” (यूहन्ना 19:23,24)

यह सोचें कि यह कितना असंभव था कि रोमी सैनिक यह देखने के लिए कि क्रूस पर चढ़ाए गए कैदी के कपड़ों का अधिकार का दांव कौन जीतेगा, इसके लिए चिंतित होते। फिर भी, भविष्यवाणी पूरी तरह से पूरी हुई।

तेहरवीं भविष्यवाणीः उसे छेदा जायेगा।

संभाव्यताः 100 में से 1 संभावना

पुराने नियम की भविष्यवाणीः

"और मैं दाऊद के घराने और यरूशलेम के निवासियों पर अपना अनुग्रह करने वाली और प्रार्थना सिखाने वाली आत्मा उण्डेलूंगा, तब वे मुझे ताकेंगे अर्थात जिसे उन्होंने बेधा है, और उसके लिये ऐसे रोएंगे जैसे एकलौते पुत्र के लिये रोते-पीटते हैं, और ऐसा भारी शोक करेंगे, जैसा पहिलौठे के लिये करते हैं" (जकर्याह 12:10)।

नये नियम में पूर्तिकरणः "परन्तु सिपाहियों में से एक ने बरछे से उसका पंजर बेधा और उस में से तुरन्त लोहू और पानी निकला।" (यूहन्ना 19:34)

रोमी लोगों की क्रूरता को उनके क्रूस पर चढ़ाए गए कैदियों की अकथनीय दर्द से भरी लंबी मृत्यु में व्यक्त किया गया था। हालांकि, एक दर्दनाक लम्बी मृत्यु के आदेशो के बावजूद, परमेश्वर ने रोमी सेना नायक को यीशु की पसली को बेधने के लिए प्रेरित किया। मसीह की ओर से बहने वाला लहू और जल से यह साबित हुआ, कि भाले के प्रवेश करने से पहले ही वह मर चुका था। एक ऐसे व्यक्ति पर भाले से मारना जो क्रूस पर चढ़ाया गया है, ऐसे व्यक्ति के पक्ष में अनुमानित संभावनाएं 100 में से 1 है।

चौदहवीं भविष्यवाणीः उसकी कोई भी हड्डी नहीं टूटेगी।

संभाव्यताः 20 में 1 संभावना

पुराने नियम की भविष्यवाणीः

"वह उसकी हड्डी हड्डी की रक्षा करता है और उन में से एक भी टूटने नहीं पाती।" (भजन संहिता 34:20)।

नये नियम में पूर्तिकरणः "परन्तु जब यीशु के पास आकर देखा कि वह मर चुका है, तो उस की टांगें न तोड़ीं"। (यूहन्ना 19:33)

जब रोम के कैदी को क्रूस पर चढ़ाया गया था, तो उसका शरीर इस तरह से क्रूस पर रखा गया था कि वह केवल अपने ऊपरी शरीर को उठाने के द्वारा, अपने पैरों की ताकत का उपयोग करके, अपनी झिल्ली का विस्तार करने के द्वारा ही सांस ले सकता था। जब रोमी सैनिक दोषी कैदी की मृत्यु में जल्दी करने की इच्छा करते थे, तो वे डंडे से उसके

पैरों को तोड़ते और उसे अपने आप साँस लेने से रोक देते। कुछ मिनटों के भीतर ही कैदी को प्राणवायू की कमी होगी और उसके फेफड़ों में जमे द्रव्य के कारण वह मर जाएगा। सब्त के दिन को अपवित्र करने से बचाने के लिए, जो आरंभ होने वाला था, सैनिकों ने कैदियों की षीघ्र मृत्यु को निश्चित करने के लिए यीशु के दोनों तरफ लटके कैदियों के पैर तोड़ दिए। हालांकि, प्राचीन भविष्यवाणी की पूर्ति के लिए, यीशु ने पहले ही "अपना आत्मा सौंप दिया था" और अपनी इच्छा से मृत्यु को स्वीकार किया। इसलिए, उन्होंने मसीह के पैरों को नहीं तोड़ा और इस तरह भविष्यवाणी पूरी हुई।

पंद्रहवीं भविष्यवाणीः उसका शरीर नहीं सड़ेगा

संभाव्यताः 10,000 में से 1 संभावना

पुराने नियम की भविष्यवाणीः

"क्योंकि तू मेरे प्राण को अधोलोक में न छोड़ेगा, न अपने पवित्र भक्त को सड़ने देगा।" (भजन संहिता 16:10)

नये नियम में पूर्तिकरणः "उस ने होनहार को पहिले ही से देखकर मसीह के जी उठने के विषय में भविष्यवाणी की कि नतो उसका प्राण अधोलोक में छोड़ा गया, और न उसकी देह सड़ने पाई।" (प्रेरितों के काम 2:31)

स्पष्ट रूप से, किसी की मृत्यु हो और उसका शरीर न सड़े, लेकिन बाद में मृतकों में से जी उठने की संभावना, स्पष्ट रूप से खगोलीय हैं। हालांकि, मैंने अनुमान लगाया है कि इसकी संभावना 10,000 में केवल एक ही हैं क्योंकि पुराने नियम में कई व्यक्ति मृतकों में से जी उठे थे, जैसे षूनेमिन विधवा का पुत्र, जो मरे हुओं में से एलीषा द्वारा जी उठा था (2राजा 4:28-37)।

सोलहवीं भविष्यवाणीः उसे एक धनवान व्यक्ति की कब्र में गाड़ा जाना

संभाव्यताः 100 में से 1 संभावना

पुराने नियम की भविष्यवाणीः

"और उसकी कब्र भी दुश्टों के संग ठहराई गई, और मृत्यु के समय वह धनवान का संगी हुआ, यद्यपि उसने किसी प्रकार का उपद्रव न किया था और उसके मुंह से कभी छल की बात नहीं निकली थी।" (यशायाह 53:9)

नये नियम में पूर्तिकरणः "जब सांझ हुई तो यूसुफ नाम अरिमतियाह् का एक धनी मनुष्य जो आप ही यीशु का चेला था आयारू उस ने पीलातुस के पास जाकर यीशु की लोथ मांगी। इस पर पीलातुस ने दे देने की आज्ञा दी। यूसुफ ने लोथ को लेकर उसे उज्ज्वल चादर में लपेटा। और उसे अपनी नई कब्र में रखा, जो उस ने चट्टान में खुदवाई थी, और कब्र के द्वार पर बड़ा पत्थर लुढ़का कर चला गया।" (मत्ती 27:57-60)

मसीह् की कब्र की संभावित जगह् यरूशलेम की पुरानी दीवार वाले शहर के दमिश्क गेट के उत्तर में स्थित है, जो संभावित स्थल गुलगुता से केवल कुछ सौ गज की दूरी पर स्थित है। जब पिछली शताब्दी में कब्र की खोज हुई तो पुरात्तवविदों ने पाया कि उसमें केवल एक ही शरीर के अवसाद का उपयोग किया गया था। मालिक दूसरे शरीर को दफनाने के लिए पत्थर नक्काशी का कार्य पूरा नहीं कर पाया था। इसके अलावा, उन्हें बगीचे के नीचे 200,000 गैलन पानी इकट्ठा करने में सक्षम एक विशाल कुंड मिला, जो यह् दर्शाता है कि वह् एक अमीर आदमी की उद्यान कब्र थी। इसके अलावा, उन्हें बगीचे में एक प्राचीन दाखरस यन्त्रालय के अवशेष भी मिले।

सत्रहवीं भविष्यवाणीः पूरी पृथ्वी पर अन्धकार का छा जाना

संभाव्यताः 1000 में से 1 संभावना

पुराने नियम की भविष्यवाणीः

"परमेश्वर यहोवा की यह् वाणी है, उस समय में सूर्य का दोपहर के समय अस्त करूंगा, और इस देश को दिन दुपहरी अन्धियारा कर दूंगा" (आमोस 8:9)।

नये नियम में पूर्तिकरणः "दोपहर से लेकर तीसरे पहर तक उस सारे देश में अन्धेरा छाया रहा।" (मत्ती 27:45)

यद्यपि यह भविष्यवाणी सत्रह भविष्यवाणियों में से सबसे अविश्वसनीय है, "द थर्ड हिस्ट्री ऑफ थाल्लुस" तीसरी सदी के एक गैर-मसीही इतिहासकार की पुस्तक में बताया गया है, कि 32 ईसा पूर्व, उस वर्ष जिस समय मसीह् को क्रूस पर चढ़ाया गया था, वहां एक असामान्य अंधेरा छा गया था, जिसने उस समय कई घंटों तक सूरज की रोशनी को मिटा दिया था। यद्यपि थाल्लुस ने यह् अनुमान लगाया था कि यह अँधेरा, किसी ग्रहण का परिणाम था, कोई भी खगोलज्ञ आपको यह् बता सकते हैं कि उस समय ग्रहण का होना बिल्कुल असंभव था, क्योंकि फसह के होने की गणना पूर्णतः चंद्रमा के समय की गई थी और यह् असंभव था कि इतिहासकार थाल्लुस द्वारा दर्ज किया गया अन्धकार

प्राकृतिक ग्रहण का परिणाम था। हालांकि, उनकी रिपोर्ट इस बात की पुष्टि अवश्य करती है, कि बाइबल की भविष्यवाणियाँ और नए नियम के रिकार्ड की पूर्ति सही है।

इस विश्लेषण से यह पता चलता है, कि यह सत्रह विस्तृत भविष्यवाणियां नासरी के जन्म से पांच शताब्दियों पहले की गई, जो यीशु मसीह के जीवन, मृत्यु और पुनरुत्थान में पूर्ण परिशुद्धता के साथ पूरी हुईं। इस सवाल पर विचार करना हैः क्या संभावना है कि यह सभी सत्रह भविष्यवाणियाँ आकस्मिक रूप से घटित हुई या परमेश्वर की ईश्वरीय योजना के कारण हुई? या तो ये सत्रह भविष्यवाणियां आकस्मिकता का नतीजा है या यह प्रमाण भारी सबूत प्रदान करता है कि परमेश्वर द्वारा बाइबल प्रेरित की गई और इतिहास भी परमेश्वर के नियंत्रण में है।

इन सत्रह भविष्यवाणियों के विरुद्ध होने वाली संयुक्त संभाव्यता बराबर हैः

480,000,000,000,000,000,000,000,000,000,000 में से 1 संभावना

या 480 अरब × 1 अरब × 1 खरब में से 1 संभावना

दूसरे शब्दों में, 480 अरब × 1 अरब × 1 खरब में केवल एक ही संभावना है कि ये पुराने नियम के भविष्यद्वक्ताओं ने यीशु मसीह के जीवन, मृत्यु और पुनरुत्थान के बारे में इन सत्रह विशिष्ट भविष्यवाणियों का सही अनुमान लगाया हो। ये संभावना करना असंभव हैं कि कोई भी ये विस्तृत भविष्यवाणियाँ पूरी कर सकता था। किसी भी पाठक को किसी भी अन्य अनुमानों को निर्दिष्ट करने दें, और वे इन भविष्यवाणियों के घटित होने की संभावनाओं को चुन सकतें हैं। चाहे आप इन व्यक्तिगत भविष्यवाणियों के होने की संभाव्यता के अनुमान के आकार के ठहराए जाने के बावजूद, आप अपने परिमाण में चौंका देने वाली संयुक्त संभावना का सामना करेंगे, कि ईमानदारी से आप को यह समझना असंभव होगा कि ये चीजें अकस्मात रूप से घटित हुईं। यह असंभव है कि आप अभी भी आश्वस्त नहीं हैं, इस तथ्य पर विचार करें कि हमने प्रतिज्ञा किए गए मसीहा के बारे में पुराने नियम में दिए गए अड़तालीस प्रमुख भविष्यवक्ताओं में से केवल सत्रह की जांच की है। अगर हमें सभी अड़तालीस भविष्यवाणियों की संभावनाओं की गणना करनी होती, तो हम एक बड़ी संख्या पर पहुंचेंगे जो हमारी क्षमता के अनुसार समझने के लिए बहुत अधिक होगी।

कुछ बाइबल आलोचकों ने सुझाव दिया है कि नासरत के यीशु, एक रब्बी के रूप में, उसे इन भविष्यवाणियों के बारे में जानकारी थी और इसलिए उन्हें पूरा करने के लिए, उन जीवन की घटनाओं को व्यवस्थित किया गया था। हालांकि, इन विशिष्ट भविष्यवाणियों

की पूर्ति की व्यवस्था करने वाले किसी भी सामान्य मानव की असंभवता पर विचार करें। आप कैसे बेतलेहेम में पैदा होने का प्रबंध करेंगे और यहूदा के गोत्र के वंशज होने का प्रबंध करेंगे? आप अपने साथ हुए विश्वासघात की कीमत कैसे ठीक तीस चांदी के सिक्कों के होने की व्यवस्था करेंगे? आप कैसे चोरों के साथ क्रूस पर चढ़ाया जाने की व्यवस्था कर सकते हैं और फिर, एक अमीर आदमी की कब्र में दफन हो सकते हैं? जाहिर है, केवल परमेश्वर ही इन घटनाओं को पहले से देख सकते हैं और यीशु मसीह के जीवन में इन सटीक भविष्यवाणियों को पूरा कर सकते हैं।

ये भविष्यवाणियाँ साबित करतीं हैं कि बाइबल परमेश्वर से प्रेरित है

जब हम इन सत्रह विशिष्ट मसीही भविष्यवाणियों पर विचार करते हैं, तो अकेले इन भविष्यवाणियों को अकस्मातरूप से पूरा करना किसी एक व्यक्ति के लिए, इसकी संभावना बिल्कुल खगोलीय हैं। ये सच्चाई पूरी तरह से समझने के लिए कि ये भविष्यवाणियां ये साबित करती हैं कि यीशु मसीह प्रतिज्ञा किया हुआ मसीहा और परमेश्वर का पुत्र है, इस दृश्टांत पर गौर करें:

सबसे पहले, सभी सत्रह भविष्यवाणियों का सही ढंग से अनुमान लगाने वाले भविष्यवक्ताओं की संभावनाएं हैं:

480 अरब × 1 अरब × 1 खरब में से 1 संभावना!

अगला, इन अविश्वसनीय संभावनाओं को पूरी तरह से समझने के लिए हमें अपने दिमाग में इन संभावनाओं की तस्वीर बनाने की कोशिश करनी चाहिए। कल्पना कीजिए कि इन संभावनाओं को हर एक, रेत के एक छोटे से दाने के द्वारा प्रतिनिधित्व किया गया था। इसके अलावा, कल्पना कीजिए कि रेत के हर दाने को सोने में लेप किया गया है और मसीह ने इन भविष्यवाणियों को अकस्मात रूप से पूरा किया, इस खगोलीय संख्या से केवल एक अवसर का ही प्रतिनिधित्व करता है। हम आपकी आंखों पर पट्टी बाँधने जा रहे हैं और आपको एक सोने के रंग वाले रेत के दानो की खोज करने के लिए कहेंगे। कल्पना कीजिए कि आकाशगंगा के रूप में जाना जाने वाला पूरा तारासमूह, 200 लाख तारे, हमारे सूर्य जैसे लाखों ग्रहों, चन्द्रमाओं और क्षुद्रग्रहों को शामिल करता है, केवल 480 अरब × 1 अरब × 1 खरब के रेत के दानों से बना है। रेत की इस अविश्वसनीय संख्या से भरी आकाशगंगा में, आपका लक्ष्य केवल रेत के एकमात्र दाने को खोजना है, जिसे सोने का रंग दिया गया है। याद रखें, आकाशगंगा इतनी बड़ी है, कि यदि आप प्रकाश की गति से एक अंतरिक्ष यान की यात्रा करें,

तो प्रति सेकंड 187,000 मील की दूरी पर, अभी भी आकाशगंगा पार करने के लिए आपको एक सौ साल लग जाएंगे। यदि हम आपकी आंखों पर पट्टी बांधे और इस अन्धकार से पूरी आकाशगंगा के माध्यम से रेत के एक सोने के रंग वाले दाने को खोजने के लिए कहें, तो आपको सोने के दाने को खोजने में उसी असंभव संभावना का सामना करना होगा जितना इन सत्रहों भविष्यवाणियों के घटित होने की संभावना करते समय हुआ है।

आपके खिलाफ इस तरह की बाधाओं के साथ, क्या आप एक लाख रुपये की शर्त लगा सकते हैं कि आपको रेत से भरी पूरी आकाशगंगा में एक दाना मिलेगा? मुझे संदेह है कि आप ऐसे असंभावित बाधाओं पर अपने पैसे जोखिम में डालेंगे। फिर भी, दुर्भाग्य से, हर साल लाखों ऐसे लोग मर जाएंगे जिन्होंने इस 'संभावना' पर अपना जीवन और अपनी अनन्त आत्माओं पर शर्त लगाई है कि यीशु मसीह के बारे में ये भविष्यवाणियां विश्वसनीय नहीं हैं। उनका मानना है कि वे अपने जीवन पर मसीह के दावों को सुरक्षित रूप से अनदेखा कर सकते हैं। हालांकि, बाइबल के अधिकार के ठोस प्रमाण और परमेश्वर मसीहा के रूप में यीशु मसीह की वास्तविकता के प्रकाश में, हम सभी को व्यक्तिगत रूप से मसीह के जीवन, मृत्यु और पुनरुत्थान के प्रति हमारी प्रतिक्रिया के बारे में निर्णय लेने के लिए व्यक्तिगत तौर पर विचार करना होगा।

बाइबल के स्वयं की घोषणा के प्रकाश में, भविष्यवाणी की पूर्ण पूर्ति यह है कि यह परमेश्वर की प्रत्यक्ष प्रेरणा के तहत लिखी गई थी, हमें विश्वास है कि इस अध्याय के प्रमाण, इन शास्त्रों के अधिकार में एक चौंकाने वाले स्तर के प्रमाण प्रदान करते हैं।

मुख्य सच्चाईयां जो यीशु के विषय में बाइबल प्रकट करती है।

पवित्र शास्त्र का सबसे महत्वपूर्ण षिय यीशु मसीह का व्यक्तित्व और उनके कार्य हैं। वह परमेश्वर है। वह एक मनुष्य बना, क्रूस पर मारा गया, और दफनाया गया। वह फिर मुर्दों में से जी उठा। वही केवल मात्र समस्त संसार का उद्धारकर्ता है। वह फिर से इस दुनिया में आएगा। यहां निम्नलिखित कुछ मुख्य सच्चाईयां हैं जो कि आपको यीशु के विषय में जाननी चाहिए।

यीशु मसीह परमेश्वर है

जो कुछ यीशु थे और जो कुछ यीशु ने किए, उन सबका एकमात्र स्पश्टीकरण दैवीयता ही है।

1. बाइबल सिखाती है कि यीशु पिता परमेश्वर के साथ पूर्व-अस्तित्व में थे।

> यूहन्ना 1:1घोषित करता है -
>
> "आदि में वचन था, और वचन परमेश्वर के साथ था, और वचन परमेश्वर था।"

2. यीशु परमेश्वर का पुत्र है।

> प्रेरित पतरस ने अंगीकार कियाः
>
> "तू जीवते परमेश्वर का पुत्र मसीह है।" (मत्ती 16:16)

3. यीशु पापरहित थे, जो केवल परमेश्वर ही ऐसा हो सकते हैं।

   यीशु ने अपने शत्रुओं को चुनौती दीः "तुम में से कौन मुझे पापी ठहराता है?"(यूहन्ना 8:46)

   पतरस ने गवाही दीः

   "और तुम इसी के लिये बुलाए भी गए हो क्योंकि मसीह भी तुम्हारे लिये दुख उठा कर, तुम्हें एक आदर्श दे गया है, कि तुम भी उसके चिन्ह पर चलो। नतो उस ने पाप किया, और न उसके मुंह से छल की कोई बात निकली।" (1 पतरस 2:21,22)

   पौलुस ने कहाः "जो पाप से अज्ञात था, उसी को उस ने हमारे लिये पाप ठहराया, कि हम उस में हो कर परमेश्वर की धार्मिकता बन जाएं।" (2 कुरिन्थियों 5:21)

4. यीशु पापों को क्षमा करता है, जो केवल परमेश्वर ही कर सकता है।

   यहूदी सदूकियों ने कहाः "परमेश्वर को छोड़ और कौन पाप क्षमा कर सकता है?" (साथ ही देखें, यूहन्ना 8:11)

   यीशु ने कहाः

   "परन्तु इसलिये कि तुम जान लो कि मनुष्य के पुत्र को पृथ्वी पर पाप क्षमा करने का अधि्कार है" - उस ने झोले के मारे हुए से कहा, "उठ, अपनी खाट उठा, और अपने घर चला जा।" (मत्ती 9:6)

5. यीशु ने कई चमत्कारी कार्य किए जो यह प्रमाणित करता है कि वह परमेश्वर था।

उसने बीमारों को चंगा किया, कोढ़ियों को शुद्ध किया, दुश्टात्माओं से ग्रस्त लोगों को चंगा किया और मरे हुओं को वापस जीवित किया (मत्ती 8:9-13; लूका 4:31-44; 5:12-15, लूका 7:11-18; यूहन्ना 11:1-46)

यीशु मसीह जो परमेश्वर थे, उन्होंने मानव रूप धारण किया "और (यीशु) वचन देहधारी हुआ और अनुग्रह और सच्चाई से परिपूर्ण हो कर हमारे बीच में डेरा किया"- (यूहन्ना 1:14)।

(साथ ही देखें, फिलिप्पियों 2:7,8)

1. यीशु के चमत्कारिक जन्म की भविष्यवाणी उनके आगमन के लगभग 700 वर्ष पूर्व की गई थीः

   यह भविष्यवाणी तब पूरी हुई जब जिब्राइल स्वर्गदूतने कुंवारी कन्या के पास आ कर यह घोषणा की -

   "और देख, तू गर्भवती होगी, और तेरे एक पुत्र उत्पन्न होगा। तू उसका नाम यीशु रखना"(यशायाह 7:14)

   स्वर्गदूत ने उस से कहा, "हे मरियमय भयभीत न हो, क्योंकि परमेश्वर का अनुग्रह तुझ पर हुआ है। और देख, तू गर्भवती होगी, और तेरे एक पुत्र उत्पन्न होगा; तू उसका नाम यीशु रखना" (लूका 1:30-31)

2. यीशु ने मानवीय स्वभाव के विशेषताओं को प्रदर्शित कियाः

   वह थकित हुआ (यूहन्ना 4:6), उसे प्यास लगी (यूहन्ना 19:28), उसने भोजन किया (लूका 24:40-43), उसने भावनाओं को प्रदर्शित किया (मरकुस 6:34), वह रोया (यूहन्ना 11:35), वह परीक्षाओं से परिचित था(इब्रानियों 4:15), और वह मरा (यूहन्ना 19:30)।

यीशु मसीह ने अपने पिता परमेश्वर की योजना को पूर्ण किया

1. यीशु क्रूस पर मरे। यही सुसमाचार का आधारभूत विषय है। इसी उद्देश्य के लिए यीशु इस संसार में आए (यूहन्ना 12:27)। उनकी मृत्यु की भविष्यवाणी उनके आने से सैंकड़ों साल पहले ही की जा चुकी थी(यशायाह 53:3-8)।

   क्रूस पर यीशु की मृत्यु का अर्थः

   - यह पापों की सज़ा चुकाना था। (रोमियों 3:24; 1 यूहन्ना 2:2; 4:10)।
   - यह एक मेलमिलाप था। इसने मनुष्य को पुनः परमेश्वर के साथ मेलमिलाप का एक रास्ता बना दिया। (रोमियों 5:10; 2 कुरिन्थियों 5:18,19)।

- यह एक अदला-बदली थी। यीशु हमारे बदले हमारे स्थान पर मरे (1 पतरस 3:18; 2 कुरिन्थियों 5:21)

2. यीशु मरे हुओं में जी उठेः यह मसीहियत के लिए बहुत ही खास और आधारभूत सत्य है। (यूहन्ना 20:1-10; 1 कुरिन्थियों 15:4)।

   पुनरूत्थान की विश्वसनीयता

   - पुराने नियम में इसकी भविष्यवाणी की गई थी (भजन 16:10)
   - यीशु ने इसकी भविष्यवाणी की थी (मत्ती 13:39-41; लूका 24:1-7)
   - कब्र खाली थी (यूहन्ना 20:11-13)
   - 500 से अधिक गवाहों ने उसे जीवित देखाः जिनमें महिलाएं भी शामिल थी (लूका 23:55,56); मरियम मगदलीनी (यूहन्ना 20:1,2,11-18); पतरस और अन्य चेलों ने (यूहन्ना 20:3-9,19,20,24-31; 21:1-14)

यीशु की वर्तमान सेवकाई

1. यीशु पुनः स्वर्ग में उठा लिया गया है और अब वह पिता परमेश्वर के दाहिनीं ओर बैठा है (लूका 24:49-53; प्रेरितों के काम 1:6-11)।

2. वह हमारा उद्धारकर्ता हैः "तू उसका नाम यीशु रखना, क्योंकि वह अपने लोगों का उन के पापों से उद्धार करेगा"

   "वह पुत्र जनेगी और तू उसका नाम यीशु रखना, क्योंकि वह अपने लोगों का उन के पापों से उद्धार करेगा"(मत्ती 1:21)।

   "उसी को परमेश्वर ने प्रभु और उद्धारक ठहराकर, अपने दाहिने हाथ से सर्वोच्च कर दिया, कि वह इस्त्राएलियों को मन फिराव की शक्ति और पापों की क्षमा प्रदान करे (प्रेरितों 5:31)।

   वह एकमात्र उद्धारकर्ता है। "और किसी दूसरे के द्वारा उद्धार नहीं, क्योंकि स्वर्ग के नीचे मनुष्यों में और कोई दूसरा नाम नहीं दिया गया, जिस के द्वारा हम उद्धार पा सकें" (प्रेरितों 4:12)।

   वह एक व्यक्तिगत उद्धारकर्ता है। "कि यदि तू अपने मुंह से यीशु को प्रभु जानकर अंगीकार करे और अपने मन से विश्वास करे, कि परमेश्वर ने उसे मरे हुओं में से जिलाया, तो तू निश्चय उद्धार पाएगा। क्योंकि धार्मिकता के लिये

मन से विश्वास किया जाता है, और उद्धार के लिये मुंह से अंगीकार किया जाता है।(रोमियों 10:9,10)।

3. यीशु हमेशा हमारे लिए बिनती करता है। "इसी लिये जो उसके द्वारा परमेश्वर के पास आते हैं, वह उन का पूरा पूरा उद्धार कर सकता है, क्योंकि वह उन के लिये बिनती करने को सर्वदा जीवित है।" (इब्रानियों 7:25)।

मसीह की भविष्य की सेवकाई

1. यीशु मसीह इस संसार में पुनः अपने राज्य का स्थापित करने के लिए लौटेंगे (प्रेरितों 1:11; इब्रानियों 10:37; यूहन्ना 14:3; प्रकाशितवाक्य 19 और 20)।
2. मसीह में पाए जाने वाले विश्वासी अपने शरीर में पुनरूत्थान प्राप्त करेंगे कि वे एक नए और अमरण जीवन की शुरूआत करे। (1 थिस्सलुनीकियों 4:17-18; 1 कुरिन्थियों 15:51-58)।
3. अपने नए सृष्टि में वह राजाओं के राजा और प्रभुओं के प्रभु के रूप में राज्य करेगा (2पतरस 3:10-13; प्रकाशितवाक्य 22:3-5)

संदर्भः

[1]ग्रांट जेफरी द्वारा लिखित "सिगनेचर ऑफ गॉड" (परमेश्वर का हस्ताक्षर)

[2]बिली ग्राहमक्रिकरी क्रिश्चियन वर्कर्स हैंडबुक(मिनियापोलिसःवर्ल्डवाइड पब्लीकेशन, 1984), पृश्ठ संख्या152-154

गृहकार्य # 4 - अध्याय # 4

1. क्यों रोमी सैनिक एक कैदी के पैरों को तोड़गे, जिसे क्रूस पर चढ़ाया जा रहा है? बताइए कि यीशु के मामले में सैनिकों ने उसके पैरों को क्यों नहीं तोड़ा। उन्होंने किस भविष्यवाणी को पूरा किया?
2. थाल्लुस, एक इतिहासकार ने बताया कि मसीह के क्रूस पर चढ़ने के वर्ष, 32 ईसा पूर्व, फसह के समय एक असामान्य अन्धकार छा गया था, जिसमें सूरज कई घंटे तक के लिए अंधेरा हो गया था। यह समझाए कि यह एक अलौकिक घटना क्यों हुई होगी और चंद्रग्रहण क्यों नहीं हुआ। यहाँ कौनसी भविष्यवाणी पूरी हुई?
3. कुछ बाइबल आलोचकों ने सुझाव दिया है कि नासरत के यीशु को, एक रब्बी के रूप में, आने वाले मसीहा की भविष्यवाणियों के बारे में पता था और उन्हें पूरा करने के लिए केवल उनके जीवन की घटनाओं का व्यवस्थित किया था। आप उन्हें कैसे जवाब देंगे?
4. नीचे दिए गये वाक्यों को पूरा करों:
   1. पुराने नियम में .... ऐसे पद्यांश हैं, जो मसीह के प्रथम आगमन का उल्लेख करते हैं। इन सैकड़ों भविष्यवाणियों के अंतर्गत, बाइबल विद्वानों ने यीशु के जीवन, मृत्यु और जी उठने के बारे में विशिष्ट विवरण खोज निकाले हैं।
   2. बाइबल सिखाती है कि यीशु मसीह अपने पिता परमेश्वर के साथ पूर्व-अस्तित्व में थे।

      यूहन्ना 1:1 यह घोषित करता है-"..
      ....
      ...."
   3. यीशु परमेश्वर का पुत्र है। प्रेरित पतरस ने यह अंगीकार किया कि: "..
      ...." (मत्ती 16:16)।
   4. यीशु मसीह के क्रूस पर मृत्यु का अर्थ:

यह पापों की .... चुकाना था (रोमियों 3:24; 1 यूहन्ना 2:2; 4:10)।

यह एक .... था। इसने मनुष्य को पुनः परमेश्वर के साथ मेलमिलाप का एक रास्ता बना दिया। (रोमियों 5:10; 2 कुरिन्थियों 5:18,19)।

यह एक .... था। यीशु हमारे स्थान पर मरे (1 पतरस 3:18; 2 कुरिन्थियों 5:21)।

अध्याय 5

कैसे स्पष्ट रूप से यीशु मसीह के सुसमाचार को दूसरों के साथ बांटें

हमारे प्रभु यीशु द्वारा कहा गया बाइबल का एक वचन इस बात को संक्षेप में बताता है कि वे क्यों अपनी स्वर्ग की महिमा को छोड़ कर इस पृथ्वी पर आये।

> लूका 19:10 में यीशु ने कहा,
>
> "क्योंकि मनुष्य का पुत्र खोए हुओं को ढूंढ़ने और उन का उद्धार करने आया है"।

मनुष्य जाति के लिए दुःख की खबर यह है कि सब मनुष्यों ने एक पवित्र परमेश्वर के विरोध में पाप किया है और वे न्याय और दंड के लिए निर्धारित हैं, लेकिन खुश खबरी यह है कि, परमेश्वर जो दया में धनी हैं, उन्होंने अपने सनातन पुत्र, यीशु को, दोषी पापियों के लिए क्रूस पर पीड़ा और मृत्यु सहने के लिए भेजा। हमने परमेश्वर की व्यवस्था को तोड़ा पर यीशु ने हमारे दंड को चुकाया। यीशु फिर मृतकों में से जी उठा और मृत्यु को पराजित किया। अब परमेश्वर वाचा बांधते हैं कि यदि हम परमेश्वर की ओर फिरे और यीशु पर अपने मुक्तिदाता और प्रभु होने का विश्वास करें, तो हमें अपने पापों की क्षमा और स्वर्ग में अनंतकाल के जीवन का आश्वासन प्राप्त होगा।

यूहन्ना 3:16 में, बाइबल जो कि परमेश्वर का पवित्र वचन है, यह घोषणा करती है,

"क्योंकि परमेश्वर ने जगत से ऐसा प्रेम रखा कि उस ने अपना एकलौता पुत्र दे दिया, ताकि जो कोई उस पर विश्वास करे, वह नाश न हो, परन्तु अनन्त जीवन पाए।"

किसी अज्ञात प्रचारक ने इस वचन का ऐसे अदभुत रीति से विस्तार किया, जिस से इसके अर्थ की पूर्ण गहराई प्रकट होती है।

परमेश्वर ने ... सबसे बड़ा प्रेमी

जगत से... सबसे बड़ी संख्या

इतना प्रेम रखा... सबसे बड़े स्तर का

नष्ट न हो... सबसे बड़ा छुटकारा

परन्तु... सबसे बड़ी भिन्नता

अनंत जीवन... सबसे बड़ी सम्पत्ति

पाए... सबसे बड़ी निश्चितता

खुश खबरी का अर्थ क्या है?

> लूका 2:10-11 में, उसी रात जब यीशु का जन्म हुआ, एक स्वर्गदूत कुछ गड़रियों के सामने, जो अपनी भेड़ों को चरा रहे थे, प्रकट हुआ और उनसे कहा,
>
> "मत डरो, क्योंकि देखो मैं तुम्हें बड़े आनन्द का सुसमाचार सुनाता हूँ जो सब लोगों के लिये होगा। कि आज दाऊद के नगर में तुम्हारे लिये एक उद्धारकर्ता जन्मा है, और यही मसीह प्रभु है।"

मनुष्य जाति के लिए खुश खबरी यह है कि परमेश्वर ने अपने प्रेम में, यीशु, अपने पुत्र को हमारे उद्धारकर्ता होने के लिए भेजा, ताकि हमारे पापों से हमें बचा सके। अंग्रेजी में खुशखबरी को "सुसमाचार" के रूप में अनुवाद किया गया है जो कि यूनानी संज्ञा "इवैनजेलिओन" (Evangelion) से लिया गया है। यूनानी शब्द "इवैनजेलिजों" स अंग्रेजी भाषा का शब्द "इवैन्जेलाइजो" (Evangelizo), जिसका अर्थ है "खुश खबरी को बांटना या घोषणा करना", लिया गया है।

> मरकुस 16:15, में यीशु ने अपने पुनरुत्थान के बाद शिष्यों से यह कहा,
>
> "और उस ने उन से कहा, तुम सारे जगत में जाकर सारी सृष्टि के लोगों को सुसमाचार प्रचार करो"।
>
> 1 कुरिन्थियों 15:1-3 में, प्रेरित पौलुस के अनुसार, यीशु मसीह के विषय में खुश खबरी का सन्देश, बाइबल में "सबसे महत्वपूर्ण" है और हर एक मसीही को प्रभु द्वारा यह आज्ञा दी गयी है कि वह इस खुश खबरी को जानें, और यह भी कि कैसे दूसरों के साथ इसको बॉटे।

प्रेरित पौलुस ने कहा,

"हे भाइयों, मैं तुम्हें वही सुसमाचार बताता हूँ जो पहिले सुना चुका हूँ.......उसी के द्वारा तुम्हारा उद्धार भी होता है, यदि उस सुसमाचार को जो मैं ने तुम्हें सुनाया था स्मरण रखते हो। नहीं तो तुम्हारा विश्वास करना व्यर्थ हुआ।"

इसी कारण मैं ने सब से पहिले तुम्हें वही बात पहुंचा दी, जो मुझे पहुंची थी, कि पवित्र शास्त्र के वचन के अनुसार यीशु मसीह हमारे पापों के लिये मर गया और गाड़ा गया और पवित्र शास्त्र के अनुसार तीसरे दिन जी भी उठा' (1 कुरिन्थियों 15:2-4)।

तो यह सुसमाचार वास्तव में है क्या (संक्षिप्त में) और सुसमाचार प्रचार करने का अर्थ क्या है?

सुसमाचार प्रचार करने का अर्थ, इस अच्छे समाचार का प्रचार करना है कि, हमारे प्रभु यीशु मसीह-परमेश्वर के एकमात्र पुत्र स्वर्ग से पृथ्वी पर मानव जाति के पापों के लिए मृत्यु सहने के लिए आये, और उन्हें मृतकों में से जिलाया गया, और स्वर्ग पर ऊपर उठाये गए और राज करने वाले प्रभु हो कर, वे अब पापों से क्षमा, अनंत जीवन, और पवित्र आत्मा का वरदान, उन सबको प्रदान करते हैं जो परमेश्वर की ओर मुड़ते हैं और उन पर विश्वास करते हैं। (प्रेरितों के काम 10:38-44)

जबकि अधिकतर मसीही यीशु की खुश खबरी को दूसरों को साथ बांटना चाहेंगे, बहुत से इसको करना नहीं जानते हैं। इस अध्याय में, मैं आपको पहले मुख्य बिन्दुओं (रुपरेखा) के विषय में सिखाऊंगा जिन्हें प्रभावशाली सुसमाचार प्रस्तुति में शामिल किया जाना चाहिए। इसके पश्चात, मै आपको एक नमूना प्रस्तुत करूँगा कि किस प्रकार सुसमाचार को एक गैर-मसीही के साथ बांटा जा सकता है। मैंने इस सुसमाचार सन्देश प्रस्तुति को सैंकड़ों बार, नीचे विवरण किए गये मुख्य बिन्दुओं के विभिन्न रूपान्तरों का प्रयोग करके, सफलता से बांटा है। यह किसी भी तरह से सुसमाचार को प्रस्तुत करने का एक मात्र तरीका नहीं है। मैं यह सुसमाचार प्रचार के नमूना का सुझाव केवल उन लोगों की सहायता के लिए दे रहा हूँ जिनको दूसरों तक सुसमाचार के सन्देश को पहुँचाने का कोई अंदाजा नहीं। आप इस रुपरेखा से जो आप सीखना चाहें वह सीखें और जैसे आपकी अगुवाई हो आप अपनी विविधता और शैली इसमें जोड़ सकते हैं।

सरल सुसमाचार के मुख्य बिंदुओं की रूपरेखा

1. एक परिचय - जो कि दोनों, मैत्रीपूर्ण और जिस व्यक्ति को गवाही दी जा रही है उसका ध्यान और उत्सुकता को आकर्शित करता है।
2. सुसमाचार –

अ. परमेश्वर	1. केवल एक सच्चा जीवित परमेश्वर और सृष्टिकर्ता है और वह चाहता है कि आप उसे जानें।
ब. मनुष्य	1. मनुष्य की परमेश्वर द्वारा सृष्टि इसलिए की गई ताकि वह अपने सृष्टिकर्ता के साथ संबंध / मित्रता का आनंद उठा सके। 2. मनुष्य (आदम और हव्वा) ने परमेश्वर की आज्ञा का उल्लंघन करके पाप किया। पाप का दंड़ मृत्यु है।
क. पाप	1. पाप परमेश्वर के पवित्र स्वभाव और अच्छाई के विरुद्ध में कोई विचार या कार्य है। 2. सभी मनुष्य पापी हैं और स्वयं को बचा नहीं सकते। मानव जाति की उत्पत्ति से पूर्व, परमेश्वर के मसीहा की वाचा की जा चुकी थी।
ड. यीशु	1. यीशु कौन है - परमेश्वर का अनंत पुत्र जो अवतरित होके मनुष्य के रूप में प्रकट हुआ। 2. यीशु का पापरहित जीवन और उसके चमत्कार 3. यीशु ने क्या किया - उसने क्रूस पर पवित्र बलिदान बन कर, हमारे पापों की कीमत चुकाई। उसे दफनाया गया और वह तीसरे दिन जी उठा। एक पापी के दंड की कीमत को एवज में चुकाने का उदाहरण। 4. यीशु के 3 मुख्य "मैं हूँ दावे जो कि परमेश्वर की ओर एक मात्र मार्ग है।
इ. उद्धार देने वाला विश्वास	1. यह क्या है - केवल यीशु पर और उसके क्रूस पर पूरे किये गए कार्य पर अपने उद्धार के लिए "विश्वास" करना।
ई. निमंत्रण	1. स्पष्ट करने वाला प्रश्न: "क्या आप इसे समझ सकते हैं"? शंकाओं को स्पष्ट करना (अगर कोई हो) 2. निमंत्रण का प्रश्न: 'क्या आप अपने पापों की क्षमा प्राप्त करना और इस बात का भरोसा करना चाहते हैं कि आप स्वर्ग जायेंगे? 3. समर्पण की प्रार्थना 4. उद्धार का आश्वासन

उ. अवलोकन	सरल कदम जिन्हें नए विश्वासियों को शिष्यता में बढाने के लिए पालन करना चाहिए।

सुसमाचार प्रस्तुति के मुख्य बिन्दुओं के विषय में सीख लेने के बाद, मैं आपको दिखाना चाहता हूँ कि किस प्रकार (इन्ही मुख्य बिन्दुओं की रुपरेखा का प्रयोग कर के) सुसमाचार सन्देश गैर-मसीहियों तक पहुँचाया जा सकता है?

सुसमाचार सन्देश की प्रस्तुति का एक नमूना

(एशियाई सांस्कृतिक सन्दर्भ में विशेष रूप से उपयोगी)

कृपया ध्यान रखें कि नीचे दिए गए सुसमाचार प्रस्तुति में हम इन संक्षिप्तियौं का प्रयोग करेंगे *म = मसीही *ग.म. = गैर मसीही, यह संबोधित करने के लिए कि कौन बोल रहा है।

1. एक परिचय - जो कि दोनों, मैत्रीपूर्ण और जिस व्यक्ति को गवाही दी जा रही है उसका ध्यान और उत्सुकता को आकर्शित करता है।

   मः "शुभ प्रभात, क्या मैं आपको इनमें से एक दे सकता हूँ? (उनको एक सुसमाचार पर्चा पकड़ाएं)

   ग.म.: "यह किस विषय में है?

   मः "यह परमेश्वर का आपके विषय में व्यक्तिगत प्रेम के बारे में है। क्या आपके पास कुछ मिनट हैं? मैं आपके साथ एक ऐसा महत्वपूर्ण सन्देश बांटना चाहता हूँ जो आपने आज तक नहीं सुना होगा।"

   ग.म.: (2 संभावित प्रतिक्रियाएं):हाँ का जवाबः"जरूर. यह किस विषय में है?" नहीं का जवाबः "नहीं, मैं अभी जल्दी में हूँ।"

   अगर आपको नहीं का जवाब मिले, तो मुस्कुरा कर नम्रता से कहें, 'मैं समझता हूँ. आप घर जाकर इस पर्चे में लिखे सन्देश को जरूर पढ़ें। यह बाइबल - परमेश्वर के वचन में से है। यह हमें बताता है कि कैसे स्वर्ग जायें। अंत में एक सरल प्रार्थना है। अगर आप इसके सन्देश को समझ जायें, तो इस प्रार्थना को करें और परमेश्वर से अपने पापों की क्षमा मांगे और उसे अपने जीवन में बुलाएं। मैंने ऐसा किया और मेरा जीवन बदल गया।

   अगर आपको हाँ का जवाब मिले, तो आप सुसमाचार की एक सरल प्रस्तुति के साथ आगे बढ़ सकते हैं, जैसे कि एक नीचे दी गई है।

मः (गैर मसीही के ध्यान को ऐसा कुछ कह कर आकर्शित करें) 'क्या आप सड़क पर इन सब लोगों को देखरहे हैं? हम में से कोई भी सौ साल के बाद इस पृथ्वी पर जीवित नहीं होगा।

हम में से प्रत्येक उस से पहले मर जायेंगे। क्या आप सहमत हैं?

ग.म.: "हाँ, यह सच है।"

म.: "इस पृथ्वी पर रहते हुए ऐसे 3 सबसे महत्वपूर्ण प्रश्न हैं जिनका उत्तर देने का प्रयास हर मनुष्य को करना चाहिए। पहला, यह कौन परमेश्वर है जिसने मेरी सृष्टि की? दूसरा, परमेश्वर की मेरे जीवन के लिए क्या योजना है? और तीसरा, सबसे महत्वपूर्ण प्रश्न.... मरने के बाद मैं कहाँ जाऊंगा? मैं आपसे पूछना चाहता हूँ कि क्या अपने कभी इन 3 प्रश्नों के विषय में सोचा है"?

ग.म.: (आम तौर पर उत्तर होता है) - "नहीं"

मः देखिये ज्यादातर लोगों ने नहीं सोचा होगा। मैंने भी इन प्रश्नों के बारे में नहीं सोचा था। लेकिन एक दिन मेरे एक मित्र ने मुझे, परमेश्वर के प्रेम के विषय में बताया और यह भी कि किस प्रकार परमेश्वर ने वह रास्ता तैयार किया है जिस से वे मुझे पापों से क्षमा प्रदान कर के, मृत्यु के पश्चात मुझे स्वर्ग ले जायेंगे। कुछ ही पलों में, मैं आपको इस विषय में बताऊंगा। क्या ये ठीक है? इसमें कुछ ही पल लगेंगे, लेकिन ये सन्देश इतना महत्वपूर्ण है कि इस से आपका जीवन बदल जायेगा।

ग.म.: जरूर, आप बताएं!

2. सुसमाचार - (अब सुसमाचार वास्तव में आरम्भ होता है)

क. परमेश्वर - (1) केवल एक सच्चा जीवित परमेश्वर और सृष्टिकर्ता है।

म.:"देखिये, केवल एक ही सच्चा जीवित परमेश्वर और सृष्टिकर्ता है जिसने इस ब्रह्माण्ड की रचना की। जिस तरह एक घड़ी, घड़ी रूपकार की ओर इशारा करती है, वैसे ही सृष्टि, सृष्टिकर्ता की ओर इशारा करती है। सृष्टिकर्ता परमेश्वर ने आपको बनाया है और यही आपको खास बनाता है। परमेश्वर आपसे प्रेम करते हैं और चाहते हैं कि आप उन्हें जाने।"

ख. मनुष्य (1) मनुष्य की सृष्टिकर्ता के साथ एक रिष्ते का आनंद उठाने के लिए की गई है।

ग. "जब परमेश्वर ने पृथ्वी पर प्रथम पुरुष और स्त्री की रचना की, तो उनका नाम आदम और हव्वा रखा।(आदम शब्द से हमें हिंदी का शब्द आदमी मिलता है, जिसका अर्थ है पुरुष). देखिये, आदम और हव्वा हमारे पहले माता-पिता थे - हमारे पूर्वज।

परमेश्वर ने आदम और हव्वा की सृष्टि क्यों की? परमेश्वर ने हमें उनके साथ मित्रता का आनंद उठाने के लिए रचा। बाइबल के अनुसार, जब परमेश्वर ने पुरुष को बनाया, उन्होंने उसे अपने स्वरुप और समानता में बनाया। मनुष्य को परमेश्वर की सबसे श्रेष्ठसृष्टि के रूप में सृजा गया। मनुष्य को एक देह, प्राण, और आत्मा के साथ बनाया गया। मनुष्य के प्राण और आत्मा के द्वारा, उसे परमेश्वर के विषय में जागरूक होने और आराधना करने के लिए बनाया गया। क्या आपने कभी एक जानवर को परमेश्वर से प्रार्थना करते और अपने भोजन के लिए धन्यवाद देते हुए देखा है?

ग.म.: "नहीं"

मः इसका कारण यही है कि केवल मनुष्य को परमेश्वर की समानता और स्वरुप में उसकी आराधना करने और उसे जानने के लिए बनाया गया है।

(2) मनुष्य ने परमेश्वर की आज्ञा का उल्लंघन करके पाप किया...

मः "लेकिन दुर्भाग्यवश और दुखद रूप से, मनुष्य पाप में गिर गया। बाइबल के दूसरे और तीसरे अध्याय में, हमें बताया गया कि परमेश्वर ने आदम और हव्वा को एक सुन्दर वाटिका में रखा और उन्हें कहा कि, वे बगीचे में एक को छोड़ बाकि सभी वृक्षों में से खा सकते थे। यह परमेश्वर ने मनुष्य की एक परीक्षा ली थी यह देखने के लिए कि क्या मनुष्य उनकी आज्ञा का पालन करेगा कि नहीं।

परमेश्वर ने हमारे प्रथम माता-पिता को यह चेतावनी दी थी कि यदि उन्होंने परमेश्वर की आज्ञा का उल्लंघन और पाप किया तो उन्हें दो परिणाम भुगतने पड़ेंगे। पहला, वे शारीरिक रूप से मरना शुरू हो जायेंगे। वे उम्र में बढ़ने लगेंगे - और तब तक वृद्ध होंगे जब तक कि मर न जाएं। शारीरिक मृत्यु, मनुष्य के प्राण का शरीर से अलग होना है।

दूसरा, वे आत्मिक मृत्यु को अनुभव करेंगे। क्योंकि वे पापी थे, वे अब अपनी आत्मा का परमेश्वर की आत्मा से अलग होना अनुभव करेंगे। यह उनकी परमेश्वर के साथ संगति को नष्ट करेगा और उन्हें आत्मिक तौर से खाली और अपूर्ण कर देगा।

बाइबल कहती है, "पाप की मजदूरी मृत्यु है" - रोमियों 6:23, यही कारण है मेरे दोस्त, कि सब पुरुष और स्त्री एक दिन मर जायेंगे। बाइबल कहती है, "एक पुरुष (आदम) के द्वारा, पाप ने मनुष्य जाति में प्रवेश किया और सब मनुष्य तक फैल गया। इस कारण सब मनुष्य मर जाते हैं।"

जिस प्रकार मैं अपने वंशाणु (अपना आँखों का रंग, बालों का रंग, इत्यादि.) अपने बच्चों तक पहुंचाता हूँ, उसी प्रकार आदम का पापमय स्वभाव आने वाली सभी पीड़ियों तक पहुँच गया।

दुःख की खबर यह है कि अब सब पुरुष वृद्ध होंगे - उम्र में बढ़ते रहेंगे, जब तक वे अंत में मर न जाये। और यदि हम अपने पापों से बिना क्षमा प्राप्त करे मर जायेंगे, तो हम नरक में जायेंगे - हमेशा हमेशा के लिए परमेश्वर से अलग।

क्या अपने कभी इस प्रश्न को सोचा हैः "अगर सभी पुरुष और स्त्रियों को एक दिन मरना है तो जीवन का क्या उद्देश्य है?"

ग.म.:"हाँ मैंने इस विषय में सोचा तो है लेकिन इसका कोई ठोस उत्तर मेरे पास नहीं है"

(कई बार एक रोचक उदाहरण, एक इस प्रकार के गंभीर विषय को हल्का करने में और गैर मसीह के ध्यान को रखने में सहयोगी हो सकता है। एक उदाहरण जिसका प्रयोग मैंने किया है, वह इस प्रकार है)

मः मैंने एक बार एक व्यक्ति के विषय में पढ़ा, जो सुबह उठ कर अखबार पढ़ रहा था और पढ़ते पढ़ते वह अचंभित रह गया कि उसे भविष्य से वह अखबार मिला था। उस पर तिथि 8 अप्रैल, 2030 थी। यह भविष्यका अखबार था। उसका उत्साह बढ़ गया। उसने कहा, 'मैं एक चतुर व्यवसायी हूँ। मैं पैसा बनाने के विषय में सोच सकता हूँ। मैं 2030 के षेयर बाजार का हाल देख कर पता लगा लेता हूँ कि कौन सी कम्पनियां ज्यादा मुनाफा कमाएंगी, ताकि मैं उनमें अभी से निवेश कर दूँ और भविष्य में एक करोड़पति बन जाऊ।" लेकिन पन्नों को पलटते हुए उसने एक व्यक्ति की तस्वीर देखी जो एक दम उसके जैसा दिखता था। वास्तव में वह स्वयं ही था। 'मेरी तस्वीर अखबार में क्या कर रही है?" उसने सोचा। फिर उसने पूरे शीर्षक को पढ़ा। उसकी तस्वीर के नीचे उसका नाम लिखा था, और यह भी कि 'राजेश की प्रिय स्मृति में - 3 जुलाई 1990 को जन्म - 8 अप्रैल 2030 को मृत्यु'।

यह एक हास्यास्पद कहानी है, लेकिन इस सच्चाई को बताती है कि इस पृथ्वी पर सभी मनुष्यों को एक दिन मरना है और अपनी सारी सम्पत्ति को छोड़ जाना है। क्या आप समझ सकते हैं कि मैं अभी तक क्या कह रहा था?

ग.म.:"हां"

मः एक दिन आप भी मर जायेंगे। क्या आप जानते हैं आप कहाँ जायेंगे? या तो स्वर्ग में परमेश्वर के साथ रहने के लिए या नरक में - हमेशा के लिए परमेश्वर से अलग। अगर हम पाप में मर जायेंगे तो हम नरक जायेंगे और हमारे प्राण परमेश्वर से हमेशा के लिए अलग हो जाएंगे।

(ग) पाप - (प) पाप परमेश्वर के पवित्र स्वभाव व भलाई के विरुद्ध में कोई भी विचार याकार्य है।

मः"अब मैं आपको बताऊंगा कि पाप क्या है? प्रेमी परन्तु पवित्र परमेश्वर की दृश्टि में कोई भी अपवित्र कार्य या विचार, पाप है।"

उदाहरण के लिएः परमेश्वर की आज्ञाओं की अनाज्ञाकारिता पाप है, झूठ बोलना पाप है, विकृत विचारों को सोचना और अनैतिकता के कार्यों को करना पाप है, अनियंत्रित क्रोध और दूसरों के विषय में बुरा बोलना पाप है, स्वार्थी कारणों से कुछ भी करना पाप है....

(2) सब मनुष्य पापी हैं और अपने आप को बचा नहीं सकते।

बाइबल कहती है, "सब ने पाप किया और परमेश्वर के पवित्र और सिद्द स्वभाव की महिमा से रहित हैं"।

बाइबल यह भी कहती है कि परमेश्वर इतने पवित्र हैं कि कोई पापी, बिना परमेश्वर की क्षमा को प्राप्त करे, स्वर्ग में प्रवेश नहीं कर सकता। अब, अगर आप और मैं एक दिन में 10 पाप करें, इसका जोड़ एक साल में 3,600 पाप होंगे! अगर आप 70 वर्ष की औसतम आयु तक जीवित रहें, तो आपने और मैंने अपने जीवनकाल में लगभग 2,52,000 पाप और गलतियाँ की होंगी। सोचिये, एक आदतन दोषी जिसके अदालत में 2,52,000 छोडिये, 700 जुर्म दर्ज हो, तो उसका क्या होगा!

अब बाइबल बताती है कि परमेश्वर पवित्र और न्यायी हैं इसलिए उन्हें पाप का दंड देना अनिवार्य है। अपने मनों में हम ऐसे एक न्यायधीश को निंदनीय दृश्टि से देखेंगे,

जो दोशियों के साथ अधिक नर्म है। ऐसा ही परमेश्वर के साथ है। 'क्या पृथ्वी का न्यायी, न्याय न करेगा' (उत्पत्ति 18:25)। लेकिन परमेश्वर प्रेमी और दयालु भी है और हमें दंड नहीं देना चाहते। इसने प्रभावशाली रूप से एक समस्या को उत्पन्न कर दिया जिसे परमेश्वर ने केवल यीशु मसीह के द्वारा पूरा किया। परमेश्वर ने यीशु को इस संसार के मसीहा के रूप में भेज कर, पापी पुरुष और स्त्रियों को नरक में जाने से बचाने की योजना बनाई।

परमेश्वर का उद्धारकर्ता प्रदान करने का वादा, मनुष्य जाति के प्रारम्भ से पूर्व सूचित था....

परमेश्वर ने हमारे प्रथम माता-पिता, आदम और हव्वा को यह वादा किया कि वह संसार के लिए एक उद्धारकर्ता को भेजेंगे जो मानव जाति के पापों के लिए स्वयं का बलिदान प्रदान करेगा।

बाइबल बताती है कि, परमेश्वर ने जगत से ऐसा प्रेम किया कि उन्होंने अपने पवित्र और पाप-रहित पुत्र - प्रभु यीशु मसीह को भेजा, ताकि वह क्रूस पर मर कर मनुष्य जाति के पापों के लिए एक पापमुक्त बलिदान बन सके।

(ड) यीशु - (1) यीशु कौन है?

परमेश्वर का अनंत पुत्र जो अवतरित हो कर मनुष्य के रूप में प्रकट हुआ

म:"बाइबल के अनुसार, यीशु परमेश्वर के अनंत पुत्र हैं जिन्होंने अपने स्वर्ग के महिमामय सिंहासन को छोड़ा और मनुष्य के रूप में प्रकट हुए, ताकि मानव जाति के लिए उद्धारकर्ता बन सके।

(2) यीशु का पापरहित जीवन और चमत्कार

यीशु, अन्य ऐतिहासिक और धार्मिक अगुवों से किस प्रकार अलग हैं? यीशु ने एक पूर्ण रूप से पापरहित और पवित्र जीवन जिया। उन्होंने कभी पाप नहीं किया। वे परमेश्वर के पुत्र थे और उनका जीवन 100 प्रतिशत शुद्ध और पवित्र था।

साथ ही, यीशु ने ऐसे चमत्कार किये जो किसी मनुष्य ने कभी नहीं किये। उन्होंने अंधों को रोशनी दी, कोढ़ियो को चंगा किया, लंगड़ों को चलाया और यहाँ तक कि मुर्दों को वापस जीवन दिया। अब, अगर कोई व्यक्ति मुर्दों को जिला सकता है, तो वह स्वयं परमेश्वर हो सकता है। किसी अन्य धार्मिक ग्रन्थ में किसी और पैगंबर या शिक्षक के द्वारा ऐसे चमत्कारों को किए जाने के विषय में कोई वर्णन नहीं है। आज भी, संसार भर

में लाखों लोगों ने अपनी प्रार्थनाओं के उत्तर में यीशु के चंगाई के चमत्कारों को अनुभव किया है।

(3) यीशु ने क्या किया?

उन्होंने हमारे पापों की कीमत, क्रूस पर एक पवित्र बलिदान बन कर चुकाई। उन्हें गाड़ा गया और वह तीसरे दिन फिर जी उठे।

मः लेकिन यीशु क्यों आये? वे आपके और मेरे पापों के लिए क्रूस पर एक पापमुक्त और पवित्र बलिदान हो कर मरने के लिए आए।

मैं अक्सर निम्नलिखित 'हस्त-पुस्तिका उदाहरण'' का प्रयोग करता हूँ ताकि गैर-मसीही को मसीह पर पाप के स्थानांतरण की कल्पना करने में सहायता कर सकूँ। अगर आपके पास कोई पुस्तक उपलब्ध नहीं, तो किसी भी वस्तु, जैसे फोन, इत्यादि का उपयोग करें।

इस उदाहरण में, मेरे दाहिने हाथ की हथेली मुझे दर्शाती है, कि यह पुस्तक मेरे पापों का पूरा अभिलेख है और मेरे बाएं हाथ की हथेली, मसीह जो मेरे एवजी हैं, उन्हें दर्शाती है। मैं अक्सर ऐसा कुछ कहता हूँः

'हम सोचें कि मेरे हाथ में इस पुस्तक (या सेल फोन) में मेरे जीवन का विस्तृत विवरण शामिल है। हर पाप जो मैंने कभी भी किया है वह यहाँ दर्ज किया गया है। यहाँ तो (पुस्तक को पकड़कर और पुस्तक को इंगित करूँ) पवित्र परमेश्वर और मेरे बीच में एक समस्या है - मेरे पाप। अब परमेश्वर मुझसे प्रेम करता है (मेरे दाहिने हाथ की हथेली की ओर इशारा करता हूँ), लेकिन परमेश्वर मेरे साथ कोई रिश्ता नहीं रख सकते क्योंकि मेरे पाप मुझ पर हैं (अब किताब अपने दाहिने हाथ की हथेली पर रखकर यह दर्शाएँ कि मेरे पाप मुझ पर हैं)।

यदि मुझे मेरे सारे पापों के साथ परमेश्वर के सामने खड़ा होना पड़े, तो उसे मेरे पापों के लिए न्याय करना होगा।

अब ये दिलचस्प बात है। क्योंकि परमेश्वर प्रेममय और दयालु है, वह मुझे सजा नहीं देना चाहते थे और मुझे नरक में नहीं भेजना चाहते थे। हालांकि, क्योंकि परमेश्वर पवित्र और न्यायी है, उन्हें पाप को दंडित करना होगा। किसी भी तरह परमेश्वर के न्याय को पूरा करने के लिए पाप का दंड दिया जाना चाहिए। कैसे परमेश्वर ने इस समस्या या दुविधा (एक ऐसी स्थिति जिसमें दो या दो से अधिक विकल्प के बीच एक कठिन चुनाव है) को सुलझाया? परमेश्वर ने अपने प्रिय पुत्र, यीशु को दुनिया में भेजकर इस दुविधा को हल किया (बाएं हाथ को दाहिने हाथ के समानांतर ऊपर उठाएं)

> बाइबल कहती हैः 'हम तो सब के सब भेड़ों की नाईं भटक गए थे। हम में से हर एक ने अपना अपना मार्ग लिया और यहोवा ने हम सभों के अधर्म का बोझ उसी (यीशु) पर लाद दिया।' यशायाह 53:5-6
>
> (1 पतरस 2:24) (जैसा कि स्वयं वचन कहता है, 'परमेश्वर ने हम सभी के पापों को यीशु पर रख दिया है', किताब को अपने दाहिने हाथ से बाएं हाथ से अलग गति में स्थानांतरित करें और वहां छोड़ दें)। परमेश्वर ने यीशु पर मेरे सारे पाप और अपराध डाल दिए। जिन सभी पापों से परमेश्वर नफरत करते थे उन्हें अपने प्यारे बेटे पर लाद दिया। यीशु ने क्रूस पर हमारे पापों को सह लिया।'

मः (अब बोलना जारी रखते हुए), क्रूस पर यीशु ने परमेश्वर के क्रोध का सामना किया - मानव जाति के पाप के लिए परमेश्वर का असीम क्रोध। यहां तक कि सूरज ने अपना चेहरा छिपा लिया और अंधेरे ने धरती को उस समय ढांप लिया, जिस दिन यीशु की मृत्यु हुई।

आखिरकार, आखिरी श्वास से पहले, यीशु ने विजयी शब्द घोश किया, 'सब पूरा हुआ'। अंग्रेजी शब्द, 'सब पूरा हुआ', यहूदी में एक शब्द है - 'तेलेस्तई'। इसका मतलब यह है, 'ऋण का पूर्ण भुगतान किया गया है'। जब यीशु ने क्रूस से विजयी होकर कहा, 'सब पूरा हुआ', तो इसका अर्थ था कि क्रूस पर मानव बलि के माध्यम से मानव जाति के हर पाप का भुगतान किया गया था।

'हमारे पापों की मजदूरी तो मृत्यु थी' (रोमियों 6:23) लेकिन परमेश्वर के पुत्र, यीशु के बलिदान के द्वारा मनुष्य का पाप के लिए पूरी तरह से भुगतान किया गया था।

लेकिन वह सब पूरा नहीं है। यीशु अपनी सेवकाई में न केवल कई मृत लोगों को जीवन में वापस लाए थे, बल्कि उन्होंने क्रूस पर अपनी मृत्यु की, अपने दफनाए जाने की और तीसरे दिन पुनरुत्थान (मत्ती 16:21) की भविष्यवाणी भी की थी। क्या ऐसा हुआ?

ठीक है, तीसरे दिन यीशु फिर से जी उठा। यह चमत्कार सैकड़ों लोगों द्वारा देखा गया था। जी उठने के चालीस दिनों के बाद, यीशु ने सैकड़ों लोगों को कई ठोस सबूत बताते हुए स्वयं को उन्हें दिखाया था कि वह जीवित था (प्रेरितों 1:3)!

{एक विकल्प द्वारा पापी की सजा के भुगतान का उदाहरण यहाँ उपयोगी हो सकता है}

> मः मैं इस कहानी के साथ आपको बताता हूँ कि क्रूस पर क्या हुआ था।

एक निश्चित शहर में एक जवान लड़की एक कार को काफी तेज गति से चला रही थी। उसने अपनी कार का नियंत्रण खो दिया और पैदल चलने वालों में से एक को कुचल के मार डाला। पुलिस ने इस महिला को गिरफ्तार कर लिया और उसके खिलाफ आरोप लगाए। कुछ दिन बाद उसे एक न्यायाधीश के सामने खड़े होने के लिए अदालत में लाया गया। आरोपों को पढ़ने के बाद, महिला के खिलाफ दलील दी गई, 'दोषी'। जज ने मेज़ पर उसका भुगतान नीचे धकेल दिया और उससे कहा कि उसे 12,00,000 रूपये (लगभग 20,000 डॉलर) का जुर्माना देना होगा या उसे जेल भेजा जाएगा। वह जवान लड़की रोने लगी। उसके पास दंड का भुगतान करने का कोई साधन नहीं था।

फिर कुछ असाधारण हुआ। न्यायाधीश ने अपने न्यायिक वस्त्र को हटा दिया, मंच से नीचे कदम रखा और क्लर्क तक चला गया। अदालत में मौजूद सभी लोगों के विस्मित होने के लिए, न्यायाधीश ने 12,00,000 रूपये का एक चेक लिखा और युवा महिला के लिए दंड का भुगतान किया। क्या आप जानते हैं कि उसने जवान औरत के लिए दंड का भुगतान क्यों किया? ऐसा इसलिए क्योंकि वह युवा महिला उसकी खुद की बेटी थी!

अब कुछ महत्वपूर्ण समझें। सिर्फ इसलिए कि जवान औरत उसकी खुद की बेटी थी, न्यायाधीश ने उसे बिना मूल्य के नहीं छोड़ा।उसने कानून का उल्लंघन किया था। उसने एक अपराध किया था। उस देश की न्यायिक प्रणाली के अनुसार जिसका वह प्रतिनिधित्व करते थे, उसे दंड का भुगतान करना था। तो उसने क्या किया? अपनी बेटी के लिए अपने महान प्रेम के कारण, उसने स्वयं अपने न्यायिक वस्त्र को हटा दिया, मंच से नीचे उतर आया और उसकी ओर से पूरा भुगतान किया गया। आप कहते हैं, कि अद्भुत प्रेम है! लेकिन यह वही है जो परमेश्वर ने हमारे लिए किया था।

आप देखते हैं, हमने भी परमेश्वर के नियमों का उल्लंघन किया है और परमेश्वर के नियमों को हजारों बार तोड़ा है। आपने और मैंने हमारे जीवनकाल में हजारों पाप किए हैं। हमारे सभी पापों के लिए दंड का भुगतान करने के लिए हम नरक में जाने के लिए नियुक्त किए गए थे और परमेश्वर से हमेशा के लिए अलग हो गए थे। लेकिन कुछ अद्भुत घटना लगभग 2000 साल पहले हुई थी। समस्त संसार के न्यायाधीश परमेश्वर पिता ने महिमा के अपने न्यायिक वस्त्रों को उतार दिया और अपने स्वर्गीय सिंहासन से नीचे कदम रखा। उन्होंने क्रूस पर हमारी ओर से अपने जीवन का त्याग करते हुए हमारे पापों के लिए खुद पूर्ण दंड का भुगतान किया। इसके बारे में सोचें, आपके पापों के लिए भुगतान और पूरी मानव जाति के पाप चांदी और सोने के साथ नहीं बल्कि यीशु के बहुमूल्य खून से पूरे किए गए थे।

अब जब यीशु ने क्रूस पर आपके पापों के लिए पूर्ण दंड का भुगतान किया है, तो परमेश्वर का न्याय पूर्ण हो गया है। आपको फिर से अपने पापों के दंड का भुगतान नहीं करना पड़ता है। जब हम स्वतंत्र रूप से यीशु मसीह पर हुए दंड को, हमारी अवस्था के कारण हुआ है, इस रूप में स्वीकार करते हैं और उसे हमारे उद्धारकर्ता और परमेश्वर के रूप में स्वीकार करते हैं, तो परमेश्वर मुफ्त में हमें क्षमा करते हैं और हमारे सभी पापों को क्षमा करते हैं।

क्या आप समझ पा रहे हैं कि मैं अब तक क्या कह रहा हूँ?

ग.म.:"हां"

मः "अच्छी बात है, क्योंकि मैं लगभग समाप्त कर चूका हूँ लेकिन ध्यान से सुनो क्योंकि यह अंत का हिस्सा इस संदेश का सबसे महत्वपूर्ण हिस्सा है।'

(4) यीशु के 3 महत्वपूर्ण 'मैं हूँ' वाक्यांश जो परमेश्वर के पास जाने का एकमात्र मार्ग है।

मः 'अब भारत के प्राचीन दिनों में, प्राचीन ऋषि इस तरह प्रार्थना करते थे, (आपको संस्कृत अध्याय का हवाला देने की जरूरत नहीं है। मैंने इसे केवल प्रभाव के लिए जोड़ दिया है)।

मूल संस्कृत अध्याय	हिंदी में अनुवाद किया गया
'असतो मा सद्गमया तमसो मा ज्योतिर्गमया मृत्योर मा अमृतर्म्गमया"	मुझे अंधेरे से ज्योति की ओर अगुवाई करें मृत्यु से मुझे अनन्त अमर जीवन में अगुवाई करें।"

क्या आप जानते हैं कि उनकी प्रार्थना और करोड़ों खोजने वालों की प्रार्थनाओं के बारे में इतना दिलचस्प क्या है?

ग.म.: नहीं, मैं नहीं जानता।

मः 'ठीक है, इन ऋषियों के दिल की लालसा यीशु में पाई जाती है। उनकी सभी प्रार्थनाओं में पता चलता है कि यीशु में उनकी पूर्ति है।

यीशु के दावों को सुनें

> यूहन्ना 14:6 में, यीशु ने कहा, 'मार्ग और सच्चाई और जीवन मैं ही हूँ, बिना मेरे द्वारा कोई पिता के पास नहीं पहुंच सकता।'
>
> यूहन्ना 8:12 में, यीशु ने कहा, 'जगत की ज्योति मैं हूँ, जो मेरे पीछे हो लेगा, वह अन्धकार में न चलेगा, परन्तु जीवन की ज्योति पाएगा।'
>
> यूहन्ना 11:25 में यीशु ने कहा, 'पुनरुत्थान और जीवन मैं ही हूँ, जो कोई मुझ पर विश्वास करता है वह यदि मर भी जाए, तौभी जीएगा।'

मः 'क्या आप असत्य से सत्य की ओर जाना चाहते हैं? - यीशु सत्य है

क्या आप अंधेरे से ज्योति की ओर जाना चाहते हैं? - यीशु ज्योति है

क्या आप मृत्यु से अनंत अमर जीवन की ओर जाना चाहते हैं? - यीशु पुनरुत्थान और जीवन है।' उन प्राचीन ऋषियों और अनगिनत लाखों साधकों की प्रार्थनाएं केवल यीशु में अपनी पूर्ति को पाती हैं!

इ) बचाने वाला विश्वास

1. यह क्या है - यीशु मसीह में और केवल हमारे उद्धार के लिए क्रूस पर किया गया उसके पूर्णकाम पर 'भरोसा करना'।

   मः 'तो जब आप मर जाते हैं तो स्वर्ग में जाने के बारे में सुनिश्चित करने के लिए आपको क्या करना चाहिए?

   आपको परमेश्वर की ओर मुड़कर यीशु में विश्वास करना चाहिए। आपको यीशु को केवल एकमात्र प्रभु और उद्धारकर्ता के रूप में स्वीकार करना चाहिए। उद्धार पाने के लिए आप अपने अच्छे कामों पर भरोसा नहीं कर सकते। आपको प्रभु यीशु मसीह पर और उसके क्रूस पर उसकी मुक्ति के कार्य पर भरोसा करना चाहिए।

   हम में से कोई भी स्वर्ग जाने के लिए योग्य नहीं है। हम पापी हैं। बहुत से लोग मानते हैं कि यदि वे पर्याप्त अच्छे काम करते हैं जैसे कि - दान देना, तीर्थयात्रा पर जाना, एक अच्छा जीवन जीना, पर्याप्त प्रार्थना करना,तो परमेश्वर उन्हें स्वर्ग में उनके साथ रहने देंगे। लेकिन जो कोई यह कहता है वह परमेश्वर की पवित्रता से अनभिज्ञ है। आप कितने भी अच्छे काम करते हैं, इसके बावजूद

आप इस तथ्य को कभी नहीं हटा सकते हैं कि आपने अपने जीवन में सैकड़ों हजारों बार पाप किए हैं।

परमेश्वर 100 प्रतिशत पवित्र है और कोई पापी उसकी उपस्थिति में बिना-क्षमा प्राप्त की हुई स्थिति में नहीं आ सकता है। याद रखें कि आदम और हव्वा के साथ परमेश्वर की संगति सिर्फ एक ही वजह से खत्म हो गई थी - पाप के कारण। सभी मानव जाति के लिए दुख की खबर यह है कि हम सभी पापी हैं और हम हमारी अपनी योग्यता से स्वर्ग जाने में असमर्थ हैं। अच्छी खबर यह है कि परमेश्वर ने हमारे पापों को क्षमा करने का एक तरीका तैयार किया है। वह यीशु के बलिदान के माध्यम से है!

मः आप अपने पापों की क्षमा कैसे प्राप्त कर सकते हैं? यीशु, परमेश्वर के पुत्र और उद्धारकर्ता पर भरोसा करके, जिसे परमेश्वर ने भेजा। बाइबल कहती है, 'क्योंकि परमेश्वर ने जगत से ऐसा प्रेम रखा कि उस ने अपना एकलौता पुत्र (यीशु) दे दिया, ताकि जो कोई उस पर विश्वास करे, वह नाश (नरक) न हो, परन्तु अनन्त जीवन (स्वर्ग) पाए' - यूहन्ना अध्याय 3:16। आपको अपने पापों की क्षमा प्राप्त करने के लिए क्या करना चाहिए? आपको परमेश्वर की ओर मुड़कर यीशु में विश्वास करना चाहिए।

आपको यीशु को अपने एकमात्र प्रभु और उद्धारकर्ता के रूप में स्वीकार करना चाहिए। बाइबल प्रेरितों के काम 16:31 में बताती है, कि 'अगर हम प्रभु यीशु में विश्वास करते हैं, तो हमारा उद्धार होगा।'

2. वचनबद्धता (समर्पण)

   1. स्पष्ट सवालः

      मः"क्या यह आपको समझ में आता है? क्या आप समझते हैं जो मैंने बांटा है?"

      ग.मः (अविश्वासी की 2 संभावित प्रतिक्रियाएं हो सकती हैं)

      'नहीं, सब कुछ नहीं। मेरे पास कुछ सवाल हैं। 'या' हाँ, मैंने किया!'

      यदि उत्तर नहीं है, तो आपको अपने सवालों के जवाब देने के लिए तैयार रहना होगा ('मसीही संदेश के बारे में आम तौर पर पूछे जाने वाले प्रश्नों का उत्तर देने' के लिए अगला अध्याय देखें)

      यदि हां उत्तर है, तो निम्न प्रकार के रूप में आगे बढ़ें।

2. निमंत्रण के लिए प्रश्न:

मः मेरे प्यारे दोस्त (उसका नाम बताएं), क्या आप अपने पापों की क्षमा प्राप्त करना चाहते हैं और मरने पर एकदिन स्वर्ग जाने के लिए तैयार होना चाहते है?'

ग.मः "हां! मैं निश्चित रूप से होना चाहता हूँ।"

3. **समर्पण की प्रार्थना**

ठीक है तो (नाम), मैं आपसे मेरे साथ प्रार्थना करने के लिए कहता हूँ। यह प्रार्थना एक मिनट से भी कम समय लेगी। यदि आप वास्तव में चाहते हैं कि आपके पाप क्षमा हों और आपको अनन्त जीवन का आश्वासन मिले, तो मैं आपको प्रोत्साहित करता हूँ कि आप इस प्रार्थना को मेरे साथ करें और यीशु से आप के सभी पापों को क्षमा करने के लिए कहें। जैसा हम इस प्रार्थना को करते हैं, रास्ते में आने जाने वालों से विचलित न हों। याद रखें कि जब आप परमेश्वर के सामने खड़े होते हैं, तो आप अकेले ही उसके सामने खड़े होंगे। इसलिए अपनी आँखें बंद करें और अपने दिल को विनम्र करें और प्रार्थना करें। याद रखें कि अब आप मुझसे बात नहीं कर रहे हो लेकिन परमेश्वर से बातें कर रहे हो

(धीरे-धीरे और सार्थक रूप से प्रत्येक वाक्यांश के बाद उन्हें दोहराने के लिए कहें)

'...प्रभु यीशु, आज मुझे क्रूस पर आपके बलिदान का सही अर्थ समझ आया है कि परमेश्वर ने आपको मेरे पापों से बचाने के लिए, भेजा है और आप संसार के उद्धारकर्ता हैं। हे प्रभु, मुझे पता है कि मैं सिद्ध नहीं हूँ, लेकिन मैं पापी हूँ जिसे क्षमा की आवश्यकता है। अभी, मैं आपको मुझे क्षमा करने और मुझे बचाने और जब मैं मरता हूँ तब मुझे स्वर्ग तक ले जाने के लिए बिनती करता हूँ। मुझे परमेश्वर की शांति दे जो केवल आप मुझे दे सकते हैं। इस दिन से, मेरी जिंदगी का मार्गदर्शन करें और मुझे आपको और अधिक जानने में सहायता करें - आमीन'।

4. उद्धार का आश्वासन

{नीचे अनुभाग वैकल्पिक है। जब मैं किसी को मसीह में लाता हूँ, तो मुझे यह सुनिश्चित करना पसंद है कि वे वास्तव में सुसमाचार को समझते हैं और उन्हें अपने उद्धार का पूर्ण आश्वासन होता हैं। हालांकि समय या परिस्थितियां आपको हर बार ऐसा करने की अनुमति नहीं दे सकती हैं}

मः ठीक है (नाम), आपने अभी तक अपने जीवन की सबसे महत्वपूर्ण प्रार्थना की है। मैं चाहता हूँ कि अब आप देखो कि जो कुछ आपने अभी किया है, उसके बारे में यीशु क्या कहता है। यूहन्ना 6:47 में यीशु ने बहुत ही महत्वपूर्ण उल्लेख किया। मैं चाहूँगा कि आप इसे पढ़ें। (उसे जोर से पढ़ो।) 'मैं तुम से सच सच कहता हूँ, कि जो कोई विश्वास करता है, अनन्त जीवन उसी का है।'

ठीक है, (नाम) विश्वास की इस साधारण कार्य द्वारा आपने प्रार्थना में अपने उद्धार के लिए यीशु मसीह पर अपना विश्वास रखा है। क्या यह सही है?

ग.मः"हाँ, यह सही है"

मः"(नाम), अब आप अपने उद्धार के लिए किस पर भरोसा कर रहे हैं?'

ग.मः"यीशु मसीह पर"

मः"यीशु कहता है कि जो व्यक्ति विश्वास करता है अनन्त जीवन उसका है। क्या आप उस पर विश्वास करते हैं"?

ग.मः"हाँ, मैं करता हूँ"

मः"(नाम) यदि आज रात आप अपनी नींद में मर जाएं, तो आप कहाँ जागेंगे?"

ग.मः"स्वर्ग में"

मः"और अगर परमेश्वर ने आपसे पूछा कि तुम स्वर्ग में क्यों हो, तो आप क्या कहेंगे?"

ग.मः"क्योंकि मैं यीशु में विश्वास करता हूँ।"

मः"यही काफी है। (नाम), यदि जो अभी आपने अपने होंठों से कहा उसे अपने हृदय से मानते हैं, तो आपके पास मसीह का वादा है कि उसने आपके पापों को क्षमा किया है, और अपने परिवार में अपनाया है, और आपको अनन्त जीवन प्रदान किया है। परमेश्वर की स्तुति हो! मैं आपके साथ खुश हूं। परमेश्वर के परिवार में आपका स्वागत है!"

ई) अनुसरण करें

नए विश्वासी को शिष्यता देने के लिए सरल चरणों का पालन करने की आवश्यकता है।

(क) विश्वास में उन्हें प्रोत्साहित करने के लिए कुछ दिनों के भीतर उन्हें मिलने की कोशिश करें।

(ख) उन्हें लूका के सुसमाचार या यूहन्ना के सुसमाचार की किताब दें और उन्हें इसे पढ़ने के लिए प्रोत्साहित करें।

(ग) बाद में उन्हें एक पूर्ण बाइबल दें और इसमें, निम्न को प्राथमिकता से पढ़ने के रूप में चिह्नित करें(शुरुआत के लिए)

1. लूका
2. यूहन्ना
3. उत्पत्ति
4. निर्गमन
5. गिनती
6. मत्ती
7. प्रेरितों के काम
8. गलातियों
9. 1 यूहन्ना
10. याकूब

उन हिस्सों को चिह्नित करने के लिए प्रोत्साहित करें जिन्हें वे समझ नहीं पाते हैं। फिर उन्हें साप्ताहिक आधार पर मिलें और उन्हें समझाएं कि उन अंशों का क्या मतलब है।

(घ)उन्हें अपने स्थानीय कलीसिया या किसी भी अन्य अच्छी बाइबल शिक्षण कलीसिया में भाग लेना शुरू करने के लिए आमंत्रित करें।

कल्पना करो कि कुछ ही हफ्तों में इस नए मित्र को यीशु को जानने के आनंद को देखना कितना रोमांचक होगा!

संदर्भः

[1]बृहदायिक उपनिशद1:3:28

गृहकार्य # 5 - अध्याय # 5

1. नीचे तालिका में भरें:

क. परमेश्वर	
ख. मनुष्य	1. 2.
ग. पाप	1. 2.
घ. यीशु	1. 2. 3. 4.
ङ. मुक्ति दिलाने वाला विश्वास	1.

च. निमंत्रण पत्र	1. 2. 3. 4.
छ. अनुसरण करना	नए विश्वासी को शिष्यता देने के सरल चरणों का पालन करने के चरणों को सूचीबद्ध करें।

2. **अध्ययन गृहकार्य** - इस अध्याय में कम से कम 5 बार दिए गए नमूना सुसमाचार की प्रस्तुति के माध्यम से धीरे-धीरे पढ़ें और उसमें प्रस्तुत सच्चाईयों पर गौर करें। तर्कसंगत और व्यवस्थित तरीके से अध्ययन करें जिसमें सुसमाचार को एक गैर - मसीही को प्रस्तुत करने की आवश्यकता होती है। जितना आप कर सकते हैं उतना सुसमाचार संदेश को याद रखें।

3. **व्यावहारिक गृहकार्य** - आपको लोगों के साथ सुसमाचार बांटने की आवश्यकता है, इसलिए यह आपके जीवन में एक आदत बन जाती है। आने वाले सप्ताह में, कम से कम एक गैर-मसीही मित्र के साथ सुसमाचार का संदेश बांटें। इस सप्ताह के लिए अपने काम के हिस्से के रूप में, आपको अपने कलीसिया के साप्ताहिक आउटरीच या बाहरी सेवकाई में शामिल होने की आवश्यकता है।

अध्याय 6

मसीही संदेश के बारे में आम तौर पर पूछे जाने वाले प्रश्नों का उत्तर

देना-भाग 1

अक्सर मसीही गैर-मसीहियों के साथ सुसमाचार बाँटते हैं, और वे मसीही संदेश के बारे में सवाल या आपत्तियों के साथ आते हैं। कुछ गैर-मसीही सिर्फ वाद-विवाद के लिए सवाल पूछते हैं, लेकिन अधिकांश वास्तविक खोजनेवाले हैं, जिनके पास ईमानदार प्रश्न होते हैं जिन्हें स्पष्ट किया जाना चाहिए।

> 1 पतरस 3:15, में प्रेरित पतरस हमें उन मनोभावों के प्रति जवाब देता है, जिनसे हम ऐसे सवालों के जवाब दे सकें। वह कहता है -

"पर मसीह को प्रभु जान कर अपने अपने मन में पवित्र समझो, और जो कोई तुम से तुम्हारी आशा के विषय में कुछ पूछे, तो उसे उत्तर देने के लिये सर्वदा तैयार रहो, पर नम्रता और भय के साथ।"

समय हमें उन सभी सवालों के जवाब देने की अनुमति नहीं देता है जो औसत गैर-मसीहियों के हो सकते हैं। ऐसा करने के लिए, विश्वासी को दृढ़ता से सलाह दी जाती है कि वह एक उचित बाइबल कॉलेज के पाठ्यक्रम में दाखिला लें।

इस अध्याय में, हम मसीही संदेश के बारे में 14 सबसे अधिक सामान्य प्रश्नों में से 8 पर चर्चा करेंगे। इन सवालों से निपटने में नीचे उचित उत्तर दिए गए हैं। आपको इस तरह के एक विस्तृत तरीके से गैर-मसीहियों के प्रत्येक प्रश्न का जवाब देना नहीं है। बस इन प्रमुख विचारों में से कुछ का उपयोग करें। सुसमाचार को बांटते समय, हमें गैर-मसीहियों के आपत्तियों के लिए लम्बे जटिल उत्तर देते हुए सिर्फ अपने ज्ञान को दिखाने के लिए मुख्य विषय से हटने से बचना चाहिए। हमारे पास एक अच्छा काम है ताकि अच्छी खबर जो यीशु के बारे में है बताएं और हमें उसके साथ रहना चाहिए।

प्रश्न/आपत्ति #1 "मुझे विश्वास नहीं है कि परमेश्वर का अस्तित्व है (नास्तिक) या मुझे यकीन नहीं है कि परमेश्वर वास्तव में मौजूद हैं और मैं उसे (अज्ञेयवादी) जान सकता हूँ।"

उत्तरः 'मेरे दोस्त, मुझे भी एक बार यही सवाल था लेकिन अब मुझे पूरा यकीन है कि परमेश्वर वास्तव में हैं। मैं आपको बताता हूँ'क्यों':

(इस उत्तर में हम 2 विभिन्न तर्कों का प्रयोग कर सकते हैं जो आमतौर पर परमेश्वर के अस्तित्व को साबित करने के लिए इस्तेमाल होते हैं।)

(1) भव्य अभिकल्पक (Designer) तर्क

'संसार की बनावट, व्यवस्था और जटिलता और तर्कसंगत, बुद्धिमान और उद्देश्यपूर्ण सृष्टिकर्ता की ओर संकेत करती है जो सभी का पहला कारण है। सटीक तरीके से देखें कि परमेश्वर ने इस ग्रह पृथ्वी को जीवन का समर्थन करने के लिए तैयार किया है। यह कोई दुर्घटना नहीं है कि हमारी पृथ्वी जीवन के लिए एकमात्र स्थान है। यह कोई दुर्घटना नहीं है कि...

1. सूरज पृथ्वी से 93 करोड़ मील की दूरी पर स्थित है और हमारे ग्रह पर उचित जलवायु का निर्माण करने के लिए इसका स्थान सटीक है। यदि यह 90 करोड़ मील दूर होती, तो हम सभी जल कर मर जाते। अगर यह 96 करोड़ मील दूर होता, तो हम सब जमे होते!
2. 240,000 मील की चन्द्रमा की दूरी, ज्वार बनाता है और इस प्रकार पृथ्वी के महासागरों पर एकउचित स्तर पर हवा की धारा बनाता है।
3. पृथ्वी के चुंबकीय क्षेत्र और ओजोन परत पृथ्वी पर जीवन का समर्थन करने के लिए सटीक है।
4. पृथ्वी के वायुमंडल में सूर्य की अत्यधिक पराबैंगनी किरणों को रोकने और जीवन के लिए हानिकारक ब्रह्मांडीय किरणों को अवरुद्ध करने के लिए फिल्टर के रूप में कार्य करने की सटीक मोटाई और संरचना होती है।
5. 23.5 डिग्री के धुरी पर धरती का झुकाव ठीक इसी प्रकार पृथ्वी पर 4 सीजन होने के लिए आवश्यक है और इस प्रकार उचित वनस्पति के प्रचुर मात्रा में वृद्धि का कारण बनता है।
6. पृथ्वी एक दिन और एक रात का निर्माण प्रत्येक 24 घंटे के बाद घूमकर करती है।

7. मानव मस्तिश्क दुनिया के आधुनिक कंप्यूटरों के सबसे परिष्कृत से कहीं अधिक बेहतर है। मानव मस्तिश्क लगभग 12 अरब न्यूरोन्स से बना है। प्रत्येक न्यूरोन 10,000 अन्य न्यूरोन्स से जुड़ा हुआ है, जिससे मानव मस्तिश्क को जानकारी भेजने के लिए कुल 120 ट्रिलियन इलेक्ट्रो-केमिकल कनेक्षन उपलब्ध हैं। यह सबसे परिष्कृत और जटिल व्यवस्था है जो मनुष्य को ज्ञात है।

खगोलशास्त्र (कैम्ब्रिज) के प्रसिद्ध विकासवादी प्रोफेसर सर फ्रेड होल ने मौके से उत्पन्न होने वाले जीवन की संभावना को पूरा करने में समय बिताया। उन्होंने 14 अगस्त 1981 के लंदन के डेली एक्सप्रेस में शीर्षक 'एक परमेश्वर अवश्य है,' शीर्षक के तहत समाचार बनाया।

विश्वास के विस्तृत गणितीय विश्लेषण के बाद कि जीवन समय, अवसरों और पदार्थों के गुणों से उत्पन्न हो सकता है, उन्होंने निष्कर्ष निकाला कि एक जीवित कोशिका बनाने के मौके से एक साथ आने वाले अणुओं के सही संयोजन के लिए संभावना अनुपात $1:10^{450}$ था।

उन्होंने निष्कर्ष निकाला कि अगर यह विश्वास करना कि वह जीवन इस ग्रह पृथ्वी पर अचानक संयोग से आ गया, 'तो यह भी विश्वास करना होगा कि जंकयार्ड के माध्यम से एक तूफान (या एक चक्रवात) व्यापक हो उठा, जिससे उसमें मौजूद सामग्रियों से बोइंग 747 का निर्माण हुआ।' उन्होंने निष्कर्ष निकाला, 'एक परमेश्वर अवश्य है''। यह निष्कर्ष एक शानदार वैज्ञानिक से आया है।

जैसे घड़ी उसके बनाने वाले की ओर इशारा करती है, वैसे ही, सृष्टि में आश्चर्यजनक सटीकता एक निर्माता की ओर इंगित करती है।

> उत्पत्ति 1:1 में हम पढ़ते हैं, "आदि में परमेश्वर ने आकाश और पृथ्वी की सृष्टि की"।
>
> भजन 19:1 में हम पढ़ते हैं कि "आकाश ईश्वर की महिमा वर्णन कर रहा है; और आकाश मण्डल उसकी हस्तकला को प्रगट कर रहा है"।

(2) नैतिक तर्क

"बाइबल हमें बताती है कि मनुष्य को परमेश्वर की समानता में बनाया गया है (उत्पत्ति 1:26-28)। मनुष्य में परमेश्वर का स्वरूप आत्मिक है, शारीरिक नहीं है। मनुष्य केवल शारीरिक नहीं है बल्कि एक विवेक, बुद्धि, भावनाओं और इच्छाशक्ति के साथ एक

नैतिक समावेश भी है। मनुष्य के व्यक्तित्व और उसकी नैतिक प्रकृति में एक सृष्टिकर्ता परमेश्वर को दर्षाया जाना चाहिए जो स्वयं व्यक्तिगत और नैतिक है। एक नेत्रहीन बल या मौका मनुष्य को बुद्धिमानी, संवेदनशीलता, इच्छा, विवेक के साथ और सृष्टिकर्ता पर अंतर्निहित विश्वास के साथ कभी नहीं उत्पन्न कर सकता है।

जो कोई इस दृष्टिकोण को अपनाता है कि परमेश्वर मौजूद नहीं है, उसे अपनी इस बुद्धि पर गर्व नहीं करना चाहिए। हर समय के सबसे महान दिमाग वाले व्यक्तियों ने सृष्टिकर्ता पर विश्वास किया है - सोक्रेतेस, लॉर्ड बेकन, गैलीलियो, आइजैक न्यूटन, लुई पाष्चर, माइकल फैराडे, अल्बर्ट आइंस्टीन (केवल कुछ ही नाम)। सभी ने एक उच्च चित्रकार - एक बुद्धिमान सृष्टिकर्ता पर विश्वास किया।"

प्रश्न/आपत्ति #2 'परमेश्वर कहाँ से आया था? वह संसार का निर्माण करने से पहले क्या कर रहा था?

उत्तरः "अधिकांश नास्तिक उत्क्रांतिवादी (जो परमेश्वर की उपस्थिति पर विश्वास नहीं करते हैं) मानते हैं कि पूरा ज्ञात ब्रह्माण्ड तब शुरू हुआ जब कुछ 'बड़े धमाके' में कुछ प्रारंभिक, बहुत घनीभूत चीजों में विस्फोट हुआ। मेरा प्रश्न उनसे यह होगा कि, 'यह प्रारंभिक मामला कहां से आया था?' या तो यह प्रारंभिक मामला बनाया गया था या यह प्रारंभिक मामला अनन्त था। यह सोचना बेतुका है कि हम पूरा संसार और ग्रह पृथ्वी पर देख रहे और सभी जटिल तंत्रों के बारे में सोचते हैं - यह जीवन एक भव्य चित्रकार के दिमाग के बिना विकसित नहीं हो सकता था।

मसीहियों के रूप में हम मानते हैं कि यह भव्य चित्रकार और सृष्टिकर्ता स्वयं परमेश्वर है। हम 'बड़े धमाके' में विश्वास नहीं करते। इसके बजाय हम एक सर्वव्यापी 'बड़े अस्तित्व' में विश्वास करते हैं।

उपरोक्त प्रश्न यह मानते हैं कि परमेश्वर सहित, सब कुछ समय और स्थान की सीमाओं के अधीन है,जैसे मनुष्य है कि समय और स्थान के बाहर कुछ भी नहीं है, एक धारणा है कि वैज्ञानिक समुदाय ने सवाल उठाया है और वास्तव में अल्बर्ट आइंस्टीन के सापेक्षता के सिद्धांत के बाद से खारिज कर दिया है।

आइंस्टीन ने दिखाया कि समय वास्तव में परिवर्तित किया जा सकता है, धीमा हो जाता है या तेज हो जाता है, जब वस्तुएं अत्यधिक उच्च गति पर यात्रा करना शुरू करती हैं। यह सुझाव देता है कि सामान्य बात यह है कि सभी चीजें तय समय और स्थान के

संदर्भ में उत्पन्न और संचालित करती हैं, जो कि समय और स्थान के बाहर कुछ भी नहीं है, यह जरूरी नहीं कि सही है।

हालांकि पूरी तरह से समझ में नहीं आ रहा है, तथ्यों ने बाइबल शिक्षण को स्वीकार करना आसान बना दिया है कि परमेश्वर समय और स्थान के बाहर मौजूद है जैसा कि हम जानते हैं (भजन 19:4, कुलुस्सियों 1:17, 2 पतरस 3:8)। यह स्वीकार करने के लिए कि परमेश्वर समय और अंतरिक्ष रूपरेखा के बाहर मौजूद हैं, जैसा कि हम जानते हैं, किसी भी प्रश्न के बारे में बताता है कि वह कहाँ से आया था और उन्होंने जो कुछ भी बनाया था, उसके बारे में उन्होंने संसार के रूप में क्या किया, पूरी तरह अर्थहीन है।

ये सवाल वैध हो सकते हैं यदि परमेश्वर समय और स्थान के अधीन है, जो वह नहीं है। बाइबल सिखाती है कि परमेश्वर समय या स्थान के साथ बाध्य नहीं है, और उन्होंने हमें प्रकट करने के लिए नहीं चुना है (हमारे परिप्रेक्ष्य से) उन्होंने संसार बनाया था वह पहले से ही मौजूद था।'

प्रश्न/आपत्ति #3 "आज इतनी सारी 'धार्मिक' किताबें हैं जो पवित्र होने का दावा करती हैं - वेद {हिंदू शास्त्र}, {कुरान मुस्लिम शास्त्र}, ग्रन्थ साहिब {सिख शास्त्र}, आदि। फिर आप क्यों कहते हैं कि केवल बाइबल ही परमेश्वर का वचन है?"

उत्तरः 'एक अच्छा सवाल मेरे दोस्त! मुझे आपसे यह पूछना है, कि क्या आपने कभी बाइबल पढ़ी है? आपको पढ़नी चाहिए! यह सदियों से दुनिया की सबसे ज्यादा बिकने वाली पुस्तक रही है। चलो, इस सवाल पर विचार करें: यदि परमेश्वर वास्तव में अस्तित्व में है, तो इस संसार और मानव जाति को बनाने के बाद, कैसे संभवतः परमेश्वर अपने प्राणियों पर स्वयं को और अपने पूर्ण निर्देशों को प्रकट कर सकता है? मैं दो संभावित तरीकों के बारे में सोच सकता हूँ:

1. परमेश्वर हर पीढ़ी में अरबों में से हर एक व्यक्ति के साथ स्वयं बात करके अपने पूर्ण निर्देशों को प्रकट करना चुन सकता है। लेकिन यह कुछ अव्यावहारिक होगा। कल्पना कीजिए कि यदि परमेश्वर अपने सारे निर्देशों (प्रकाशन) को अरबों लोगों के साथ साझा करे, जो अभी तक इस धरती पर रहते थे। तो उसे अपने निर्देशों को अरबों बार दोहराना होगा।

   या

2. परमेश्वर कई वर्षों तक कई पुरुषों (भविष्यवक्ताओं) का चयन कर सकता है और शेष मानव जाति के लिए अपने पूर्ण निर्देशों (प्रकाशन) को लिखकर ईमानदारी से रिकॉर्ड करने के लिए प्रेरित कर सकता है। जाहिर है, दूसरा विकल्प सबसे व्यावहारिक है।

अब मेरा मानना है कि बाइबल एक विशिष्ट रूप से परमेश्वर से प्रेरित पुस्तक है क्योंकि यह खुद को परमेश्वर का वचन साबित करती है! मैं आपसे एक सवाल पूछता हूँ, 'यदि आप परमेश्वर होते, तो आप यह कैसे साबित करेंगे कि केवल बाइबल ही मानव जाति के लिए आपका वैध प्रकटीकरण है?' परमेश्वर के सच्चे प्रेरित शास्त्र

(बाइबल) को सदियों से दार्शनिकों द्वारा निर्मित अन्य धार्मिक पुस्तकें से अलग करना यह एक चुनौती होगी।

परमेश्वर एक अद्वितीय योजना के साथ आए थे। परमेश्वर अपने सच्चे प्रकाशन (बाइबल) ग्रंथों के पन्नों पर "अपने हस्ताक्षर" लिखकर प्रमाणित करेंगे।

परमेश्वर के इस "हस्ताक्षर" में बाइबल के अध्याय में प्रमाण, ज्ञान और घटनाएं शामिल होंगी जो कोई अनुदार मानव संभवतः ही कभी लिख सकते थे। दूसरे शब्दों में, वास्तविक शास्त्रों में अपने पाठों के भीतर अलौकिक सबूत होना चाहिए जो केवल दिव्य बुद्धि के अलावा किसी और से नहीं हो सकता।

बाइबल में, 2500 साल पहले, यशायाह, एक भविष्यवक्ता ने परमेश्वर से यह आश्चर्यजनक घोषणा दर्ज की थी।

"प्राचीनकाल की बातें स्मरण करो जो आरम्भ ही से है; क्योंकि ईश्वर मैं ही हूँ, दूसरा कोई नहीं, मैं ही परमेश्वर ह और मेरे तुल्य कोई भी नहीं है। मैं तो अन्त की बात आदि से और प्राचीनकाल से उस बात को बताता आया हूँ जो अब तक नहीं हुई। मैं कहता हूँ, मेरी युक्ति स्थिर रहेगी और मैं अपनी इच्छा को पूरी करूंगा"। (यशायाह 46:9-10)

इस पद में, परमेश्वर ने यह घोषणा की कि पूरी भविष्यवाणी एक पूर्ण प्रमाण है कि बाइबल परमेश्वर से प्रेरित है। कोई और नहीं, परन्तु परमेश्वर, चाहे मानव या शैतान, भविष्य में सटीक घटनाओं का भविष्यवाणी कर सकता है।

यहाँ सबूत है कि बाइबल परमेश्वर का प्रेरित वचन है।

* बाइबल में आश्चर्यजनक वैज्ञानिक तथ्य शामिल है, इसके पन्नों में शामिल परमेश्वर सर्वशक्तिमान के द्वारा शास्त्रीय तथ्य, हजारों साल पहले आधुनिक विज्ञान ने उनकी खोज की थी। {अध्याय #1को देखें}
* बाइबल के 8352 पदों में ठीक 737 अलग-अलग विशयों से संबंधित 1817 भविष्यवाणियां शामिल हैं। इन सभी भविष्यवाणियों में पूरे शास्त्र में 31124 पदों में से 27 प्रतिशत शामिल हैं। इसका मतलब है कि बाइबल का 1/4 वां लिखा गया था जब भविष्य सूचना मिली या भविष्यवाणी की गई थी!

सिर्फ एक नमूने से पता चलता है कि बाइबल पूरी सटीकता से भविष्यवाणी करती है कि मसीह का जन्म होगा ...

* एक स्त्री से (उत्पत्ति 3:15)
* अब्राहम की वंषावली में (उत्पत्ति 12:1-3, 22:18)
* यहूदा के गोत्र की उत्पत्ति के माध्यम से (उत्पत्ति 49:10)
* दाऊद के पुत्र के रूप में (2 शमूएल 7:12-13)
* कुंवारी से (यशायाह 7:14)
* और हमारे पापों के लिए पीड़ित होगा और मृत्यु सहेगा (यशायाह 53), लगभग 33 ईसवीं पूर्व (दानिय्येल 9:24-26)
* और मृतको में से जी उठाना (भजन 16:11; भजन 2:7-8)।

यहां तक कि बाइबल समीक्षकों ने स्वीकार किया कि सभी भविष्यवक्ताओं ने मसीह के समय से कई सौ साल पहले भविष्यवाणी की थी, जो इस सिद्धांत को समाप्त कर देता है कि ये भविष्यवक्ता समय के रुझानों का अनुमान लगा रहे थे या पढ़ रहे थे। इसके अलावा भविष्यवाणियां विस्तृत और विशिष्ट हैं। वे वंश (दाउद), जगह (बेतलेहेम) और समय (दानिय्येल 9) मसीह के आने के लिए देते हैं। कोई अन्य धार्मिक पुस्तक ऐसी कोई चीज प्रदान नहीं करती है जो इन अलौकिक भविष्यवाणियों से तुलना कर सकती है।

गौतम (बुद्ध), कन्फ्यूशियस, मुहम्मद या किसी अन्य ऐतिहासिक/धार्मिक नेता को यीशु को छोड़कर किसी की भी अन्य धार्मिक पुस्तकों में कोई भविष्यवाणी नहीं है। यही कारण है कि मुझे विश्वास है कि बाइबल सचमुच परमेश्वर का वचन है।

प्रश्न/आपत्ती #4 "सभी धर्म मूल रूप से एक ही बात सिखाते हैं उदाहरण के लिए, मसीही धर्म, हिंदू धर्म और इस्लाम के बीच कोई अंतर नहीं है।"

उत्तर - "मुझे नहीं लगता मेरे दोस्त। चलो इनमें से दो धर्मों की तुलना करते हैं और देखते हैं कि क्या वेएक ही चीजों को सिखाते हैं"।

(1) परमेश्वर की अवधारणा

हिंदू धर्म - बहुईश्वरवादी (देवताओं और देवी-भक्तों - ब्रह्मा, विष्णु, शिव, पार्वती, काली आदि) के एक विश्वास में विश्वास और शांतिवादी (विश्वास है कि परमेश्वर सब कुछ में है - वृक्ष में, सूरज में, जानवर में)।

इस्लाम धर्म - परमेश्वर सर्वव्यापी शासक और न्यायाधीश के रूप में देखा जाता है और व्यक्तित्वहीन है।

- कुरान में एक भी पद में अल्लाह के प्रेम का उल्लेख नहीं है।
- कई पद अल्लाह द्वारा उन सभी लोगों को मारने के लिए अपने अनुयायियों को आदेश देते हैं जो अल्लाह का पालन नहीं करते हैं।

मसीही धर्म - यह सिखाता है कि परमेश्वर व्यक्तिगत है और परमेश्वर प्रेम है और वह हमारे साथ एक अंतरंग(पिता-संतान) का संबंध रखना चाहता है।

इनमें से प्रत्येक किताब को पढ़ने वाला कोई भी व्यक्ति इस बात को स्वीकार करेगा कि इन सभी धर्मों में परमेश्वर की अवधारणा और प्रकृति अलग है।

(2) मुक्ति का आश्वासन

हिंदू धर्म - पुनर्जन्म में विश्वास करता है, कि मनुष्य के आत्मा में हजारों पुनर्जन्म हो सकते हैं, जो उनके जीवन के कर्मों के अनुसार होते हैं। यदि उनका कर्म बुरा है, तो वे जीवन के निचले हिस्से में पुनर्जन्म लेंगे - एक जानवर या एक पक्षी या एक कीट के रूप में। यदि उनका कर्म अच्छा है, तो वे एक उच्च जीवन के जीवन में पुनर्जन्म हो जाएगा (सबसे उच्चतम रूप ब्राह्मण के रूप में पुनर्जन्म होना)।

अंततः हजारों पुनर्जन्मों के बाद, यदि कोई व्यक्ति वाकई अच्छा होता है, तो उसकी आत्मा निर्वाण (निर्माता के साथ एकता) को प्राप्त करने से मोक्ष (निर्वाण) प्राप्त करेगी।

इस्लाम धर्म - मानता है कि अगर कोई अल्लाह के साथ अच्छा काम करता है तो अल्लाह (या परमेश्वर) उसे स्वर्ग तक ले जाएगा।

मसीही धर्म - अकेले हमें बताता है कि:

- ★ कोई भी स्वर्ग जाने के लिए योग्य नहीं है।
- ★ क्रूस पर अपना जीवन बलिदान करने और हमारे पापों के लिए भुगतान करने के द्वारा परमेश्वर नेएक वादा किया हुआ उद्धारकर्ता, प्रभु यीशु मसीह को भेजा।
- ★ मसीह में विश्वास के द्वारा परमेश्वर के अनुग्रह से उद्धार मिलता है।

चूंकि ये सभी किताबें कुछ अलग कह रही हैं, इसलिए, या तो - ये सभी पुस्तकें गलत हैं या केवल एक पुस्तक सत्य बता रही है और बाकी गलत हैं। तार्किक रूप से, केवल एक सही उत्तर हो सकता है इन सभी प्रकार के गलत उत्तर में से। उदाहरण के लिए: 2+2 = 4 एकमात्र सही उत्तर है, लेकिन 2+2 = 5, 6, 13 या 23 सभी गलत उत्तर हैं।

यही कारण है कि मुझे विश्वास है कि अकेले बाइबल, 'परमेश्वर के हस्ताक्षर' (भविष्यवाणियों की पूर्ति) के साथही अपने स्वयं के आंतरिक साक्ष्य के द्वारा परमेश्वर के प्रेरित वचन के रूप में साबित होती है!'

प्रश्न/आपत्ति #5 "मैं एक हिंदू या मुस्लिम के रूप में जन्मा हूँ। मुझे मसीह में क्यों विश्वास करना चाहिए और उसे एक उद्धारकर्ता के रूप में क्यों स्वीकार करना चाहिए?"

उत्तर: "इसे कोई फर्क नहीं पड़ता कि आप कैसे पैदा हुए। यह महत्वपूर्ण है कि आप जीवित परमेश्वर के बारे में सच्चाई प्राप्त करें और स्वर्ग में जाने के बारे में सुनिश्चित हो जब आप मरते हैं। बाइबल में परमेश्वर यिर्मयाह 29:13 में कहते हैं, "तुम मुझे ढूंढोगे और पाओगे भी, क्योंकि तुम अपने सम्पूर्ण मन से मेरे पास आओगे।"

भले ही मसीही मानते हैं कि केवल बाइबल ही परमेश्वर का वचन है, फिर भी हम मानते हैं कि "परमेश्वर ने गवाह के बिना दुनिया के लोगों को नहीं छोड़ा" (प्रेरितों के काम 14:17)।

उदाहरण के लिए, प्राचीन ऋग्वेदों में, (सबसे पहले हिंदू शास्त्रों में से एक), परिमाण 10 में, निम्नलिखित अद्भुत चीजों का उल्लेख किया गया है:

1. परमेश्वर खुद दुनिया के पापों के लिए बलिदान प्रदान करेगा

2. एक 'पापरहित व्यक्ति' का बलिदान होगा (संस्कृत - 'निश्कलंक (3)
3. बलिदान में इस पहलौठे जन्मे पुरुष को लकड़ी के खंभे पर बांधने के द्वारा उसे भेंट करने के लिए पशु के रूप में अभिषेक करके बलि चढ़ाया जाएगा।(ऋग्वेद: 90:7)
4. बलिदान मर जाएगा, लेकिन चमत्कारिक रूप से जीवन में वापस आ जाएगा
5. जो लोग उसकी आराधना करते हैं, वे इस दुनिया में मुक्त हो जाते हैं और मुक्ति के लिए इसके अलावा अन्य कोई रास्ता नहीं है। (ऋग्वेद गः 90:16)

बेशक, आप पूरे भारत में खोज सकते हैं लेकिन इस बलिदान की ऐसी पूर्ति नहीं मिलेगी। लेकिन इस बलिदान को यीशु मसीह ने पूरा किया क्योंकि उसने दुनिया के पापों का भुगतान किया था। मसीह के द्वारा ही मुक्ति का अवसर हैं। {इस मुद्दे पर हिंदू को बाइबल पढ़ने और खुद के लिए सत्य को देखने के लिए प्रोत्साहित करें}

इसी प्रकार कुरान में, हमें बताया गया है किः

1. ईसा मसीह (यीशु मसीह) का जन्म अलौकिक था - कुंवारी से जन्म हुआ और सभी लोगों के लिए 'चिन्ह' (सूरत अल इमरान 3:42-45 और सारा अंबिया 21:91) के रूप में। हम अच्छी तरह से पूछ सकते हैं, 'सभी लोगों के लिए ईसा का जन्म किस तरह से "चिन्ह" था'?

ठीक है,उसी कुरान ने मुस्लिमों को याद दिलाया है किः

1. परमेश्वर ने मरियम को बताया कि ईसा 'दोषरहित, पापरहित पुत्र' (सूरत मायम 19:19) होगा। अगर हम सभी भविष्यवक्ताओं के जीवन को पढ़ते हैं, तो हम देखेंगे कि वे पवित्र नहीं थे। केवल ईसा था!
2. परमेश्वर ने ईसा को कई चमत्कार करने की अनुमति दी। ईसा ने अंधे को ठीक किया, कोढ़ी को चंगा किया और यहां तक कि मरे हुओं को भी जी उठाया (सूरत अल इमरान 3:49)। किसी अन्य भविष्यद्वक्ता ने ऐसे चमत्कार नहीं किए जैसे ईसा ने किए।

यहाँ हमें मुसलमानों को यह बताना चाहिए कि जैसे परमेश्वर ने आदम और हव्वा, अब्राहम, मूसा आदि से कहा- अपने पापों का भुगतान करने के लिए एक भेड़ का बच्चा (एक कुर्बान) का त्याग करने के लिए चढ़ाएं, परमेश्वर ने पापहीन ईसा को हमारे पापों के लिए अंतिम बलिदान करके भेजा।

जब मुस्लिम इस बात का विरोध करते है कि कुरान में ईसा की मृत्यु हो गई और वह फिर से उठाया गया था, इसका उल्लेख नहीं करती, तो आप उन्हें सूरत अल इमरान 3:55 को इंगित कर सकते हैं जो अरबी में सही ढंग से अनुवादित है।

"परमेश्वर (अल्लाह) ने कहा, "हे ईसा, मैं तुम्हें मरने के लिए प्रेरित करूँगा (अर्यात् अल-इमरान 3:55 में अरबी शब्द का प्रयोग किया गया है, 'मुवाटेफिका' का कभी भी अनुवाद नहीं किया जाता है, 'आपको ऊपर ले जाएगा' लेकिन 'आपको मरना होगा', कुरान में अन्य सभी उदाहरणों में) और आप को अपने आप तक उठाऊंगा और उन लोगों को स्पष्ट करूँगा जो विश्वास नहीं करते हैं और मैं उन लोगों को जो आपके ऊपर विश्वास करेंगे उन लोगों से जो विश्वास नहीं करते पुनरुत्थान के दिन बेहतर करूँगा, तब तुम मेरे पास लौटोगे।

सूरा मरियम 19:33 में, ईसा ने अपने बारे में कहा, 'धन्य था वह दिन जब मेरा जन्म आु। धन्य था जिस दिन में मर गया और धन्य था वह दिन जिस दिन मुझे पुनर्जीवित किया गया।'

कुरान स्पष्ट रूप से बताती है कि ईसा की मृत्यु हुई और उसे पुनर्जिवित किया गया। मुस्लिमों को यह वादा किया गया है कि जो लोग ईसा पर विश्वास करेंगे, वे उन लोगों से बेहतर होंगे जो कि पुनरुत्थान के दिन में अविश्वासी होते हैं!!

यही कारण है कि ईसा का कुंवारी से जन्म सभी लोगों के लिए एक चिन्ह था।

{इस मुद्दे पर मुसलमान को बाइबल पढ़ने और खुद के लिए सत्य को देखने के लिए प्रोत्साहित करें।}

मेरा तर्क यह है कि परमेश्वर ने गवाह के बिना दुनिया को नहीं छोड़ा था। यदि कोई व्यक्ति सत्य की तलाश करेगा, तो वे जीवित परमेश्वर पाएंगे।

प्रश्न/आपत्ति #6 क्या यीशु ने परमेश्वर होने का दावा किया था? अगर उसने दावा किया है, तो मुझे इसका विश्वास क्यों होना चाहिए?

उत्तरः धार्मिक अगुवों में जो पूरे इतिहास में बड़े पैमाने पर प्राप्त हुए हैं, यीशु मसीह इस तथ्यमें अनोखा है कि वह अकेले ही मानव देह में परमेश्वर होने का दावा करता है। एक आमधारणा यह है कि दुनिया के धर्मों के कुछ या कई अगुवों ने ऐसा ही दावा किया है, लेकिन यह मामला ही नहीं है।

बुद्ध ने परमेश्वर होने का दावा नहीं किया, मूसा ने कभी नहीं कहा कि वह यहोवा है, मुहम्मद ने खुद को अल्लाह के रूप में नहीं पहचाना, और कहीं भी आपको अहरो माजदा होने का दावा करने वाले जोरोस्टर मिलेगा। फिर भी, नासरत के बढ़ई यीशु ने कहा था कि जिसने उसे (यीशु को) देखा है, उसने पिता को देखा है (यूहन्ना 14:9)।

मसीह के दावे कई और तरह से अलग हैं। उसने कहा था कि वह अब्राहम (यूहन्ना 8:58) से पहले अस्तित्व में था, और वह पिता (यूहन्ना 5:17,18) के बराबर था। यीशु ने पापों को क्षमा करने की क्षमता का दावा किया (मरकुस 2:5-7), जो बाइबल सिखाती है जो ऐसा कुछ था जो केवल परमेश्वर ही कर सकता था (यशायाह 43:25)।

नए नियम ने यीशु को जगत का सृष्टिकर्ता (यूहन्ना 1:3) माना, और वह वो है जो सब कुछ एक साथ रखता है (कुलुस्सियों 1:17)। प्रेरित पौलुस कहता है कि परमेश्वर शरीर में प्रकट हुआ था (1 तीमुथियुस 3:16), और यूहन्ना सुसमाचारक कहता हैं कि 'वचन परमेश्वर था' (यूहन्ना 1:1)। यीशु और नए नियम के लेखकों की एकजुट गवाही यह है कि वह मनुष्य से बढ़कर था - वह परमेश्वर था।

न केवल उसके मित्रों ने यह ध्यान दिया कि उसने परमेश्वर होने का दावा किया था, लेकिन उसके दुष्मनों ने भी किया। आज ऐसे कई संदेह हो सकते हैं जो सबूतों की जांच करने से इनकार करते हैं, लेकिन यहूदी अधिकारियों की ओर से कोई संदेह नहीं था।

जब यीशु ने उनसे पूछा कि वह उसे क्यों पत्थरवाह करना चाहते हैं, उन्होंने उत्तर दिया, "कि भले काम के लिये हम तुझे पत्थरवाह नहीं करते, परन्तु परमेश्वर की निन्दा के कारण और इसलिये कि तू मनुष्य होकर अपने आप को परमेश्वर बनाता है" (यूहन्ना 10:33)।

यह तथ्य यीशु को अन्य धार्मिक व्यक्तियों से अलग करता है। दुनिया के प्रमुख धर्मों में, शिक्षक नहीं - शिक्षा महत्वपूर्ण हैं।

कन्फ्यूशीवाद शिक्षाओं का एक समूह है, कन्फ्यूशियस महत्वपूर्ण नहीं है। इस्लाम अल्लाह का प्रकाशन है, मुहम्मद भविष्यवक्ता होने के साथ, और बौद्ध धर्म बुद्ध के सिद्धांतों पर जोर देता है और बुद्ध पर नहीं। यह विशेष रूप से हिंदू धर्म का सच है, जहां कोई ऐतिहासिक संस्थापक नहीं है।

हालांकि, मसीही धर्म के केंद्र में यीशु मसीह एक व्यक्ति है। यीशु ने सिर्फ मानव जाति को सच्चाई सिखाने का दावा नहीं किया, बल्कि उसने दावा किया कि वह सत्य है (यूहन्ना 14:6)।

जो यीशु ने सिखाया वह मसीही धर्म का महत्वपूर्ण पहलू नहीं है, लेकिन क्या महत्वपूर्ण है कि यीशु कौन था। क्या वह परमेश्वर का पुत्र था? क्या वह वही एकमात्र तरीका है जिससे कोई व्यक्ति परमेश्वर तक पहुंच सकता है?

यह वह दावा था जो उसने स्वयं के लिए किया था।

मान लीजिए आज रात को संयुक्त राज्य अमेरिका के राष्ट्रपति सभी प्रमुख नेटवर्कों पर प्रकट हो और घोषणा करें कि 'मैं सर्वशक्तिमान परमेश्वर हूँ। मेरे पास पाप को क्षमा करने की शक्ति है। मेरे पास मेरे जीवन को मृतकों से वापस लाने का अधिकार है।"उसे जल्दी से और चुपचाप नेटवर्क से काट दिया जाएगा, दूर ले जाया जाएगा, और उपराष्ट्रपति द्वारा प्रतिस्थापित कर दिया जाएगा। जो भी ऐसे दावों को करने की हिम्मत करेगा,या तो उसका दिमाग खराब हो गया होगा या झूठा होगा, या जब तक कि वह स्वयं परमेश्वर न हो।

यह वास्तव में यीशु के साथ है। उसने स्पष्ट रूप से इन सभी चीजों और इससे भी अधिक का दावा किया।यदि वह परमेश्वर है, जैसा कि उसने दावा किया, हमें उस पर विश्वास करना चाहिए, और यदि वह नहीं है, तो हमें उसके साथ कुछ भी संबंध नहीं रखना चाहिए। यीशु या तो सभी का परमेश्वर है या बिल्कुल भी परमेश्वर नहीं है।

हाँ, यीशु ने परमेश्वर होने का दावा किया। किसी को भी ऐसा क्यों मानना चाहिए? इस सब के बाद, केवल कुछ होने का दावा करने से वह सच नहीं होता है। यीशु परमेश्वर है इसके क्या सबूत हैं?

बाइबल में चमत्कार और पूर्ण भविष्यवाणी सहित कई कारण बताए गए हैं, जो हमें यह समझाने का इरादा करते है कि यीशु ही वह है जिसने कहा था कि वह परमेश्वर (यूहन्ना 20:30,31) था। मुख्य कारण, या चिन्ह जब यीशु ने खुद कहा था, वह प्रदर्शित करेगा कि वह परमेश्वर का पुत्र है, मरे हुओं में से उसका जी उठना, यह चिन्ह था।

जब धार्मिक नेता उससे चिन्ह मांगते हैं, तो यीशु ने उत्तर दिया, "योना तीन रात दिन जल-जन्तु के पेट में रहा, वैसे ही मनुष्य का पुत्र तीन रात दिन पृथ्वी के भीतर रहेगा।" (मत्ती 12:40)

एक और जगह में, जब एक संकेत के लिए पूछा, उसने कहा, "कि इस मन्दिर को ढा दो, और मैं उसे तीन दिन में खड़ा कर दूंगा। परन्तु उस ने इसे अपनी देह के मन्दिर के विषय में कहा था।" (यूहन्ना 2:19,21)।

मृतकों से अपने जीवन को वापस लाने की क्षमता यह संकेत थी कि वह न केवल अन्य सभी धार्मिक अगुवों से, बल्कि किसी और से भी अलग है जो कभी भी जीवित रहे हैं।

मसीहयत के मामले को खारिज करने के इच्छुक व्यक्ति को पुनरुत्थान की कहानी को समझाना चाहिए। इसलिए, बाइबल के अनुसार, यीशु मृतकों से वापस आकर परमेश्वर का पुत्र साबित हुआ (रोमियों 1:4)। सबूत बहुत भारी हैं कि यीशु कब्र से जी उठे हैं, और यह इस तथ्य से है कि यीशु को परमेश्वर माना जाता है।'

प्रश्न/आपत्ति #7 हम कैसे जानते हैं कि यीशु मरे हुओं में से जी उठा?

उत्तरः "सौभाग्य से, प्राचीन दुनिया में सबसे अच्छी तरह से प्रमाणित घटनाओं में से एक मरे हुओं में से यीशु मसीह का पुनरुत्थान है। जब उसके दिन के धार्मिक अगुवों ने सामना किया, तो यीशु से यह संकेत देने के लिए एक चिन्ह मांगा था कि वह ही वादा किया हुआ मसीहा था।

उसने उत्तर दिया, 'कि इस युग के बुरे और व्यभिचारी लोग चिन्ह ढूंढ़ते हैं। परन्तु यूनुस भविष्यवक्ता के चिन्ह को छोड़ कोई और चिन्ह उन को न दिया जाएगा। योना तीन रात दिन जल-जन्तु के पेट में रहा, वैसे ही मनुष्य का पुत्र तीन रात दिन पृथ्वी के भीतर रहेगा। (मत्ती 12:39,40)।

और पवित्रता की आत्मा के भाव से मरे हुओं में से जी उठने के कारण सामर्थ के साथ परमेश्वर का पुत्र ठहरा है (रोमियो 1:4)।

गवाहों के द्वारा उसका दिखना (सुसमाचारों में) हमारे लिए दर्ज किया गया है, जिन्हें यीशु अपनी सार्वजनिक क्रूस की मृत्यु के बाद चालीस दिनों की अवधि में जिंदा दिखाई दिया। शास्त्रीय खाते के रूप में, "और उस ने दुःख उठाने के बाद बहुत से पड़े प्रमाणों से अपने आप को उन्हें जीवित दिखाया, और चालीस दिन तक वह उन्हें दिखाई देता रहाः और परमेश्वर के राज्य की बातें करता रहा।" (प्रेरितों के काम 1:3)।

56 ईसा के बाद (यीशु के पुनरुत्थान के लगभग 20 साल बाद), प्रेरित पौलुस ने इस तथ्य का उल्लेख किया है कि 500 से ज्यादा लोगों ने एक समय में पुनरुत्थान किए हुए मसीह को देखा था और उनमें से अधिकांश लोग जीवित थे जब उसने 1 कुरिन्थियों 15:6 लिखा था। यह बयान उन लोगों के लिए चुनौती है जिन्होंने विश्वास नहीं किया, क्योंकि पौलुस यह कह रहा है कि अभी तक बहुत से लोग जीवित हैं जो बता सकते हैं कि मसीह वास्तव में जी उठा था।

ऐतिहासिक प्रमाण ईमानदार पूछताछ करने वाले की जिज्ञासा को पूरा करने के लिए पर्याप्त से अधिक है। एक नास्तिक पत्रकार फ्रैंक मॉरिसन ने मसीह के जी उठने के बारे में एक किताब लिखने का प्रयास किया। 10 वर्षों के शोध और विस्तृत जांच के बाद, उसकी राय बदल गई और वह यीशु मसीह में विश्वासी बन गया।

मॉरिसन ने पाया कि शुक्रवार को मसीह को सार्वजनिक रूप से कब्र में रखा गया था, लेकिन रविवार की सुबह शरीर गायब हो गया था। यह एक ऐतिहासिक सच्चाई है जिसे हम झूठला नही सकते। मॉरिसन के तर्क इस तरह से चले, 'अगर वह मरे हुओं में से नहीं जी उठता, तो किसी ने शरीर को निकाला होगा।' उन्होंने आगे तर्क दिया, 'तीन हित समूह हैं जो शायद शरीर ले जा सकते थेः रोमी, यहूदी, या चेले।

- ✶ रोमियों के पास शरीर चोरी करने का कोई कारण नहीं था, क्योंकि वे फिलिस्तीन में शांति बनाए रखना चाहते थे। यह विचार प्रांतों में यथासंभव चुप्पी रखता था, और मसीह के शरीर को चोरी करने से इनका उद्देश्य पूरा नहीं होता।
- ✶ यहूदियों ने शरीर नहीं लिया होगा, क्योंकि आखिरी बात वे चाहते थे कि पुनरुत्थान की घोषणा हो। मत्ती 27 के अनुसार, उन्होंने पहरेदार मांगे थे।
- ✶ यीशु के चेलों के पास शरीर चोरी करने का कोई कारण नहीं था, और यदि वे करते,तो बाद में वे कुछ ऐसे चीजों के लिए मरते, जो सत्य नहीं थी। इसके अलावा, जो धर्म उन्होंने घोषित किया, वे सच्चाई बोलने पर और झूठ नहीं बोलने पर जोर देते थे। उनके कार्यों में वह असंगत होता, जिसे वे सच्चा मानते थे और दूसरों को पालन करने का आदेश देते थे।'

केवल अन्य उचित स्पश्टीकरण यह है कि मसीह जी उठा है, और गवाह यह स्पष्ट करते हैं कि यह वास्तव में मामला है। यीशु के चेले वैज्ञानिक ज्ञान के दायरे में एक इक्कीसवीं शताब्दी के इंसान के रूप में परिष्कृत नहीं हो सकते थे, लेकिन उन्हें निश्चित रूप से किसी के बीच का अंतर पता था जो मृत था और जो नहीं था। जैसा कि शमौन पतरस ने कहा, "जब हम ने तुम्हें अपने प्रभु यीशु मसीह की सामर्थ का, और आगमन का समाचार दिया था तो वह चतुराई से गढ़ी हुई कहानियों का अनुकरण नहीं किया था वरन हम ने आप ही उसके प्रताप को देखा था। (2 पतरस 1:16)।"

प्रश्न/आपत्ति #8परमेश्वर को पाने का एकमात्र तरीका यीशु क्यों है?

उत्तरः लोग लगातार पूछते हैं, "यीशु के बारे में इतना खास क्या है? क्यों वह ही एकमात्र तरीका है जिसके द्वारा कोई परमेश्वर को जान सकता है?" हम अक्सर संकुचित दिमाग के हो जाते हैं क्योंकि हम यह कहते हैं कि परमेश्वर के पास जाने का कोई दूसरा तरीका नहीं है। आप निम्नानुसार जवाब दे सकते हैंः

"अच्छा, मेरे दोस्त, मैंने यीशु के एकमात्र तरीका होने के दावे का आविश्कार नहीं किया। यह मेरा दावा नहीं है, यह उसका दावा है। मैं केवल उसके दावे, और नए नियम के लेखकों के दावे से संबंधित हूँ। यीशु ने कहा, "मार्ग और सच्चाई और जीवन मैं ही हूँ, बिना मेरे द्वारा कोई पिता के पास नहीं पहुंच सकता' (यूहन्ना 14:6) और, 'यदि तुम विश्वास न करोगे कि मैं वहीं हूँ, तो अपने पापों में मरोगे' (यूहन्ना 8:24)। प्रेरित पतरस ने ये शब्द प्रतिध्वनित करते हुए कहा, 'और किसी दूसरे के द्वारा उद्धार नहीं, क्योंकि स्वर्ग के नीचे मनुष्यों में और कोई दूसरा नाम नहीं दिया गया, जिस के द्वारा हम उद्धार पा सकें" (प्रेरितों 4:12)।

प्रेरित पौलुस ने सहमति व्यक्त की, "क्योंकि परमेश्वर एक ही हैः और परमेश्वर और मनुष्यों के बीच में भी एक ही बिचवई है, अर्थात मसीह यीशु जो मनुष्य है" (1 तीमुथियुस 2:5)। इसलिए नये नियम का संयुक्त साक्ष्य है कि यीशु मसीह के व्यक्ति के अलावा कोई भी परमेश्वर को नहीं जान सकता।

यह समझने के लिए कि ऐसा क्यों है, हमें शुरुआत में वापस जाना चाहिए। एक अनंत-व्यक्तित्व ने स्वर्ग और पृथ्वी को बनाया (उत्पत्ति 1:1) और मनुष्य को अपने स्वरूप में बनाया (उत्पत्ति 1:26)। जब उसने सब बना लिया, तो सब कुछ अच्छा था (उत्पत्ति 1:31)।

पुरुष और स्त्री को, उनकी सभी जरूरतों को ध्यान में रखते हुए एक अनुकूल वातावरण में रखा गया था। उन्हें केवल एक ही निषेधाज्ञा दी गई थी, उन्हें अच्छे और बुरे के ज्ञान के वृक्ष के फल नहीं खाने थे, नहीं तो वे मर जाएंगे (उत्पत्ति 2:17)।

दुर्भाग्य से, उन्होंने उस वृक्ष का फल (उत्पत्ति 3) खाया, और परिणाम चार अलग-अलग क्षेत्रों में पतन था। परमेश्वर और मनुष्य के बीच का संबंध अब टूट गया था, जैसा कि आदम और हव्वा ने परमेश्वर से छुपने की कोशिश की उससे यह देखा जा सकता है (उत्पत्ति 3:8)।

पुरुष और उसके सहायक के बीच का संबंध टूट गया था, आदम और हव्वा दोनों ने बहस की और एक दूसरे को दोष देने का प्रयास किया (उत्पत्ति 3:12,13)।

मनुष्य और प्रकृति के बीच का बंधन भी टूट गया था, वह तेरे लिये कांटे और ऊंटकटारे उगाएगी, और तू खेत की उपज खाएगा (उत्पत्ति 3:17,18)। पुरुष भी खुद से अलग हो गया, शुन्यता और अपूर्णता की भावना के साथ, उस गिरावट से पहले ऐसा कुछ अनुभव नहीं किया गया था।

हालांकि, परमेश्वर ने इन सभी चीजों को सही बनाने का वादा किया और अपना शब्द दिया कि वह एक उद्धारकर्ता, या मसीहा भेजेगा, जो पाप के बंधन (उत्पत्ति 3:15) से पूरे संसार का उद्धार करेगा। पुराने नियम ने इस विषय को दोहराते हुए कहा कि एक दिन वह व्यक्ति दुनिया में आएगा और मानव जाति को मुक्त करेगा।

परमेश्वर का वचन वास्तव में सच हो गया। परमेश्वर, यीशु मसीह (यूहन्ना 1:14,29) के रूप में एक व्यक्ति बन गया। यीशु अंततः हमारे स्थान पर मर गया ताकि हम फिर से परमेश्वर के साथ एक सही सम्बन्ध का आनंद ले सके। बाइबल कहती है, "अर्थात् परमेश्वर ने मसीह में होकर अपने साथ संसार का मेल मिलाप कर लिया, और उन के अपराधों का दोष उन पर नहीं लगाया और उस ने मेल मिलाप का वचन हमें सौंप दिया है, जो पाप से अज्ञात था, उसी को उस ने हमारे लिये पाप ठहराया, कि हम उस में हो कर परमेश्वर की धार्मिकता बन जाएं"(2 कुरिन्थियों 5:19,21)।

यीशु ने रास्ता बनाया है! परमेश्वर ने यह सब किया है, और हमारी जिम्मेदारी इस तथ्य को स्वीकार करना है। हम यीशु के काम में जोड़ने के लिए कुछ भी नहीं कर सकते। यह सब हमारे लिए पहले ही किया गया है।

अगर मनुष्य अन्य तरीकों से परमेश्वर तक पहुंच सकता, तो यीशु को मरना नहीं पड़ता। उसकी मृत्यु इस तथ्य को दिखाती है कि कोई दूसरा रास्ता नहीं है। इसलिए, कोई अन्य धर्म या धार्मिक अगुवा किसी को एक सच्चे परमेश्वर के ज्ञान में नहीं ला सकता है।

लेकिन यीशु की मृत्यु कहानी का अंत नहीं है। आइए हम यह बताएं कि हम यीशु को अन्य धार्मिक अगुवों से अधिक क्यों पसंद करते हैं? मान लीजिए कि हममें से ही एक समूह बहुत घने जंगल मेंयात्रा कर रहा है। जब हम जंगल में गहरे में जाते हैं, तो हम खो जाते हैं।

यह समझते हुए कि गलत रास्ता लेने का मतलब हो सकता है कि हम अपना जीवन खो देंगे, हम डरने लगेंगे। हालांकि, हम जल्द ही ध्यान देते हैं कि आगे कुछ दूरी

पर जहां रास्ते का विभाजन होता है, वहां सड़क बंटवारे पर दो मानव आकृति दिखाई देती हैं।

हम इन लोगों के पास भागते है, और देखते हैं कि एक ने बगीचे के माली की वर्दी पहनी है, और वह वहां पूरी तरह से स्वस्थ और जीवित है, जबकि दूसरा व्यक्ति मरे हुए जैसे नीचे रखा हुआ है, मृत। अब हम इनमें से किससे बाहर निकलने का रास्ता पूछेंगे? जाहिर है, जो जीवित है।

जब अनन्त मामलों की बात आती है, तो हम उस व्यक्ति से पूछने जा रहे हैं जो जीवित है। यह मुहम्मद नहीं है, कन्फ्यूषियस नहीं है, लेकिन यीशु मसीह है। यीशु अद्वितीय है। वह मरे हुओं में से वापस आया।

यह दर्शाता है कि वह वही है जिसने दावा किया था (रोमियों 1:4), परमेश्वर का अद्वितीय पुत्र और एक मात्र तरीका जिससे एक व्यक्ति सच्चे और जीवित परमेश्वर के साथ एक व्यक्तिगत संबंध रख सकता है।

संदर्भ:

[1]·जोश मैकडोवेल द्वारा कठिन प्रश्नों के उत्तर (पृश्ठ: 74)

[2]·ग्रान्ट जेफरी द्वारा परमेश्वर के हस्ताक्षर

[3]·ऋग्वेद ग्: 121,1, ऋग्वेद ग्: 90:5, ऋग्वेद ग् Û:90:7, ऋग्वेद ग्: 90:16

[4]·जोश मैकडोवेल द्वारा कठिन प्रश्नों के उत्तर

[5]·किसने पत्थर हटाया? फ्रैंक मॉरिसन द्वारा

[6]·कठिन प्रश्नों के उत्तर से लिया गया अंश, जोश मैकडोवेल और डॉन स्टीवर्ट द्वारा मसीही विश्वास के बारे में पूछें।

गृहकार्य # 6 - अध्याय # 6 भाग 1

1. मसीही संदेश के बारे में सवालों के जवाब देने के बारे में प्रेरित पतरस 1 पतरस 3:15 में क्या कहता है?
2. प्रत्येक तीन वाक्यों में बताएं कि हम क्यों मानते हैं कि परमेश्वर मौजूद हैः
    1. भव्य चित्रकार तर्क
    2. नैतिक तर्क
3. कृपया फ्रैंक मोरिसन के अनुसंधान और यीशु के जी उठने के बारे में खोज के बारे में कुछ टिप्पण् टिप्पणी करें। अपने तर्कों को समझाएं कि तीन हित समूहों - रोमी, यहूदी या चेले, शरीर क्यों नहीं ले जा सकते थे?
4. रिक्त स्थान भरेंः
    1. उन सभी धार्मिक अगुवों में, जिन्होंने पूरे इतिहास में एक बड़े अनुयायी प्राप्त किए हैं, यीशु मसीह इस तथ्य में अनोखा है कि उसने अकेले .... में .... का दावा किया।
    2. यीशु ने .... (मरकुस 2:5-7) की क्षमता का दावा किया, जो कि बाइबल सिखाती है कुछ ऐसा है जो अकेले .... (यशायाह 43:25) कर सकता है ।
    3. बाइबल कई कारण बताती है, जिसमें .... और .... को पूरा किया गया है, जो हमें यह समझाने का इरादा है कि यीशु ही वह है जिसने कहा था कि वह (यूहन्ना 20:30,31) था। मुख्य कारण, या जिस चिन्ह ने यीशु ने स्वयं कहा था, वह प्रदर्षित करेगा कि वह परमेश्वर का पुत्र था, मरे हुओं में से उसका .... था।
    4. 56 ईसवीं के बाद (यीशु के जी उठने के करीब 20 साल बाद) के बारे में, प्रेरित पौलुस इस तथ्य का उल्लेख करता है कि .... से अधिक लोगों ने एक समय में पुनरुत्थान किए गए मसीह को देखा था और उनमें से अधिकांश अभी भी .... थे जब वह 1 कुरिन्थियों 15:6 लिख रहा था।

अध्याय 7

मसीही संदेश के बारे में आम तौर पर पूछे जाने वाले प्रश्नों का उत्तर

देना – भाग 2

इस अध्याय में, हम मसीही संदेश के बारे में 14 सबसे आम तौर पर पूछे जाने वाले प्रश्नों के शेष 6 पर चर्चा करना जारी रखेंगे।

प्रश्न/आपत्ति #9 क्या परमेश्वर मुझे स्वीकार नहीं करेंगे अगर मैं अच्छा जीवन जीता हूँ?

क्या मेरे अच्छे कामों के लिए कुछ भी गिनती नहीं है? आप कैसे कह सकते हैं कि मेरे अच्छे काम मुझे बचा नहीं सकते?

उत्तरः "इस प्रश्न के चार जवाब यहां दिए गए हैं। सबसे पहले, अच्छे काम आपके पाप को मिटा नहीं सकते, लेकिन पाप आपके अच्छे कामों को नष्ट कर देता है। मान लीजिए कि आप एक सुबह नाश्ते के लिए मुझे निमंत्रण देते हैं और तीन अंडे का ऑमलेट मुझे पेश करते हैं। जैसे आप खाना बनाना शुरू करते हैं, मैं रसोईघर से आने वाली एक कुंद गड़बड़ी की गंध महसूस करता हूँ। मैं आपसे पूछता हूँ, 'यह गहरी गंध क्या है?' आप उत्तर देते हैं, 'ओह, यह सिर्फ एक सड़ा हुआ अंडा है। लेकिन चिंता की कोई बात नहीं, मैंने कुछ अच्छे अंडे डाल दिए हैं जो सड़न को मिटा देंगे'। क्या आपको लगता है कि मैं आपका आमलेट खाऊंगा? बिल्कुल नहीं! क्यूं भलाई सड़न को मिटा नहीं सकती, लेकिन सड़न भलाई का नाश करती है। यह आत्मिक क्षेत्र में भी सच है। आप अपने खुद के पापों के दुर्गंधित प्रभाव को मिटाने के लिए सिध्द नहीं हो सकते।

दूसरा, अच्छा काम आपको बचा नहीं सकता क्योंकि परमेश्वर अच्छाई के अपने विचार के आधार पर आपको पद नहीं देता है। वह संपूर्ण सिध्दता की मांग करता है। यदि आप बाइबल समझते हैं, तो आप जानते हैं कि आपको नरक में भेजने के लिए केवल एक पाप ही काफी है। मान लीज़िए कि आप किसी दिन केवल तीन पाप करते थे। हम में से ज्यादातर के लिए यह असंभव है क्योंकि हम सुबह बिस्तर से बाहर निकलने से पहले ही कई पाप करते हैं। लेकिन हम आपको बहुत अच्छे होने के लिए श्रेय देते हैं। और हम आगे

मान लें कि आपने अपने पूरे जीवन के लिए एक दिन में तीन से अधिक पाप कभी नहीं किए।यह एक वर्ष में 1000 से अधिक पाप होंगे, जिसका मतलब होगा कि 70वर्षों में आप 70,000 से अधिक पाप करते हैं। अब हम आगे मान लें कि वे पाप वास्तव में टिकट तेज कर रहे हैं। अगर किसी पुलिस अधिकारी ने आपको लाल बत्ती चलाने के लिए रोका और पता चला कि आपके रिकॉर्ड पर आपके पास 70000 उत्कृष्ट तेज टिकट हैं, तो वह आपके साथ क्या करेगा? आपके साथ काफी बुरा होगा। आप जेल में इतनी देर तक के लिए बंद हो जाएंगे कि वे चाबी को फेंक देंगे। क्या आपको लगता है कि परमेश्वर कोई अलग है? लेकिन आप और मैं एक दिन में तीन से अधिक पाप करते हैं। हमारे पाप एक पहाड़ की तरह हैं, इसलिए हम इसके ऊपर चढ़ नहीं सकते हैं, इतने चौड़े कि हम इसके चारों ओर नहीं जा सकते, इतने गहरे कि हम इस में सुरंग नहीं बना सकते। हमारे पाप इतने ज्यादा हैं कि हमारे काम हमें कभी बचा नहीं सकते।

तीसरा, अच्छे काम आपको बचा नहीं सकते क्योंकि आप कभी भी लंबे समय तक सिध्द नहीं रह सकते। जैसे आप "अच्छा जीवन" जी रहे होते हैं, तभी आप फिर से पाप करते हैं और फिर से अच्छे बनने की को शीश शुरू करनी पड़ती है।

चौथा, आप कभी भी सुनिश्चित नहीं कर सकते कि आपने सिध्द काम किया है। यही कारण है कि ज्यादातर धार्मिक लोगों को उनके उध्दार का कोई आश्वासन नहीं होता। वे वास्तव में विश्वास करते हैं कि अच्छे होने पर वे स्वर्ग तक पहुंच जाएंगे। लेकिन जैसा कि हमने पहले ही देखा है, 'अच्छा करना' कभी भी काफी नहीं होता क्योंकि हम कभी अपने पापों के लिए पर्याप्त भुगतान नहीं कर सकते।

बाइबल सिखाती है कि परमेश्वर के साथ सही संबंध में प्रवेश करने के साथ अच्छे कामों का कोई संबंध नहीं है। इस रिश्ते को हम कुछ कार्य कर के नहीं कमा सकते हैं, क्योंकि परमेश्वर ने हमारे लिए सब कुछ किया है। अगर मानवता किसी दूसरे तरीके से परमेश्वर तक पहुंच सकती, तो यीशु को मरना नहीं पड़ता।'

"तो उस ने हमारा उद्धार किया: और यह धर्म के कामों के कारण नहीं, जो हम ने आप किए, पर अपनी दया के अनुसार, नए जन्म के स्नान, और पवित्र आत्मा के हमें नया बनाने के द्वारा आु" तीतुस 3:5)।

"क्योंकि विश्वास के द्वारा अनुग्रह ही से तुम्हारा उद्धार हुआ है, और यह तुम्हारी ओर से नहीं, वरन परमेश्वर का दान है। और न कर्मों के कारण, ऐसा न हो कि कोई घमण्ड करे।"(इफिसियों 2:8,9)

"परमेश्वर का कार्य यह है, कि तुम उस पर, (मसीह) जिसे उस ने भेजा है, विश्वास करो।"(यूहन्ना 6:29)।

"प्रभु यीशु मसीह पर विश्वास कर, तो तू और तेरा घराना उद्धार पाएगा। ..." (प्रेरितों 16:31)

प्रश्न/आपत्ति #10 आप पश्चिमी धर्म क्यों प्रचार कर रहे हैं?

उत्तर - "वास्तव में मसीही धर्म पश्चिम में शुरू नहीं हुआ। यह मध्य पूर्व में शुरू हुआ। इस्राएल में बेथलेहेम शहर में भविष्यवाणी को पूरा करने के लिए यीशु का जन्म अलौकिक रूप से हुआ था। हालांकि, यीशु केवल इस्राएल के लिए नहीं आया था, लेकिन वह पूरी मानव जाति के लिए अपना जीवन बलिदान के रूप में देनेके लिए आया था। यीशु के जन्म के बाद, यीशु के मंदिर में एक यहूदी याजक ने अपनी बाहों में उसे पकड़ लिया और घोषित किया, "क्योंकि मेरी आंखो ने तेरे उद्धार को देख लिया है। जिसे तू ने सब देशों के लोगों के साम्हने तैयार किया है। कि वह अन्य जातियों को प्रकाश देने के लिये ज्योति, और तेरे निज लोग इस्राएल की महिमा हो" (लूका 2:30-32)। यीशु ने स्वयं घोषणा की कि वह जगत की ज्योति है (यूहन्ना8:12)। यूहन्ना के अध्याय 4 में, सामरियों ने यीशु के बारे में कहा कि तू वास्तव में जगत का उद्धारकर्ता हैं (यूहन्ना 4:42)। इसलिए यीशु पूरे मानव जाति के लिए उद्धारकर्ता के रूप में आया।

अपने पुनरुत्थान के बाद, यीशु ने अनुयायियों के अपने छोटे झुण्ड को आज्ञा दी, "जाकर सभी जातियों को चेला बनाओ" सुसमाचार सिर्फ यहूदियों के लिए नहीं बल्कि सभी लोगों के लिए था। यह मध्य-पूर्व के लोग थे - वर्तमान में इस्राएल, सीरिया और तुर्की से - पौलुस, बरनबास, तीमुथियुस, सीलास और लूका जैसे लोग, जिन्होंने एशिया से यूरोप तक सुसमाचार फैलाया था। निश्चित रूप से, मसीहियत पश्चिमी धर्म के रूप में शुरू नहीं हुई थी।

कैसे और कहाँ मसीही धर्म फैला

प्रेरितों के काम की पुस्तक जो सुसमाचार के प्रचार के बारे में बताती है, काफी हद तक पतरस की सेवकाई और फिर पौलुस पर केंद्रित है। दूसरे प्रेरितों के साथ क्या हुआ, इस बारे में थोड़ा सा लिखा है - जिनमें से सभी को 'संसार में जाने और सभी को सुसमाचार का प्रचार' करने का आदेश दिया गया था। हम जानते हैं कि यूहन्ना ने सीरिया में प्रचार किया और फिर एशिया के छोटे से भाग में (वर्तमान-पश्चिमी तुर्की) समाप्त हुआ। माना

जाता है कि फिलिप्पुस ने ग्रीस में पार्थिया और अंत में सीरिया में सुसमाचार का प्रचार किया था। माना जाता है कि बार्थोलोम्यू (नथानिएल के नाम से भी जाना जाता है) ये आर्मेनिया में सुसमाचार का प्रचार करता था। षिमौन समर्थक मिस्र गए और नील नदी की यात्रा की। मत्ती ने पर्षिया में प्रचार किया और फिर इथियोपिया गए। थोमा, जिसने पहली बार यीशु पर संदेह किया था कि वह मरे हुओं में से जी उठा था, पहली शताब्दी में ही सुसमाचार भारत में लाया था।

बेशक, केवल प्रेरितों ने ही सुसमाचार को दूर तक नहीं पहुंचाया था। अनगिनत अनाम मसीही भी थे जिन्होंने अपने विश्वास को साझा किया था। यह सच है कि मसीह के आने के बाद पहली कुछ शताब्दियों के भीतर मसीही धर्म पर पश्चिम का गहरा असर पड़ा था हालांकि, उस ही समय में मिशनरियों ने रोमी साम्राज्य के समय के दौरान मूर्तिपूजक जर्मनिक जनजातियों और मूर्तिपूजक ब्रिटानों ने सुसमाचार को ग्रहण किया, अन्य लोग इसे पूर्व ले जा रहे थे - सभी तरह से मध्य एशिया, भारत, चीन और जापान के लिए।

635 ईसवीं के बाद, चीन में मसीही धर्म की पहली प्रविशि्ट की तारीख सामान्य है जब सीरियाई भिक्षु अलोपेन चंगन (आज के ज़ियान) पहुंचे, तांग राजवंश (681-906 ईसा पूर्व) की शुरुआत के बाद तक नहीं। हालांकि इस बात का सबूत है कि पूर्वी हान वंश (25-220 ईसा पूर्व) के दौरान मसीही धर्म अलोपेन से करीब 550 साल पहले चीन पहुँचा था। हान राजवंश पत्थर की नक्काशी की एक बड़ी संख्या में जियांगसू, षेडोंग और हेनान प्रांतों में पाया गया है। इन नक्काषियों में स्पष्ट रूप से बाइबल विषय हैं, जिनमें सृजन और गिरावट, क्रिसमस की कहानी, फसह का मेम्ना, पांच रोटियां और दो मछली और एक प्रभु भोज का प्याला शामिल हैं। उनके पास शुरुआती कलीसिया द्वारा इस्तेमाल की जाने वाली मछली का प्रतीक भी है।

तो यह संभव है कि सुसमाचार दूसरे शताब्दी में चीन की ओर पहुंच गया। चूंकि व्यापारियों और मिशनरियो ने प्रसिद्ध सिल्क रोड पर यात्रा की, उन्होंने मसीही धर्म को फैलाया।'

बाइबल क्या कहती है?

बाइबल निश्चित रूप से यह नहीं सिखाती कि मसीही बनने का मतलब पश्चिमी बनना है। पश्चिमी देशों को एशियाई या अफरीकी या प्रशांत महाद्वीप में रहनेवालों की तरह ही यीशु की आवश्यकता है। जब हम यीशु पर अपना विश्वास रखते हैं, वह हमारी

राश्ट्रीयता को बदलता नहीं है, लेकिन एक बात निश्चित है - वह हमारे अनन्त के जीवन को बदलता है। सुसमाचार सभी लोगों के लिए, सभी समय पर और सभी स्थानों पर अच्छी खबर है। तथ्य के बावजूद यीशु का जन्म किसी विशेष समय और इतिहास में हुआ था, वह सार्वभौमिक परमेश्वर है, जिसका नाम "स्वर्ग में और पृथ्वी पर और जो पृथ्वी के नीचे है, वे सब यीशु के नाम पर घुटना टेकें" (फिलिप्पियों 2:10)।

प्रश्न/आपत्ति #11 त्रिएकता क्या है? क्या मसीही तीन परमेश्वर की आराधना करते हैं?

उत्तरः 1 {बाइबल में सबसे ज्यादा गलतफहमी वाले विचारों में से एक त्रिएकता के बारे में शिक्षा को लेकर है। यद्यपि मसीहियों का कहना है कि वे एक परमेश्वर पर विश्वास करते हैं, उन पर निरंतर बहुदेववाद का आरोप लगता है (कम से कम तीन परमेश्वर की आराधना करते हैं)}। आप निम्नानुसार जवाब दे सकते हैंः

"पवित्र शास्त्र यह नहीं बताता कि तीन ईश्वर हैं। न ही यह बताता है कि इतिहास के नाटक का अभिनय करते हुए परमेश्वर ने तीन अलग-अलग चेहरे लगाए हुए हैं। त्रिएकता के सिद्धांतों में बाइबल क्या बताती हैःएक परमेश्वर है जिसने स्वयं को तीन व्यक्तियों - पिता, पुत्र और पवित्र आत्मा में प्रकट किया है - और ये तीन व्यक्ति एक ही परमेश्वर हैं।

यद्यपि यह समझना मुश्किल है, फिर भी यही है जो बाइबल कहती है, और यह परमेश्वर के अस्तित्व के बारे में बाइबल में दिए गए बयानों पर विचार करने के लिए सबसे निकटतम मन है जिसके द्वारा हम अनंत परमेश्वर के अनन्त रहस्य को समझ सकते हैं।

बाइबल सिखाती है कि एक परमेश्वर है और केवल एक ही परमेश्वर हैः 'हे इस्राएल, सुन! प्रभु हमारा परमेश्वर है, प्रभु एक है!' (व्यवस्थाविवरण 6:4)। "एक परमेश्वर है" (1 तीमुथियुस 2:5)। "यहोवा, जो इस्राएल का राजा है, अर्थात सेनाओं का यहोवा जो उसका छुड़ाने वाला है, वह यों कहता है, मैं सब से पहिला हूँ, और मैं ही अन्त तक रहूँगा। मुझे छोड़ कोई परमेश्वर है ही नहीं" (यशायाह 44:6)।

हालांकि, भले ही परमेश्वर अपने आवश्यक अस्तित्व या प्रकृति में है, वह तीन व्यक्ति भी है। उत्पत्ति 1:26 में, परमेश्वर किसी से कह रहे हैं, 'आओं हम मनुष्य को अपनी समानता में बनाएं'। उत्पत्ति 3:22 में, परमेश्वर किसी से कह रहे हैं, "देखो, मनुष्य हम में से एक के समान हो गया है"।

परमेश्वर के बहुवचन व्यक्तित्व को यहां बताया गया है, क्योंकि परमेश्वर इन उदाहरणों में स्वर्गदूतों से बात नहीं कर सकता, क्योंकि स्वर्गदूतों ने परमेश्वर को नहीं बनाया और न मदद की। बाइबल सिखाती है कि यीशु मसीह ने, स्वर्गदूतों को ही नहीं, बल्कि सभी चीजें बनाई हैं (यूहन्ना 1:3, कुलुस्सियों 1:15, इब्रानियों 1:2)।

परमेश्वर एक के बारे में बोलने के अलावा, और परमेश्वर के व्यक्तित्व की बहुलता का संकेत देते हुए, पवित्र शास्त्र तीन व्यक्तियों के संदर्भ में परमेश्वर का नाम देने के लिए काफी विशिष्ट हैं। एक ऐसा व्यक्ति है जिसे बाइबल 'पिता' पुकारती है, और पिता को 'परमेश्वर पिता' (गलतियों 1:1) के रूप में नामित किया गया है।

बाइबल यीशु, या पुत्र, या वचन नामक एक व्यक्ति के बारे में बात करता है, जिसे परमेश्वर भी कहा जाता है "वचन परमेश्वर था...." (यूहन्ना 1:1)। यीशु 'परमेश्वर को अपने पिता के रूप में बुलाता था, खुद को परमेश्वर के समान बताते हुए' (यूहन्ना 5:18)।

पवित्र आत्मा वचन में वर्णित एक तीसरा व्यक्ति है, और यह व्यक्ति - पिता और पुत्र से भिन्न है - इसे भी परमेश्वर कहा जाता है। 'हनन्याह! शैतान ने तेरे मन में यह बात क्यों डाली है.... तूने मनुष्यों से नहीं, परन्तु परमेश्वर से झूठ बोला' (प्रेरितों के काम 5:3,4)।

बाइबल की शिक्षा के तथ्य ये हैंः एक परमेश्वर है। इस परमेश्वर का एक बहुवचन व्यक्तित्व है। इस परमेश्वर को पिता, पुत्र, पवित्र आत्मा कहा जाता है - सभी अलग व्यक्तित्व, सभी परमेश्वर नामित किए गए। इसलिए हम इस निष्कर्ष पर पहुंचते हैं कि पिता, पुत्र और पवित्र आत्मा एक ही परमेश्वर हैं - त्रिएक।'

प्रश्न/आपत्ति #12 क्यों एक अच्छा परमेश्वर बुराई की अनुमति देता है?

उत्तर - 2 बहुत से लोग मानते हैं कि बुराई का अस्तित्व परमेश्वर के अस्तित्व को नकारता है। हमें सबसे अधिक सताने वाले सवालों में से एक बुराई की समस्या से संबंधित है। यदि संसार में कोई परमेश्वर है तो बुराई क्यों है? वह इस बारे में कुछ क्यों नहीं कर रहा है?

कभी-कभी बुराई की समस्या एक जटिल प्रश्न के रूप में मसीहियों पर डाल दिया जाता है, "यदि परमेश्वर अच्छा है, तो वह दुनिया के सभी बुरे और अन्यायों से निपटने के लिए पर्याप्त शक्तिशाली नहीं होगा क्योंकि बुराई अभी भी चल रही है। यदि वह बुराई को रोकने के लिए पर्याप्त शक्तिशाली है, तो वह स्वयं एक बुरा परमेश्वर होना चाहिए

क्योंकि वह इसके बारे में कुछ भी नहीं कर रहा है, भले ही उसकी क्षमता है। तो यह क् है? क्या वह बुरा परमेश्वर है या ऐसा परमेश्वर है जो शक्तिशाली नहीं है?", आप निम्नानुसार प्रश्न का उत्तर दे सकते हैं:

"यहां तक कि बाइबल के लेखकों ने दर्द और बुराई के बारे में शिकायत की। "मैं अनगिनत बुराइयों से घिरा हुआ हूँ" (भजन 40:12)। "मेरी पीड़ा क्यों लगातार बनी रहती है? मेरी चोट की क्यों कोई औशधि क्यों नहीं है?" (यिर्मयाह 15:18)। "सारी सृष्टि अब तक मिलकर कराहती और पीड़ाओं में पड़ी तड़पती है"(रोमियों 8:22)। इस प्रकार हम आसानी से स्वीकार करते हैं कि बुराई एक समस्या है और हम यह भी स्वीकार करते हैं कि अगर परमेश्वर ने आज जैसी दुनिया है वैसी बनाई होती, वह प्रेम का परमेश्वर नहीं होगा, बल्कि एक बुरा परमेश्वर होगा।

हालांकि, पवित्र शास्त्र यह स्पष्ट करता है कि परमेश्वर ने इस स्थिति में दुनिया नहीं बनाई थी, जिसमें यह अब है, लेकिन मनुष्य की स्वार्थ के परिणामस्वरूप बुराई आई। बाइबल कहती है कि परमेश्वर प्रेम का परमेश्वर है और वह एक ऐसे व्यक्ति को बनाने की इच्छा रखता है वो और उसका वंश जो उससे प्रेम करेगा। परन्तु वास्तविक प्रेम तब तक अस्तित्व में नहीं है जब तक मुक्त रूप से परमेश्वर के प्रेम को स्वीकार करने या इसे अस्वीकार करने की स्वतंत्रता नहीं दिया जा सकता। इस चुनाव से बुराई की संभावना बहुत वास्तविक हो गई। जब आदम और हव्वा ने अपनी पसंद के द्वारा परमेश्वर की आज्ञा नहीं मानी तो वे संसार में बुराई लाए। परमेश्वर न बुरा है और न ही वह बुराई पैदा करता है। मनुष्य ने अपनी इच्छा से परमेश्वर के मार्ग से अलग होकर खुद पर बुराई लाई।

पाप में गिरने के कारण, दुनिया अब असामान्य है। चीजें उस स्थिति में नहीं है जैसी पहले थी। मनुष्य के पाप के परिणाम स्वरूप, वह परमेश्वर से अलग हो गया है। प्रकृति हमेशा मनुष्य के लिए दयालु नहीं है और पशु जगत भी उसके दुश्मन हो सकते हैं। मनुष्य और उसके साथी के बीच संघर्ष है। पाप में गिरने से पहले इन स्थितियों में से कोई भी मौजूद नहीं थी। मानव जाति की समस्याओं को जो भी समाधान दिया जा सकता है, उसे ध्यान में रखना चाहिए कि दुनिया सामान्य नहीं है।

हालांकि बुराई यहाँ है और यह वास्तविक है, यह भी अस्थायी है। बुराई अंततः नष्ट हो जाएगी। यह विश्वासियों की आशा है। एक नई दुनिया आ रही है जिसमें कोई आँसू और दर्द नहीं होगा क्योंकि सभी चीजें नई हो जाएंगी (प्रकाशितवाक्य 21:5)। खोया हुआ

स्वर्ग फिर से आ जाएगा। परमेश्वर अपने समय में एक बार फिर गलत को सही करेगा और बुराई को दूर करेगा।

मसीहियों के पास बुराई, अनैतिकता और भ्रष्टाचार से लड़ने का औचित्य है। दुनिया को बुराई के साथ तैयार नहीं किया गया था और विश्वासियों के पास सामाजिक बुराइयों से लड़ने का एक वास्तविक आधार है। वह विश्वास का पालन नहीं कर रहा है कि जो भी हो, वह सही है। मसीही यह दावा करते है कि यह परमेश्वर की दुनिया है, और न ही वह यह मानते है कि जो कुछ भी होता है, वह परमेश्वर की सहमति से होता है। परमेश्वर बुराई की इच्छा नहीं करता है और न ही वह कभी इसे त्यागता है। वह बुराई से नफरत करता है, और मसीही भी न केवल बुराई को घृणा करने के लिए, बल्कि इसके बारे में कुछ करने के लिए बाध्य है।

हालांकि पाप वास्तविक है, ऐसा कुछ नहीं है जो विश्वासी जिस तरह से होना चाहिए, उसे स्वीकार करता है। यीशु के साथ की पहचान करके विश्वास करने वालों का कर्तव्य है कि वह गलत चीजों को गलत कहें बुरा होने पर उसके खिलाफ बोलें। सामाजिक समस्याओं से लड़ने से मसीही परमेश्वर के खिलाफ नहीं लड़ रहे हैं। प्राकृतिक आपदाओं, अपराध और आतंकवाद को चीजों के स्वीकृत आदेश नहीं होना चाहिए, क्योंकि वे कभी भी नहीं थे और वे परमेश्वर के आनेवाले राज्य में नहीं होंगे।

हालांकि, कुछ लोग अभी भी यह सोचते हैं कि परमेश्वर ही पहले स्थान में बुराई की अनुमति देता है। वे इस मामले में मनुष्य को देने के बारे में उसकी बुद्धि पर सवाल उठाते हैं। डोरोथी सेयर्स ने सही परिप्रेक्ष्य में बुराई की समस्या रखीः "चाहे जो भी कारण था परमेश्वर का मनुष्य को अपने जैसा बनाने का - सीमित और पीड़ा और दुःख और मृत्यु के विषय में - यह उसकी ईमानदारी और साहस है कि उसने अपनी दवाई ली। जो भी "महान खेल" वह अपनी सृष्टि के साथ खेल रहा है, उसने अपने नियम रखे हैं और सही खेल रहा है। उसने मनुष्य से कुछ भी नहीं रख छोड़ा, जो उसने अपने लिए रखा हो। वह स्वयं पारिवारिक जीवन की क्षुद्रता और कड़ी मेहनत के कठोर प्रतिबंध और दर्द और अपमान, हार, निराशा और मौत के सबसे बुरे भयावहों की कमी के सभी मानव अनुभवों से होकर गुजरा। जब वह एक आदमी था, वह मनुष्य था"। वह गरीबी में पैदा हुआ था और अपमान में मरा और यह सोचा कि ऐसा करना अच्छा होगा।

'बाइबल हमें बताती है कि परमेश्वर के उद्देश्य हमारी समझ से परे हैं'। "मेरे विचार और तुम्हारे विचार एक समान नहीं है, न तुम्हारी गति और मेरी गति एक सी है। क्योंकि मेरी और तुम्हारी गति में और मेरे और तुम्हारे सोच विचारों में, आकाश और पृथ्वी का

अन्तर है" (यशायाह 55:8,9)। पौलुस ने इसी तरह की रोम की कलीसिया को लिखा, "आहा! परमेश्वर का धन और बुद्धि और ज्ञान क्या ही गंभीर है"! उसके विचार कैसे अथाह, और उसके मार्ग कैसे अगम हैं!" (रोमियों 11:33)।

यद्यपि बाइबल हमें बताती है कि क्यों और कैसे बुराई आई, यह हमें यह नहीं बताती कि परमेश्वर ने ऐसा क्यों होने दिया। हालांकि, हम जानते हैं कि परमेश्वर पूर्ण बुद्धिमान हैं और सभी जानते हैं और उनके पास ऐसी चीजों को अनुमति देने के अपने कारण हैं, जो हमारी समझ से परे हैं।'

प्रश्न/आपत्ति #13 मसीह के आने से पहले रहने वाले लोगों के बारे में क्या? वे कैसे बचाए गए?

उत्तर यह एक सवाल है जो कई अनुभवी मसीहियों को भी जवाब देना मुश्किल लगता है क्योंकि इसके बारे में बाइबल बहुत कम बताती है कि कितने लोगों के समूह बाबुल मीनार के समय तित्तर बितर हो गए और भारत और चीन जैसे दूरदराज के देशों में सदियों से रहने लगे आदि, इनको कैसे बचाया जा सकता है? पवित्र शास्त्र के मुख्य अंशों का अध्ययन करने और "एटर्निटी इन देयर हार्ट" नामक एक अद्भुत किताब पढ़ने के बाद, मुझे निम्नलिखित उत्तर मिले। यद्यपि नीचे दिए गया जवाब विस्तृत हैं, यह हमें समझता है कि मसीह के आने से पहले लोगों को कैसे बचाया गया था।

"मैं बाइबल के दो पदों का जिक्र करके अपने प्रश्न का उत्तर देना चाहता हूं। पहला प्रेरितों के काम 17:26-27 में है जहां प्रेरित पौलुस एथेंस शहर में प्रचार कर रहा है। अपने संदेश में, उसने उनसे कहा, "उस ने एक ही मूल से मनुष्यों की सब जातियां सारी पृथ्वी पर रहने के लिये बनाईं हैं, और उन के ठहराए हुए समय, और निवास के सिवानों को इसलिये बान्धा है कि वे परमेश्वर को ढूंढ़ें, कदाचित उसे टटोल कर पा जाएं तौभी वह हम में से किसी से दूर नहीं!"

अब मैं आपको दूसरा पद देना चाहता हूँ। प्रेरितों के काम 14:16-17 में यह कहा गया है, "उस ने बीते समयों में सब जातियों को अपने अपने मार्गों में चलने दिया। तौभी उस ने अपने आप को बे-गवाह न छोड़ा, किन्तु वह भलाई करता रहा, और आकाश से वर्शा और फलवन्त ऋतु देकर, तुम्हारे मन को भोजन और आनन्द से भरता रहा।"

यदि हम उत्पत्ति की पुस्तक पढ़ते हैं, तो हम देखेंगे कि बाबुल की मीनार से मानव जाति के तितर-बितर होने के बाद - बाढ़ के युग के बाद में, मानव जाति जो नूह के पुत्रों से विभिन्न लोगों के समूहों (राष्ट्रों) में उभरा और जो दुनिया भर में चले गए और, "जीवित परमेश्वर

की गवाही के बिना नहीं छोड़े गए" (प्रेरितों के काम 14:16-17)। धीरे-धीरे दशकों या यहां तक कि शताब्दियों की अवधि में, नूह के वंशज मेसोपोटामिया के उपजाऊ भूमि से दुनिया के विभिन्न हिस्सों तक निकल गए - यूरोप, यूरेशिया, अफ्रीका, अमेरिका, भारत और सुदूर पूर्व में। किस प्रकार, परमेश्वर ने इन बिखरे हुए लोगों के समूह को अपनी गवाही के साथ छोड़ा और इस गवाही में क्या शामिल है? बाइबल हमें बताती है कि जीवित परमेश्वर के इस गवाह में शामिल हैं, सृष्टि के गवाह एक सनातन सृष्टिकर्ता (रोमियो 1:18-25, प्रेरितों के काम 14:1619) की गवाही देते हैं, उनके विवेक में लिखा गया परमेश्वर के नियमों की गवाही (रोमियो 2:11-16) और उनके हृदय में यह गवाही कि पापों के लिए परमेश्वर की क्षमा प्राप्त करने का तरीका एक निर्दोष जानवर के प्रतिस्थापन बलिदान के माध्यम से होता है। (उत्पत्ति 4:1-5, प्रेरितों के काम 14:11-13)

हमें इससे आश्चर्य नहीं होना चाहिए कि इन बिखरे हुए आदिवासी जातीय समूहों (लोगों के समूहों या राष्ट्र) में से हर एक को नूह के माध्यम से उनके समान विरासत के कारण परमेश्वर{यहोवा} का पूरा ज्ञान था, अदन की वाटिका में आदम और हव्वा की कहानी, मनुष्य का पतन और पशु बलिदान के माध्यम से उद्धार का मार्ग, आदि।

अपनी अच्छी तरह से खोज की गई किताब में, "एटर्निटी इन देयर हार्ट", (Eternity In Their Hearts) मसीही मिशनरियों और मानवविज्ञानी डॉन रिचर्डसन दुनिया भर में सैकड़ों प्राचीन संस्कृतियों में एक सच्चे परमेश्वर में विश्वास के चौंकाने वाले सबूत दिखाते हैं। इन प्राचीन संस्कृतियों में से अधिकांश ने अपने लोकगीत में कहानियां लिखी हैं जो अदन की वाटिका में आदम और हव्वा की कहानी को समृद्ध करती हैं। इसके अतिरिक्त, उन्होंने परमेश्वर के कानूनों के उनके हृदयों में होने की गवाही दी और जानवरों के बलिदान का पालन करने के साधन के रूप में परमेश्वर की क्षमा प्राप्त की।

इन प्राचीन आदिम जनजातियों में से सिर्फ दो बहुत दिलचस्प हैं जिनके बारे में डॉन रिचर्डसन लिखते हैं। जैसा कि हम इन दो वर्णनों को पढ़ते हैं, ध्यान दें कि परमेश्वर ने गवाह के बिना उन्हें नहीं छोड़ा था।

भारत के सांथाल जनजाति

भारत में बहुत पुराने समय से बसने वाले लोग आर्य जनजाति के लोग नहीं थे (जैपेटिक - यूरेशियन जो बाद में अपने वेदों के साथ आए), लेकिन प्रारंभिक द्रविड़ जनजातीय लोग (हामिटीक - द्रविड़ियन) थे, जिनमें से एक जनजाति का नाम सांथाल था।

2000 ईसा पूर्व (बाबुल के मीनार के विनाश के बाद) एक जनजातीय कबीले जो सांथाल मेसोपोटामिया से चले गए थे और उत्तर-पूर्व भारत के क्षेत्र में बस गए थे। आज 25 लाख से अधिक सांथाल भारत में झारखंड, उत्तरी उड़ीसा और पश्चिम बंगाल के क्षेत्रों में रहते हैं।

सांथाल ने अपने आदिवासी लोककथाओं (4000 वर्षों से दिनांकन) में परमेश्वर के एक प्राचीन खाते को आश्चर्यजनक रूप से संरक्षित किया था जो कि उत्पत्ति की बाइबल कहानी को अविश्वसनीय रूप से समतुलित करता है। सांथालों के अनुसार इस लोकगीत को सुनोः

"एक सच्चा असली परमेश्वर था जिसका नाम था "ठाकुर जिउ" (संताली में इसका मतलब है "पराक्रमी परमेश्वर") जिसने पहले पुरुष, हरम और पहली महिला, अयो को बनाया और उन्हें भारत के पश्चिम में दूर एक क्षेत्र हिटरी पिपीरी (मेसोपोटामिया?) में रखा। वहां लिता नामक एक व्यक्ति ने उन्हें चावल की बीयर बनाने के लिए परीक्षा दी। फिर, लिता ने उन्हें यह बहकाया कि वे जमीन पर बियर का हिस्सा शैतान की भेंट के रूप में डालें। हरम और अयो बचे हुए बीयर के कारण नशे में पड़े और सो गए। जब वे उठे, वे जानते थे कि वे नग्न थे और शर्मिंदा महसूस किया क्योंकि उन्होंने परमेश्वर की आज्ञा नहीं मानी थी। आयो ने बाद में हरम को सात बेटे और सात बेटियां जन्म दी, जिन्होंने शादी की और सात गुटों की स्थापना की। इनमें से कुछ कुल क्रोम कामन नामक एक क्षेत्र में चले गए जहां वे भ्रष्ट हो गए। ठाकुर जीउ ने मानव जाति को 'उसके पास लौटने' के लिए कहा। जब आदमी ने इनकार कर दिया, तो ठाकुर जीयू ने हारता पर्वत पर एक गुफा में एक 'पवित्र जोड़ी' छिपाई। (बाइबल के नाम अरारत पर्वत के अनुरूप)। फिर ठाकुर जी ने बाढ़ के साथ शेष मानव जाति को नष्ट कर दिया। बाद में, 'पवित्र जोड़ी' के वंशज गुणा और सूशान बेदा ('सरसों के क्षेत्र') नामक एक क्षेत्र में चले गए। वहां ठाकुर जी ने उन्हें कई अलग-अलग जातियों में विभाजित किया। इन वंशजों की एक शाखा (जो हम प्रोटो-सांथाल को बुलाएंगे) पहले जर्पी भूमि पर चले गए थे और फिर 'जंगल से जंगल' से आगे बढ़े, जब तक कि उच्च पर्वतों (संभवतः हिमालय) ने अपना मार्ग अवरुद्ध नहीं किया।

बाद में उनके लोककथाओं के अनुसार, उन्हें पहाड़ों के माध्यम से एक रास्ता मिल गया {खैबर मार्ग?} जिसे उन्होंने बैन ("दिन का द्वार") कहा। इस प्रकार प्रोटॉ - सांथाल जो अब भारत है उसके मैदानों पर फैल गये। इसके बाद के प्रवास ने उन्हें भारत और वर्तमान बांग्लादेश के बीच सीमावर्ती क्षेत्रों में और भी आगे विस्थापित कर दिया।

कल्पना कीजिए कि संभवतया शुरुआती बसने के बीच में भारत प्रोटॉजेंटल का एक समूह था जो नूह की सन्तान के रूप में अपनी विरासत का पता लगा सकता था और जिसे प्रभु परमेश्वर यहोवा, का पूरा ज्ञान थाजिसे उन्होंने "पराक्रमी परमेश्वर" कहा था। इन प्रोटो-सांथाल ने 'ठाकुर जिउ' को सभी चीजों के और अलग अलग सृष्टिकर्ता के रूप में भी माना। उनके पापों के लिए पशु बलि के अनुष्ठान थे। बाद में हालांकि, इनमें से कुछ सांथाली को जातिवाद, जादू और सूर्य की पूजा में शामिल होना पड़ा। लेकिन याद रखना कि परमेश्वर ने उन्हें गवाह के बिना नहीं छोड़ा था।

अठारहवीं शताब्दी के मध्य में, मिशनरियों सांथाल जनजातियों के भीतर बसे। उनकी भाषा सीखने के बाद, उन्होंने पता लगाया कि सांथाल को पहले से ही सच्चे परमेश्वर का ज्ञान था। तब उन्होंने उन्हें बताया कि इस सच्चे शक्तिशाली परमेश्वर ने एक उद्धारकर्ता यीशु को कैसे भेजा है। आज सैकड़ों और हजारों सांथाल मसीह में विश्वास करते हैं और उनके बीच कलीसियाएं स्थापित की हैं।

बर्मा की करेन जनजाति

20 लाख मजबूत करेन लोग बर्मा से 250 किमी और 1000 किमी दूर के बीच पहाड़ियों में रहते हैं। अभी तक लगभग 4000 वर्षों तक, उन्होंने एक सच्चे और सर्वोच्च परमेश्वर में एक प्राचीन और दृढ़ विश्वास किया है। उसका नाम यहोवा है!

इसके बारे में सोचें: एक बर्मा का आदिवासी समूह जो यरूशलेम से लगभग 4000 मील की दूरी पर रहता है, वह सच्चे परमेश्वर के बारे में जानता है? जवाबः वे नूह के परिवार के वंशज थे, जो प्रभु {यहोवा} परमेश्वर के पूर्ण ज्ञान को अपने साथ लेकर आए थे जब उन्होंने बर्मा में हजारों मील प्रवास किया था।

सबसे प्रसिद्ध करेन भजनों में से कुछ सुनोः

"यहोवा शाश्वत है। वह अपने गुणों में परिपूर्ण है। एक युग (उम्र) - वह नहीं मरता! दो युग (उम्र) – वह नहीं मरता। युग युगों का पालन करता है - वह मरता नहीं है"।

"यहोवा सर्वव्यापी है। उसमें हमने विश्वास किया है। यहोवा ने मनुष्य को आदि में बनाया। उसने सब कुछ नियुक्त क किया। पृथ्वी यहोवा के पैरों की चौकी है और स्वर्ग वह जगह है जहां वह बैठता है"।

"परमेश्वर के संमुख से गिरने वाले मनुष्य की कहानी में उत्पत्ति के अध्याय 3 के समान समानताएं हैं: 'यहोवा ने मूल रूप से संसार का गठन किया। उसने भोजन और पेय

नियुक्त किया। उसने "परीक्षा का फल" नियुक्त किया। उसने विस्तृत आदेश दिए। म्यू - काव - ली (शैतान) ने दो व्यक्तियों को धोखा दिया। उसने उन्हें परीक्षा के पेड़ के फल खाने के लिए कहा। उन्होंने यहोवा का पालन नहीं किया। उन्होंने यहोवा पर विश्वास नहीं किया.... जब उन्होंने परीक्षा का फल खाया, तब वे बीमारी, बुढ़ापे और मृत्यु के अधीन हो गए...."।

19वीं सदी के अंत में 30 वर्ष के लिए कैरन के बीच रहने वाले एलोन्जो बंकर नामक एक लेखक, बर्मा के तौवगौ के पास करेन बुखोस के नेतृत्व में जंगल में एक खास देर शाम शिक्षण सत्र का वर्णन करता हैः

संभवतः 1000 या अधिक करेन गांवों में बर्मा, बुखुस नामक पुरुष, दुष्ट आत्माओं का प्रतिनिधित्व करने वाले एक विशेष प्रकार का शिक्षक नहीं बल्कि यहोवा, सच्चा परमेश्वर (जिसे करेन ने सच्चे परमेश्वर के भविष्यवक्ताओं के रूप में सम्मानित किया गया था) ने उन्हें याद दिलाया कि वे बुरी आत्माओं को नहीं बल्कि यहोवा का पालन करते हैं।

एलोन्सो लिखते हैंः "पवित्र और श्रद्धापूर्ण ढंग से वर्णन करने में काफी असंभव है, जिसमें ये श्वेत प्रधान वृद्ध यहोवा के गुणों को पढ़ते हैं और ग्रामीणों और बच्चों की बातों के बारे में क्या ध्यान देते हैं। थोड़ी देर के लिए वहां चुप्पी थी, बांस के हिलने और आग में घिसने की आवाज़ के अलावा। और फिर गांव के बुजुर्ग भविष्यद्वक्ता (बुखोस- बुजुर्ग) ने उठकर अपना हाथ बढ़ाया जैसे कि आशीर्वाद में और कहाः "हे बच्चो और पोतो, पूर्व में यहोवा करेन देश से सभी अन्यों से अधिक प्यार करता था"। "लेकिन उन्होंने उसके आदेशों का उल्लंघन किया और इसके परिणामस्वरूप हम वर्तमान में पीड़ित हैं और कोई किताब नहीं है। जब यहोवा ने थाना-नोई और ई-यू (एडम और ईव) को बनाया, तो उसने उन्हें एक बगीचे में रखा ...। यह कहते हुए कि, "इस बगीचे में मैंने तुम्हारे लिए सात प्रकार के पेड़ लगाए हैं जो विभिन्न प्रकार के फल देते हैं। सातों में, एक पेड़ खाने के लिए अच्छा नहीं है अगर तुम खाओ तो तुम बूढ़े हो जाओगे, तुम बीमार हो जाओगे और मर जाओगे। सात दिनों में एक बार में तुम्हारे पास आऊंगा"।

कुछ समय बाद, म्यू - काव - ली (शैतान) उस पुरुष और स्त्री के पास आया और कहा, "तुम यहाँ क्यों हो?" उन्होंन उत्तर दिया, "हमारे पिता ने हमें यहाँ रखा हैं।" आप यहाँ क्या खाते हो? काव -ली। उन्होंने कहा, "हमारे परमेश्वर यहोवा ने हमारे लिए भोजन बनाया है, बिना सीमा के" उन्होंने कहा। म्यू - काव ली ने कहा, "मुझे अपना भोजन दिखाओ" उन्होंने कहा, "यह एक कसैले, यह मीठा, यह खट्टा, यह कड़वा, यह दिमागदार है, यह ज्वलंत है लेकिन इस पेड़ के लिए, हम नहीं जानते कि यह खट्टा या

मीठा है या नहीं। हमारे पिता, परमेश्वर यहोवा ने हमसे कहा, 'इस वृक्ष का फल न खाना।' यदि तुम खाओगे, तो मर जाओगे।"

तब म्यू - काव-ली ने कहा, "ऐसा नहीं है, हे मेरे बच्चों! आपके पिता का दिल आपके साथ नहीं है।' यह सबसे अच्छा और मीठा है ... यदि आप इसे खा लेते हैं, तो आपके पास चमत्कारिक शक्तियां होंगी। आप स्वर्ग पर चढ़ने में सक्षम होंगे। मैं तुमसे प्यार करता हूँ और मैं आपको सच कहता हूँ और कुछ नहीं छिपाता हूँ। यदि आप मुझ पर विश्वास नहीं करते हैं, तो फल न खाओ' अगर आप फल को परीक्षा के रूप में खाएंगे, तो आप सभी कुछ जान लेंगे..."

इन अनुच्छेदों का अनुसरण करते हुए, था-नेई मनुष्य, लालच से इनकार करता हैं और दूर चला जाता है। वह महिला ई-यू लिंगेर्स, जो प्रलोभन के बहकावे में आ जाती है, फल खाती हैं और फिर अपने पति को भी देती हैं, वो भी खाता है। एलोन्जो बंकर का अनुवाद जारी हैः वह महिला मु-काव-ली के पास लौट कर गई, जो जोर से हँसता है और कहता है, "अब हे पुरुष और महिला, तुम ने विजय प्राप्त की, तुमने मेरी आवाज सुनी और मेरी बात मानी है।"

अगली सुबह, यहोवा उनसे मिलने आता है, लेकिन वे हमेशा की तरह स्तुति के गीतों के साथ उसका पीछा नहीं किया। वह उन के पास गया और कहा, "तुमने पेड़ के फल को क्यों खाया जिसे मैंने तुम्हें खाने के लिए मना किया था? इसलिए तुम वृद्ध हो जाओगे और बीमार हो जाओगे और अंत में मरोगे।"

जब यहोवा ने उन्हें शाप दिया, तो उसने उन्हें छोड़ दिया। कुछ ही समय में बीमारी दिखाई देने लगी। था-नाई और ई-यू के बच्चों में से एक बीमार पड़ गया। तब उन्हों ने एक दूसरे से कहा, 'यहोवा ने हमें त्याग दिया है। हम यह नहीं बता सकते कि हमें क्या करना है। हमें म्यू - काव - ली के पास जाना चाहिए और पूछना चाहिए... 'जब वे गए, तो म्यू काव-ली ने जवाब दिया, 'तुमने अपने पिता, परमेश्वर यहोवा की आज्ञा का पालन नहीं किया, तुमने मेरी बात सुनी। अब आपको अंत तक मेरी आज्ञा माननी चाहिए।"

बूढ़ा भविष्यद्वक्ता अभी भी अपने लोगों को प्राचीन कविता बताना जारी रखता है कि कैसे म्यू - काव -ली ने विभिन्न प्रकार की बीमारियों के लिए विभिन्न प्रकार के बलिदान देने के लिए उन्हें निर्देश दिए। ये बलिदान अपने कर्मचारियों, नॅट्स(छंजे) (दुष्टआत्माओं) को देने थे जिन्होंने कुछ बीमारियों की अध्यक्षता की थी, साथ ही साथ दुर्घटनाएं भी

थीं। उसने यह भी बताया कि म्यू-काव-ली ने उन्हें मुर्गे की हड्डियों से आत्माओं की आराधना करने के निर्देश दिए थे जो इन पहाड़ियों में बने थे, जो जीवन के लगभग हर कार्य के लिए मार्गदर्शक थे।

हालांकि, एलोन्सो बंकर, कैसे बोखोस श्रोताओं को याद दिलाने के लिए बताते है, 'नॅट्स (छंजे) के रास्ते में नहीं चलेंगे, लेकिन यहोवा के रास्ते में पूरी तरह से लौटेंगे।' करेन के भजन में से एक पुराने नियम के भजन की तरह है, "ओ बच्चों और पोतों! यदि हम अपने पापों से पश्चाताप करते हैं, और बुराई करने के लिए संघर्ष करते हैं और यहोवा से प्रार्थना करते हैं, वह हम पर दया करेंगे। अगर यहोवा ने हम पर दया नहीं की, तो कोई अन्य नहीं है जो कर सकता है। वही है जो हमें बचाता है वह केवल एक ही है - यहोवा।"

आशा का एक अन्य करेन भजन एक राजा के बारे में बात करता है जो वापस आएगाः

"अच्छे लोगों को अच्छे चांदी के शहर में जाना चाहिए, चांदी का शहर। धर्मी लोग, धर्मी नए शहर, नए शहर में जाएंगे। जिन लोगों ने उनके पूर्वजों के संदेश पर विश्वास किया वे सुनहरे महल का आनंद लेंगे। जब करेन - राजा (मसीहा) आता है, तो केवल एक ही राजा होगा।"

कैसे करेन जनजाति को सच्चे और जीवित परमेश्वर की इतनी व्यापक समझ हो सकती है? जाहिर है परमेश्वर ने उन्हें गवाह के बिना नहीं छोड़ा था। जब मिशनरियों आखिरकार करेन लोगों तक पहुंचे और उन्हें सुसमाचार सुनाया, तो उन्होंने उस संदेश को बखूबी ग्रहण किया। हजारों करैन लोग मसीहियत में बदल गए। उनके पास अब कई कलीसिया और बाइबल कॉलेज हैं।

इसी तरह, डॉन रिचर्डसन दुनिया भर में सैकड़ों संस्कृतियों में एक सच्चे परमेश्वर में विश्वास के सख्ती से सबूत दिखाते हैं।

तो इन प्राचीन लोगों के समूह और राष्ट्रों को कैसे बचाया जाएगा? उसी तरह जैसे कि आदम और हव्वा या अब्राहम को बचा लिया गया। उन्हें यह एहसास होता था कि वे पापी थे जिन्हें परमेश्वर की दया की जरूरत थी और, जानवरों के बलिदान के आधार पर परमेश्वर की दया उनके पापों के स्थान के रूप में, विश्वास के द्वारा उचित है।

हालांकि, हम पूरी तरह से समझ नहीं पाते हैं कि "बचाने वाले विश्वास" का क्या मतलब है कि मसीह आने से पहले सदियों में रहने वाले किसी के लिए इसका मतलब क्या होगा, हमें यकीन है कि उनके विश्वास केद्वारा अनुग्रह के द्वारा उसी तरह से

बचाया होगा जैसे अब्राहम था। पवित्र शास्त्र, परमेश्वर विश्वास के द्वारा अन्यजातियों को धर्मी ठहराएगा, अब्राहम से पहले ही सुसमाचार का प्रचार करेगा, और कहेंगे, "और पवित्र शास्त्र ने पहिले ही से यह जान कर, कि परमेश्वर अन्यजातियों को विश्वास से धर्मी ठहराएगा, पहिले ही से इब्राहीम को यह सुसमाचार सुना दिया, कि तुझ में सब जातियां आशीष पाएंगी। तो जो विश्वास करने वाले हैं, वे विश्वासी इब्राहीम के साथ आशीष पाते हैं" (गलतियों 3:8,9)।

यहां बताया गया है कि हम कैसे बेहतर समझ सकते हैं कि एक पुराने नियम का व्यक्ति कैसे बचाया जा सकता है:

विश्वास के माध्यम से अनुग्रह के द्वारा बचाया गया - क्योंकि वे एक उद्धारकर्ता के आने के लिए तत्पर थे।

विश्वास के माध्यम से अनुग्रह द्वारा बचाये गए - क्योंकि वे क्रूस को निहारते थे।

पुराने नियम के विश्वासी पशु बलि के साथ

नया नियम के विश्वासी

हम कभी भी पूरी तरह से नहीं समझ पाएंगे कि पुराने नियम विश्वासी के लिए एक उचित बचाया जाने वाला विश्वास क्या था। हम केवल अनुमान लगा सकते हैं कि प्रभु उन्हें प्राप्त ज्ञान के अनुसार उनका न्याय करेगा। प्रेरितों के काम 17:30-31 हमें यह बताता हैं कि परमेश्वर"अज्ञानता के समय को अनदेखा करेगा"। हालांकि, आज हम एक चीज के बारे में सुनिश्चित हो सकते हैं, कि मसीह के आने और मृतकों से उसके जी उठने के बाद, हर जगह हर पुरुष अधिक जवाबदेह हैं।

प्रेरितों के काम 17:30-31, "इसलिये परमेश्वर आज्ञानता के समयों में अनाकानी कर के, अब हर जगह सब मनुष्यों को मन फिराने की आज्ञा देता है। क्योंकि उस ने एक दिन ठहराया है, जिस में वह उस मनुष्य के द्वारा धर्म से जगत का न्याय करेगा, जिसे उस ने ठहराया है और उसे मरे हुओं में से जिलाकर, यह बात सब पर प्रामाणित कर दी है।"

प्रश्न/आपत्ति #14 उन लोगों के बारे में क्या, जिन्होंने कभी यीशु के बारे में नहीं सुना है?

उत्तरः {कोई बात नहीं, हम कहाँ जाते हैं या किस विषय पर बात कर रहे हैं, यह सवाल हमेशा सामने आता है। कई बार इसे परमेश्वर से किसी भी व्यक्तिगत जिम्मेदारी के व्यक्ति से राहत देने के लिए कहा जाता है।यह ध्यान में रखा जाना चाहिए, हालांकि, इस प्रश्न का उत्तर यह निर्धारित नहीं करता कि मसीही धर्म सही है या नहीं। यह मामला पहले से ही यीशु मसीह के मरे हुओं में से जी उठने के द्वारा हल किया गया है। अधिकार का मामला एक बार और हमेशा के लिए हल किया गया है, और जिन लोगों ने नहीं सुना है, उनके इस मुद्दे पर अब केवल व्याख्या का मामला है। इस प्रश्न से निपटने का सबसे अच्छा तरीका यह है कि कुछ निश्चित सत्य बताएं कि पवित्र शास्त्र बहुत सरल हैं।}

आप इस प्रश्न का उत्तर निम्नानुसार कर सकते हैंः "बाइबल बहुत स्पष्ट है कि बिना यीशु मसीह के द्वारा कोई परमेश्वर पिता के पास नहीं आ सकता है। यीशु ने कहा, "बिना मेरे द्वारा कोई पिता के पास नहीं पहुंच सकता" (यूहन्ना 14:6)। पापों की क्षमा और अनन्त जीवन का एकमात्र रास्ता यीशु द्वारा बनाया गया है। बहुत से लोग सोचते हैं कि इसका मतलब ये है कि जिन लोगों ने कभी यीशु के बारे में नहीं सुना है वे स्वचालित रूप से शापित हो जाएंगे। हालांकि, हम जानते कि यह मामला नहीं है।

हालांकि, एक ओर, शास्त्र कभी स्पष्ट रूप से नहीं सिखाते हैं कि जिस व्यक्ति ने कभी यीशु के बारे में नहीं सुना है, वह बचाया जा सकता है, हम मानते हैं कि इसका अनुमान लगाया जा सकता है।

हम मानते हैं कि हर व्यक्ति को पश्चाताप करने का मौका मिलेगा, और यह कि परमेश्वर किसी को भी नहीं छोड़ेगा क्योंकि वह गलत जगह पर और गलत समय पर पैदा हुआ था।

यीशु ने कहा, "यदि कोई उस की इच्छा पर चलना चाहे, तो वह इस उपदेश के विषय में जान जाएगा कि वह परमेश्वर की ओर से है, या मैं अपनी ओर से कहता हूँ" (यूहन्ना 7:17)।

दूसरी ओर, बाइबल में यह भी पता चलता है कि किसी के पास कोई बहाना नहीं है, "परमेश्वर का क्रोध तो उन लोगों की सब अभक्ति और अधर्म पर स्वर्ग से प्रगट होता है, जो सत्य को अधर्म से दबाए रखते हैं। इसलिये कि परमेश्वर के विषय का ज्ञान उन के मनों में प्रगट है, क्योंकि परमेश्वर ने उन पर प्रगट किया है। क्योंकि उसके अनदेखे गुण, अर्थात उस की सनातन सामर्थ, और परमेश्वरत्व जगत की सृष्टि के समय से उसके कामों के द्वारा देखने में आते हैं, यहां तक कि वे निरुत्तर हैं"(रोमियों 1:18-20)।

यह एक सच्चाई है कि सम्पूर्ण मानव जाति यह कह सकती हैं कि एक सृष्टिकर्ता मौजूद है, क्योंकि उसकी सृष्टि इस बात की पुष्टि करती है। यह गवाही सार्वभौमिक है। यद्यपि लोगों को पर्याप्त जानकारी है कि परमेश्वर मौजूद हैं, वे जानबूझकर परमेश्वर की बातों से अनजान हैं क्योंकि उनके विचार बुरे हैं।

बाइबल सिखाती है कि अविश्वासी व्यक्ति "सत्य को अधर्म से दबाए रखते हैं" (रोमियो 1:18)। इसके अलावा, पवित्र शास्त्र बताता हैं कि मनुष्य परमेश्वर की वास्तव में उसके पास जाने की तरह उसकी खोज नहीं कर रहा है। "कोई समझदार नहीं, कोई परमेश्वर का खोजने वाला नहीं" (रोमियों 3:11)। इसलिए, परमेश्वर के पास कोई ऐसा मामला नहीं है जो वह अपने वचन को ऐसे किसी व्यक्ति के पास जाने से मना कर दे जो सच्चाई को पुरे दिल से खोज रहा है।

हम यह भी जानते हैं कि यह परमेश्वर की इच्छा है कि कोई भी "नष्ट न हो लेकिन सभी को पश्चाताप करना चाहिए।" (2 पतरस 3:9)। इससे पता चलता है कि परमेश्वर उन लोगों की भी परवाह करता है जिन्होंने सुसमाचार नहीं सुना है। उसने अपने बेटे को उनके स्थान पर मरने के लिए भेजकर यह प्रदर्शित किया है। "जब हम पापी ही थे तभी मसीह हमारे लिये मरा" (रोमियों 5:8)।

बाइबल सिखाती है कि परमेश्वर संसार का न्यायपूर्ण और धार्मिकतापूर्ण रूप से न्याय करेगा "क्योंकि उसने एक दिन ठहराया है, जिसमें वह उस मनुष्य के द्वारा धर्म से जगत का न्याय करेगा"।(प्रेरितों के काम 17:31)। इसका मतलब यह है कि जब सभी तथ्य होंगे, तो परमेश्वर का नाम सिद्ध हो जाएगा और कोई भी उस पर अनुचित अभद्रता का आरोप नहीं लगा सकेगा।

हालांकि हमें यह नहीं पता कि वह इन लोगों (जिन्होंने यीशु के बारे में कभी नहीं सुना है) से निपटने के लिए विशेष रूप से कुछ करेगा, लेकिन हम यह जानते हैं कि उसका निर्णय निशपक्ष होने वाला है। यह तथ्य केवल उस व्यक्ति को संतुष्ट करना चाहिए जो

यह आश्चर्य करता है कि परमेश्वर उन लोगों से कैसे निपटेगा जिन्होंने कभी यीशु मसीह के बारे में नहीं सुना है।

बाइबल स्वयं इस तथ्य की गवाही देती है कि कोई होगा जिसे पृथ्वी पर हर व्यक्ति सुनेंगे और जवाब देंगे (प्रकाशितवाक्य 5:9) "क्योंकि तू ने वध हो कर अपने लोहू से हर एक कुल, और भाषा, और लोग, और जाति में से परमेश्वर के लिये लोगों को मोल लिया है।"

बाइबल प्रेरितों के काम अध्याय 10 में, एक ऐसे आदमी का उदाहरण देती है जो आज के लोगों से भिन्न नहीं है। उसका नाम कुरनेलियुस था। वह एक बहुत ही धार्मिक व्यक्ति था जो लगातार परमेश्वर से प्रार्थना करता था। उसने यीशु मसीह के बारे में नहीं सुना था, लेकिन वह ईमानदारी से परमेश्वर से अपने आप को प्रकट करने के लिए कहता था।

परमेश्वर ने कुरनेलियुस की प्रार्थना का उत्तर दिया, और प्रेरित पतरस को यीशु की पूरी कहानी सुनाने के लिए भेजा। जब पतरस ने प्रचार किया, तो कुरनेलियुस ने मसीह को अपना उद्धारकर्ता के रूप में विश्वास किया।यह उदाहरण दर्शाता है कि जो कोई परमेश्वर को जानना चाहता है वह यीशु के बारे में सुनता है।

आज कुरनेलियुस जैसे लोग हैं, जो सच्चे और जीवित परमेश्वर को जानने के लिए यही प्रार्थना कर रहे हैं, और वे चाहे जब तक भी जीवित रहें, वे पहुँच जाएँगे। यह देखने के बाद कि परमेश्वर स्वयं को कुरनेलियुस और उसके परिवार पर अपने आप को प्रकट करने के लिए विश्वासयोग्य थे, तब प्रेरित पतरस ने घोषणा की, "अब मुझे निश्चय हुआ, कि परमेश्वर किसी का पक्ष नहीं करता, वरन हर जाति में जो उस से डरता और धर्म के काम करता है, वह उसे भाता है" (प्रेरितों के काम 10:34-35)।

संदर्भ:

[1]जोश मैकडोवेल द्वारा कठिन प्रश्नों के उत्तर

[2]जोश मैकडोवेल द्वारा कठिन प्रश्नों के उत्तर

[3]पंथ या कैओस? डोरोथी सेयर्स, न्यूयॉर्क, हारकोर्ट ब्रेस, 1949, पृष्ठ4।

[4]डॉन रिचर्डसन द्वारा "एटएर्निटी इन देयर हार्ट"

[5]जोश मैकडोवेल द्वारा कठिन प्रश्नों के उत्तर

गृहकार्य # 7 । अध्याय # 7

1. प्रश्न के चार उत्तरों को पूरा करें, “अच्छा काम क्यों आपको नहीं बचा सकता?”

   सबसे पहले, अच्छा काम ....हीं कर सकता।

   दूसरा, अच्छा काम आपको बचा नहीं सकता क्योंकि .... उसे निरपेक्ष पूर्णता की मांग की।

   तीसरा, अच्छे कार्य आपको बचा नहीं सकते क्योंकि ....।

   चैथा, आप कभी भी सुनिष्चित नहीं हो सकते हैं .... । यही कारण है कि ज्यादातर धार्मिक लोगों को उनकी मुक्ति का ....नहीं है।

2. कृपया 7 वाक्यों में लिखिए जो कोई व्यक्ति आप को एक पष्चिमी धर्म का उपदेश देने का आरोप लगाता हैं।

3. त्रिएकता को 4 वाक्य में परिभाषित करें। पवित्र शास्त्र का एक पद दे कर समझाएं कि पिता परमेश्वर हैं, पुत्र परमेश्वर है और पवित्र आत्मा परमेश्वर है।

4. किस प्रकार, परमेश्वर ने इन बिखरे हुए लोगों के समूह को अपनी गवाही के साथ छोड़ दिया? इस गवाही में क्या शामिल है?

5. निम्नलिखित वाक्यों को पूरा करें:

   1. मानव जाति जो कि 3 व्यक्तियों के तीनों पुत्रों से विभिन्न लोगों में उभरी समूह (राष्ट्रों) और जो कि सारी दुनिया में चले गए, ‘..... के बिना नहीं छोड़े गए थे जो जीवित परमेश्वर के ....’ (प्रेरितों के काम 14:16-17)।

   2. हमें आश्चर्य नहीं होना चाहिए कि ये बिखरे हुए आदिवासी जातीय परिवारों में से हर एक (लोगों के समूह या राष्ट्र), क्योंकि उनकी आम विरासत नूह के कारण थी उनके पास प्रभु परमेश्वर (यहोवा) का ...., अदन की वाटिका में .... और .... की कहानी, मनुश्य का ....और मुक्ति का मार्ग .... के माध्यम से था।

   3. जबकि, हम पूरी तरह समझ नहीं पाते हैं कि ‘बचाने वाले विश्वाश’ का अर्थ किसी के लिए क्या होगा उनके लिए जो मसीह आने से पहले सदियों में जी रहे थे, हम यह सुनिश्चित कर सकते हैं कि उन्हें भी बचा लिया गया है

.... के द्वारा .... से ठीक उसी प्रकार से .... था। (गलतियों 3:8,9)

4. शास्त्र में यह स्पष्ट है कि परमेश्वर ने .... दुनिया नहीं बनाई थी जैसी यह अब है, लेकिन मनुष्य के .... के परिणामस्वरूप बुराई हुई।

5. गिरावट के कारण, दुनियाअब .... है।स्थिति वैसी नहीं हैं जैसी होनी चाहिए, गिरने के परिणामस्वरूप, मनुष्य परमेश्वर से .... किया गया है। प्रकृति हमेशा मनुष्य के लिए ....नहीं होता है और जानवरों की दुनिया भी उसकी ......हो सकती है। यहाँ आदमी और उसकी ......के बीच संघर्ष रहता है। यहाँ है और यह वास्तविक है, यह भी .....है। बुराई आखिरकार .... होगी।

अध्याय 8

उद्धार का अर्थ और परमेश्वर की संतान की अनन्त सुरक्षा

क्या बचाए जाने से बेहतर कुछ है? हां, बचाए जाने से बेहतर कुछ और भी है। यह बचाया जाना है और आशीषित आश्वासन के साथ कि आप बचाए गए हैं! ठीक है, क्या इस आश्वासन से कि आप बचाए गए है कुछ भी बेहतर है? हाँ वहाँ है! यह बचाया जाना है, यह जानना कि आप बचाए गए हैं और यह जानना कि आप कभी भी अपना उध्दार नहीं खो सकते हैं। आपका उद्धार सदा ही सुरक्षित है। वास्तव में, बाइबल स्पष्ट रूप से सिखाती है कि जो भी व्यक्ति वास्तव में विश्वास करता है और यीशु को अपने प्रभु और उद्धारकर्ता के रूप में स्वीकार करता है, वह स्वर्ग का ही नहीं जन्मा बल्कि स्वर्ग की ओर ही जाएगा!

व्यक्तिगत स्तर पर, शायद आप असुरक्षा में रहते हैं क्योंकि आप एक अपराध के शिकार हैं जैसे डकैती या बलात्कार। शायद आपके पति ने आपको तलाक की धमकी दी है और आपको वैवाहिक सुरक्षा की कमी है। आपके बच्चे शारीरिक या भावनात्मक मुद्दों से जूझ रहे हैं, जो आपको सुरक्षा से वंचित करता हैं। शायद आपने अपनी नौकरी खो दी है और आपकी सेवानिवृत्ति योजनाओं में कमी आई है जिससे आप आशाहीन और असुरक्षित महसूस कर रहे है। अपने जीवन पर विचार करते हुए, आप महसूस करते हैं कि उन क्षेत्रों में आपके पास बहुत कम या कोई सुरक्षा नहीं है, जहां आप सबसे ज्यादा पसंद करते हैं। सौभाग्य से, एक क्षेत्र जो वास्तव में सब से ज्यादा मायने रखता है - आपका परमेश्वर के साथ संबंध - आप परम सुरक्षा प्राप्त कर सकते हैं। बाइबल घोषित करती है कि परमेश्वर विश्वासियों को बिना शर्त के प्रेम और स्वीकृति प्रदान करता है क्योंकि यह उसके स्वभाव का सच है।

अनन्त सुरक्षा यह शिक्षा है कि एक मसीही अपना उद्धार नहीं खो सकता है क्योंकि वह मसीह के काम के आधार पर परमेश्वर के साथ अपने रिश्ते में “अनंत काल के लिए सुरक्षित” है।

जबकि विश्वासी अपने उद्धार का आश्वासन प्राप्त कर सकता है और पता है कि वह बचा लिया गया है, सवाल उसके उद्धार के स्थायित्व के विषय में उठ सकता है। पाप के लिए

क्रूस पर मसीह की मृत्यु की योग्यता पर भरोसा करके एक बार सही से बचाया जा सकता है, क्या विश्वासी अपने उद्धार को खो सकता है? क्या हम मुक्ति को खोने के लिए कुछ भी कर सकते हैं? जवाब है - नहीं!

इस अध्याय में, मैं आपको बाइबल के कुछ कारणों को सिखाना चाहूँगा, क्योंकि मैं समझता हूँ कि एक नया जन्म पाया हुआ विश्वासी कभी भी अपना उद्धार नहीं खो सकता है।

चलिए निम्नलिखित प्रश्न पूछकर शुरू करते हैं:

एक विश्वासी को अनंत जीवन कब मिलता है?

> यूहन्ना 5:24 में यीशु बताते हैं -
>
> "मैं तुम से सच सच कहता हूँ, जो मेरा वचन सुनकर मेरे भेजने वाले की प्रतीति करता है, अनन्त जीवन उसका है, और उस पर दंड की आज्ञा नहीं होती परन्तु वह मृत्यु से पार होकर जीवन में प्रवेश कर चुका है।"
>
> यूहन्ना 3:16 में यीशु कहता है -
>
> "क्योंकि परमेश्वर ने जगत से ऐसा प्रेम रखा कि उस ने अपना एकलौता पुत्र दे दिया, ताकि जो कोई उस पर विश्वास करे, वह नाश न हो, परन्तु अनन्त जीवन पाए।"

तो आपको अनन्त जीवन कब मिलता है? जब आप मर जाते हैं और स्वर्ग जाते हैं तो क्या आपको अनन्त जीवन तब मिलता है? नहीं! कभी-कभी आप एक चिन्हक के साथ एक कब्र देखते हैं, "अनन्त जीवन में प्रवेश"। नहीं, दोस्तों, अगर आपके पास मरने से पहले अनन्त जीवन नहीं है, तो आप जमीन में जाने के समय उसे प्राप्त नहीं करेंगे।

बाइबल इसकी बजाय यह बताती है कि आप अनन्त जीवन उस पल प्राप्त करते हैं जब आप यीशु मसीह में विश्वास करते हैं। यूहन्ना 5:24 में यीशु ने कहा, "मैं तुम से सच सच कहता हूँ, जो मेरा वचन सुनकर मेरे भेजने वाले की प्रतीति करता है, अनन्त जीवन उसका है, और उस पर दंड की आज्ञा नहीं होती परन्तु वह मृत्यु से पार होकर जीवन में प्रवेश कर चुका है।' ध्यान दे कि वह कहता है, 'कर चुका है' न कि करेगा"।

क्या आपके पास अनन्त जीवन है? यदि आप मसीह में विश्वास करते हैं और अपने उद्धार के लिए यीशु पर भरोसा रखते हैं, तो आप ऐसा करते हैं। यह आपको कब मिला? उस क्षण जब आपने विश्वास किया!

यदि आपके पास अनन्त जीवन है, तो क्या इसका अंत हो सकता है? बिल्कुल नहीं, क्योंकि यह चिरस्थायी है। यदि यह समाप्त होता है, तो जो कुछ भी आपके पास था वह अनन्त नहीं था। मान लीजिए कि आप 10 साल या 50 साल से मसीही थे और फिर किसी तरह आप अपना उद्धार खो देते हैं। आपके पास क्या था? एक 10 साल या 50 साल का जीवन। दोस्तों, जो भी आपके पास है, यदि आप कभी उसे खो देते हैं, तो यह अनन्त नहीं था। लेकिन यीशु ने कहा, "मैं उन्हें अनन्त जीवन देता हूँ", ऐसा नहीं है कि जब वे मर जाते हैं तो वे इसे प्राप्त करेंगे। यह एक वर्तमान में है। आप के पास अनन्त जीवन अभी है और आप कभी नाश नहीं होंगे!

दुर्भाग्य से मसीही कलीसियाओं के कुछ संप्रदाय हैं जो सिखाते हैं, कि एक व्यक्ति जब मसीह पर विश्वास करता है और बचाया जाता है, फिर यदि वे पीछे हट जाएं और निरंतर पाप करता रहे, तो वे अपना उद्धार खो सकते हैं और नरक में जा सकते हैं। हालांकि अधिकांश सुसमाचारक कलीसियाएं, हमारे जैसी, मानती हैं कि एक बार जब किसी व्यक्ति ने उद्धार का सुसमाचार संदेश समझा है और केवल मसीह में ही भरोसा किया है और केवल वही उनका उद्धारकर्ता है, तो वह कभी भी अपना उद्धार नहीं खो सकते हैं - वे परमेश्वर के प्रेम में सदा के लिए सुरक्षित हैं क्योंकि वे 'मसीह में' हैं।

विश्वासी को आश्वस्त करने के लिए कई स्पष्ट शास्त्रीय कारण हैं कि जब एक बार वह बचाया जाता है, वह हमेशा मसीह में सुरक्षित और अनंत काल तक के लिए सुरक्षित होता है। मैं आपको इन आठ कारणों को बताऊंगा।

1. जब परमेश्वर हमें बचाता है....
वह हमें विश्वास से अनुग्रह के द्वारा मुक्ति का मुफ्त उपहार देता है।

> इफिसियों 2:4,5,8 में पौलुस कहता है -
>
> "परन्तु परमेश्वर ने जो दया का धनी है, अपने उस बड़े प्रेम के कारण, जिस से उस ने हम से प्रेम किया। जब हम अपराधों (पापों) के कारण मरे हुए थे, तो हमें मसीह के साथ जिलाया (अनुग्रह ही से तुम्हारा उद्धार हुआ है।) क्योंकि विश्वास के द्वारा अनुग्रह ही से तुम्हारा उद्धार हुआ है, और यह तुम्हारी ओर से नहीं, वरन परमेश्वर का दान है।"

ये पद हमें हमारी अनंत सुरक्षा का आश्वासन देते हैं। हमें यह बताया जाता है कि हमें क्या नहीं बचा सकता है। ये पद हमें बताता है कि स्वयं और हमारे काम हमें बचा नहीं

पाते। मुक्ति "खुद की नहीं" और "कामों की नहीं" है। यह काफी सरल लगता है, है ना? लेकिन ज्यादातर लोगों को यह सरल अवधारणा समझ में नहीं आती है। यदि आप औसत आदमी को सड़क पर पूछे, "क्या आपको लगता है कि आप स्वर्ग में जाएंगे?" वे उत्तर देते है, "जरूर!" आप पूछते हैं, 'क्यों?' वे उत्तर देते हैं, "मैं जो सब से अच्छा कर सकता हूँ, वह करता हूँ।" इस जवाब के बारे में सोचो। मैं (स्वयं) कर रहा हूँ (काम) जो सबसे अच्छा मैं कर सकता हूँ। लेकिन इफिसियों 2:8 कहता है, "क्योंकि विश्वास के द्वारा अनुग्रह ही से तुम्हारा उद्धार हुआ है।"

अब अनुग्रह क्या है? अनुग्रह परमेश्वर के स्वभाव की विशेषता है जो परमेश्वर को हम जैसे पापियों को प्रेम करवाता है। अनुग्रह कुछ ऐसा है जिसके हम सभी कभी भी लायक नहीं हैं। यह परमेश्वर की आपके और मेरे जैसे पापी लोगों के प्रति बेमिसाल कृपा है, जो वास्तव में दंड के योग्य थे। अनुग्रह का अर्थ समझने में मदद करने का एक तरीका है। किसी ने इसे एक अक्षरबद्ध बनायाः G – R – A – C - E "God's Riches At Christ's Expense"- इसका अर्थ है - 'मसीह के खर्च पर परमेश्वर का धन।' यही अनुग्रह है! जब आप अनुग्रह के बारे में सोचते हैं, तो यीशु के बारे में सोचें कि वह पीड़ा में मर रहा है और पापियों एवं अयोग्य लोगों के लिए क्रूस पर अपने खून को बहा रहा है। हमारे पास परमेश्वर की सराहना करने के लिए कुछ नहीं है। हम जन्म से, चुनाव और अभ्यास से ही पापी हैं। हालांकि, परमेश्वर हमारे पापों के बावजूद हमें प्रेम करता है और इस प्रेम को अनुग्रह कहा जाता है।

यहाँ विश्वास का मतलब समझने में सहायता करने का एक तरीका है। यहाँ एक और अक्षरबद्ध हैः (विश्वास) F – A – I – T – H (Forsaking All I Trust Him) जिसका अर्थ है - सब कुछ त्यागकर उसमें विश्वास करता हूँ।" यह विश्वास है! मैं अपने अच्छे इरादे, अपने अच्छे कर्मों पर निर्भरता को त्यागता हूँ और अविश्वास के पाप को त्यागता हूँ। पाप भी छोड़ देता हूँ और यीशु पर भरोसा करता हूँ।

यहाँ देख पाते हैं कि उद्धार कैसे काम करता है। मैं परमेश्वर की कृपा में विश्वास रखता हूँ। यह वह विश्वास नहीं है जो बचाता है। यह परमेश्वर की कृपा है जो बचाती है। विश्वास सिर्फ परमेश्वर की कृपा को पकड़ लेता है। ऐसा सोचें कि परमेश्वर का प्रेम से भरा हाथ स्वर्ग से नीचे तक पहुँच रहा है, वह अनुग्रह है, यह कहते हुए, "मैं तुम्हें प्रेम करता हूँ और मैं आपको बचाना चाहता हूँ।" यह कील से छिदा हुआ हाथ है क्योंकि उसने आपके पापों का भुगतान किया है। अपने विश्वास को पाप से भरे हुए हाथ के रूप में देखे और कहें, "परमेश्वर, मुझे आपकी जरूरत है, मैं आपको चाहता हूँ। मुझे बचा

लीजिए।" और जब आप परमेश्वर के कील से छिदे अनुग्रह के हाथ में अपना विश्वास का हाथ डालते हैं, तो यही अनुग्रह है।

अब, अगर उद्धार हमें परमेश्वर के अनुग्रह से एक मुफ्त उपहार के रूप में दिया गया है और अगर हमने इसे कमाने के लिए कुछ नहीं किया है या पहले स्थान पर इसके लायक नहीं हैं, (यीशु में विश्वास करने के अलावा), तो हम इसे कभी कैसे खो सकते हैं? साथ ही हमारे अनंत सुरक्षा के एक अतिरिक्त आश्वासन के रूप में, यह जानने में मदद मिलती है कि मूल यूनानी में इफिसियों 2:8 के शब्दों में - आप, "आप बचाए गए हैं" यूनानी में यह "इस सेसनोमी" है। इसका उपयोग "सोजो" (मुक्ति के लिए शब्द) के संपूर्ण निश्क्रिय कृत्रिम भाग में किया जाता है। इस प्रकार, शाब्दिक यूनानी अनुवाद हैः 'आप अतीत में बचाए गए थे (जिस क्षण तुमने विश्वास किया) और इसलिए आप हमेशा बचे रहेंगे।' यह एक पद पर्याप्त प्रमाण होना चाहिए कि परमेश्वर की संतान सदा ही सुरक्षित है।

2. जब परमेश्वर ने हमे बचाया...
वह हमारे सभी पापों को क्षमा करता है

बाइबल सिखाती है कि जब कोई व्यक्ति मसीह को उद्धारकर्ता के रूप में विश्वास करता है कि उसके सभी पापों - भूतकाल, वर्तमान और भविष्य को माफ कर दिया गया है। याद रखें जब मसीह संसार के पापों के लिए लगभग 2000 साल पहले मर गया, तब आपके सभी पाप भविष्य थे। परमेश्वर केवल विश्वासियों के पापों को ही क्षमा नहीं करता बल्कि वह उनके पापों के ऋण को रद्द करने को चुनता है और उसके पापों को याद नहीं रखता है।

> प्रेरितों के काम 10:43 - "उस की सब भविष्यद्वक्ता गवाही देते हैं, कि जो कोई उस पर विश्वास करेगा, उस को उसके नाम के द्वारा पापों की क्षमा मिलेगी।"
>
> इफिसियों 1:7 - "हम को उस में उसके लोहू के द्वारा छुटकारा, अर्थात अपराधों की क्षमा, उसके उस अनुग्रह के धन के अनुसार मिला है।"
>
> कुलुस्सियों 2:13-14 - "...और उस ने तुम्हें भी, जो अपने अपराधों, और अपने शरीर की खतनारहित दशा में मुर्दा थे, उसके साथ जिलाया, और हमारे सब अपराधों को क्षमा किया। और विधियों का वह लेख जो हमारे नाम पर और हमारे विरोध में था मिटा डाला और उस को क्रूस पर कीलों से जड़ कर साम्हने से हटा दिया है।"

> यशायाह 43:25 - “मैं वही हूँ जो अपने नाम के निमित्त तेरे अपराधों को मिटा देता हूँ और तेरे पापों को स्मरण न करूंगा।”
>
> इब्रानियों 10:17 - “फिर वह यह कहता है, कि मैं उन के पापों को, और उन के अधर्म के कामों को फिर कभी स्मरण न करूंगा।”

मैं अपना उद्धार कैसे खो सकता हूँ, जब परमेश्वर ने मुझे क्षमा किया और मेरे पापों को अपनी रिकॉर्ड पुस्तक में से मेरे पापों को मिटा दिया। और मेरे पाप स्मरण नहीं रखता। मैं नहीं कर सकता!

3. जब परमेश्वर हमें बचाता है...
वह हमें धर्मी घोषित करता है और हमें बताता है कि हम सिध्द हैं और उसमें हमेशा के लिए संपूर्ण हैं।

जब कोई व्यक्ति आज मसीह में विश्वास करता है, तो अनुग्रह की अदला बदली होती है (रोमियों 4:5, 2 कुरिन्थियों 5:21)।

1. क्रूस पर हर व्यक्ति के सारे पाप यीशु मसीह पर थोपे गए, अर्थात उनके खाते में गिने गए।
2. मसीह की संपूर्ण धार्मिकता हर कोई जो विश्वास करता है उसपर थोपी गई, अर्थात उसके खाते में जमा की गई।

> 2 कुरिन्थियों 5:21 -उसने (पिता परमेश्वर) (यीशु) “जो पाप से अज्ञात था, उसी को उस ने हमारे लिये हमारे दोष लेकर) पाप ठहराया, कि हम उस में होकर परमेश्वर की धार्मिकता बन (दिया जाना) जाएं।”
>
> रोमियों 4:5 - “परन्तु जो काम नहीं करता वरन भक्तिहीन के धर्मी ठहराने वाले (यीशु) पर विश्वास करता है, उसका विश्वास उसके लिये धार्मिकता गिना जाता है।”

अब जब परमेश्वर विश्वासी को देखता है, तो अब वह विश्वासी के पापों को नहीं देखता, परन्तु वह विश्वासी को परमेश्वर की संतान के रूप में देखता है, क्षमा किया गया और अपने पापों से शुद्ध है। वह विश्वासी को “मसीह में” हमेशा के लिए धर्मी देखता है! वाह! यही कारण है कि पौलुस रोमियों 8:33 में कहता है - “परमेश्वर के चुने हुओं पर दोष कौन लगाएगा? परमेश्वर वह है जो उन को धर्मी ठहराने वाला है।”

कौन "परमेश्वर के चुने हुओं के विरुद्ध दोष लगाएगा?" कौन उत्तरदायी होगा, इसका उत्तर, कोई भी नहीं है। यह सवाल अदालत समायोजन से हैं। कोई भी आप पर पाप के अपराधों के कारण आरोप नहीं लगा सकता है क्योंकि परमेश्वर ने आपको धर्मी ठहराया है। परमेश्वर ने निष्कासित (निंदा से मुक्त) और आपको अपने संपूर्ण न्याय के सामने धर्मी घोषित किया है। यदि परमेश्वर ने इस फसैले को सुनाया है, तो गलत काम करने के आरोपों का पनुरुत्थान कौन कर सकता है जो आपको उसके सामने फिर से लाएगा? एक विश्वासी के रूप में आप सुनिश्चित हो सकते हैं कि आप सदा के लिए सुरक्षित हैं क्योकि वहां कोई पाप नहीं है जो पहले से ही मसीह द्वारा निपटा नहीं गया है। इसलिए, अगर परमेश्वर पिता आपको बचाने के लिए यह सब काम करने के लिए गए थे, तो यह दुर्लभ संभावना है कि आप किसी भी तरह इसे खो सकते हैं। यदि "परमेश्वर वह है जो धर्मी ठहराता है," जो आपको "अधर्मी" ठहराने के लिए कौन सक्षम है? बिल्कुल कोई नहीं! धर्मी घोषित होने के अलावा, परमेश्वर ने विश्वासी को स्थाई रूप से पवित्र माना (पवित्र बनाया) आरै हमेशा के लिए सिद्ध किया।

> इब्रानियों 10:10,14 -
>
> "उसी इच्छा से हम यीशु मसीह की देह के एक ही बार बलिदान चढ़ाए जाने के द्वारा पवित्र किए गए हैं। क्योंकि उस ने एक ही चढ़ावे के द्वारा उन्हें जो पवित्र किए जाते हैं, सर्वदा के लिये सिद्ध कर दिया है।"

बाइबल इब्रानियों 10:14 में कुछ अद्‌भुत कहता है, वह कहता है कि "उस ने एक ही चढ़ावे के द्वारा उन्हें जो पवित्र किए जाते हैं, सर्वदा के लिये सिद्ध कर दिया है"। इस वाक्यांश को ध्यान दें, "सर्वदा के लिए सिद्ध"। यीशु मसीह क्रूस पर पीड़ा में लटका, फिर से मरने के लिए नहीं है। क्रूस पर, वह अपने शरीर में हमारे सभी पापों का भुगतान कर रहा था (1 पतरस 2:24)। मसीह की एक पेशकश "सर्वदा के लिए सिद्ध" हम में से जो उस पर विश्वास करते है वे बचाएं गए है। सही बलिदान के कारण, हमारे पास प्रभु यीशु मसीह में पूर्णता है। जब आप बच जाते हैं, तो परमेश्वर आपको सिर्फ एक नई शुरुआत नहीं देता है। वह आपको "एक भेंट" के द्वारा अनन्त पूर्णता प्रदान करता है। हल्लेलुय्याह!

4. जब परमेश्वर हमें बचाता है......
वह हमारे लिए पवित्र आत्मा भेजता है (जो हमारे दिल में रहता है) और हमें खुद के रूप में मुहर लगाता है।

> गलातियों 4:6-7 - 'और तुम जो पुत्र हो, इसलिये परमेश्वर ने अपने पुत्र के आत्मा को, जो हे अब्बा, हे पिता कह कर पुकारता है, हमारे हृदय में भेजा है। इसलिये तू अब दास नहीं, परन्तु पुत्र है। और जब पुत्र हुआ, तो परमेश्वर के द्वारा वारिस भी हुआ।'

विश्वासी के दिल में पवित्र आत्मा जब स्थायी रूप से रहने के लिए आता है तो उससे पता चलता है कि वह एक बेटे (या बेटी) के रूप में और एक वारिस के रूप में परमेश्वर द्वारा स्वीकार कर लिया गया है। न केवल पवित्र आत्मा उद्धार के समय विश्वासी के पास उसमें निवास करने के लिए आता है, बल्कि पवित्र आत्मा विश्वासी पर मुहर भी लगाता है, जिस पल, वह सुसमाचार संदेश को ग्रहण करता है।

> इफिसियों 1:13-14 - "और उसी में तुम पर भी जब तुम ने सत्य का वचन सुना, जो तुम्हारे उद्धार का सुसमाचार है, और जिस पर तुम ने विश्वास किया, प्रतिज्ञा किए हुए पवित्र आत्मा की मुहर लगी। वह उसके मोल लिए हुओं के छुटकारे के लिये हमारी मीरास का बयाना है, कि उस की महिमा की स्तुति हो।"

पवित्र आत्मा द्वारा एक विश्वासी पर मुहर, विश्वास की ओर से अपने अनन्त उद्धार का विश्वास करने के लिए परमेश्वर के कई कार्यों में से एक है (इफिसियों 1:13, इफिसियों 4:30)।

पुराने नियम के समय में एक मुहर विभिन्न तरीकों से इस्तेमाल किया गया थाः

1. एक मुहर दस्तावेज प्रमाणित करता है (उदाहरण के लिएः एक विवाह अनुबंध)
2. किसी मुहर को सुरक्षा के लिए बंद या सुरक्षा के रूप में कार्य किया जाता है। (उदाहरण के लिएः मसीह की कब्र रोमी सैनिकों द्वारा मत्ती 27:66 में बंद कर दी गई थी)

मुहर का मुख्य विचार स्वामित्व का है। विश्वासी को परमेश्वर से संबंधित विश्वासी होने की पहचान करने के लिए आत्मा के साथ मुहर लगाया गया है। इसके अलावा, इफिसियों

1:13-14 और इफिसियों 4:30 हमें बताता है कि यीशु के आगमन पर अपने महिमामय शरीर प्राप्त करने के दिन विश्वासी की अंतिम मुक्ति के दिन तक मुहर स्थायी है!

इसलिए विश्वासी की पवित्र आत्मा द्वारा मुहर न केवल स्वामित्व पर बल देती है, बल्कि उसकी अनंत सुरक्षा पर भी!

5. जब परमेश्वर हमें बचाता है...
वह हमें आश्वस्त करता है कि मसीह की मध्यस्थता हमें सबसे ज्यादा समय तक बचाएगी।

> रोमियो 8:34 में, प्रेरित पौलुस ने घोषणा की -
>
> "फिर कौन है जो दण्ड की आज्ञा देगा? मसीह वह है जो मर गया वरन मुर्दों में से जी भी उठा, और परमेश्वर की दाहिनी ओर है, और हमारे लिये निवेदन भी करता है।"

बाइबल हमें बताती है कि हमारे लिए मसीह की मध्यस्थता हमे बचाती रहेगी और हमें पूरी तरह से बचाएगी।

> इब्रानियों 7:25 में हम पढ़ते हैं -
>
> "इसी लिये जो उसके द्वारा परमेश्वर के पास आते हैं, वह उन का पूरा पूरा उद्धार कर सकता है, क्योंकि वह उन के लिये बिनती करने को सर्वदा जीवित है।"

"पूरी तरह से बचाने के लिए" - क्या आपको पता है कि इसका क्या मतलब है? सभी तरह से बचाने के लिए। हमें अंत तक बचाने के लिए!

6. जब परमेश्वर हमें बचाता है.....
वह वादा करता है कि कोई भी हमें उसके हाथ से छीन नहीं सकता है

> यीशु ने कहा, यूहन्ना 10:27-29 में -
>
> "मेरी भेड़ें मेरा शब्द सुनती हैं, और मैं उन्हें जानता हूँ, और वे मेरे पीछे पीछे चलती हैं। और मैं उन्हें अनन्त जीवन देता हूँ, और वे कभी नाश न होंगी, और कोई उन्हें मेरे हाथ से छीन न लेगा। मेरा पिता, जिस ने उन्हें मुझ को दिया है, सब से बड़ा है, और कोई उन्हें पिता के हाथ से छीन नहीं सकता।"

7. जब परमेश्वर हमें बचाता है.....
वह आत्मिक रूप से हमें अपने परिवार में गोद ले लेता है।

बाइबल हमें सिखाती है कि जब हम यीशु को हमारे प्रभु और उद्धारकर्ता के रूप में स्वीकार करते हैं, उसके नाम पर विश्वास करने के द्वारा, हम आत्मिक रूप से परमेश्वर से जन्म लेते हैं और उसके परिवार के रूप में उसकी संतान के रूप में अपनाए जाते हैं।

> यूहन्ना 1:9-13 - "सच्ची ज्योति जो हर एक मनुष्य को प्रकाशित करती है, जगत में आनेवाली थी। वह जगत में था, और जगत उसके द्वारा उत्पन्न हुआ, और जगत ने उसे नहीं पहिचाना। वह अपने घर आया और उसके अपनों ने उसे ग्रहण नहीं किया। परन्तु जितनों ने उसे ग्रहण किया, उस ने उन्हें परमेश्वर के सन्तान होने का अधिकार दिया, अर्थात उन्हें जो उसके नाम पर विश्वास रखते हैं। वे न तो लोहू से, न शरीर की इच्छा से, न मनुष्य की इच्छा से, परन्तु परमेश्वर से उत्पन्न हुए हैं।"
>
> यूहन्ना 3:1-8 में एक और वाक्यांश है जो, हमें यह बताता है कि कैसे एक व्यक्ति फिर से परमेश्वर के परिवार में पैदा हो सकता है।

"फरीसियों में से नीकुदेमुस नाम एक मनुष्य था, जो यहूदियों का सरदार था। उस ने रात को यीशु के पास आकर उस से कहा, हे "रब्बी, हम जानते हैं, कि तू परमेश्वर की आरे से गुरू हो कर आया है, क्योंकि कोई इन चिन्हों को जो तू दिखाता है, यदि परमेश्वर उसके साथ न हो, तो नहीं दिखा सकता। यीशु ने उस को उत्तर दिया, कि "मैं तुझ से सच सच कहता हूँ, यदि कोई नये सिरे से न जन्मे तो परमेश्वर का राज्य देख नहीं सकता"।

नीकुदेमुस ने उस से कहा, मनुष्य जब बूढ़ा हो गया, तो क्योंकर जन्म ले सकता है? "क्या वह अपनी माता के गर्भ में दूसरी बार प्रवेश करके जन्म ले सकता है"? यीशु ने उत्तर दिया, कि मैं तुझ से सच सच कहता हूँ, जब तक कोई मनुष्य जल और आत्मा से न जन्मे तो वह परमेश्वर के राज्य में प्रवेश नहीं कर सकता। क्योंकि जो शरीर से जन्मा है, वह शरीर है और जो आत्मा से जन्मा है, वह आत्मा है। अचम्भा न कर, कि मैं ने तुझ से कहा कि तुम्हें नये सिरे से जन्म लेना अवश्य है। हवा जिधर चाहती है उधर चलती है, और तू उसका शब्द सुनता है, परन्तु नहीं जानता, कि वह कहां से आती और किधर को जाती है? जो कोई आत्मा से जन्मा है वह ऐसा ही है"।

उपरोक्त अंश में यीशु नीकुदेमुस नामक एक धार्मिक व्यक्ति से बात कर रहा था। नीकुदेमुस चमत्कारों के बारे में जानना चाहता था। संक्षेप में यीशु ने उसे बताया कि चमत्कारों को समझने के लिए, उसे स्वयं को "फिर से जन्म" लेना होगा - सचमुच "ऊपर से जन्म" लेना होगा। जब नीकुदेमुस ने यीशु से पूछा कि इसका क्या मतलब है, तो यीशु ने उससे कहा था कि जैसे उसने अपने माता के गर्भ में एक शारीरिक जन्म लिया (पानी के थैले में मांस से पैदा हुआ), उसे बचने और परमेश्वर के राज्य में प्रवेश करने के लिए एक आत्मिक जन्म (आत्मा का फिर से जन्म) लेना आवश्यक था।

जल से पैदा होने और आत्मा से जन्म लेने के लिए शब्द "फिर से जन्म" लेना जो वचन (प्रतीकात्मक जल) और पवित्र आत्मा के माध्यम से होने का अर्थ हो सकता है। इफिसियों 1:13, हमें बताता है कि नया जन्म कैसा होता है। "और उसी में तुम पर भी जब तुम ने सत्य का वचन सुना, जो तुम्हारे उद्धार का सुसमाचार है, और जिस पर तुम ने विश्वास किया, प्रतिज्ञा किए हुए पवित्र आत्मा की छाप लगी!"

जब हम फिर से जन्म लेते हैं, हम परमेश्वर के स्वयं की संतान बन जाते हैं और कई नए विशेषाधिकार साझा करते हैं।

★ परमेश्वर हमारा स्वर्गीय पिता बन जाता हैं।

> गलतियों 4:6 - "और तुम जो पुत्र हो, इसलिये परमेश्वर ने अपने पुत्र के आत्मा को, जो हे अब्बा, हे पिता, कह कर पुकारता है, हमारे हृदय में भेजा है!"

★ परमेश्वर का स्वर्गीय शहर हमारा भविष्य घर बन जाता है।

> प्रकाशितवाक्य 21:1,2 - "फिर मैं ने नये आकाश और नयी पृथ्वी को देखा, क्योंकि पहिला आकाश और पहिली पृथ्वी जाती रही, और समुद्र भी न रहा। फिर मैं ने पवित्र नगर नये यरूशलेम को स्वर्ग पर से परमेश्वर के पास से उतरते देखा, और वह उस दुल्हिन के समान थी, जो अपने पति के लिये सिंगार किए हो।"
>
> इब्रानियों 11:16 - "पर वे एक उत्तम अर्थात स्वर्गीय देश के अभिलाशी हैं, इसी लिये परमेश्वर उन का परमेश्वर कहलाने में उन से नहीं लजाता, सो उस ने उन के लिये एक नगर तैयार किया है।"
>
> यीशु ने 14:2-3 में वादा किया था - "मेरे पिता के घर में बहुत से रहने के स्थान हैं, यदि न होते, तो मैं तुम से कह देता क्योंकि मैं तुम्हारे लिये जगह तैयार करने

> जाता हूँ। और यदि मैं जाकर तुम्हारे लिये जगह तैयार करूं, तो फिर आकर तुम्हें अपने यहां ले जाऊंगा, कि जहां मैं रहूँ, वहां तुम भी रहो।"

★ परमेश्वर ने स्वर्ग के पुस्तक में हमारे नाम लिखे हैं।

न केवल परमेश्वर ही हमें अपने संतान बनाता है, बल्कि वह हमारे नामों को स्थायी रूप से स्वर्ग के रजिस्टर में लिखता है, जिसे मेम्ने के जीवन की पुस्तक कहा जाता है। जब हमारे सांसारिक समाज में एक बच्चा पैदा होता है तो हम सरकार के रिकॉर्ड में उसका नाम दर्ज करवाते हैं। इसी तरह जब कोई व्यक्ति मसीह में विश्वास करता है और परमेश्वर के एक दत्तक बच्चे के रूप में "फिर से पैदा होता है", उसका नाम स्वर्ग में बचे हुए लोगों के रजिस्टर में लिखा जाता है - 'मेमने के जीवन की पुस्तक' (प्रकाशितवाक्य 21:27, लूका 10:20, प्रकाशितवाक्य 13:8, फिलिप्पियों 4:3)। यह परमेश्वर के एक बच्चे की अनंत सुरक्षा में विश्वास करने का एक और कारण है। एक बार आप आत्मिक रूप से परमेश्वर के परिवार में पैदा हो जाते हैं, तो आप बिना जन्म के कैसे हो सकते हैं? आपको मेम्ने के जीवन की पुस्तक में पंजीकृत किया गया है।

एक मिशन यात्रा से लौटने के बाद यीशु ने अपने सत्तर शिष्यों से कहा- "तौभी इस से आनन्दित मत हो, कि आत्मा तुम्हारे वश में हैं, परन्तु इस से आनन्दित हो कि तुम्हारे नाम स्वर्ग पर लिखे हैं" (लूका 10:20)।

> 1 पतरस 1:3-5 सभी नया जन्म पाए हुए मसीहियों को याद दिलाता है कि उनके पास स्वर्ग में एक विरासत है। यह उन्हें यह भी बताता है कि उनका उद्धार परमेश्वर की सामर्थ से सुरक्षित है।

"हमारे प्रभु यीशु मसीह के परमेश्वर और पिता का धन्यवाद हो, जिस ने यीशु मसीह के मारे हुओं में से जी उठने के द्वारा, अपनी बड़ी दया से हमें जीवित आशा के लिये नया जन्म दिया। अर्थात एक अविनाशी और निर्मल, और अजर मीरास के लिये। जो तुम्हारे लिये स्वर्ग में रखी है, जिन की रक्षा परमेश्वर की सामर्थ से, विश्वास के द्वारा उस उद्धार के लिये, जो आने वाले समय में प्रगट होने वाली है, की जाती है।"

जैसे हम जन्म लेने के बाद अपने सांसारिक माता-पिता द्वारा छोड़े नहीं जा सकते है, वैसे ही जब हम हम परमेश्वर की संतान बनते है तो हम छोड़े नहीं जा सकते। हम आत्मिक रूप से जन्म लेने के लिए फिर से वापस जा कर शारीरिक रूप से जन्म नहीं

ले सकते। जब हम मसीह पर उद्धार के लिए भरोसा करते हैं, तो उसके अनुग्रह से, उस क्षण में, हम हमेशा के लिए परमेश्वर के परिवार के सदस्य बन जाते हैं।

और अंत में (हालांकि हम अपनी अनंत सुरक्षा के लिए कई और कारणों की सूची पर जा सकते हैं)।

8. जब परमेश्वर हमें बचाता है... वह हमारे साथ 'पवित्र वायदा' करता है कि कोई भी, और कुछ भी, कभी भी हमें उसके प्रेम से अलग नहीं करेगा।

परमेश्वर ने आपके साथ एक पवित्र वायदा किया है। यह रोमियो 8:38-39 में पाया गया है। यह सबसे सर्व समावेशी कथनों में से एक है जिसे आप विश्वासी की अनंत सुरक्षा के विषय पर बाइबल में कभी पढ़ेंगे। प्रेरित पौलुस, हमें दस मजबूत विरोधियों के बारे में बताता है जो कि हमें परमेश्वर के प्रेम से कभी अलग नहीं कर सकते हैं।

"क्योंकि मैं निश्चय जानता हूँ, कि न मृत्यु, न जीवन, न स्वर्गदूत, न प्रधानताएं, न वर्तमान, न भविष्य, न सामर्थ, न ऊंचाई, न गहिराई और न कोई और सृष्टि, हमें परमेश्वर के प्रेम से, जो हमारे प्रभु मसीह यीशु में है, अलग कर सकेगी" (रोमियों 8:38-39)।

विरोधियों पर ध्यान दें:

- मृत्यु
- जीवन
- स्वर्गदूत
- प्रधानताएं, शक्तियां,
- वर्तमान चीजें
- भविष्य की चीजें
- ऊँचाई
- गहराई
- कोई अन्य प्राणी।

रोमियो 8:38-39 में तीन जोड़े हैं:

1. मृत्यु या जीवनः इस जीवन और मृत्यु में कुछ भी ऐसा नहीं जो एक विश्वासी को परमेश्वर के प्रेम से अलग कर सके। दो चीजें हैं जिनसे हमें सबसे अधिक भय है, जीवन और मृत्यु, ये हमारे अनन्त जीवन के लिए खतरा नहीं हैं। चाहे हम जीवित हों या मरें, हम परमेश्वर के प्रेम में हैं।

2. वर्तमान या भविष्य की चीजेंः हमारे वर्तमान अनुभव और आने वाले भविष्य में कुछ भी ऐसा नहीं है, जो हमें मसीह में परमेश्वर के प्रेम से अलग कर सके।
3. ऊँचाई या गहराईः यदि हमें ब्रह्मांड में "सबसे ऊँचे" या "गहरे" बिंदुओं के बीच या कहीं भी यात्रा करने के लिए जाना हो, तो हम कभी भी ऐसे किसी स्थान पर नहीं जा पाएंगे जहां हम मसीह के प्रेम से अलग हो जाएँगे। हम कोई भी ऐसी जगह नहीं जाएंगे, जहां कोई भी या कुछ भी हमारे अनन्त उद्धार को दूर ले जा सकता है। इन तीनों जोड़ों का उपयोग करते हुए पौलुस इससे अधिक स्पष्ट या साफ नहीं हो सकता था। अनन्त जीवन अनन्त हैः जीवन या मृत्यु में कुछ भी नहीं, न हमारे वर्तमान या भविष्य में ऐसा कुछ है, पूरे ब्रह्मांड में कुछ भी नहीं, चाहे कितना "ऊँचाई" या "गहराई" में हम जाएं - कुछ भी हमें अपने प्रेम से अलग नहीं कर सकता है। पौलुस ने इन जोड़े को इसलिए चुना क्योंकि प्रत्येक एक दूसरे की चरम सीमा को दर्शाता है जो हमें प्रिय है - अर्थात्, अस्तित्व, समय और स्थान।

पौलुस ने दो गैर-जोड़े अभिव्यक्तियों का भी इस्तेमाल किया। एक तिहरी है और एक एकल छवि हैः

1. न ही स्वर्गदूत, न ही प्रधानताएं, न ही शक्तियां। यह तिहाई दिव्य और राक्षसी शक्तियों को संदर्भित करता है। पौलुस ने पहले ही बहुत सरल बना दिया है - कि मसीह के प्रेम से कुछ भी हमें अलग नहीं कर सकता। हालांकि, उसने एक विशेष चिंता का उल्लेख करने का निर्णय लिया है जो उनके पाठकों ने शायद ही कभी किया हो। स्वर्गदूत और दुष्ट आत्माएं हम से अधिक शक्तिशाली हैं। वे अनदेखी हैं। फिर भी, कुछ भी नहीं है जो हमें परमेश्वर के प्रेम से अलग कर सकता है, जिनमें स्वर्गदूत और दुष्टआत्माएं भी शामिल हैं। जबकि शैतान और दुष्टआत्माएं विश्वासियों की वर्तमान जीवन को दुखी बना सकते हैं, यदि हम उनके प्रभाव की अनुमति देते हैं, लेकिन वे हमारे अनन्त जीवन को छीन नहीं सकते हैं। 1 यूहना 4:4 हमें भरोसा दिलाता है कि, "हे बालको, तुम परमेश्वर के होः और तुम ने उन पर जय पाई है, क्योंकि जो तुम में है, वह उस से जो संसार में है, बड़ा है।"
2. न तो कोई अन्य निर्मित चीज, मुझे आपसे एक प्रश्न पूछना चाहिएः क्या आप एक प्राणी हैं? ठीक है, बेशक आप हैं। अस्तित्व में जीवों के केवल दो वर्ग हैंः सृष्टिकर्ता और सृष्टि। यदि आप परमेश्वर नहीं हैं, जो सृष्टिकर्ता है, तो आप

> उसके जीवों में से हैं, उसकी सृष्टि का एक हिस्सा हैं। इसलिए, इस वाक्यांश में आप शामिल हैं। कोई भी हमें उसके प्रेम से अलग नहीं कर सकता। इसमें आप शामिल हैं। इसमें वह सब कुछ शामिल है जो हम विश्वासियों के रूप में कर सकते हैं, सोच सकते हैं, या कह सकते हैं।

यह काफी सामर्थशाली है, है ना? पवित्र आत्मा की प्रेरणा से पौलुस कह रहा है कि 'कुछ नहीं' है जो हमें परमेश्वर के प्रेम से अलग कर सकता है। यह एक पवित्र वायदा है। यह क्यों संभव है? क्योंकि जब कोई व्यक्ति यीशु पर विश्वास करता है, तो ना ही उसके सभी पापों को क्षमा किया जाता है, और सभी पापों से शुद्ध किया जाता और आत्मा द्वारा मुहर भी लगाईं जाती, साथ ही एक विश्वासी पिता द्वारा 'मसीह में' 'स्थानिक रुप से रखा गया है और स्वीकारा गया है।' और उसे 'नया' व्यक्ति माना जाता है, जिसका 'कोई (बिते हुए कल का लेखा नही है) अतीत रिकॉर्ड" नहीं है।

> 2 कुरिन्थियों 5:17 हमें बताता है -
>
> "सो यदि कोई मसीह में है तो वह नई सृष्टि हैः पुरानी बातें बीत गई हैं। देखो, वे सब नई हो गईं।"

यदि आप मसीह में हैं, तो यह आपकी नई स्थिति है और जो यीशु से सम्बंधित है वह आपसे संबंधित है। यदि आप मसीह में हैं, तो आप अपने उद्धार को केवल एकमात्र तरीके से खो सकते है कि मसीह अपने पिता के साथ अपना सम्बन्ध खो दे जो बिल्कुल असंभव है (यूहन्ना 10:30)। हमारी अनंत सुरक्षा किसी स्थान में नहीं है। यह एक व्यक्ति में है। उसका नाम यीशु है! आप 'मसीह में' हैं और इसलिए सदा के लिए सुरक्षित हैं!

मैंने अभी तक आठ महत्वपूर्ण कारणों को सूचीबद्ध किया है कि बाइबल कहती है कि एक सच्चा नया जन्म लेने वाला विश्वासी कभी भी अपना उद्धार नहीं खो सकता है। वह सदा के लिए सुरक्षित है। कभी-कभी अनंत सुरक्षा को एक सांप्रदायिक सिद्धांत के रूप में देखा जाता है। मित्रों, चलो उस से आगे निकल चलें। यदि कोई बाइबल आधारित नहीं है, तो वह किसी भी संप्रदाय का ही क्यों न हो, उससे कोई फर्क नहीं पड़ता है कि वे क्या विश्वास करते हैं। यदि बाइबल यह सिखाती है, तो हमें उस पर विश्वास करना होगा।

कई कारणों से अनंत सुरक्षा का सिद्धांत आपके मसीही जीवन के लिए बिल्कुल मूलभूत है।

1. सबसे पहले, विश्वासी के लिए आत्मिक स्वास्थ्य

क्या आप एक परिवार में एक छोटे बच्चे की कल्पना कर सकते हैं जो एक दिन से दूसरे तक यह नहीं जानता है कि वह उस परिवार का है कि नहीं? शायद एक दिन वह शरारती और अनाज्ञाकारी और विद्रोही था और इसलिए वह "अब परिवार का सदस्य नहीं है।" कई हफ्तों के बाद वह पश्चाताप करता है और फिर से ठीक हो जाता है, और इसलिए वह 'परिवार में वापस आ गया है!' उसे वापस फिर से अपना शयनकक्ष मिल गया और वह अपनी मां और पिता, भाई और बहन को फिर से देख सकता हैं। फिर कुछ समय बाद वह परिवार से बाहर निकलता है - यह मेरे पिता नहीं, यह मेरी मां नहीं है, यह मेरे भाई नहीं है, यह मेरी बहन नहीं है, यह मेरा घर नहीं है। क्या आप कल्पना कर सकते हैं कि अगर वह हर हफ्ते ऐसे चला जाता है तो उस बच्चे की भावनात्मक स्थिती क्या होगी?

मैं ऐसे मसीहियों को जानता हूँ जो भावनात्मक विनाश में हैं क्योंकि उनके पास आश्वासन नहीं है कि वे परमेश्वर की संतान हैं। इस तथ्य के कारण कि उन्हें परमेश्वर के उद्धार में अपनी अनंत सुरक्षा के बारे में नहीं सिखाया गया है, वे हमेशा परमेश्वर के साथ अपने रिष्ते के बारे   में असुरक्षित रहते हैं। वे यह मानते हैं कि यदि वे पाप करे या आज्ञा न माने तो वे अपना उद्धार खो देंगे। हालांकि, ऐसा बाइबल नहीं सिखाती है।

लेकिन फिर क्या अगर परमेश्वर की संतान पाप में जीने का विकल्प चुनती है?

यह एक बहुत ही मान्य प्रश्न है। असल में बाइबल बहुत स्पष्ट रूप से यह सिखाती है कि अगर परमेश्वर की संतान निरंतर पाप और विद्रोह में रहती है, तो वह प्रभु द्वारा प्रेमपूर्वक दण्डित और अनुशासित होगा जब तक कि वह पश्चाताप न करे (प्रकाशितवाक्य 3:19, इब्रानियों 12:5-10)।

"मैं जिन जिन से प्रीति रखता हूँ, उन सब को उलाहना और ताड़ना देता हूँ, इसलिये सरगर्म हो, और मन फिराए" (प्रकाशितवाक्य 3:19)।

यदि परमेश्वर की संतान एक पीछे हटी हुई पापी अवस्था में रहने का विकल्प चुनती है, तो वह कई विशेषाधिकारों को खो देती है - जिसमें प्रभु के साथ निकट संगति भी शामिल है और मसीह के आने वाले राज्य में प्रतिफलों का नुकसान भी होगा। हालांकि, वह कभी अपने उध्दार को नहीं खो सकता है। उसका उद्धार सदा के लिए सुरक्षित है क्योंकि विश्वासी हमेशा "मसीह में" रहेगा!

2. दूसरा, विश्वासी की आत्मिक उत्पादकता और गवाही के लिए

क्या आपको लगता है कि आप महान आत्मा को जीतनेवाले होने जा रहे हैं और दूसरों को सुसमाचार प्रचार करने की इच्छा करते हैं, जब आप खुद नहीं जानते कि आप बच गए हैं और स्वर्ग की सीमा में है? इसकी बहुत संभावना नहीं है। मैं इस कहानी को पढ़ता हूँ जो इस सच्चाई को दर्शाता हैः 1937 में, सैन फ्रांसिस्को में, उन्होंने महान नदी खाड़ी के फैले गोल्डन गेट ब्रिज का निर्माण किया। उस पुल पर काम करना एक खतरनाक, विश्वासघाती बात थी, क्योंकि यह सैन फ्रांसिस्को खाड़ी के बर्फीले जल से सैकड़ों फीट ऊपर उठने लगी थी। मजदूर अपने जीवन के लिए डरते थे। उनमें से कुछ गिर गए और डूब गए। 23 लोगों की दुर्घटना से मृत्यु हो गई।

कंपनी के प्रबंधन ने कहा, "हमें इसके बारे में कुछ करना चाहिए", इसलिए उन्होंने श्रमिकों के नीचे एक सुरक्षा जाल का निर्माण किया। उन्होंने नेट का निर्माण करने के लिए 100,000 डॉलर खर्च किए। हालांकि, जब उन्होंने सुरक्षा जाल बनाया, तो उन्हें पता चला कि यह एक व्यय नहीं था। यह एक बड़ी बचत थी क्योंकि वह काम 25 प्रतिशत तेजी से और बहुत कम जीवन खोए हुए हुआ। तथ्य की बात यह है कि नेट में केवल 10 लोग ही गिरे। हालांकि, उनके जीवन बच गए थे। लोग तेजी, स्वतंत्र होकर और अधिक उत्पादकता के साथ क्यों काम कर पाए? क्योंकि पुरुषों को उनकी सुरक्षा का आश्वासन दिया गया था और वे पूरे दिल से इस परियोजना की सेवा करने के लिए स्वतंत्र थे। वे जानते थे कि जाल वहां था। मसीही जीवन में भी यही सिद्धांत है।

मैं खुद को सुरक्षित रखने की कोशिश करने के बारे में चिंतित नहीं हूँ। मुझे पता है कि मैं बचाया गया हूँ। मैं परमेश्वर के अनुग्रह से बचाया गया हूँ इसलिए मैं आभारी सेवा के साथ निर्माण कर सकता हूँ। इसलिए मैं साहसपूर्वक परमेश्वर के लिए गवाही दे सकता हूँ!

हाल्लेलुयाह... मैं बचाया गया हूँ... स्वर्ग के लिए जन्म और स्वर्ग से संबंधित!!

प्रश्न: क्या यह शिक्षा कि हम अनंत काल के लिए सुरक्षित हैं, अधार्मिकता को बढ़ावा नहीं देती?

मेरे दोस्त, यह कोई शिक्षा नहीं है, चाहे कितना भी सही हो, जो परमेश्वर के सभी दुष्ट बच्चों को वापस लाएगा या परमेश्वर के सभी बच्चों को निरंकुष होने से बचाएगा। उड़ाऊ

पुत्र अफसोसजनक है, लेकिन दुर्भाग्यपूर्ण वास्तविकता है। हालांकि, सुरक्षा सामान्य रूप से अधिक स्थिरता और अधिक उत्पादकता की ओर ले जाती है। उदाहरण के लिएः मान लीजिए कि एक जवान औरत एक आदमी के साथ मंगनी करती है। वह जानती है कि वह भरोसेमंद है। वह उससे शादी करने के लिए अपना वचन पूरा करेगा। क्या वह फिर इस आश्वासन को बहाने के रूप में इस्तेमाल करके किसी अन्य पुरुष के साथ सो सकती है, यह जानते हुए कि उसका मंगेतर उससे शादी करेगा चाहे कुछ भी हो? बिल्कुल नहीं! वह अपने प्रेमी से प्रेम करती है। उससे शादी करने की उसकी प्रतिबद्धता उसे उससे अधिक प्रेम करती है। उसके प्रेम में सुरक्षित, वह उसे खुश करने के लिए सब कुछ करना चाहती है। इसी तरह, मसीहियों के लिए परमेश्वर का सच्चा प्रेम बहुत अधिक कृतज्ञता, अधिक आज्ञाकारिता और अधिक फलदायी हो जाना चाहिए, निरर्थकता का नहीं।

तो हम इस अद्भुत सिद्धांत को कैसे लागू कर सकते हैं? सबसे पहले, परमेश्वर के वचन के वायदों का दावा करें। रोमियों 8:38-39, यूहन्ना 5:24, और 1 यूहन्ना 5:11-13

जैसे शास्त्रों को स्मरण करें। उन पर स्थिर रहें! यह जानना कि आपने उद्धार पाया है यह सबसे अधिक स्वतंत्रादायक, जीवन-परिवर्तनकारी सिद्धांत है जिसे आप कभी समझ सकते हैं। सुरक्षा शैतान की निंदा और हमारे अपने संदेहास्पद संदेह के खिलाफ शक्ति का एक किले के रूप में कार्य करती है, और यह मसीही सेवा में उत्साह और जीवन शक्ति जोड़ती है। एक अनिश्चित उद्धार दुखद होता है, जो दूसरों को आकर्शित करने की बजाय घृणा उत्पन्न करता है। आत्म-निरीक्षण और संदेह में साल बर्बाद न करें। विश्वास के साथ आगे बढें कि आप मसीह में सुरक्षित हैं।

दूसरा, परमेश्वर के बिना शर्त के प्रेम से दूसरों को प्रेम करें। यदि आप सुरक्षित हैं, तो आप दूसरों को प्रेम करने में सक्षम होंगे। यदि आप असुरक्षित हैं, तो आप अपने बारे में आपेक्षित रूप से चिंतित होंगे। फिर भी, परमेश्वर का प्रेम आपको दूसरों के प्रति प्रेम करने के लिए विवश करेगा। क्या आपके बच्चे ने विद्रोही जीवन शैली को अपनाया है? क्या आपके जीवनसाथी अविश्वास्योग्य रहे हैं? क्यों न उन्हें बिना शर्त के प्रेम करें जैसा परमेश्वर ने हमें बिना शर्त के प्रेम किया है? जब आपके आस-पास के लोग ठोकर खाते है या गिराए जाते हैं, जब वे उदासीन और अपमानजनक कार्य करते हैं, तो उनसे अपने हाथ को साफ न करें। उन्हें हमेशा क्षमा करने और हमेशा के लिए उनके साथ मेलमिलाप करने के लिए तैयार रहने के द्वारा मसीह के प्रेम को दिखाएँ।

उन अंशो के बारे में क्या जो यह बताते हैं कि विश्वासी अपने उद्धार को खो सकता है?

इस अध्याय की शिक्षा सरल है और इसका मतलब है कि विश्वासी अपने उद्धार की अनन्त सुरक्षा के बारे में एक नया विश्वास दिलाता है। इस अध्ययन के लिए, हम उन सभी अंशों से निपट नहीं सकते हैं। आम तौर पर, हालांकि, हम यह दिखा सकते हैं कि उन अंशों में से कोई भी यह नहीं सिखाता है कि हम तत्काल संदर्भ और पूरे नये नियम का संदर्भ मानते हैं, या यदि विश्वास की समानता का सिद्धांत माना जाता है कि हमारा उद्धार खो सकता है।

विश्वास की समानता

विश्वास की समानता एक हर्मेनेटिकल सिद्धांत है, जो कहता है कि अस्पष्ट अंशों को स्पष्ट रूप से प्रकाश में समझा जाना चाहिए, ठीक इसके विपरीत नहीं। यह मेरा दृढ़ विश्वास है कि जो लोग मानते हैं कि हम अपना उद्धार खो सकते हैं, वे इस सिद्धांत का उल्लंघन करते हैं। वे दो तरीकों से इस सिद्धांत का उल्लंघन करते हैंः

1. वे बाईबल के बहुत ही स्पष्ट भागों की बजाय कुछ मुश्किल या अस्पष्ट वचनों पर अपनी समझ को आधार करते हैं।
2. वे बाईबल के अस्पष्ट या अधिक कठिन परिच्छेदों के उनके दोशपूर्ण विचारों की समझ पर निर्भर होते है और परिच्छेदों की सही व्याख्या में गड़बड कर देते है।

दुर्भावनापूर्ण परिस्थितियों का वर्गीकरण

समस्या का अंश (जो विश्वासियों को सिखाने के लिए प्रयोग किया जाता था, कि वे अपने उद्धार को खो सकते हैं, या यह सिखाते थे कि वे वास्तव में कभी नहीं बचाए गए थे या वे ऐसा कभी नहीं करेंगे) वास्तव में इन श्रेणियों में से जो एक या अधिक श्रेणियों में आते हैं वे अनन्त उद्धार के मुद्दे से नहीं निपटतेः

1. आश्वासन (मसीह का न्याय का सिंहासन) के साथ व्यवहार करने वाले अंश और ये हानि या उद्धार की कमी के बजाय मसीह के आने वाले राज्य में प्रतिफलों के संभावित नुकसान के खिलाफ विश्वासियों को चेतावनी देते हैं। उदाहरण के लिएः 1 कुरिन्थियों 3:12-15, 1 कुरिन्थियों 9:25-27, प्रकाशितवाक्य 2:26-28 आदि।
2. अंश जो परमेश्वर के अनुशासन की गंभीरता के विरूद्ध इस जीवन में चेतावनी देते हैं जब विश्वासियों ने उसके अनुग्रह का जवाब देने से इंकार कर दिया। उदाहरण के लिएः 1 कुरिन्थियों 3:16-17, इब्रानियों 6:1-6, इब्रानियों 10:23-31 आदि।

3. अंश जो हमें परमेश्वर के बच्चों के ऐसे स्वभाव के रूप में दिखाते हैं, और जो हमें परमेश्वर के बच्चों के रूप में चिह्नित करते हैं। इसमें ऐसे अंश शामिल हैं जो अविश्वासियों की प्रकृति और स्थिति को ईश्वरीय रूप से जीवित रहने या उन लोगों की तरह प्रेरणा के रूप में दर्शाते हैं कि हम मसीह में स्थानीय बन गए हैं।

ये अंश हमें उद्धार की हानि के साथ खतरा नहीं देते और न ही वे हमें हमारे उद्धार पर सवाल करने के लिए बुलाते हैं। वे हमें उन लोगों की तरह रहने के लिए चुनौती देते हैं जो हम मसीह में हैं। उदाहरण के लिए, इफिसियों 5:1-12, 1 यूहन्ना 2:3-6, 1 यूहन्ना 2:15-17 आदि। इस विषय पर संपूर्ण और व्यापक अध्ययन के लिए, मैं कुछ अतिरिक्त पाठन सामग्री की सलाह देता हूँ जहां अपने उचित संदर्भ में व्याख्या के साथ इन समस्याओं के सभी अंश हैं -

जेन सी होजेस द्वारा 'अब्सोलुयटली फ्री'

जेन सी होजेस द्वारा 'द गोस्पेल अंडर सिएज'

रॉबर्ट एन विल्किन द्वारा 'कॉफिडेंट इन क्राइस्ट'

संदर्भः

[1]एड्रियन रोजर्स द्वारा द इटरनल सिक्यूरिटी ऑफ अ बीलिवर

[2]केनथ वूस्ट द्वारा न्यू टेस्टामेंट वर्ड स्टडीज

गृहकार्य # 8 । अध्याय # 8

1. निम्नलिखित वाक्य पूरा करें:

1. अनन्त सुरक्षा शिक्षा है कि एक मसीही अपने .... को नहीं खो सकता है क्योंकि वह मसीह के .... कार्य के आधार पर परमेश्वर के साथ अपने सम्बन्ध में 'अनंतकाल के लिए सुरक्षित' है।
2. बाइबल कहती है कि विश्वासी अनंत जीवन को उस ही क्षण प्राप्त करता है जब वह यीशु मसीह में .... लेता है। उदाहरण यूहन्ना 5:24 ....।
3. उद्धार '............. का नहीं' और '............. का नहीं' है। हम ....के द्वारा विश्वास के माध्यम से .... बचाए गए है।
4. अनुग्रह परमेश्वर की .... की विशेषता है जो परमेश्वर के प्रेम को .... करता है जैसे कि हम हैं। अनुग्रह कुछ ऐसा है जिसके लिए हमने .... नहीं किया है। यह परमेश्वर ने अपने .... आपके और मेरे जैसे पापी को अपनी को दिया है जो वास्तव में न्याय के योग्य थे।
5. इफिसियों 2:8 आप, यूनानी में 'बचाए गए है'- '..............." है। इसका उपयोग 'सोज़ा' (उद्धार के लिए शब्द) के संपूर्ण निश्क्रिय कृत्रिम तनाव में किया जाता है। इस प्रकार शाब्दिक यूनानी अनुवाद है: 'आपको .... में बचाया गया था (जिस क्षण तुम पर विश्वास किया गया था) और इसलिए हमेशा .... को बचाया जाना चाहिए।'
6. परमेश्वर ने केवल विश्वासी के पापों को क्षमा नहीं किया बल्कि वह उनके पापों के ..... को रद्द करने और पापों को .... न करना चुनता है। उदाहरण इब्रानियों 10:17 '...।'
7. जब कोई व्यक्ति आज मसीह में विश्वास करता है, तो एक .... होता है।
    1. उस व्यक्ति का संपूर्ण...... (भूतकाल, वर्तमान और भविष्य) को क्रूस पर मसीह के काम को श्रेय या आवेशित (आरोपित) माना जाता है।
    2. मसीह के परिपूर्ण .... को विश्वासी के खाते में श्रेय या आवेशित माना जाता है (आरोपित)! उदाहरण 2 कुरिन्थियों 5:21 ....।

8. धर्मी घोषित किए जाने के अलावा, परमेश्वर विश्वासी को स्थाई रूप से पवित्र (पवित्र बनाया) और हमेशा के लिए सिद्ध देखता है।

   इब्रानियों 10:10,14 -............................... ।

9. पवित्र आत्मा विश्वासी के उद्धार को ....करने और पवित्र आत्मा विश्वासी को .... करता है, जिस पल वह सुसमाचार संदेश का मानना है।

   इफिसियों 1:13-14 - ....

10. विश्वासी को परमेश्वर के .... के रूप में पहचानने के लिए आत्मा के द्वारा छाप लगाई जाती है।

    इफिसियों 4:30 हमें बताता है कि यीशु के आगमन पर ....!

11. यूहन्ना 10:27-29 वादा करता है कि, 'उसकी {यीशु की} सच्ची भेड़ में से कोई भी नाश नहीं होगी', क्योंकि वे अपने .... हाथ में .... हैं।

12. जब हम फिर से जन्म लेते हैं, हम परमेश्वर के स्वयं के बच्चे बन जाते हैं और कई नए विशेषाधिकार साझा करते हैंः

    ✶ ....

    ✶ ....

    ✶ ....

13. प्रेरित पौलुस, हमें दस मजबूत विरोधियों के बारे में बताता है, जो हमें परमेश्वर के प्रेम से अलग नहीं कर सकते हैं। पद रोमियो 8:38-39 '....................... ....'

    ✶ विरोधियों की सू.. ....।

    ✶ हमारी अनन्त सुरक्षा एक जगह में नहीं है। यह एक .... में है उसका नाम यीशु है! आप .... है और इसलिए सदा सुरक्षित हैं!

    ✶ यदि परमेश्वर की संतान एक पापी पीछे हटी हुई अवस्था में रहने का विकल्प चुनता है, तो वह कई विशेषाधिकार खो देंगे - परमेश्वर के साथ करीब .... और मसीह के आने वाले राज्य में .... का नुकसान भी शामिल है। हालांकि, वह कभी अपने उद्धार को नहीं खो सकता है।

2. 8 कारणों को बताएँ कि क्यों विश्वासी सदा के लिए सुरक्षित है और 1 या 2 वचन का संदर्भ भी दें।

अध्याय 9

क्या होता है जब एक मसीही पाप करता है? संगति के नुकसान का मुद्दा, दंड और स्वर्ग में प्रतिफल की संभावित हानि

जब कोई व्यक्ति सुसमाचार के संदेश को सुनता है और वास्तव में केवल अपने प्रभु और उद्धारकर्ता के रूप में मसीह में विश्वास करता है, तो वे अनुग्रह से विश्वास के द्वारा बचाए जाते हैं और कभी भी नष्ट नहीं होंगे (इफिसियों 2:8 और यूहन्ना 3:16)

बाइबल के अनुसार, इस विश्वासी कोः

1. अनन्त जीवन उसी क्षण दिया जाता है जब वह विश्वास करता है (यूहन्ना 5:24)।
2. सभी पापों की क्षमा प्राप्त होती है - पिछले, वर्तमान और भविष्य, (इफिसियों 1:7)।
3. धर्मी और "मसीह में" सिद्ध घोषित किया जाता है (2 कुरिन्थियों 5:21, इब्रानियों 10:10)।
4. फिर से नया जन्म मिलता है - स्वर्गीय रुप से आत्मिक जन्म लेना और परमेश्वर की संतान के रूप में अपनाया गया है (यूहन्ना 3:3, गलतियों 4:4-6)।
5. पवित्र आत्मा द्वारा छाप और अंदर निवास करना (इफिसियों 1:13, 2 कुरिन्थियों 6:19)।

परमेश्वर की संतान की विरासत

> 1 पतरस 1:3-4 पढ़िए, यह जानने के लिए कि परमेश्वर ने अपनी संतान के लिए क्या तैयार किया है।

"हमारे प्रभु यीशु मसीह के परमेश्वर और पिता का धन्यवाद हो, जिस ने यीशु मसीह के मरे हुओं में से जी उठने के द्वारा, अपनी बड़ी दया से हमें जीवित आशा के लिये नया

जन्म दिया। अर्थात एक अविनाशी और निर्मल, और अजर मीरास के लिये जो तुम्हारे लिये स्वर्ग में रखी है।"

ध्यान दें, जब हम फिर से जन्म लेते हैं, तो हमारे पास अपने प्रभु यीशु मसीह के जी उठने के माध्यम से एक जीवित आशा है, मरे हुओं में से एक विरासत प्राप्त करने के लिए जो कभी भी नाश नहीं हो सकती है, जो हमारे लिए स्वर्ग में आरक्षित है। ठीक जैसे सांसारिक माता-पिता अपने बच्चों के लिए पीछे विरासत छोड़ते हैं, परमेश्वर हमारे स्वर्गीय पिता हमें बताते हैं कि उसने स्वर्ग में हमारे लिए एक विरासत सुरक्षित रखी है।

अब परमेश्वर के उध्दार पाए हुई संतान की विरासत के वसीयतनामे में क्या लिखा है?

सबसे पहले, (और हमें पहले से ही दिया गया) पवित्र आत्मा जो हमारे अंदर रहने के लिए है। आइए इफिसियों 1:13-14 - "और उसी में तुम पर भी जब तुम ने सत्य का वचन सुना, जो तुम्हारे उद्धार का सुसमाचार है, और जिस पर तुम ने विश्वास किया, प्रतिज्ञा किए हुए पवित्र आत्मा की छाप लगी। वह उसके मोल लिए हुओं के छुटकारे के लिये हमारी मीरास का बयाना है, कि उस की महिमा की स्तुति हो।"

ध्यान दें कि विश्वासी पवित्र आत्मा को उसी क्षण प्राप्त करता है जब वह सुसमाचार में विश्वास करता है। अपने उद्धार के इस क्षण पर, परमेश्वर का पवित्र आत्मा अपने (भविष्य) विरासत की प्रतिज्ञा के रूप में मसीहियों को दिया जाता है। यूनानी में प्रतिज्ञा के लिए शब्द अर्रबॉन है और इसका मतलब है कि पहला भुगतान, जमा, नकद भुगतान। इसका मतलब यह है कि परमेश्वर द्वारा पवित्र आत्मा को हमारे जीवन में हमारे भविष्य के उद्धार और भविष्य के उत्तराधिकार की एक सबसे महत्वपूर्ण 'गारंटी' के रूप में भेजा गया था।

दूसरा, परमेश्वर की हर संतान को वायदा किया गया है कि उनके लिए स्वर्ग में पिता परमेश्वर के घर में 'महिमा के भवन' तैयार किए गए हैं।

> यीशु ने यूहन्ना 14:2,3 में कहा था -
>
> "मेरे पिता के घर में बहुत से रहने के स्थान हैं, यदि न होते, तो मैं तुम से कह देता क्योंकि मैं तुम्हारे लिये जगह तैयार करने जाता हूँ। और यदि मैं जाकर तुम्हारे लिये जगह तैयार करूं, तो फिर आकर तुम्हें अपने यहां ले जाऊंगा, कि जहां मैं रहूँ वहां तुम भी रहो।"

स्वर्ग में, हर उद्धार पाया हुआ, परमेश्वर का हर नया जन्म पाए हुए न केवल परमेश्वर को देख पाएंगे बल्कि उनकी उपस्थिति में हमेशा के लिए जीवित रहेंगे। हम उसे हमारे स्वर्गीय पिता और हमारे प्रभु और उद्धारकर्ता के रूप में जानते हैं।

अपनी संतान को रहने के लिए परमेश्वर कैसे इच्छा करता है?

> चलिए 2 कुरिन्थियों 6:14-18 पढ़िए
>
> 14-16अविश्वासियों के साथ न जुड़े और उनके साथ काम न करने की कोशिश करें। अच्छाई और बुराई के बीच आम हित क्या हो सकता है? प्रकाश और अंधेरे जीवन को एक साथ कैसे साझा कर सकते हैं? मसीह और शैतान के बीच सद्भाव कैसे हो सकता है? एक अविश्वासी के साथ एक विश्वासी का व्यवसाय कैसे हो सकता है? क्या मूर्तियां परमेश्वर के मंदिर के साथ रह सकती है? क्योंकि हम याद करते हैं, कि हम जीवित परमेश्वर के जीवित मंदिर हैं, जैसा कि परमेश्वर ने कहा हैः 'मैं उन में रहूँगा और उनके बीच चला फिरा करूँगा। मैं उनका परमेश्वर हूँगा, और वे मेरी प्रजा होंगे'।
>
> 17-18इसलिएः 'इसलिये प्रभु कहता है, कि उन के बीच में से निकलो और अलग रहो और अशुद्ध वस्तु को मत छूओ, तो मैं तुम्हें ग्रहण करूंगा। और तुम्हारा पिता हूँगा, और तुम मेरे बेटे और बेटियां होगेः यह सर्वशक्तिमान प्रभु परमेश्वर का वचन है'।

(जेबी फिलिप्स अनुवाद)

सारांश में, परमेश्वर कह रहे हैं कि एक बार आप और मैं परमेश्वर की संतान बनने के बाद, हमारे जीवन को अपने पिता को खुश करने और उसकी इच्छा पूरी करने के लिए जीवित रहना होगा। अब हमें अविश्वासी लोगों के साथ घनिष्ठ दोस्ती {एक साथ मिलना} नहीं रखनी चाहिए, सिवाय इसके कि वे आत्मिक रूप से निवेश करने के उद्देश्य से कि उन्हें परमेश्वर के पास ले जाएं। इसके बजाए हमें मसीही भाइयों और बहनों में नए दोस्त बनाने शुरू करना चाहिए, जो हमारे विश्वास में हमें प्रोत्साहित कर सकते हैं। एक नवप्रवर्तित युवा महिला ने अपने उद्धार न पाए हुए दोस्त से कहा, जो उस महान बदलाव के बारे में पूछता है, जो उस पर आया था - "उध्दार से पहले, मैं अपनी पापी जीवन शैली और संस्कृति के साथ दुनिया को प्यार करती थी लेकिन अब

मुझे वचन से प्यार है, जो मुझे मेरे बारे में स्वर्गीय पिता और मेरे जीवन के लिए उसकी अद्‌भुत योजना बताता है!!"

अपने पापी स्वभाव के साथ मनुष्य का संघर्ष

यह महत्वपूर्ण है कि हम इस अध्याय में आगे बढ़ने के लिए अपने आप को याद दिलाने के लिए कैसे पाप मानव जाति में प्रवेश किया और पाप के दूर तक पहुंचने वाले परिणाम। जब मनुष्य अदन की वाटिका में परमेश्वर की आज्ञा को नहीं माना, तो पाप दुनिया में घुस गया और पूरी मानव जाति को भ्रष्ट कर दिया (रोमियों 5:12)। आदम और हव्वा से पैदा होने वाले हर व्यक्ति को पाप के स्वभाव की विरासत है, एक स्वभाव है जो उन्हें पाप की तरफ और परमेश्वर से दूर कर देता है (रोमियों 5:19)। बाइबल सत्य के रूप में निम्नलिखित तथ्यों की पुष्टि करती हैः

- ✶ मनुष्य स्वभाव से पापी बन गया है — रोमियो 7:21-24
- ✶ मनुष्य के मन में अंधेरा होता है — इफिसियों 4:17
- ✶ मनुष्य के दिल में बुरे इरादे होते हैं — मरकुस 7:20-23

बाइबल मनुष्य के भीतर अपने पापी स्वभाव को अपने पुराने पापी स्वभाव, पुरानी आत्मा या शरीर (रोमियों 7:21-24, इफिसियों 4:17-24) के रूप में दर्शाता है। बाइबल हमें बताती है कि प्रत्येक व्यक्ति चुनाव और अभ्यास के द्वारा स्वभाव से पापी बन गया है। यहाँ एक हास्यप्रद कहानी हैः एक लड़कों के समूह के पास से एक पादरी सड़क पर चल रहा था, उन लडको की उम्र 10 से 12 के बीच थी। समूह ने एक कुत्ते को घेर रखा था। चिंतित होते हुए कि लड़कों ने कुत्ते को चोट पहुंचाई है, वह आगे गए और पूछा, "आप इस कुत्ते के साथ क्या कर रहे हैं?"

लड़कों में से एक ने कहा, "यह कुत्ता लावारिस है। हम सब उसे चाहते हैं, लेकिन हम में से केवल एक उसे घर ले जा सकता हैं। इसलिए हमने तय किया है कि हम में से जो कोई भी सबसे बड़ा झूठ बोल सकता है वह कुत्ते को रखेगा।"

बेशक, पादरी अचंभे में था। उन्होंने कहा, "तुम लड़कों को झूठ बोलने की प्रतियोगिता नहीं रखनी चाहिए!" उसने झूठ बोलने के विरूद्ध एक दस मिनट का प्रवचन दिया, "शुरुआत करते हुए कि तुम लड़कों को नहीं पता कि यह झूठ बोलना पाप है" और समाप्त करने पर, "क्यों, जब मैं तुम्हारी उम्र का था, मैंने कभी झूठ नहीं बोला।"

लगभग एक मिनट के लिए मौन चुप्पी थी। जैसे ही पादरी को लगा कि उसने अपना कार्य पूरा किया, वैसे ही सबसे छोटा लड़का एक गहरी साँस ले कर बोला, "मैं जो कुछ सुन रहा हूँ, उस पर विश्वास नहीं कर पा रहा हूँ। मुझे लगता है कि यह प्रतियोगिता इन्होने जीत ली है। चलो उन्हें कुत्ता दे दो!"

आप देखते हैं, हर इंसान के पास एक पापी स्वभाव है। प्रेरित पौलुस ने खुद स्वयं इस पापी स्वभाव के साथ अपने स्वयं के संघर्ष के बारे में लिखा था।

> चलिए रोमियो 7:21-24 पढ़िए, जहां पौलुस कहता है -
>
> "सो मैं यह व्यवस्था पाता हूँ, कि जब भलाई करने की इच्छा करता हूँ, तो बुराई मेरे पास आती है। क्योंकि मैं भीतरी मनुष्यत्व से तो परमेश्वर की व्यवस्था से बहुत प्रसन्न रहता हूँ। परन्तु मुझे अपने अंगो में दूसरे प्रकार की व्यवस्था दिखाई पड़ती है, जो मेरी बुद्धि की व्यवस्था से लड़ती है, और मुझे पाप की व्यवस्था के बन्धन में डालती है जो मेरे अंगों में है। मैं कैसा अभागा मनुष्य हूँ! मुझे इस मृत्यु की देह से कौन छुड़ाएगा?"

पौलुस जो सवाल पूछता हैः "मुझे इस पापी स्वभाव से कौन मुक्त करवाएगा?", रोमियो 7:25 और रोमियों 8:2 में दिए गए प्रश्न का उत्तर देते हुए कहते हैं,

'लेकिन परमेश्वर का धन्यवाद है कि मैं विजय प्राप्त कर सकता हूँ (मेरे पापी स्वभाव पर) मेरे परमेश्वर यीशु मसीह के माध्यम से!'

"क्योंकि मसीह यीशु में जीवन की आत्मा की व्यवस्था ने मुझे पाप और मृत्यु की व्यवस्था से मुक्त कर दिया है"।

पौलुस ने पाप पर विजय प्राप्त की, जब उसने मसीह में अपनी स्थिति में रहने का रहस्य और पवित्र आत्मा की शक्ति में रहने वाले जीवन की खोज की।

हमारे पाप के स्वभाव पर काबू पाने के लिए परमेश्वर के अलौकिक उपकरण

जब कोई व्यक्ति मसीह पर विश्वास करता है, और परमेश्वर की संतान बनता है, तो परमेश्वर अलौकिक ढंग से उसे पवित्र आत्मा देते हैं और उसे एक नया हृदय (एक नया स्वभाव) देते है।

> यहेजकेल 36:26 में, परमेश्वर कहते हैं -
>
> "और मैं तुम को तुम्हारी सारी अशुद्धता और मूरतों से शुद्ध करूंगा मैं तुम को नया मन दूंगा, और तुम्हारे भीतर नई आत्मा उत्पन्न करूंगा और तुम्हारी देह में से पत्थर का हृदय निकाल कर तुम को मांस का हृदय दूंगा। और मैं अपना आत्मा तुम्हारे भीतर देकर ऐसा करूंगा कि तुम मेरी विधियों पर चलोगे और मेरे नियमों को मान कर उनके अनुसार करोगे। और तुम मेरी प्रजा ठहरोगे, और मैं तुम्हारा परमेश्वर ठहरूंगा।"

इस प्रकार हर मसीही को दो शक्तिशाली लाभ हैं:

- ✶ सबसे पहले - प्रत्येक मसीही के पास अपने शरीर में निवास करनेवाला परमेश्वर का पवित्र आत्मा है।
- ✶ दूसरे - हर मसीही (पुरानी पापपूर्ण स्वभाव को रखते हुए) को 'नया हृदय और एक नई आत्मा' दी गई है, अर्थात मसीह के समान नया स्वभाव।

वास्तव में, परमेश्वर अब मसीहियों को निर्देश देता है कि "अब तक गैर-यहूदी चाल न चलें, जो अपने दिल की कठोरता के कारण खुद में हर प्रकार की अशुद्धता और लोभ की आदत डालते हैं।" वह उनसे कहता है कि उनके पूर्व जीवन के संदर्भ में वे "अपने पुराने स्वयं (पापी स्वभाव) को छोड़ दें, जो अपनी इच्छाओं के अनुसार भ्रष्ट हो गया है और अपने नए स्वयं (नए स्वभाव) जो परमेश्वर की धार्मिकता की समानता में बनाया गया है" (इफिसियों 4:17-24)।

यद्यपि मसीहियों के पास अभी भी एक पुरानी पाप प्रकृति है (जब तक कि वह स्वर्ग तक नहीं जाता), विश्वासी को अब अपने पापी प्रकृति के लगातार प्रभाव में रहने की जरूरत नहीं है। कोई भी मसीही आत्मा की अगुवाई और आत्मनिर्भर जीवन जीना सीखने के द्वारा पापी व्यवहारों और आदतों पर जीत हासिल करना सीख सकते है (रोमियों 8:12-14)।

परमेश्वर को प्रसन्न करने और पापों पर जीत हासिल करने वाला जीवन जीने के लिए मसीहियों को कुछ पवित्र सिद्धांत यहां दिए गए हैं।

- ✶ परमेश्वर को प्रसन्न करने वाला जीवन जीने का उद्देश्य (इफिसियों 5:10)।

- ★ परमेश्वर का वचन ध्यानपूर्वक पढ़ना अपनी दैनिक आदत बना लें ताकि परमेश्वर के आपके प्रति प्रेम से भरे विचारों को (कुलुस्सियों 3:16, इफिसियों 4:23) अपने मन में नया करें और ताजा करें।
- ★ अपने आप को 'अपने पाप के स्वभाव के लिए मृत' मानते हैं, लेकिन मसीह में जीवित हैं (रोमियों 6:11)।
- ★ धार्मिकता में अपनी सेवा के लिए अपने शरीर के अंगो को हर दिन परमेश्वर को प्रस्तुत करें (रोमियों 6:13)।
- ★ प्रार्थना करो और परमेश्वर के पवित्र आत्मा को जो आपको सशक्त बनाने और आपको हर क्षण का नेतृत्व करने के लिए आपके अंदर रहता है! (लूका 11:13य रोमियों 8:14)।
- ★ पूरे दिन मसीह के साथ सहभागिता में रहें! (1 यूहन्ना 2:6, 1 यूहन्ना 3:6)।

> गलतियों 5:16 हमें एक वादा देता है-
>
> "पर मैं कहता हूँ, आत्मा के अनुसार चलो, तो तुम शरीर की लालसा किसी रीति से पूरी न करोगे।"

परमेश्वर की स्तुति हो! बाइबल हमें स्पष्ट रूप से बताती है कि हर मसीही किसी भी पापी स्वभाव या आदत पर विजय प्राप्त कर सकता है।

एक मसीही को पाप करने की जरूरत नहीं होती। यदि वह करता है, तो यह चुनाव की वजह से है। एक मसीही के लिए संभव है कि वह (परमेश्वर के साथ गहरी और घनिष्ठ संगति में रहें) और पाप न करें। इसका मतलब यह नहीं कि जब हम मसीही बन जाते हैं तब हम पापरहित हो जाते हैं। नहीं! यह असंभव है, क्योंकि हमारे पास एक पापी स्वभाव है जो अक्सर हमसे भेंट करता रहता है। हालांकि, जब हम मसीही बन जाते हैं, तो पवित्र आत्मा हमें पाप से रोकता है और पाप करने की हमारी इच्छा को दूर ले जाता है।

> 1 यूहन्ना 3:9 कहता है, "जो कोई परमेश्वर से जन्मा है वह पाप नहीं करता, क्योंकि उसका बीज उस में बना रहता है: और वह पाप कर ही नहीं सकता, क्योंकि परमेश्वर से जन्मा है।"

क्या मैं यह गवाही दे सकता हूँ? मेरे उद्धार पाने से पहले, मैं पाप में जी रहा था। उद्धार पाने के बाद से, मैं इस से दूर जी रहा हूँ। मैं विफल हो सकता है, मैं गिर कर सकता हूँ, लेकिन मेरा हृदय परमेश्वर के लिए जीवित रहने की इच्छा करता है! एक मसीही बनने के बाद, आपके उद्धार के परिणाम में से एक यह नहीं है कि आप पापरहित हैं लेकिन आपकी पाप करने की इच्छा कम है!

पाप की परिभाषा

अंग्रेजी के एन आई वी संस्करण में, पाप शब्द स्वयं (पापी, पाप करना, पाप किया, पापमय, इत्यादि.. से अलग), का प्रयोग, 346 बार पुराने नियम में और 127 बार नए नियम में किया गया है। पाप वह कोई भी व्यवहार या कार्य है जो परमेश्वर के चरित्र, जो कि पवित्र है, उसके विरुद्ध में है। संक्षेप में, पाप किसी भी तरह से परमेश्वर की पवित्रता का उल्लंघन है।

पाप शब्द अनुचित कार्यों को संबोधित करने के लिए सबसे उचित शब्द है। इस शब्द में, निम्नलिखित अवधारणाएं शामिल हैं: विद्रोह और अराजकता, विकृति और अनैतिकता, दुष्टता, परमेश्वर की व्यवस्था का उल्लंघन, अपने चरित्र में कमी, अन्याय करना, निर्दयी होना, स्वार्थी होना, परमेश्वर की इच्छा और स्वभाव के विरुद्ध में जीना, जिस तरह करनी चाहिए वैसे परमेश्वर की आराधना न करना, अपने प्रभु से अपने सम्पूर्ण हृदय, मन, प्राण और सामर्थ से प्रेम न करना, अपने पड़ोसी से अपने समान प्रेम न करना, निशाने से चूक जाना - कई बार यह भी न समझना कि परमेश्वर चाहते क्या हैं, वो करना जो नहीं करनी चाहिए और वो नहीं जो करनी चाहिए।

पाप दुष्टता है क्योंकि वह परमेश्वर के समान नहीं और लोगों को परमेश्वर से, जो सृजनहार हैं, भिन्न बनाता है।

पवित्र शास्त्र के निम्नलिखित अंश हमें विभिन्न प्रकार के पापों के विषय में उदाहरण देते हैं:

> गलातियों 5:19-21, 26, इफिसियों 4:29-32, 5:4, रोमियों 1:29, रोमियों 13:8-13, 1 कुरिन्थियों 10:1-10, निर्गमन 20:1-17, मरकुस 7:20-23, 1 तीमुथियुस 6:6-10

लैंगिक अनैतिकता, घृणा, क्रोध, स्वार्थी महत्वाकांक्षाएं, अपवित्रता, जलन, लड़ाई - झगडा और झूठी निंदा, घमंड और डींग मारना, पियक्कड़पन, लालच, व्यर्थ बातें, व्यभिचार, लोभ, लीला - क्रीडा, अश्लीलता, अशिष्ट मजाक, समलैंगिकता, चोरी, बुरे विचार, कुडकुडाना, पाखंड, निश्ठुर आराधना, धोखा, शिकायत करना, झूठ बोलना, धन का प्यार, परमेश्वर के नाम की निंदा, झूठी गवाही देना, झूठी अफवाह फैलाना, और माता - पिता की आज्ञा का पालन न करना।

जैसा कि आप देख सकते हैं, पाप हमारे विचारों, मनोभाव और कार्यों से सम्बंधित है। परमेश्वर की इच्छा के विरोध में कुछ खोजना भी पाप है (1 शमुएल 2:19, याकूब 4:13 - 16)। बेशक, ये प्रतीकात्मक सूची आगे बढ़ाई जा सकती है और इसमें 'सामान्य रूप से परमेश्वर की अनाज्ञाकारिता" भी शामिल की जा सकती है। जबकि हम कुछ पापों को अन्य पापों से अधिक गम्भीर समझ सकते हैं (उदाहरण के लिए - घृणा, हत्या की तुलना में, लालच, व्यभिचार की तुलना में कम गंभीर), पाप, पाप है और हमें परमेश्वर से सही रीति से जुड़ने से रोकता है, और हमारे परमेश्वर के साथ सम्बन्ध को तोड़ता है।

जब परमेश्वर की संतान पाप करती है तो क्या होता है?

सबसे पहले, हम यह जान लें कि एक मसीही जिसने मसीह को अपने उद्धारकर्ता और प्रभु के रूप में स्वीकार कर के 'नया जन्म' पाया है, वह कभी खो नहीं सकता। यदि एक बार आपका आत्मिक रीति से परमेश्वर के परिवार में, परमेश्वर की संतान के रूप में जन्म हो गया, तो क्या आप 'अजन्मे' रह सकते हैं? कदापि नहीं! एक बार उद्धार पा कर, आप हमेशा उद्धार पाए हुए रहते हैं और परमेश्वर के घराने के एक सदस्य (इफिसियों 2:19) बन जाते हैं। आपका उद्धार अनन्तकाल के लिए सुरक्षित है।

लेकिन, दूसरी ओर, यदि परमेश्वर की संतान पाप करती है, तो परमेश्वर अपने गलती करने वाले बच्चे को अनुशासन करना आरंभ करते हैं। इस बात को समझने में कोई गलती न करें। परमेश्वर की वो संतान जो बिना पश्चाताप करे, लगातार पाप में जीती है, पाप के परिणाम को भुगतेगी।

आइये इस महत्वपूर्ण भाग को इब्रानियों 12: 5 - 11 में पढ़ें:

> "हे मेरे पुत्र, प्रभु की ताड़ना को हल्की बात न जान, और जब वह तुझे घुड़के तो साहस न छोड़। क्योंकि प्रभु जिससे प्रेम करता है, उसकी ताड़ना भी करता है, और जिसे पुत्र बना लेता है, उसको कोड़े भी लगाता है। तुम दुःख को ताड़ना समझकर सह लो। परमेश्वर तुम्हें पुत्र जानकर तुम्हारे साथ बर्ताव करता है। वह कौन सा पुत्र है जिसकी ताड़ना पिता नहीं करता?

यदि वह ताड़ना जिसके भागी सब होते हैं, तुम्हारी नहीं हुई तो तुम पुत्र नहीं, पर व्यभिचार की सन्तान ठहरे। फिर जब कि हमारे शारीरिक पिता भी हमारी ताड़ना किया करते थे और हमने उनका आदर किया, तो क्या आत्माओं के पिता के और भी अधीन न रहें जिससे हम जीवित रहें। वे तो अपनी-अपनी समझ के अनुसार थोड़े दिनों के लिये ताड़ना करते थे, पर वह तो हमारे लाभ के लिये करता है, कि हम भी उसकी पवित्रता के भागी हो जाएँ। वर्तमान में हर प्रकार की ताड़ना आनन्द की नहीं, पर शोक ही की बात दिखाई पड़ती है। तौभी जो उसको सहते-सहते पक्के हो गए हैं, बाद में उन्हें चैन के साथ धर्म का प्रतिफल मिलता है"।

इन वचनों में मुख्य शब्द 'ताड़ना' है। यह एक यूनानी शब्द 'पैदेऊ' है, जिसका अर्थ - बच्चों को प्रशिक्षण, शिक्षा और अनुशासन देना है। मैं आपसे एक सवाल पूछता हूँ। एक माता-पिता के रूप में आप क्या करेंगे अगर आपका बच्चा आपकी आज्ञा का पालन नहीं करता?

पहले, तो आप संभवतः उसके दुराचार से शोकित (दुःखी) होंगे। पवित्र आत्मा भी बिल्कुल इसी प्रकार महसूस करता है जब परमेश्वर की संतान पाप करती है।

> इफिसियों 4: 30 - 31 हमें याद दिलाता है कि
>
> "हम पवित्र आत्मा को शोकित (दुःखी) न करें - 'परमेश्वर के पवित्र आत्मा को शोकित मत करो, जिस से तुम पर छुटकारे के दिन के लिये छाप दी गई है। सब प्रकार की कड़वाहट, और प्रकोप और क्रोध, और कलह, और निन्दा, सब बैरभाव समेत तुम से दूर की जाए"।
>
> इफिसियों 4:25-30 हमें इसके संदर्भ में बताता है, कि जब हम पाप करते हैं, तो परमेश्वर के खिलाफ झूठ बोलकर (पद 25), पापपूर्ण क्रोध (पद 26) का प्रदर्शन करके, चोरी करके (पद 28) और कड़वाहट और द्वेश से निर्दयी शब्दों को बोलते

> हुए (पद 29), हम परमेश्वर के पवित्र आत्मा को शोकित करते हैं जो हमारे अंदर रहता है। दूसरे शब्दों में, जब भी परमेश्वर की संतान पाप करती है, तो वह परमेश्वर के दिल में दुःख और दर्द लाता है।

दूसरे, आपको संभवतः उन्हें उनके दुर्व्यवहारों के लिए डाँटना पड़े। परमेश्वर की संतान जब पाप करती है तो परमेश्वर वास्तव में यह करता है। दुखी होने के अलावा, पवित्र आत्मा परमेश्वर की संतान को अपराध-बोध देगा और उसे डांटेगा।

> यूहन्ना 16:8 - "और वह आकर संसार को पाप और धार्मिकता और न्याय के विषय में निरूत्तर करेगा।"
>
> इब्रानियों 12:5 - "और तुम उस उपदेश को जो तुम को पुत्रों की नाईं दिया जाता है, भूल गए हो, कि हे मेरे पुत्र, प्रभु की ताड़ना को हलकी बात न जान, और जब वह तुझे घुड़के तो हियाव न छोड़"।

निरुत्तर और सुधार क्या है?

निरुत्तर तब होता है जब पवित्र आत्मा हमें परमेश्वर की पवित्रता के प्रकाश में हमारे पापों को देखने के लिए मदद करता है। सुधार तब होता है जब पवित्र आत्मा हमारी अंतरात्मा के माध्यम से हमारी मानवीय आत्मा के साथ बोलता है और कहता है, "तुमने यह किया है और यह परमेश्वर के वचन के खिलाफ है ... कृपया अपने पाप से पश्चाताप करो और तुरंत अपने आचरण को बदल दो"!

परमेश्वर के हमारे गलत कार्यों का बोध कराने और सुधार करने के प्रति हमारा उचित उत्तर क्या होना चाहिए? हमें कहना चाहिए, "हां प्रभु... मैं गलत था.... मुझे क्षमा कर दो ... मैं अभी अपना आचरण बदलूंगा!"

> 1 यूहन्ना 1:5-2:2 एक महत्वपूर्ण अंश है जो हमें बताता है कि जब कोई विश्वासी अपने पापों को स्वीकार करता है और परमेश्वर की क्षमा चाहता है तब क्या होता है।

"और इस संदेश को हमने परमेश्वर से सुना है और आपको यह भी बताया है कि परमेश्वर प्रकाश है और उसके अन्दर कोई अन्धकार नहीं है। यदि हम कहते हैं कि हमारे साथ

संगति (सम्बन्ध सहित करीबी रिश्ता) है और फिर भी अंधेरे (पापी व्यवहार और क्रिया) में चलते हैं, तो हम झूठ बोलते हैं (परमेश्वर के साथ हमारे करीबी रिष्ते के बारे में) क्योंकि हम सच्चाई का अभ्यास नहीं कर रहे हैं.... यदि हम कहते हैं कि हमारे अंदर कोई पाप (स्वभाव) नहीं है, तो हम अपने आप को धोखा दे रहे हैं और सत्य हमारे पास नहीं है... अगर हम कहते हैं कि हमने पाप नहीं किया है, तो हम उसे (पवित्र आत्मा) को झूठा बनाते हैं और उसका वचन हमारे अंदर नहीं है। परन्तु यदि हम अपने पापों को स्वीकार करते हैं, तो परमेश्वर हमारे पापों को क्षमा करने और हमें सब अधर्म से शुद्ध करने के लिए विश्वासयोग्य और धर्मी है।"

"स्वीकार करना'' के लिए नया नियम में इस्तेमाल यूनानी शब्द "होमो लॉजियो" है जो दो शब्दों से बना होता हैः होमोस, "समान", लेगो, "बोलने के लिए" जिसका अर्थ है "उसी को फिर से कहना।" अपने पाप को स्वीकार करने के लिए, बाइबल के अर्थ में, इसका अर्थ है कि जैसे परमेश्वर कहते हैं वैसे ही मानें। उदाहरण के लिएः यदि परमेश्वर कहते हैं, "(आपका नाम), यह गलत है आपने गलत किया है। आपने पाप किया है।" तब आप कहते हैं, "हे परमेश्वर, मैं आपके साथ सहमत हूँ। मैं आपके पक्ष में आ गया हूँ और मैं उस पाप के बारे में वही कहता हूँ जो आप उस पाप के बारे में कहते हैं। परमेश्वर, मैं आपसे सहमत हूँ।" यही आपके पाप को स्वीकार करने का मतलब है।

हमारे पापों को स्वीकार करने का शुद्ध लाभ

> 1 यूहन्ना 1:9 कहता है, "यदि हम अपने पापों को मान लें, तो वह हमारे पापों को क्षमा करने, और हमें सब अधर्म से शुद्ध करने में विश्वासयोग्य और धर्मी है।' पद 7 कहता है, 'पर यदि जैसा वह ज्योति में है, वैसे ही हम भी ज्योति में चलें, तो एक दूसरे से सहभागिता रखते हैं और उसके पुत्र यीशु का लोहू हमें सब पापों से शुद्ध करता है।"

यदि हमारे पापों को स्वीकार करने के बाद, हम परमेश्वर के वचन के प्रकाश में चलना चुनते हैं, तो हमारे पास परमेश्वर के साथ हमारी संगति बहाल हो जाएगी।

> 1 यूहन्ना 2:2 में यूहन्ना आगे कहते हैं -
>
> "हे मेरे बालकों, मैं ये बातें तुम्हें इसलिये लिखता हूँ, कि तुम पाप न करो और यदि कोई पाप करे, तो पिता के पास हमारा एक सहायक है, अर्थात धार्मिक यीशु

> मसीह। और वही हमारे पापों का प्रायश्चित है: और केवल हमारे ही नहीं, वरन सारे जगत के पापों का भी"।

अगर एक विश्वासी मन न फिराए?

एक प्रश्न जो अक्सर पूछा जाता है: "यदि पवित्र आत्मा किसी विश्वासी को उसके पाप के बारे में बोध कराए और उसकी निंदा करे, और वह पश्चाताप नहीं करता, लेकिन जानबूझकर और विद्रोहपूर्वक परमेश्वर की आज्ञा को नहीं मानता और पाप करना जारी रखता है, तो क्या होता है?"

इसका उत्तर है: "तो परमेश्वर, एक प्रेमी पिता की तरह, अपने विद्रोही और पीछे हटे बालक के अनुशासन को सशक्त करना जारी रखेंगे।"

पाप में एक मसीही जीवन के अनुशासन के तीन चरण हो सकते हैं:

★ **अनुशासन का प्रथम चरण (या बाल प्रशिक्षण) - फटकार (इब्रानियों 12:5)**

★ परमेश्वर अपने पवित्र आत्मा के बोलने के द्वारा विश्वासी को फटकार लगाता है:

★ कभी-कभी परमेश्वर के वचन के द्वारा जब वह बाइबल पढ़ता है।

★ कभी-कभी आत्मिक परिपक्व भाइयों और बहनों के माध्यम से।

आशापूर्वक, एक विश्वासी परमेश्वर की निन्दा/फटकार की नम्रता से प्रतिक्रिया देता है और अपने पाप से पश्चाताप करता है। अगर वह ऐसा करता है तो इस विषय पर कोई और निंदा/फटकार की आवश्यकता नहीं होती है। अगर वह फिर भी वह गंभीर पाप करना जारी रखता है और परमेश्वर की चेतावनियों को अनदेखा करता है, तो परमेश्वर दूसरे चरण के अनुशासन में जा सकता है।

★ **अनुशासन दूसरा चरण (या बाल प्रशिक्षण) - कोड़े मारना या ताड़ना देना**

> इब्रानियों 12:6 "क्योंकि प्रभु, जिस से प्रेम करता है, उस की ताड़ना भी करता है और जिसे पुत्र बना लेता है, उस को कोड़े भी लगाता है"।
>
> नीतिवचन 22:15 "लड़के के मन में मूढ़ता की गाँठ बन्धी रहती है, परन्तु छड़ी की ताड़ना के द्वारा वह उस से दूर की जाती है"।

कोड़े मारने के लिए यूनानी शब्द 'मास्टीगॉओ' (Mastigoo) है और इसका मतलब है "सजा देना" (मत्ती 10:7, मत्ती 20:19)। यदि परमेश्वर की संतान जानबूझकर और विद्रोही रूप से परमेश्वर की आज्ञा न मानना और पाप में रहना जारी रखता है, तो परमेश्वर "उसे ताड़ना देना" शुरू कर देगा। इस ताड़ना को दोबारा दोहराया जा सकता है और संभवतः हर बार और कठिन और प्रचंड रूप से जब तक कि परमेश्वर को खास ध्यान नहीं मिलता। यह ताड़ना हो सकती है:

* स्थितिजन्य - उसके जीवन की स्थिति बहुत उलझ जाती है और वह लगातार एक संकट से दूसरे संकट में उलझता रहता है - बहुत तनावग्रस्त हो जाता है और उसकी शांति और आनंद खो जाता है। उसकी स्थिति बद से और बदतर हो सकती है जब तक वह परमेश्वर के पास वापस मुड़ने की आवश्यकता को नहीं देखता।
* शारीरिक - जब हम परमेश्वर के साथ सहभागिता से बाहर हो जाते हैं, तो हम स्वयं के साथ सामंजस्य से बाहर हो जाते हैं। पाप हमें पूरी तरह शारीरिक रूप से बीमार बना सकता है। मैं यह सुझाव नहीं दे रहा हूँ कि यदि आप बीमार हैं, तो इसका कारण यह है कि आपने पाप किया है, लेकिन यह स्पष्ट है कि कुछ पापों में उच्च स्वास्थ्य जोखिम है। उदाहरण के लिए जब लोग यौन अनैतिकता में रहते हैं, तो एड्स जैसी यौन संचारित रोग होने की सम्भावना होती है। पाप बुवाई और कटाई के कानून को लागू करता है। पाप दुष्ट को हमला करने के लिए द्वार खोलता है।

हमें तब सावधान रहना चाहिए जब लोग बीमार होतें हैं तो उनका न्याय न करें और यह न सोचें कि यह उनके जीवन में किसी 'पाप' के कारण है। पाप बीमारी के लिए केवल आठ कारणों में से एक है। जब हम बीमार होते हैं, तो हमेशा ऐसा नहीं होता क्योंकि हमने पाप किया है, लेकिन कभी-कभी ऐसा होता है।

* वित्तीय - जीविका निर्माण और "वित्तीय सुरक्षा" में व्यस्त होना उन्हें परमेश्वर का अनुसरण करने से रोकता है, वह उनका ध्यान आकर्शित करने के लिए वित्तीय संकट भी पैदा कर सकता है।

हमें यह भी ध्यान देना चाहिए कि सभी स्थितिजन्य, शारीरिक और वित्तीय संकट को परमेश्वर के अनुशासन के रूप में नहीं लिया जाना चाहिए। कभी-कभी परमेश्वर इन परीक्षाओं के द्वारा धर्मी विश्वासियों की परीक्षा लेता है ताकि वे उन्नति कर सकें। (उत्पत्ति 22:1-19)

यह हमें एक अन्य महत्वपूर्ण प्रश्न पर ले आता है। जब हम पाप में जीवन जी रहे होते हैं तब परमेश्वर हमें परिपक्व करने और अनुशासन करने के लिए परीक्षा लेते हैं तो हम अंतर को कैसे जानेगे? इसका उत्तर स्पष्ट है।

पवित्र आत्मा ऐसा करेगा -

- ✶ या तो आत्मिक विश्वासी को शिक्षित करेगा कि यह केवल एक परीक्षा है और उसे प्रोत्साहित करेगा कि वह अपने विश्वास में, अपने चरित्र में और अपने आनंद में बना रहे। (याकूब 1:2-5)
- ✶ या पाप करनेवाले दोषी को यह बोध करवाएगा कि यह परमेश्वर का ध्यान आकर्शित करने के लिए 'ताड़ना' है और यह कि उसे परमेश्वर के साथ सब ठीक करना होगा। आमतौर पर जब तक पीछे हटा हुआ विश्वासी परमेश्वर के साथ सब सही नहीं कर लेता, तब तक उसे कोई वास्तविक शांति नहीं मिलती।

अब, यदि विश्वासी बिना पश्चाताप के कई महीनों और वर्षों के लिए पीछे हटा रहता है, तो परमेश्वर अनुशासन के तीसरे और अंतिम चरण के साथ आगे बढ़ सकते हैं।

- ✶ अनुशासन का तीसरा और अंतिम चरण अनुशासन (या बाल प्रशिक्षण): "एक समयपूर्व मृत्यु" या "पाप से शारीरिक मृत्यु।"

यदि परमेश्वर जानता है (और याद रखिए कि परमेश्वर सब कुछ पहले से ही जानता है) - एक पीछे हटे हुए मसीही की महीनों और वर्षों की 'डांट और ताड़ना" के बाद, -

- ✶ या तो उसने अपने हृदय (जानबूझकर विद्रोह में) को इस हद तक कठोर कर लिया है कि वह कभी पश्चाताप नहीं करेगा,
- ✶ एक नया जन्म पाए हुए विश्वासी के रूप में वह पृथ्वी पर परमेश्वर की गवाही को घात पहुँचा रहा है,
- ✶ या वह पीछे हटी हुई अवस्था में ऐसा जीवन व्यतीत कर रहा है कि (पाप और धोखे में) जैसे उस पर आत्मदुःख आया है, तो परमेश्वर उस पीछे हटे हुए पापी विश्वासी को "जल्दी घर वापस" ले जाना चुन सकता है। इस विश्वासी की उसके जीवन के लिए परमेश्वर के मूल उद्देश्य के समय से पहले मृत्यु हो सकती है।

> 1 यूहन्ना 5:16 हमें बताता है कि "एक पाप है जो मृत्यु का कारण है "
>
> याकूब 5:20 घोषित करता है कि "जो कोई किसी भटके हुए पापी को फेर लाएगा, वह एक प्राण को मृत्यु से बचाएगा।"

यहां विद्रोही विश्वासियों के कुछ बाइबल के उदाहरण दिए गए हैं जिन्हें परमेश्वर ने जल्दी घर बुला लिया थाः

- ✶ राजा शाऊल (1 शमूएल 28:1-20; 31:1-6)
- ✶ हनन्याह और सफीरा (प्रेरितों के काम 5:1-11)
- ✶ लूत की पत्नी (उत्पत्ति 19:1-26)
- ✶ शिमशोन (न्यायियों 16)

राजा शाऊल एक पीछे हटे हुए विश्वासी का एक उत्तम उदाहरण है जो समय से पहले मृत्यु प्राप्त करता है, लेकिन स्वर्ग में अपने घर जाता है {भविष्यवक्ता शमूएल के साथ शामिल होने के लिए} (1 शमूएल 28:19)। ऐसे पीछे हटे हुए विश्वासी, क्योंकि वे परमेश्वर के बच्चे हैं और क्योंकि वे अनुग्रह से बचाए जाते हैं, वे फिर भी स्वर्ग में जाते हैं। हालांकि उन्हें समय से पहले घर ले जाया जाता है और उन्हें नुकसान होगा (1 कुरिन्थियों 3:15)।

- ✶ कभी-कभी उसकी स्थानीय कलीसिया में बोले गए संदेश के द्वारा। सबसे पहले, उन्हें पृथ्वी पर परमेश्वर के साथ अंतरंग संगति का नुकसान भुगतना पड़ेगा।
- ✶ कभी-कभी उसकी स्थानीय कलीसिया में बोले गए संदेश के द्वारा। दूसरे, उन्हें अपने जीवन के लिए परमेश्वर की अद्भुत योजना को पूरा नहीं करने का नुकसान भुगतना पड़ेगा।
- ✶ कभी-कभी उसकी स्थानीय कलीसिया में बोले गए संदेश के द्वारा। तीसरा, उन्हें स्वर्ग में प्रतिफल और मसीह के आने वाले राज्य में मसीह के साथ राज्य करने के विशेषाधिकार का नुकसान भुगतना पड़ेगा (लूका 19:11-26, प्रकाशितवाक्य 2:10, 25-27)

इसलिए बाइबल बहुत स्पष्ट रूप से सिखाती है कि यदि परमेश्वर का एक बच्चा निरंतर पाप और विद्रोह में रहता है, तो वह प्रभु के द्वारा जब तक पश्चाताप न करे,

प्रेम से दण्डित और अनुशासित किया जाएगा। (प्रकाशितवाक्य 3:19, इब्रानियों 12:5-10)।

"मैं जिन जिन से प्रीति रखता हूँ, उन सब को उलाहना और ताड़ना देता हूँ, इसलिये सरगर्म हो, और मन फिरा" (प्रकाशितवाक्य 3:19)।

यदि परमेश्वर का बच्चा एक पीछे हटी हुई पापी स्थिति में रहने का विकल्प चुनता है, तो वह कई विशेषाधिकारों को खो देगा - जिसमें प्रभु के साथ निकट संगति भी शामिल है और मसीह के आने वाले राज्य के प्रतिफलों का नुकसान भी होगा। हालांकि, वह (पुरुष या स्त्री) कभी भी अपने उद्धार को नहीं खो सकता है। उसका उद्धार सदा ही सुरक्षित है क्योंकि वह विश्वासी हमेशा "मसीह में" है!

यीशु की कहानी

आइए इस महत्वपूर्ण सच्चाई को कि, "क्या होता है जब परमेश्वर का बच्चा पाप करता है" और पश्चाताप करता है, इसे यीशु के उड़ाऊ पुत्र के प्रसिद्ध दृश्टांत के साथ समाप्त करते हैं जो लूका 15:10-32, जहां सांसारिक पिता का उदाहरण पिता परमेश्वर के हृदय को स्पष्ट करने के लिए प्रयोग किया जाता है। यदि आपने कभी यीशु के इस दृश्टांत को नहीं पढ़ा है, तो मैं आपसे आग्रह करता हूँ कि इस अध्याय में आगे बढ़ने से पहले अभी अपनी बाइबल खोलें और पढ़ें।

निम्नलिखित महत्त्वपूर्ण सच्चाईयों का ध्यान रखें जो हम इस दृश्टांत से सीख सकते हैं।

यह कहानी एक खोए हुए पापी के बारे में बात नहीं कर रही है, बल्कि परमेश्वर के बच्चे के बारे में बात कर रही है, जो पीछे हटा हुआ है और पाप में जीवन व्यतीत कर रहा है।

सबसे छोटा बेटा उसकी विरासत ले लेता है और अपने पिता के घर से 'बहुत दूर चला जाता है'। वह सांसारिक मित्र बनाता है (जो शराबी दलों और उपद्रवी जीवन पर उसका सारा धन खर्च करवाने में खुश होतें हैं।)

वह इस हद तक पीछे हट जाता है कि वह वेष्याओं के पास जाता है (जैसा उसके बड़े भाई द्वारा कहा गया)।

क्योंकि वह अपने पिता की डांट को नहीं सुनेगा, इसलिए परमेश्वर उसे अनुशासित करना शुरू करता है।

* वह अपना धन खो देता है (वित्तीय संकट)।
* उसके दोस्त उसे छोड़ देते हैं (संबंधपरक संकट)।
* उसे सूअरों को खिलाने के गंदे काम को लेना पड़ता है (स्थितिजन्य संकट)।

परमेश्वर "अपने बच्चे की ताड़ना" इसलिए नहीं करता क्यांकि वह उससे नफरत करता है, परन्तु इसलिए कि वह उससे प्रेम करता है और उसे पवित्रता और सही जीवन में प्रशिक्षित करना चाहता है। अंत में भोजन और प्रेम का भूखा बेटा, "अपने आपे में वापस आता है" और अपने पिता के पास वापस आने का फैसला करता है।

बेटा अपने पाप को मानता है कि 'मैंने स्वर्ग और अपने पिता के विरुद्ध पाप किया है' को स्वीकार करता है और एक नौकर के रूप में व्यवहार की उम्मीद करता है। लेकिन परमेश्वर अपने पश्चातापी बच्चों पर बहुत दयालु होता है। परमेश्वर पिता हमेशा हम पर अनुग्रह करने की प्रतीक्षा करता है (यशायाह 30:18)। वह अपने बेटे को दूर से ही देखता है और उसके पास दौड़ा चला जाता है, उसे गले लगाकर उसका वापस स्वागत करता है और उसकी गर्दन पर उसे चुंबन देता रहता है - वह दया है (जो सजा मुझे मिलनी थी उसे न पाना)।

तब पिता अपने बेटे के पैरों में जूते, और उसकी अंगुली पर एक अंगूठी पहनाता है और उसके लिए एक भोज की घोषणा करता है - यह अनुग्रह है (वह विशेषाधिकार प्राप्त करना जो मैंने कमाया नहीं था)। वह अपने परिवार को बताता है - "मेरा बेटा एक बार मर चुका था, लेकिन अब फिर से जीवित हो गया है।"

परमेश्वर हमेशा हमारे पापों छोड़ने और उसके पास संगति करने के लिए आने का इंतजार कर रहा हैं। ऐसा इसलिए है क्योंकि वह हमें इतना प्रेम करता है कि हमें कभी भी पाप नहीं करना चाहिए और उसके साथ हमारी सहभागिता को तोड़ना नहीं चाहिए। आइए हमेशा हमारे पिता के साथ करीबी संगति में 'घर पर' रहें।

गृहकार्य # 9 । अध्याय # 9

1) निम्नलिखित वाक्यों को पूरा करें:

1. उसके उद्धार के समय, परमेश्वर का पवित्र आत्मा मसीहियों को .... के रूप में उसके (भविष्य के).........लिए दिया जाता है। यूनानी में प्रतिज्ञा के लिए शब्द .... है और इसका अर्थ है पहली किश्त, जमा, अग्रिम भुगतान।
2. परमेश्वर के सार में वह यह कह रहे हैं कि एक बार आप और मैं परमेश्वर के बच्चे बन जाते हैं, तो हमारे जीवनों को .... अपने पिता के साथ व्यतीत करना होगा और उसकी .... को पूरा करना चाहिए।
3. आदम और हव्वा के जन्म के बाद पैदा होने वाले प्रत्येक व्यक्ति को एक .... मिला है। यह एक ऐसा स्वभाव है जो उन्हें पाप की ओर .... तक और परमेश्वर से दूर ले जाता है।
4. हालांकि मसीहियों में अभी भी पुरानी पाप स्वभाव है (जब तक वह स्वर्ग में नहीं जाते), तो विश्वासियों को उनके पापी स्वभाव के निरंतर .... के अधीन रहने की आवश्यकता नहीं रह गई है।

   कोई भी मसीही .... और .... जीवन (रोमियों 8:12-14) जीना सीखने के द्वारा पापी व्यवहार और आदतों पर विजय प्राप्त करना सीख सकता है।
5. गलातियों 5:16 हमें एक वादा देता है – "यदि हम आत्मा के .... (सशक्तीकरण द्वारा) और ....(अगुवाई द्वारा चलेंगे), तो हम शरीर की .... को किसी रीति पूरा नहीं करेंगे।"
6. जब हम मसीही बनते हैं, तो पवित्र आत्मा हमें पाप से .... करता है और हमारे .... को पाप करने से दूर ले जाता है।
7. पाप कोई मनोभाव या क्रिया नहीं है जो परमेश्वर के .... के विपरीत है, जो पवित्र है।
8. पाप हमें परमेश्वर से ठीक से .... होने से रोकता है और उसके साथ हमारे .... को तोड़ता है।

9. .... वह है, जब पवित्र आत्मा हमें परमेश्वर की पवित्रता में हमारे पापों पर प्रकाश डालने का प्रयास करता है। .... वह है जब पवित्र आत्मा हमारे विवेक के द्वारा हमारे मानव आत्मा से बात करती है और कहती हैं, 'यह और यह और यह आपने किया है और यह परमेश्वर के वचन के विरुद्ध है।'

10. नया नियम में इस्तेमाल किया गया यूनानी शब्द "अंगीकार" '...............' है जो दो शब्दों से बना हैः होमोस, 'एक ही समान, 'लेगो' 'बोलना', जिसका अर्थ है ....।' अपने पाप को अंगीकार करने के लिए, बाइबल के अर्थ में, इसका अर्थ यह है जैसा कि .... कहते हैं।

11. यदि परमेश्वर का बेटा एक पीछे हटी हुई स्थिति में रहने का विकल्प चुनता है, तो वह कई विशेषाधिकारों को खो देगा - जिसमें परमेश्वर के साथ निकट .... और मसीह के आने वाले राज्य में ....का भी नुकसान होगा। हालांकि, वह (पुरुष या स्त्री) कभी भी .... आप उद्धार नहीं खो सकता है।

2) कृपया 25 पंक्तियों में एक विश्वासी के पाप में जीवन जीने पर परमेश्वर के प्रेमी अनुशासन के तीन संभावित चरणों की चर्चा करें।

अध्याय 10

विश्वास के बपतिस्मा का महत्व

मसीह को परमेश्वर और उद्धारकर्ता के रूप में स्वीकार करना एक व्यक्ति का सबसे महत्वपूर्ण निर्णय हो सकता है। उद्धार के समय, मसीह आता है और नए विश्वासी के अन्दर निवास करता है और एक अद्भुत अनंत यात्रा शुरू होती है।

उस यात्रा के साथ, एक नया विश्वास करने वाला पहला महत्वपूर्ण कदम बपतिस्मा लेने का लेता है। निराशाजनक प्रवृत्तियों में से एक यह है कि आज बहुत से लोग मसीह को उद्धारकर्ता मानते तो हैं लेकिन प्रभु मसीह के प्रति उसकी आज्ञाकारिता का पालन नहीं कर रहे हैं क्योंकि यह बपतिस्मा से संबंधित है। अक्सर, नए विश्वासियों को बपतिस्मा का महत्व समझ में नहीं आता है क्योंकि कलीसिया के सदस्य और अगुवे इसके महत्व को व्यक्त करने में विफल रहते हैं।

यीशु की सभी विश्वासियों के लिए बपतिस्मा लेने की आज्ञा

यीशु स्वर्ग में चढ़ाए जाने से कुछ हफ्ते पहले, अपने ग्यारह शिष्यों के साथ गलील में, पहाड़ पर चला गया और उसने उन्हें नियुक्त किया और उनसे कहाः

“स्वर्ग और पृथ्वी का सारा अधिकार मुझे दिया गया है। इसलिये तुम जाकर सब जातियों के लोगों को चेला बनाओ और उन्हें पिता और पुत्र और पवित्रआत्मा के नाम से बपतिस्मा दो। और उन्हें सब बातें जो मैं ने तुम्हें आज्ञा दी है, मानना सिखाओः और देखो, मैं जगत के अन्त तक सदैव तुम्हारे संग हूँ” (मत्ती 28: 19-20)।

मसीही जीवन में बपतिस्मा सबसे महत्वपूर्ण, अर्थपूर्ण और सुंदर अनुभवों में से एक होता है। जब आप यीशु की आज्ञा का पालन करेंगे और उसे प्रस्तुत करेंगे तो आपको बहुत आशीष मिलेगी।

कुछ मसीही लोग गलत ढंग से कहते हैं, “बपतिस्मा, ओह, यह सिर्फ आकस्मिक है। अगर आप बपतिस्मा लेते हैं या नहीं, इससे वास्तव में कोई फर्क नहीं पड़ता।” लेकिन यह एक झूठी धारणा है। बपतिस्मा आकस्मिक नहीं है। यह एक विश्वासी के विश्वास का मौलिक प्रतीक है। जिसका परमेश्वर के लिए अधिक महत्व है उसे कम न करें।

प्रभु यीशु मसीह की सेवकाई के बारे में सोचें। उनका सेवकाई का समय साढ़े तीन साल का था। उन्होंने अपनी सेवकाई कैसे शुरू की? बपतिस्मा लेने के द्वारा उसने अपनी सेवकाई का कैसे निष्कर्ष निकाला? बपतिस्मा की आज्ञा देकर। यीशु के महान आदेश में उन्होंने कहा, "सभी अधिकार मुझे दिए गए हैं ... इसलिए जाकर सभी जातियों के लोगों को चेला बनाओ, उन्हें पिता और पुत्र और पवित्र आत्मा के नाम से बपतिस्मा दो।" यीशु ने यह आज्ञा दी। हम ऐसी बात को कम नहीं आंकना चाहिए जिसे यीशु ने इतनी दृढ़ता से सिखाया और उस पर इतना जोर दिया।

वैसे, विश्वासी के बपतिस्मा पर यह अध्यापन प्रारंभिक कलीसिया द्वारा प्रेरितों के काम की पुस्तक में प्रचलित एक बाइबल सिद्धांत है। यह सिर्फ एक सुसमाचरक सिद्धांत नहीं है। वास्तव में, यदि जो मैं आपको दिखाता हूँ वह आप बाइबल में नहीं पाते हैं, तो उस पर विश्वास न करें। अगर यह बाइबल में है, तो "यह परमेश्वर का वचन है और यही है जिसे मैं करने जा रहा हूँ।"

मैं आपको यह बताना चाहूँगा कि बपतिस्मा परमेश्वर के वचन में एक महत्वपूर्ण सिद्धांत क्यों है। मैं आपको एक विश्वासी के बपतिस्मा का तरीका, अर्थ और उद्देश्य के बारे में सिखाना चाहता हूँ।

बपतिस्मा का तरीका - डूबाना

कुछ लोग कहते हैं, "बाइबल बपतिस्मा लेने के सभी तरह के तरीकों को सिखाती है - छिड़काव, उंडेलना और डूबना।" नहीं, यह नहीं है। बाइबल में सिखाया गया एक ही प्रकार का पानी का बपतिस्मा है और वह डूबना है।

यीशु के बपतिस्मा का उदाहरण

आइए, देखते हैं कि यीशु मसीह ने कैसे बपतिस्मा लिया था। मरकुस 1:9 में हम यीशु के बपतिस्मे की एक तस्वीर देखते हैं: "और उन दिनों में ऐसा हुआ, कि यीशु गलील के नासरत से आया और यूहन्ना से यरदन नदी में बपतिस्मा लिया।" यरदन यहाँ नदी है। यीशु ने यरदन के पास बपतिस्मा नहीं लिया था: उसने यरदन नदी में बपतिस्मा लिया था। पद 10 आगे कहता है, "और तुरंत पानी से बाहर आकर।" अब, अगर वह पानी से बाहर आया, तो वह उस से पहले कहाँ था? पानी में था।

सुसमाचार में यह स्पष्ट होता है कि यीशु ने डुबकी का बपतिस्मा लिया था। वैसे, यीशु ने यह यात्रा क्यों की? बाइबल कहती है कि वह गलील के नासरत से जहां यूहन्ना

यरदन नदी के पास वहां आया था। यह लगभग 60 मील की दूरी पर है। यह सुविधा का बपतिस्मा नहीं था। यूहन्ना वहां गुप्त में बपतिस्मा नहीं दे रहा था। यूहन्ना ने बपतिस्मा देने के लिए यरदन को क्यों चुना? बाइबल हमें बताती है क्यों। यूहन्ना 3:23 में "और यूहन्ना भी षालेम के निकट ऐनोन में बपतिस्मा देता था क्योंकि वहां बहुत जल था।"

यदि हम लोगों को पानी से छिड़काते हुए बपतिस्मा देते हैं, तो हम हजारों लोगों को एक बाल्टी के पानी से बपतिस्मा दे सकते हैं। यूहन्ना का वहां बपतिस्मा देने का कारण सरल था - "वहां बहुत जल था" और बपतिस्मा देने के लिए बहुत पानी लगता है।

बपतिस्मा हमेशा सुविधाजनक नहीं होता है

कभी-कभी बपतिस्मा असुविधाजनक होता है। मुझे एक बार याद है कि मैं दाहोद, गुजरात में हमारे मिशनरियों दोस्तों में से एक से मिलने गया था। मुझे उनकी कलीसिया के सम्मेलन में बोलना था और उसके बाद उनमें से कई ग्रामीण लोगों को बपतिस्मा देना था जो मसीह के पास आए थे। हम बपतिस्मा देने के लिए कलीसिया से कुछ मील की दूरी पर नदी में गए। गांव के कई लोग देखने आए। जब हम तीनों ठंडे नदी में खड़े थे, तब मैंने देखा कि हमारे साथ, कुछ भैंस भी पानी में खुद को ठंडा कर रहीं थीं! गॉवों के 80 से अधिक मसीही विश्वासियों ने उस दोपहर को बपतिस्मा लिया। वह क्या अद्भुद दृष्य था जब उन्हें गीतों को गाते और परमेश्वर की स्तुति करते हुए नदी के पास खड़ा देखना, जब वे पानी में उतर रहे थे!

अब हमने नदी में नीचे जाने के लिए यह सब परेशानी क्यों ली? क्या सिर्फ एक बार सब पर छिड़क देना आसान नहीं था? हां, यह आसान होता, लेकिन बाइबल में बपतिस्मा लेने का तरीका पानी से डूबोना है। कई लोग दृढ़ निश्चय के बजाय सुविधा की तलाश करते है।

फिलिप्पुस और खोजा का उदाहरण

प्रेरितों के काम 8 में फिलिप्पुस की कहानी है। वह आत्मा की अगुवाई से रेगिस्तान से बाहर जा रहा था, जहां वह एक खोजे से मिला जो यरूशलेम से वापस लौट रहा था। खोजा आराधना करने के लिए यरूशलेम गया था और फिलिप्पुस उसे वहां मिला और उसे मसीह में विश्वास करने के लिए प्रेरित किया। तब वह आदमी बपतिस्मा लेना चाहता था। हम प्रेरितों के काम 8:36 में से कहानी को उठाते हैं "मार्ग में चलते चलते वे किसी जल की जगह पहुंचे, तब खोजे ने कहा, देख यहां जल है, अब मुझे बपतिस्मा लेने

में क्या रोक है?" यह खोजा कूशियों की रानी कन्दाके का मन्त्री और खजांची था। वह अपने रथ पर बैठा हुआ था। आप जानते हैं कि उनके पास रथ में पीने का पानी होगा। ऐसा नहीं था कि उन्हें छिड़काव की सेवा के लिए थोड़ा सा प्याला पानी चाहिए था।

37-38 पदों में कहना जारी रखता है, फिलिप्पुस ने कहा, "यदि तू सारे मन से विश्वास करता है तो हो सकता हैः उस ने उत्तर दिया, मैं विश्वास करता हूँ कि यीशु मसीह परमेश्वर का पुत्र है।' तब उस ने रथ खड़ा करने की आज्ञा दी। 'अब ध्यान दें,' और फिलिप्पुस और खोजा दोनों जल में उतर पड़े, और उसने उसे बपतिस्मा दिया,'अब हम अनुवाद करते हैंः 'और वे दोनों फिलिप्पुस और खोजा दोनों पानी में उतर गए और उसने उसे डुबकी का बप्तिस्मा दिया। पद आगे जारी रहता है, 'जब वे जल में से निकलकर ऊपर आए, तो प्रभु का आत्मा फिलिप्पुस को उठा ले गया, सो खोजे ने उसे फिर न देखा, और वह आनन्द करता हुआ अपने मार्ग चला गया।" तथ्य एक बार फिर से बना हुआ हैः पानी का बपतिस्मा केवल विश्वासियों के लिए है और वह डुबकी से है। यह हमेशा सुविधाजनक नहीं है, लेकिन यह बपतिस्मा के लिए उचित तरीका है।

प्रारंभिक कलीसिया का उदाहरण

डुबकी का बपतिस्मा शुरूआती प्रारंभिक मसीही कलीसिया की सभी शाखाओं द्वारा मूल रूप से अभ्यास किया जाता था। छिड़काव या उंडेलने का बपतिस्मा शुरू में बीमार या बिस्तर से ग्रस्त लोगों को देने के लिए इस्तेमाल किया जाता था, लेकिन डुबकी का बपतिस्मा अधिमानित तरीका था। 13वीं शताब्दी में रोमन कैथोलिक कलीसिया द्वारा छिड़काव का बपतिस्मा केवल प्रमुख तरीके के रूप में अपनाया गया था।

यह प्रारंभिक कलीसिया के पिता के लेखन में स्पष्ट हैः

* टर्टुलियन ने 200 ईसा के बाद लिखा थाः "हमने डुबकी का बपतिस्मा लिया हैं"।
* सिरिल, यरूशलेम के बिशप ने 348 ईसा के बाद में लिखा थाः 'व्यक्ति का शरीर पानी में डूबा हुआ है'।
* बरनबास की शुरुआती दूसरी शताब्दी की पत्री में मसीही बपतिस्मा का निम्नलिखित विवरण हैः 'यह बपतिस्मा यीशु की मृत्यु में दिया जाता हैः पानी हमारे दफन होने का प्रतीक है .. पानी में हमारा नीचे जाना मसीह के साथ हमारे मरने का प्रतीक है। पानी से ऊपर आना, उसके साथ फिर से जी उठने का प्रतीक है'।

✶ जॉर्ज व्हाइटफील्ड, (मेथेडिस्ट), जॉन केल्विन (प्रेस्बिटेरियन), कोनीबेअर और हॉसन (एपिस्कोपेलियन), मार्टिन लूथर (लूथरन), इन सभी ने सिखाया कि बपतिस्मा डुबकी द्वारा दिया जाता था।

वास्तव में, यदि आप यूरोप की यात्रा करते हैं, तो आज भी इटली में कुल 67 (कुल डुबकी के बपतिस्मा) मौजूद हैं, जो 4 से 13 वीं शताब्दी तक है, जो यह साबित करते हैं कि 13 वीं सदी से पहले भी रोमन कैथोलिक डुबकी से बपतिस्मा लेते थे। रोमन कैथोलिक बिशप गिबन्स ने रिकॉर्ड में कहा कि, "13वीं शताब्दी के बाद से कैथोलिक कलीसिया में उम्मीदवार (अभिसिंचन) पर कुछ बूंदों को छिड़कर बपतिस्मा देने का अभ्यास किया गया है क्योंकि यह तरीका अधिक है, और डुबकी का बपतिस्मा की तुलना में अधिक "सुविधाजनक" है।"

(अभिसिंचन** एक व्याप्ति के बपतिस्मा का तरीका है, जहां बपतिस्मा लेने वाले व्यक्ति के सिर पर पानी डाला जाता है। शब्द "**अभिसिंचन**" लैटिन परिवेश से आता है, जिसका अर्थ है "डालना"।)

बपतिस्मा - एक अन-अनुवादित शब्द

क्या आप जानते हैं कि बपतिस्मा शब्द मूल रूप से आपके बाइबल में एक अन-अनुवादित शब्द है? यह वास्तव में एक यूनानी शब्द का अर्थ है, 'डुबोने के लिए'। इंग्लैंड के किंग जेम्स ने 1611 ईसवीं के बाद, विद्वानों को अंग्रेजी में अनुवाद करने के लिए प्रमाणित किया। नए नियम के लिए वे मूल यूनानी हस्तलेख में वापस चले गए।

जब वे शब्द "बपतिस्मा" जिसका शाब्दिक अर्थ "डुबोने के लिए" है, इससे एक समस्या पैदा हुई। यह शब्द साधारण भाषा में प्रयोग किया जाता था, धार्मिक शब्द के रूप में नहीं। बर्तन साफ करने वाली महिलाएं बर्तनों को बपतिस्मा देती हैं, या उन्हें डुबोती हैं। यदि दो छोटे लड़के पानी में खेल रहे थे, तो यह कहने के बजाय, "मैं तुम्हें डुबोने जा रहा हूँ,' उनमें से एक यह कहता, 'मैं तुम्हें बपतिस्मा देने जा रहा हूँ।"

शब्द 'बपतिस्मा' का अर्थ साधारण भाषा में 'डुबोना' है। यह सिर्फ एक साधारण शब्द है, जरूरी नहीं कि यह एक धार्मिक शब्द हो। इसका एक धार्मिक महत्व है।

बपतिस्मा शब्द एक अन-अनुवादित शब्द है। यह लिप्यंतरण किया गया है - यह किसी अन्य भाषा से लिया गया है और किसी अन्य भाषा में डाल दिया गया है। उन्होंने इसका अनुवाद क्यों नहीं किया? उस समय के राजा और उनकी कलीसिया ने छिड़काव का अभ्यास किया था और उन्होंने कहा था, 'पवित्र शास्त्र का अनुवाद करे'। विद्वानों को

एक समस्या थी। अगर वे उस शब्द को लेते और छिड़काव के रूप में इसका अनुवाद करते, तो यूनानी जानने वाले उन पर हँसते। लेकिन दूसरी ओर, यदि वे इसे डुबोना कर देते, तो यह राजा के लिए शर्मिंदगी का एक स्रोत होता। तो आप अपनी बाइबल में जो पढ़ते हैं वह एक अन-अनुवादित शब्द है। उन्होंने सिर्फ शब्द 'बेपटाईजो' का एक नया अंग्रेजी शब्द बनाया, और इसे यूनानी भाषा में रखा।

तो हर बार, यदि आप चाहते हैं तो, जब आपको बपतिस्मा शब्द पढ़ना है, तो आप अपने मन में अपना स्वयं का अनुवाद कर सकते हैं। शब्द का मतलब 'डुबोना' है।

बपतिस्मा का अर्थ

बपतिस्मा का अर्थ और उसका तरीका एक दूसरे से अन्तर्निहित रूप से गुंथा हुआ है। यदि आप तरीका बदलते हैं, तो आप अर्थ को नष्ट कर देंगे।

1. बपतिस्मा यीशु मसीह के उद्धार के कार्य को का चित्रित करता है

> रोमियो 6:4-7 में पौलुस कहता है -
>
> "सो उस मृत्यु का बपतिस्मा पाने से हम उसके साथ गाड़े गए, ताकि जैसे मसीह पिता की महिमा के द्वारा मरे हुओं में से जिलाया गया, वैसे ही हम भी नए जीवन की सी चाल चलें। क्योंकि यदि हम उस की मृत्यु की समानता में उसके साथ जुट गए हैं, तो निश्चय उसके जी उठने की समानता में भी जुट जाएंगे। क्योंकि हम जानते हैं कि हमारा पुराना मनुष्यत्व उसके साथ क्रूस पर चढ़ाया गया, ताकि पाप का शरीर व्यर्थ हो जाए, ताकि हम आगे को पाप के दासत्व में न रहें। क्योंकि जो मर गया, वह पाप से छूटकर धर्मी ठहरा"।

यह वाक्य कहता है कि बपतिस्मा यीशु मसीह की मृत्यु, दफन और पुनरुत्थान की तस्वीर है और हमारी उसके साथ मृत्यु, दफन होना और पुनरुत्थान है। यह याद रखें: बपतिस्मा की तस्वीरें यीशु मसीह के बचाव के सुसमाचार का प्रतीक है। यही कारण है कि हम कहते हैं कि हमें तरीके का पालन करना चाहिए क्योंकि यदि आप तरीका बदलते हैं, तो आप चित्र को नष्ट कर देते हैं।

अगर आप मुझसे मेरी पत्नी की तस्वीर दिखाने के लिए कहें और मैंने आपको इसके बजाय अपने घर, या स्कूटर की तस्वीर दिखाई, क्या इसका मतलब समान होगा? नहीं, बिल्कुल नहीं।

बपतिस्मा मृत्यु, दफनाए जाने और पुनरुत्थान की तस्वीर है। आप किसी के सिर पर पानी की कुछ बूंदों को छिड़क कर दफना नहीं सकते। जब आप पानी में जाते हैं, तो ऐसा लगता है कि आप एक तरल कब्र में रखे जा रहे हैं। यह प्रतीकात्मक है - "हम बपतिस्मा के माध्यम से उसके साथ दफनाए गए हैं।" जब हम पानी से निकलते हैं, तो वह पुनरुत्थान को चित्रित करता है। यह प्रतीकात्मक है - "हम जीवन की नवीनता में चलने के लिए जिलाए गए हैं" (रोमियों 6:4)।

सुसमाचार क्या है? यह है - "यीशु मसीह हमारे पापों के लिये मर गया और गाड़ा गया और पवित्र शास्त्र के अनुसार तीसरे दिन जी भी उठा।" (1 कुरिन्थियों 15:3-4)। यही सुसमाचार है। और यही बपतिस्मा का चित्र है - परमेश्वर यीशु मसीह और उसके उद्धार के सुसमाचार के साथ हमारी पहचान।

जब यीशु ने बपतिस्मा लिया, तो वह हमारे लिए अपनी मृत्यु, दफनाए जाने और पुनरुत्थान को चित्रित कर रहा था। जब हम बपतिस्मा लेते हैं, तो हम अपनी पहचान को उसकी मृत्यु, दफनाए जाने और पुनरुत्थान के साथ चित्रित करते हैं।

2. यह हमारी मृत्यु और दफनाए जाने को दिखाता है

> रोमियों 6:4 कहता है कि "सो उस मृत्यु का बपतिस्मा पाने से हम उसके साथ गाड़े गए"। बपतिस्मा (बपतिस्मा टैंक, तालाब या नदी) तरल कब्र की एक तस्वीर है, और यह अंतिम संस्कार की सेवा का प्रतीक है।

जब आप बपतिस्मा लेते हैं, तो यह आपके "पुराने स्वयं" के लिए सिर्फ एक अंतिम संस्कार सेवा होती है। "पुराना स्वयं" मर गया और बपतिस्मा आपके "पुराने स्वयं" के दफनाए जाने को चित्रित करता है। शोक करने वाला व्यक्ति केवल शैतान था। उसे आपके मरने से नफरत होती है। आप अतीत में उसके अच्छे दोस्त थे। लेकिन अब आपका 'पुराना स्वयं' मर चुका है और दफनाया गया है।

यहाँ इसका यह कारण है कि जब तक वास्तव में कोई बचाया नहीं जाता, उसे कभी भी बपतिस्मा नहीं लेनी चाहिए। यदि आप वास्तव में बचाए जाने से पहले बपतिस्मा लेते हैं, तो यह आपके मरने से पहले अंतिम संस्कार सेवा करने जैसा होगा। जब आप बच जाते हैं, तो आप पुराने तरीको के लिए मर जाते हैं। आप कहते हैं, "पापी जीवन को अलविदा, अलविदा"। और आप एक नया व्यक्ति बन जाते हैं। बपतिस्मा इसे दिखाता है!

> प्रेरितों के काम 2:41 कहता है - "सो जिन्हों ने उसका वचन ग्रहण किया उन्होंने बपतिस्मा लिया और उसी दिन 3000 मनुष्यों के लगभग उन में मिल गए"।

सबसे पहले, उन्होंने वचन प्राप्त किया और फिर उन्होंने बपतिस्मा लिया।

> प्रेरितों के काम 16:31-33 में - "पौलुस ने फिलिप्पी जेलर से कहा,'प्रभु यीशु मसीह पर विश्वास कर, तो तू और तेरा घराना उद्धार पाएगा। और उन्होंने उस को, और उसके सारे घराने के लोगों को प्रभु का वचन सुनाया। और रात को उसी घड़ी उस ने उन्हें ले जाकर उन के घाव धोए, और उस ने अपने सब लोगों समेत तुरन्त बपतिस्मा लिया"।

सबसे पहले, उसने प्रभु के वचन को सुना, उसने यीशु पर विश्वास किया, और फिर बपतिस्मा लिया।

3. नए जीवन को दर्शाता है

जब आप बपतिस्मा लेते हैं, तो आप अपनी मृत्यु को यीशु के साथ दर्शाते हैं। हालांकि, बपतिस्मा न केवल यीशु के दफनाए जाने को दिखाता है बल्कि उसके साथ आपके दफनाए जाने को भी चित्रित करता है, लेकिन यह भी यीशु के जी उठने और उसके साथ आपके पुनरुत्थान को चित्रित करता है। आपको न केवल बपतिस्मा द्वारा दफन किया गया है, बल्कि पवित्र शास्त्र के अनुसार, आप फिर से उठाए गए हैं। रोमियों 6:4 कहता है, "हम भी नए जीवन की सी चाल चलें"। डुबकी में, आप को पानी में रखा जाता है और फिर जीवन की नवीनता में चलने के लिए पानी से बाहर उठाया जाता है। हम कहते हैं, "पापी जीवन की पुरानी दुनिया को अलविदा कहते हैं और नए व्यक्तित्व और मसीह के लिए जीवन को नमस्कार कहते हैं।"

बपतिस्मा यह दिखाता है कि जैसे मसीह मर गया, दफनाया गया, और फिर से जी उठा, इसी तरह विश्वासी भी मर गया, स्वयं को दफन कर दिया, और अब मसीह यीशु में नए जीवन के साथ नई सृष्टि है। बपतिस्मा यह दिखाता है कि वह मसीह में एक नई सृष्टि है। मसीह में एक नई सृष्टि होने के नाते बपतिस्मा शब्द में भी परिलक्षित होता है। स्याही में कपड़ों को डुबोने का वर्णन करने के लिए पहली शताब्दी में यूनानी शब्द बेपटाईजो का आमतौर पर इस्तेमाल किया जाता था। यह कपड़ा जब स्याही से बाहर आता है तो जैसे अंदर गया था उससे अलग दिखता है। मसीह में एक नई सृष्टि होने

का अर्थ है कि हमारे जीवन में बदलाव आया है। जब विश्वासी मसीह के चरित्र को अपनाते हैं तो, परिवर्तन उन लोगों में प्रत्यक्ष हो जाता है जिनके साथ वे सहयोग करते हैं। बपतिस्मा मसीह में नये विश्वासी के परिवर्तन को दर्शाता है।

बस इस तस्वीरों के बारे में सोचें! मैं अपने पाप से बचा लिया गया हूँ! हमारे अधर्म के कामों को लताड़ डालेगा। तू उनके सब पापों को गहिरे समुद्र में डाल देगा। (मीका 7:19-20), हालेलुय्याह!! मैं एक नया व्यक्ति हूँ। बपतिस्मा न केवल मेरे साथ मेरी मृत्यु बल्कि उसके साथ मेरे जी उठने के जीवन को चित्रित करता है, लेकिन यह उसके साथ मेरी परम स्तुति को भी चित्रित करता है। रोमियों 6:5 कहता है, "हम भी उसके जी उठने की समानता में होंगे"। कुछ ही दिनों में आपको और मुझे यीशु मसीह के पुनरुत्थान के जैसा शरीर मिलेगा। यह सब बपतिस्मा में चित्रित किया गया है।

बपतिस्मा के उद्देश्य

बपतिस्मा लेने के लिए 3 उद्देश्य हैं ..

1. हमारे पास स्वीकार करने के लिए एक परमेश्वर और उद्धारकर्ता है

जब आप बपतिस्मा लेते हैं तो आप यीशु मसीह के साथ पहचाने जाते हैं। बपतिस्मा से यह पता चलता है कि आप एक नए पुरुष या स्त्री हैं और आपके पास एक नया स्वामी है - यीशु! इससे यह पता चलता है कि आप मसीह से लज्जित नहीं हैं। जब आप उन सभी लोगों के सामने बपतिस्मा लेते हैं, तो आप कह रहे हैं, "मैं यीशु पर विश्वास करता हूँ और मैंने उसके पीछे चलने का फैसला किया है।"

नए नियम और कलीसिया के इतिहास में यह संकेत मिलते हैं कि बपतिस्मा शुरुआती विश्वासियों के विश्वास के प्रारंभिक अंगीकार के रूप में किया गया था। फिलिप्पुस का खोजा को यीशु का प्रचार करने के बाद, एक नए विश्वासी का प्रारंभिक अनुरोध बपतिस्मा लेना था (प्रेरितों के काम 8)। जब फिलिप्पी जेलर ने पौलुस और सीलास के प्रचार के प्रति प्रतिक्रिया दी, तो उसने और उसके परिवार के विश्वास करने वाले सभी सदस्यों ने बपतिस्मा लिया (प्रेरितों के काम 16)। लुदिया (प्रेरितों के काम 16), कुरनेलियस (प्रेरितों के काम 10), कुरिन्थियों (प्रेरितों के काम 18) और अन्य लोगों के लिए भी यही सच है। इन विश्वासियों के लिए, और उनके नए विश्वास और जीवन के नए मार्ग में बपतिस्मा एक प्रभावशाली अंगीकार, एक बाहरी अभिव्यक्ति था।

प्रारंभिक कलीसिया में, कलीसिया के गलियारे में चलने से विश्वास का अंगीकार नहीं किया गया था। कई बार उन मंडलियों में कलीसिया भवन भी नहीं थे, जैसे अब हैं। तब विश्वास का अंगीकार बपतिस्मा द्वारा किया जाता था। जब कोई बपतिस्मा लेता

था, तो वह यह कहता था, "मैं यीशु मसीह पर विश्वास करता हूँ। मैं उसकी मृत्यु, दफनाए जाने और पुनरुत्थान के साथ अपने आप को पहचानता हूँ। मैं यीशु से लज्जित नहीं हूँ।"

बपतिस्मा लेना आपको बचाता नहीं है। यह केवल यह दिखाता है कि आप बचाए गए हैं। कभी ऐसा मत सोचें कि बपतिस्मा आपको बचाता है या आपको बचाने में मदद करता है। यह एक दुखद भूल होगी। आप उस पल ही बच जाते हैं जो आप वास्तव में अपने पापी जीवन को परमेश्वर से दूर करने के लिए पश्चाताप करते हैं और मसीह को अपने उद्धारकर्ता के रूप में विश्वास और भरोसा करते हैं। आप सिर्फ मसीह में विश्वास के अनुग्रह से बचाए गए हैं!

लेकिन बपतिस्मा एक खूबसूरत अनुष्ठान है जिसे प्रभु ने लोगों को बताने के लिए कहा है कि आप बचाए गए हैं! जन आप बचा लिए जाते हैं यह उसका एक खूबसूरत उदाहरण है। यह विवाह की अंगूठी की तरह है कि जब पति और पत्नी इसे पहनने के बाद "मैं स्वीकार करता हूँ" की वाचा को कहते हैं और एक-दूसरे को पति और पत्नी के रूप में स्वीकार करते हैं। विवाह की अंगूठी उनके विवाह का प्रतीक है। वह अंगूठी उन्हें विवाहित नहीं बनाती है। पति और पत्नी अंगूठी पहने बिना भी विवाहित रहते हैं। लेकिन क्या आपको पता है कि अंगूठी का क्या अर्थ है? इसका मतलब है कि वे दुनिया को बता रहे हैं - "मैंने स्वीकार कर लिया है"। मैं यह कहने में लज्जित नहीं हूँ कि मैं अपने ईश्वरीय प्यारे पति या पत्नी से संबंधित हूँ। जब हम बपतिस्मा लेते हैं, तो हम दुनिया को यह अंगीकार कर रहे हैं - "मैं यीशु का हूँ"।

2. व्यक्त करने के लिए उद्धार का सुसमाचार

बपतिस्मा भी अविश्वासियों के लिए एक गवाही है। गिलगाल में, यहोशू ने यरदन नदी से लेकर 12 पत्थरों को स्थापित किए (यहोशू 4:21-24)। ये पत्थर परमेश्वर के बचाए जाने के कामों के स्मारक और पीढ़ियों को उस परमेश्वर के बारे में सिखाने का एक तरीका था, जिसने उन्हें छुटकारा दिया था, दोनों रूप में कार्य किया।

ऐसी ही चीजें अविश्वासियों के जीवन में होती है, जिन्होंने अभी तक उद्धार का अनुभव नहीं किया है। नए विश्वासी अक्सर अपने बपतिस्मा के समय अपने मित्रों और रिष्तेदारों को आमंत्रित करते हैं, जिनमें से कुछ अविश्वासी हो सकते हैं। जो बपतिस्मा के बाइबल के अर्थ से अपरिचित हैं प्रश्न उन लोगों में स्वाभाविक रूप से उठते हैं। बच्चे पछू सकते हैं, "वह व्यक्ति उसे पानी में क्यों डुबो रहा हैं?" दूसरों को बपतिस्मा के महत्व के बारे में पहली बार सुनने पर अचम्भा होगा।

पवित्र आत्मा उन लोगों के जीवन में शुरुआती प्रवेश बिंदु के रूप में बपतिस्मा के कार्य का उपयोग कर सकते हैं जो बाद में मसीह में विश्वास करने के लिए आएंगे। इसलिए, बपतिस्मा का कार्य मसीह के बचाए जाने के कार्य और विश्वासी के उद्धार का अनुभव की एक प्रभावशाली गवाही के रूप में सेवा कर सकता है। मैंने

ऐसा कई बार देखा है कि जब कोई व्यक्ति बपतिस्मा लेता है, तो उसके दोस्त और प्रियजन विश्वास में आ जाते हैं। यह बिना कुछ कहे यीशु मसीह के सुसमाचार का प्रचार करना है। यह एक शांत लेकिन चित्रात्मक प्रचार है, "देखो, मेरे बपतिस्मा से, मैं यीशु मसीह की मृत्यु, दफनाए जाने और पुनरुत्थान को दर्शाता हूँ। मैं जो पुराना व्यक्ति हूँ वह मर चुका है। मैं अपने आप को उसे दे रहा हूँ जो मेरे लिए मर चुका है। अब मैं अपना नहीं हूँ।" कौन अपने प्रियजनों को सुसमाचार संदेश का प्रचार नहीं करना चाहेगा?

3. एक महान आदेश पूरा करने के लिए

यीशु ने सिर्फ आपसे बपतिस्मा लेने की आज्ञा नहीं दी थी। उसने आपको बपतिस्मा देने का भी आदेश दिया है। महान आदेश मत्ती 28:19-20 में कहता है, "इसलिये तुम जाकर सब जातियों के लोगों को चेला बनाओ और उन्हें पिता और पुत्र और पवित्र आत्मा के नाम से बपतिस्मा दो।"

अब मान लीजिए कि भारत के प्रधान मंत्री को दिल का दौरा पड़ा और वह जमीन पर गिर पड़े और कुछ कहने की कोशिश कर रहे थे। उनके सहयोगी जल्दी ही उनके चारों ओर इकट्ठा होंगे और कहेंगे, 'वह मर रहे है, वह कुछ कहने की कोशिश कर रहे है। उन्हें सुनों। ये उनके आखिरी शब्द हैं। वह कुछ महत्वपूर्ण कह रहे होंगे।'

मित्र, जब यीशु ने अपनी सेवकाई का समापन किया था, तो उन्होंने स्वर्ग में वापस जाने से पहले कुछ अंतिम शब्द कहे थे। उन्होंने कहा, "उन्हें पिता और पुत्र और पवित्र आत्मा के नाम से बपतिस्मा दो और उन्हें सब बातें जो मैं ने तुम्हें आज्ञा दी है, मानना सिखाओः और देखो, मैं जगत के अन्त तक सदैव तुम्हारे संग हूँ" (मत्ती 28:19-20)।

> यूहन्ना 14:15 में यीशु ने कहा था, "यदि तुम मुझ से प्रेम रखते हो, तो मेरी आज्ञाओं को मानोगे।" प्रेरितों के काम 10:48 में जब कुरनेलियुस और उसके परिवार को बचा लिया गया, बाइबल कहती है कि पतरस ने उन्हें प्रभु के नाम में बपतिस्मा लेने का आदेश दिया था।

तो याद रखें कि अंगीकार करने के लिए एक परमेश्वर और उद्धारकर्ता है, उद्धार का सुसमाचार व्यक्त करने के लिए और पूरा होने के लिए महान आदेश भी है। परमेश्वर ने हमें बपतिस्मा लेने का आदेश दिया है।

फिर मैं यह स्पष्ट करना चाहता हूँ कि एक चम्मच या पानी से भरा टैंक वाला बपतिस्मा आपको पापों को दूर नहीं कर सकता है। आप मसीह को परमेश्वर और उद्धारकर्ता के रूप में विश्वास करने के द्वारा किसी भी स्थान पर बच सकते हैं। यदि बपतिस्मा उद्धार के लिए आवश्यक होता, तो रेगिस्तान में उस व्यक्ति को बचाया नहीं जा सकता था। एक हवाई जहाज में व्यक्ति को बचाया नहीं जा सकता था। क्रूस पर मरते उस चोर को बचाया नहीं जा सकता था। लेकिन वह बचाया गया! नहीं, कोई भी, किसी भी समय, किसी भी जगह, जो पश्चाताप में और विश्वास से यीशु को बुलाता है वह बचाया जाएगा।

यद्यपि बपतिस्मा उद्धार के लिए जरूरी नहीं है, लेकिन आज्ञाकारिता के लिए आवश्यक है। अगर आप बचाए गए है और अभी तक बपतिस्मा नहीं लिया है, तो इस अद्‌भुत अनुभव के लिए खुद को जल्द से जल्द पेश करने की योजना बनाएं!

एक गलत शिक्षा कि एक विश्वासी को उद्धार पाने के लिए पानी का बपतिस्मा लेना जरुरी है।

बपतिस्मा के द्वारा पुनर्निमाण बाइबल के विरुद्ध एक शिक्षा है जो यह सिखाती है कि स्वर्ग जाने के लिए एक व्यक्ति को पानी का बपतिस्मा लेना चाहिए। सत्य से आगे कुछ भी नहीं हो सकता है। परमेश्वर का वचन बहुतायत से स्पष्ट करता है कि बपतिस्मा केवल एक आदेश (एक निर्देश) है, जिसे उद्धार के बाद प्रत्येक विश्वासी गें देखा जाता है, यीशु मसीह में किसी के विश्वास की सार्वजनिक घोषणा के रूप में मनाया जाता है। बपतिस्मा मसीह की मृत्यु, दफनाए जाने और पुनरुत्थान का प्रतीक है (रोमियों 6:4-5) और हमारे विश्वास की सार्वजनिक घोषणा हैं।

बपतिस्मा एक धार्मिक परंपरा नहीं है, अर्थात्, पानी में डूब जाने के द्वारा कोई रहस्यवादी शक्ति (प्रभावकारिता) नहीं है। कोई अनुग्रह नहीं दिया गया है। पानी के बपतिस्मा के प्रतीकात्मक अर्थ के अलावा, आप केवल गीले हो रहे हैं। बपतिस्मा लेने से कोई विश्वासी नहीं बनता है, गैरेज में घूमने से, कोई व्यक्ति गाड़ी नहीं बन जाता। पानी के बपतिस्मा में, हम अपने आप को हमारे उद्धारकर्ता के साथ पहचान कर रहे हैं, यह दर्शाते हुए कि हमने पहले ही उस पर विश्वास किया है। कहीं भी बाइबल में कोई भी ऐसा बपतिस्मा नहीं हुआ जब तक कि वे बचाए न गए हो।

बाइबल बताती है कि बचने के लिए एकमात्र नियम है - विश्वास करना।

प्रेरित यूहन्ना हमें 1 यूहन्ना 5:13 में यह बताता है कि 1 यूहन्ना की पत्री उसने क्यों लिखी थी - "मैं ने तुम्हें, जो परमेश्वर के पुत्र के नाम पर विश्वास करते हो, इसलिये लिखा है कि तुम जानो, कि अनन्त जीवन तुम्हारा है।' यूहन्ना कहता है कि उसका एकमात्र उद्देश्य हमें यह सिखाना है कि हमें कैसे बचाया जा सकता है। सावधानीपूर्वक ध्यान दें कि यूहन्ना कभी भी 'बपतिस्मा' शब्द का उल्लेख नहीं करता है, यहां तक कि एक बार भी नहीं। यही बहुत कुछ कहता है!

यूहन्ना के सुसमाचार में 90 बार, प्रेरित लेखक हमें बताता है कि उद्धार के लिए एकमात्र नियम विश्वास करना है। उदाहरण के लिए निम्नलिखित वचन देखें:

"ताकि जो कोई विश्वास करे उस में अनन्त जीवन पाए, क्योंकि परमेश्वर ने जगत से ऐसा प्रेम रखा कि उस ने अपना एकलौता पुत्र दे दिया, ताकि जो कोई उस पर विश्वास करे, वह नाश न हो, परन्तु अनन्त जीवन पाए" (यूहन्ना 3:15-16)।

"जो उस पर विश्वास करता है, उस पर दंड की आज्ञा नहीं होती, परन्तु जो उस पर विश्वास नहीं करता, वह दोषी ठहर चुका। इसलिये कि उस ने परमेश्वर के एकलौते पुत्र के नाम पर विश्वास नहीं किया" (यूहन्ना 3:18)।

"जो पुत्र पर विश्वास करता है, अनन्त जीवन उसका है। परन्तु जो पुत्र की नहीं मानता, वह जीवन को नहीं देखेगा, परन्तु परमेश्वर का क्रोध उस पर रहता है" (यूहन्ना 3:36)।

"मैं तुम से सच सच कहता हूँ, जो मेरा वचन सुनकर मेरे भेजने वाले की प्रतीति करता है, अनन्त जीवन उसका है, और उस पर दंड की आज्ञा नहीं होती परन्तु वह मृत्यु से पार होकर जीवन में प्रवेश कर चुका है" (यूहन्ना 5:24)।

"क्योंकि मेरे पिता की इच्छा यह है, कि जो कोई पुत्र को देखे, और उस पर विश्वास करे, वह अनन्त जीवन पाए और मैं उसे अंतिम दिन फिर जिला उठाऊंगा" (यूहन्ना 6:40)।

"मैं तुम से सच सच कहता हूँ, कि जो कोई विश्वास करता है, अनन्त जीवन उसी का है" (यूहन्ना 6:47)।

ध्यान दें कि यूहन्ना ने 'बपतिस्मा' शब्द को एक बार भी उद्धार की शर्त के रूप में उल्लेख नहीं किया है। नए नियम की दूसरी पुस्तकें भी एक ही बात कहती हैं।

"उस की सब भविष्यद्वक्ता (यीशु) गवाही देते हैं, कि जो कोई उस पर विश्वास करेगा, उस को उसके नाम के द्वारा पापों की क्षमा मिलेगी" (प्रेरितों के काम 10:43)।

"उन्होंने कहा, प्रभु यीशु मसीह पर विश्वास कर, तो तू और तेरा घराना उद्धार पाएगा" (प्रेरितों के काम 16:31)।

"क्योंकि विश्वास के द्वारा अनुग्रह ही से तुम्हारा उद्धार हुआ है, और यह तुम्हारी ओर से नहीं, वरन परमेश्वर का दान है। और न कर्मों के कारण, ऐसा न हो कि कोई घमण्ड करे" (इफिसियों 2:8-9)।

कुछ सबूत ग्रंथ है जो बपतिस्मा के पुनर्निर्माण को सिखाते हैं।

- मरकुस 16:16 जहां यीशु कहता है, "जो विश्वास करे और बपतिस्मा ले उसी का उद्धार होगा", अक्सर यह सिखाने के लिए प्रयोग किया जाता है कि उद्धार के लिए, विश्वास के अलावा पानी का बपतिस्मा भी जरुरी है। हालांकि, हम पूरे वचन को पढ़ते हैं: "जो विश्वास करे और बपतिस्मा ले उसी का उद्धार होगा, परन्तु जो विश्वास न करेगा वह दोषी ठहराया जाएगा।" 'यह वचन क्या कहता है? यह एक व्यक्ति को क्या नुकसान पहुँचाता है? वह मसीह पर विश्वास नहीं करता है या भरोसा नहीं करता है।
- प्रेरितों के काम 2:38 में यीशु ने कहा, "पतरस ने उन से कहा, मन फिराओ, और तुम में से हर एक अपने अपने पापों की क्षमा के लिये यीशु मसीह के नाम से बपतिस्मा लें..."

कुछ लोग यह सिखाते हैं कि "पापों की माफी के लिए" का अर्थ है "उन्हें पापों से छूट मिले," या "वे पापों की क्षमा प्राप्त कर सके।" हालांकि, यह अर्थ नहीं है। यहां अनुवादित 'से' यूनानी शब्द "ईस" है, जो बाइबल में कई बार इस्तेमाल किए जाने वाले संदर्भ का एक अनिश्चित पूर्वव्यापी शब्द है। इसे "के कारण" के रूप में भी अनुवाद किया जा सकता है। यदि इस तरह से अनुवाद किया गया है, तो अब ऊपर के पद को पढ़ा जाए, "पश्चाताप करें, और पापों की क्षमा के कारण यीशु मसीह के नाम में हर एक बपतिस्मा लें..."। पतरस विश्वासियों को बपतिस्मा लेने के लिए कह रहा है क्योंकि उनके पाप पहले से ही क्षमा हो गए जब उन्होंने पश्चाताप और विश्वास किया।

- यूहन्ना अध्याय 3 में, जहाँ यीशु निकुदेमुस को गवाही दे रहे हैं, परमेश्वर ने स्पष्ट रूप से यह सिखाया कि 'जल से जन्म लेना' शारीरिक जन्म (पानी में) का उल्लेख करता है, और कुछ गलत दावा करने वाले इसे पानी का बपतिस्मा के रूप में नहीं मानते। यूहन्ना 3:6, "क्योंकि जो शरीर से जन्मा है, वह शरीर है और जो आत्मा से जन्मा है, वह आत्मा है।" यीशु शरीर के जन्म को आत्मिक जन्म के विपरीत मानते हैं। इस वचन का जल के बपतिस्मा के साथ कोई सम्बन्ध नहीं है।

★ तीतुस 3:5 उद्धार के लिए जल के बपतिस्मा के बारे में सिखाने का एक मूर्खतापूर्ण प्रयास है जो अक्सर उपयोग किया जाता है। तीतुस 3:5, "तो उस ने हमारा उद्धार कियाः और यह धर्म के कामों के कारण नहीं, जो हम ने आप किए, पर अपनी दया के अनुसार, नए जन्म के स्नान, और पवित्र आत्मा के हमें नया बनाने के द्वारा हुआ।" यह पद केवल हमें बताता है कि हम परमेश्वर के अनुग्रह के द्वारा उसकी पवित्र आत्मा की शुद्धिकरण सामर्थ के द्वारा बचाए गए हैं जब हमने फिर से जन्म लिया। इसका जल के बपतिस्मा के साथ कोई सम्बन्ध नहीं है।

याद रखें कि बाइबल की व्याख्या करते समय हमें एक बुनियादी नियम का पालन करना होगा। हमें पवित्र शास्त्र के स्पष्ट संदर्भों के आधार पर हमारी व्याख्या का निर्माण करना हैं, कुछ अस्पष्ट लोगों पर नहीं।

बाइबल अधिक से अधिक हमें यह बताती है कि हम सिर्फ विश्वास से बचाए गए हैं (इफिसियों 2:8-9; तीतुस 3:5; प्रेरितों 10:43; यूहन्ना 1:12; गलातियों 3:26; यूहन्ना 3:16-18)। यदि उद्धार के लिए पानी के बपतिस्मा की आवश्यकता होती, तो निश्चित रूप से बाइबल उद्धार के लिए इसके महत्व पर बल देती। वास्तव में, प्रेरित पौलुस ने 1 कुरिन्थियों 1:17 में इसका विपरीत कहा, "क्योंकि मसीह ने मुझे बपतिस्मा देने को नहीं, वरन सुसमाचार सुनाने को भेजा है, और यह भी शब्दों के ज्ञान के अनुसार नहीं, ऐसा न हो कि मसीह का क्रूस व्यर्थ ठहरे।" पौलुस ने घोषित किया कि यीशु ने उसे बपतिस्मा देने के लिए नहीं भेजा था। यह लीजिए! पौलुस ने रोमियों 10:1 में कहाः कि उसके मन की अभिलाशा तो यह थी कि इजराइल उद्धार पाए। इसलिए पौलुस निश्चित रूप से 1 कुरिन्थियों 1:17 में इस तरह का बयान नहीं देता की उद्धार के लिए पानी का बपतिस्मा आवश्यक होता है।

क्रूस पर जो चोर था, जिसने यीशु मसीह पर विश्वास किया, उसने पानी का बपतिस्मा नहीं लिया था और फिर भी वह बचाया गया। केवल तार्किक निष्कर्ष यह है कि उद्धार के लिए पानी के बपतिस्मा की आवश्यकता नहीं है।

संदर्भः

1. इस अध्याय के मुख्य अंश- एड्रियन रोजर्स द्वारा 'विश्वास का बपतिस्मा' से लिए गए हैं। हालांकि इनमें से अधिकांश को सरल किया गया और आवेदन और चित्रों के साथ जोड़ दिया गया है।

गृहकार्य # 10 । अध्याय # 10

1) निम्नलिखित वाक्य पूरा करें:

1. बाइबल में सिखाया गया एक ही प्रकार का पानी का बपतिस्मा है और वह .... है।
2. डुबोए जाने द्वारा बपतिस्मा .... प्रारंभिक मसीही कलीसिया के सभी .... के द्वारा अभ्यास किया गया था।
3. शब्द .... मूल रूप से आपकी बाइबल में एक अन-अनुवादित शब्द है। यह वास्तव में एक यूनानी शब्द है इसका अर्थ, "..............." है।
4. बपतिस्मा से पता चलता है कि आप एक .... पुरुष या महिला हैं और आपके पास एक नया ....है - यीशु! इससे यह पता चलता है कि आप मसीह के .... नहीं हैं।
5. प्रारंभिक कलीसिया में, विश्वास की गवाही .... द्वारा नहीं दी जाती थी ....। विश्वास की गवाही .... द्वारा दी जाती थी। जब एक ने बपतिस्मा लिया उसने कहा, "मैं .... में विश्वास करता हूँ। मैं अपनी मृत्यु, दफनाए जाने और पुनरुत्थान के साथ स्वयं का .... करता हूँ।"
6. बपतिस्मा लेना का .... यह नहीं कि आप बचाए गए है। यह केवल........... है कि आप बच गए है।
7. यदि बपतिस्मा उद्धार के लिए जरूरी होता, तो .... पर वह व्यक्ति बचाया नहीं जाता। एक आदमी एक से .... बचाया नहीं जा सका। क्रूस पर मरने वाला .... को बचाया नहीं जा सकता था। लेकिन वह बचाया गया। कोई भी, किसी भी समय, किस भी जगह यीशु के नाम में .... और .... को बुलाएगा वह बचाया जाएगा।

2) रोमियों 6:4-7 लिखिये और बपतिस्मा के 3 अर्थों के बारे में समझाएं जैसा कि इस अध्याय में बताया गया है।

अध्याय 11

कैसे पवित्र आत्मा से भरें और मार्गदर्शन प्राप्त करें

यह प्रभु यीशु मसीह के हर एक विश्वासी के लिए महत्वपूर्ण है कि वह सेवकाई और त्रितत्व के तीसरे व्यक्ति - परमेश्वर - पवित्र आत्मा के काम की स्पष्ट समझ रखे।

पवित्र आत्मा कौन है?

बाइबल के पहले अध्याय में, उत्पत्ति की पुस्तक में, हम पृथ्वी की सृष्टि में पवित्र आत्मा का दैवीय काम देखते हैं।

> उत्पत्ति 1:1-2 के लिखित प्रमाण में "आदि में परमेश्वर (यहूदी एलोहीम - परमेश्वर का यह नाम बहुवचन है, परन्तु एकवचन क्रिया में शामिल हुआ) ने आकाश और पृथ्वी की सृष्टि की और पृथ्वी बेडौल और सुनसान पड़ी थी और गहरे जल के ऊपर अन्धियारा था तथा परमेश्वर का आत्मा जल के ऊपर मण्डलाता था।"

बाइबल इस तथ्य की पुष्टि करता है कि परमेश्वर त्रिएक परमेश्वर के रूप में मौजूद हैं। त्रिएक या त्रितत्व की मूल अवधारणा यह है कि 'परमेश्वर तीन व्यक्तियों में एक परमेश्वर है और एक ही परमेश्वर में तीन व्यक्ति है'। व्यक्ति अलग हैं लेकिन अलग नहीं हैं और सभी समान सार या स्वभाव के हैं।

पिता को परमेश्वर घोषित किया गया है। यूहन्ना 6:27, इफिसियों 1:3 पुत्र को परमेश्वर घोषित किया गया है। इब्रानियों 1:8, मत्ती 1:23

पवित्र आत्मा को परमेश्वर घोषित किया गया है। प्रेरितों के काम 5:3-4,2 कुरिन्थियों 3:18

फिर भी 3 व्यक्तियों को समान रूप से एक के रूप में पहचाना जाता है (मत्ती 28:19, 2 कुरिन्थियों 13:14)। परमेश्वर का त्रिएक के रूप में प्रकट किया जाने वाला प्रकाशन

हमारे लिए एक रहस्य है और विश्वास के द्वारा भरोसे के अनुसार परमेश्वर का आत्मविश्वास प्रकट होगा।

मसीह के बपतिस्मा के समय हम परमेश्वर के 3 विशिष्ट व्यक्तियों की भूमिकाओं को स्पष्ट रूप से देख सकते हैं।

> मत्ती 3:16,17 "और यीशु बपतिस्मा लेकर तुरन्त पानी में से ऊपर आया, और देखो, उसके लिये आकाश खुल गया, और उस ने परमेश्वर के आत्मा को कबूतर की नाईं उतरते और अपने ऊपर आते देखा और देखो, यह आकाशवाणी हुई, कि यह मेरा प्रिय पुत्र है, जिस से मैं अत्यन्त प्रसन्न हूँ।"

परंपरागत रूप से उद्धार में उसकी विशिष्ट भूमिकाओं के क्षेत्र में, कुछ बाइबल शिक्षक ने परमेश्वर की भूमिकाओं को नीचे स्पष्ट करने की मांग की हैः

परमेश्वर पिता ने हमारे उद्धार के लिए योजना बनाई - यूहन्ना 3:16, प्रेरितों के काम 2:22-23

परमेश्वर पुत्र ने क्रूस पर हमारे उद्धार का भुगतान किया - यूहन्ना 3:16, 1 पतरस 2:24

परमेश्वर आत्मा स्वयं हमें सिखाता है और हमें दुनिया के लिए हमारे उद्धार के बारे में प्रचारित करता है- यूहन्ना 14:26, यूहन्ना 16:7 -10, 13-15

यह समझना बहुत महत्वपूर्ण है कि पवित्र आत्मा "परमेश्वर की सामर्थ" (प्रेरितों के काम 1:8) से पहचाना जाता है, वह एक अवैयक्तिक बल नहीं है, बल्कि एक व्यक्ति है - त्रितत्व का तीसरा व्यक्ति।

जब हम शास्त्रीय रूप से अध्ययन करते हैं, हम समझते हैं कि पवित्र आत्मा में परमेश्वर के सभी गुण हैं। पवित्र आत्मा में, सर्वशक्तिमान परमेश्वर के व्यक्ति का मन (1 कुरिन्थियों 2:10, रोमियो 8:27), इच्छा (1 कुरिन्थियों 12:11) और भावनाएं (इफिसियों 4:30) हैं। बाइबल में, पवित्र आत्मा को स्पष्ट रूप से प्रभु और परमेश्वर (प्रेरितों के काम 5:3-4, 2 कुरिन्थियों 3:17) कहा गया है।

प्रत्येक विश्वासी के लिए एक दैवीय सहायक का वादा

हमारे प्रभु यीशु के स्वर्गारोहण से पहले, उसने अपने चेलों को भविष्य की उनके जीवन में पवित्र आत्मा की भूमिका के बारे में निर्देश दिया था।

> यूहन्ना 14:16 में, यीशु ने कहा -
>
> "और मैं पिता से बिनती करूँगा, और वह तुम्हें एक और सहायक देगा, कि वह सर्वदा तुम्हारे साथ रहे।"

ध्यान दें कि यीशु ने पवित्र आत्मा को "वह" कहा - एक अलग और वास्तविक व्यक्ति। शब्द "दूसरा सहायक" दो यूनानी शब्दों से आता है, "एलोस" जिसका अर्थ है "एक और प्रकृति का दूसरा" और 'पैराकल्टोस' जिसका अर्थ है "जो सलाह देने और सहायता के साथ आता है"। इस प्रकार पवित्र आत्मा की भूमिका एक सलाहकार और सहायताकर्ता की थी, जो यीशु के समान प्रकृति की थी।

> यूहन्ना 16:13-14 में यीशु ने यह भी कहा -
>
> "परन्तु जब वह अर्थात सत्य का आत्मा आएगा, तो तुम्हें सब सत्य का मार्ग बताएगा, क्योंकि वह अपनी ओर से न कहेगा, परन्तु जो कुछ सुनेगा, वही कहेगा, और आनेवाली बातें तुम्हें बताएगा। वह मेरी महिमा करेगा, क्योंकि वह मेरी बातों में से लेकर तुम्हें बताएगा।"

डॉ. ए.बी. सिम्पसन ने पवित्र आत्मा की भूमिका पर टिप्पणी करते हुए कहा थाः 'पवित्र आत्मा का बड़ा व्यवसाय खुद को महिमा देने का नहीं है, बल्कि यीशु के पीछे दृष्यों और बिंदुओं पर खड़ा होने का है। उसका कार्य यीशु की महिमा और उसे हमारे लिए वास्तविक बनाना है। जैसे कि दूरदर्शन स्वयं प्रकट नहीं करता है, लेकिन सितारों से परे है, वैसे ही मसीह को पवित्र आत्मा द्वारा हमारे आत्मिक दर्शन के माध्यम से प्रकट किया गया है। प्रार्थना के माध्यम से, हम अपने अनुपस्थित गुरु और परमेश्वर की आवाज़ को पकड़ते हैं और हमारे लिए उसके प्रेम के प्रति सचेत होते हैं। "हमारे अंदर" पवित्र आत्मा की उपस्थिति ने यीशु को और अधिक निकट कर दिया है और वह हमें यह एहसास और पता करने में सक्षम बनाता है कि हम उसमें हैं और वह हमारे अंदर हैं।"

पवित्र आत्मा की सामर्थ और प्रेम लोग को बदल सकता है

जिम नाम के एक 12 वर्षीय लड़के ने एक बार अपने पिता से कहा, "पिताजी, जब मैंने कभी उसे देखा नहीं है, तो मैं पवित्र आत्मा में कैसे विश्वास कर सकता हूँ?" जिम के पिता ने कहा (जो बिजली का काम जानने वाले थे) - "मैं तुम्हे दिखाऊंगा कैसे"।

बाद में जिम के पिता उसे एक स्थानीय बिजली संयंत्र के दौरे पर ले गए। वहां उसे जनरेटर दिखाया गया था जो शहर में बिजली की आपूर्ति करता था। जिम के पिता ने समझाया, "यह वह जगह है जहां से बिजली हमारे घरों और हमारे शहर को रोशनी देती है। हम बिजली को नहीं देख सकते हैं, लेकिन यह उस मशीन से निर्मित है और यह बिजली लाइनों के माध्यम से बहती है।" जिम ने कहा, "जरूर पिताजी, मैंने इसके बारे में स्कूल में सीखा है। मैं बिजली में विश्वास करता हूँ"। उसके पिता ने जवाब दिया, 'बेशक तुम विश्वास करते हो, लेकिन तुम इस पर विश्वास इसलिए नहीं करते क्योंकि तुम इसे देखते हैं। तुम इसमें विश्वास करते हो क्योंकि तुम देखते हो कि इसकी शक्ति क्या कर सकती है। इसी प्रकार तुम पवित्र आत्मा की शक्ति पर विश्वास कर सकते हो क्योंकि तुम देखते हो कि वह लोगों के जीवन में क्या करता है जब वे उसकी सामर्थ से भर जाते हैं!"

ये बिल्कुल सही है। जब लोग यीशु को समर्पण करते हैं और पवित्र आत्मा से परिपूर्ण होते हैं, तो उसकी सामर्थ उनके जीवन, विवाह, कलीसिया और शहरों को बदलने के लिए मसीह की तरह प्रेम और प्रकाश को लाता है।

पवित्र आत्मा कई तरीकों से विश्वास करने में मदद कर सकता है

- ✶ वह हमें सच्चाई में मार्गदर्शित करता है .... (यूहन्ना 16:13-14)
- ✶ वह हमें यीशु की महिमा करने में मदद करता है ... (यूहन्ना 16:13-14)
- ✶ वह हमें यीशु की आवाज़ सुनने में मदद करता है ... (यूहन्ना 16:13-14)
- ✶ वह हमें हमारे जीवन में पापों से निरुत्तर करता है ... (यूहन्ना 16:8)
- ✶ वह हमारी सेवकाई में परमेश्वर की इच्छा पूरी करने की अगुवाई करता है ... (प्रेरितों के काम 13:1-3, प्रेरितों के काम 16:6-9)
- ✶ वह हमारे पिता की इच्छा के अनुसार प्रार्थना करने में हमारी मदद करता है ... (रोमियो 8:26-27)
- ✶ वह हमें सामर्थ से भरता है और हमें परमेश्वर के जागरूक बनाता है जब हम खोए हुओं के साथ सुसमाचार की गवाही को साझा करते हैं ... (प्रेरितों के काम 1:8)
- ✶ वह मसीह जैसे प्रेम से हमारे हृदय को भरता है ... (रोमियों 5:5 गलातियों 5:22)

विश्वासियों के रूप में, हमें पवित्र आत्मा की सामर्थ हमारे जीवन में बहुत अधिक होनी चाहिए। वह यीशु द्वारा हमारे लिए नंबर 1 सहायक होने के लिए दिया गया है। हम अपनी सामर्थ से अपने परिवार के सदस्यों से प्यार नहीं कर सकते हैं और अपनी ताकत में एक दूसरे की सेवा भी नहीं कर सकते हैं। जब हम पवित्र आत्मा से भर जाते हैं, तो वह हमें मसीह के प्रति जागरूक बनाता है और हमें अपने भाइयों और बहनों के लिए परमेश्वर के विशेष प्रेम से भरता है। दुर्भाग्य से आज, कई मसीही पवित्र आत्मा की अनदेखी करते हैं, जो उनके अंदर रहता है। यही कारण है कि इतने सारे मसीहियों के जीवनों में और गवाही में परमेश्वर की सामर्थ और प्रेम की कमी है।

पवित्र आत्मा की भरपूरी

सुनिए, अगर 11 प्रेरित जो यीशु के साथ चले और बातें की थी, जब उन्हें पवित्र आत्मा से भरने और अगुवाई की जरूरत थी, तो क्या हमें उनसे अधिक जरूरत नहीं है? अगर वे अपने जीवन में उसकी उपस्थिति और सामर्थ से भरे बिना, कोई कदम उठाने की हिम्मत नहीं रखते थे, और हर रोज सुबह हम कितने मूर्ख हैं कि घर से बाहर उसे एक विचार दिए बिना चले जाते हैं। कोई आश्चर्य नहीं कि इतने सारे मसीहियों का जीवन जीत की बजाय हार का विवरण करता है। आनन्द और शांति के बदले उदासी और हताशा है।

इफिसियों के अध्याय 5 और 6 में, प्रेरित पौलुस ने सभी मसीहियों को (इफिसियों 5:18) अपनी आराधना में (इफिसियों 5:19) अपने वैवाहिक जीवन (इफिसियों 5:22-32) अपने कार्य स्थल में (इफिसियों 6:5-9), आत्मिक युद्ध (इफिसियों 6:10-19) को संभालने और मसीह के लिए अपनी गवाही में (इफिसियों 6:20) पवित्र आत्मा से भरने का आदेश दिया है। हमारे मसीही जीवन के हर प्रमुख भाग के लिए पवित्र आत्मा से भरना आवश्यक है।

यह दिलचस्प है, लेकिन पौलुस ने अध्याय 5 और 6 में इन प्रमुख अनुच्छेदों की शुरूआत शुरू की, जिसमें इफिसियों 5:15-18 में यह उपदेश दिया गया थाः

"इसलिये ध्यान से देखो, कि कैसी चाल चलते हो। निर्बुद्धियों की नाईं नहीं पर बुद्धिमानों की नाईं चलो। और अवसर को बहुमोल समझो, क्योंकि दिन बुरे हैं। इस कारण निर्बुद्धि न हो, पर ध्यान से समझो, कि प्रभु की इच्छा क्या है? और दाखरस से मतवाले न बनो, क्योंकि इस से लुचपन होता है, पर आत्मा से परिपूर्ण होते जाओ"।

वैसे पौलुस आत्मा से भरने के लिए विश्वासियों को सुझाव या अनुरोध नहीं कर रहा है। वह इससे भरने के लिए आदेश दे रहा है। आइये एक छोटा सा भाषा सबक लें। यूनानी में शब्द "भरा हुआ" अनिवार्य भाव में है, जिसका अर्थ है कि परमेश्वर हमें भरे जाने का आदेश देते हैं। यह निश्क्रिय आवाज़ में है, जिसका अर्थ है कि परमेश्वर चाहता है कि पवित्र आत्मा हम पर कार्य करें और हमें भर दें जब हम उसे ऐसा करने की अनुमति देते हैं। यह वर्तमान काल में है, जिसका अर्थ है कि हमें पवित्र आत्मा को हमें बार-बार भरने की अनुमति देता है। इस प्रकार परमेश्वर प्रत्येक मसीही को कह रहे हैं, 'मैं तुम्हे आज्ञा देता हूँ कि पवित्र आत्मा को परमेश्वर के दैवीय व्यक्ति के रूप में उसकी उपस्थिति और सामर्थ के साथ आप को निरंतर आधार पर भरने के लिए अनुमति दें।'

आत्मा से भरे जीवन की आवश्यकताएँ

आप आत्मा से कैसे भर सकते हैं? यह आपकी जिम्मेदारी नहीं है कि आप परमेश्वर को आत्मा से भरने के लिए राजी करे, बल्कि उसे सिर्फ ऐसा करने के लिए अनुमति दें। परमेश्वर आपको आत्मा से भरना चाहता है। वह आपको अपनी सामर्थ और प्रेम से जीने की चाहत करता है। आइए मैं आपको परमेश्वर की पवित्र आत्मा से भरने के लिए दो आवश्यकताओं को बताऊँ।

आवश्यकता 1: पूर्ण वचनबद्धता और समर्पण

हमें अपने जीवन का पूरा समर्पण करके उसके आगे झुकना चाहिए। ध्यान दें कि मैंने कहा "उसे"। पवित्र आत्मा एक व्यक्ति है। इस विचार को मत समझें कि आप किसी प्रकार के बर्तन हैं और आप में पवित्र आत्मा को उंडेला जा रहा है या पवित्र आत्मा आपमें कुछ डाल रहा है, उसके प्रेम या उसकी सामर्थ के रूप में। इसके बजाय अपने शरीर को उसके मंदिर के बारे में सोचें। एक ऐसे व्यक्ति के रूप में पवित्र आत्मा का विचार करें जो आपके शरीर पर पूरा नियंत्रण रखना चाहता है, जो कि उसका मंदिर है।

> जैसे पौलुस 1 कुरिन्थियों 6:19 में कहता है -
>
> "क्या तुम नहीं जानते, कि तुम्हारी देह पवित्र आत्मा का मन्दिर है, जो तुम में बसा हुआ है और तुम्हें परमेश्वर की ओर से मिला है, और तुम अपने नहीं हो।"

मैं आपको इस बात का एक उदाहरण देता हूँ कि पवित्र आत्मा को पूरी तरह वचनबद्ध होने और आत्मसमर्पण करने का क्या मतलब है, जो आपके शरीर में अपने घर बनाने के

लिए आए हैं। मान लीजिए कि आपने हाल ही में एक खूबसूरती से सजाए गए अतिथि कक्ष के साथ एक नए घर में चले गए हैं।

जब आपका पहला मेहमान आता है, तो आप कहते हैं, "मुझे खुशी है कि आज आप मेरे घर आए। मैं चाहता हूँ कि आप इसे अपने ही घर के रूप में समझिए। आओ, मैं आपको चारों ओर दिखाता हूँ। यह आपका कमरा है। यहां बाथरूम है। यहाँ है जहां आपके तौलिए हैं। यहाँ अंदर आओ। यह रसोईघर है, रेफ्रिजरेटर है। मैं काम पर जा रहा हूँ। आप अपने आप स्वयं की मदद करें। मैं शाम तक बाहर रहूँगा। आप घर पर ही रहे"।

मान लीजिए कि आप ये सब कहते हैं, और आप ईमानदारी से कह रहे हैं! और फिर आप एक शाम घर आते हैं और अपने अतिथि को कहीं भी नहीं देखते हैं। तो आप अपने बेडरूम में जाते हैं और वहां वह आपके बेडरूम में है। उसने आपकी अलमारी खोल दी है, अपना निजी फोल्डर निकाला है और उसने आपके पुराने निजी प्रेम पत्रों और आपके बैंक खातों को खोलकर आपकी मेज पर बैठा है। आप क्या करेंगे? आप अपने दोस्त को क्या कहेंगे? आप अपनी आवाज़ को गुस्सा नहीं करने के लिए साफ करते हैं, और कहने की कोशिश करते हैं, "क्या मैं आपकी मदद कर सकता हूँ? आप यहां पर क्या कर रहे हैं?" और वह कहता हैं, "नहीं! मुझे आपकी मदद की जरूरत नहीं है! मुझे यकीन है कि आपने इसकी तुलना में बहुत अधिक पैसा कमाया है। और आपने कुछ मूर्ख प्रेम पत्र लिखे थे"। मुझे लगता है कि आप परेशान होंगे। मुझे लगता है कि आप कह सकते हैं, "मुझे क्षमा करें। मैं आपको अपने बेडरूम में आने की और इस तरह की मेरी सभी निजी चीजों को छेड़ने की सराहना नहीं करता हूँ।" और वह कहें, "मैं समझ नहीं पा रहा हूँ। क्या तुमने मुझे यह नहीं कहा था कि इसे अपना ही घर समझना?'

यह एक अजीब उदाहरण है, लेकिन यह हमारे जीवन में पवित्र आत्मा क्या करने के लिए आया है इस गहरी सच्चाई की बात करता है। आप देखते हैं कि पवित्र आत्मा हमारे अन्दर अपना घर बनाने के लिए आया है - हमारा दोस्त और मार्गदर्शन होने के लिए। क्या महान विशेषाधिकार है! हम अक्सर प्रार्थना करते हैं, "परमेश्वर के पवित्र आत्मा, मेरे जीवन पर अपना नियंत्रण रख। परमेश्वर मैं यहाँ हूँ। मैं आपके आगे सर्मपण करता हूँ। मेरे शरीर को अपना घर बनाए।" लेकिन जब वह हमें हमारे जीवन के क्षेत्रों को बताता है और वह हमें बदलना चाहता है तो हम परेशान हो जाते हैं। अपने आप से इस सवाल से ईमानदारी से पूछें? क्या आपके जीवन का कोई भी ऐसा क्षेत्र है जो यीशु और पवित्र आत्मा की सीमा से बाहर है? आपका वित्तीय जीवन और व्यवहार, आपके यौन जीवन, आपकी महत्वाकांक्षाएं - कुछ भी, कहीं भी? आत्मा से भरने का मतलब

है कि आपने यीशु को अपने सबसे अच्छे दोस्त और अपने जीवन के परमेश्वर बनाने का फैसला किया है। इसका मतलब है कि एक व्यक्ति के रूप में पवित्र आत्मा को पूरी तरह से आपके जीवन के मंदिर पर कब्जा करने की पहुंच है। प्रत्येक कमरा, हर अलमारी की चाबी, हर मेज दराज, उसके है। इसका अर्थ है एक पूर्ण वचनबद्धता। यही आत्मसमर्पण करने, और पवित्र आत्मा से एक व्यक्ति, उपस्थिति और सामर्थ से भरने का अर्थ है।

आवश्यकता 2: निरंतर नियंत्रण और आधीनता

कई बार लोग आत्मा से भरने की प्रतिबद्धता रखते हैं लेकिन समझने में विफल होते हैं कि इफिसियों 5:18 कहता है कि "लगातार भरते जाओ" आत्मा में लगातार भरने की कुंजी केवल एक बार पूरी तरह से यीशु को आत्मसमर्पण करने की नहीं है, बल्कि हमेशा पवित्र आत्मा को निरंतर नियंत्रण देते हुए यीशु के साथ आज्ञाकारिता में चलने की है।

यही कारण है कि प्रेरित पौलुस गलातियों 5:25 में कहता है -

"यदि हम आत्मा के द्वारा जीवित हैं, तो आत्मा के अनुसार चलें भी।"

"चलने" के लिए यहां इस्तेमाल किया गया यूनानी शब्द 'स्टोइकन' है और यह एक सैन्य शब्द है। इसका अर्थ है "साथ चलना" या "पवित्र आत्मा के साथ कदम उठाना"। हम विश्वासियों के कई उदाहरणों को सुनते हैं और प्रेरितों के काम की पुस्तक में पवित्र आत्मा के साथ कदम उठाना सीखते हैं। उदाहरण के लिएः प्रेरितों के काम 8: 26-31 में फिलिपुस, प्रेरितों के काम 10:17-21 में पतरस, प्रेरितों के कामों में पौलुस और अन्ताकिया के बुजुर्ग, प्रेरितों के काम 13:2-3 और प्रेरितों के काम 16:6-9 में पौलुस मकिदुनिया ले जाया गया। इन सभी उदाहरणों में, पवित्र आत्मा ने इन विश्वासियों को कुछ विशिष्ट करने के लिए प्रेरित किया और जब उन्होंने पालन किया, तो इससे परमेश्वर की महिमा हुई। आत्मा द्वारा जीने के लिए, हमारे प्रतिदिन के जीवन में, हमें पवित्र आत्मा की लगातार जागरूकता में रहना हैं, चाहे घर में या व्यवसाय में, काम पर या खेल में।

आत्मा से चलने का अर्थ है कि जैसा हम यीशु के साथ संगति में रहते हैं, हम पवित्र आत्मा की तत्परता, प्रबुद्धता और निर्देशों को आज्ञाकारी रूप से सुनने और चलने के लिए भी उपलब्ध हैं।

परमेश्वर ने विश्वासी के लिए मार्गदर्शन का वादा किया है। यशायाह 30:21 "और जब कभी तुम दाहिनी वा बाईं ओर मुड़ने लगो, तब तुम्हारे पीछे से यह वचन तुम्हारे कानों

में पड़ेगा, मार्ग यही है, इसी पर चलो।" जब आप और मैं पवित्र आत्मा की अधीनता में रहते है, वह हमें हमारे मनन के लिए एक विचार, हमारी स्थिति के लिए एक बुद्धिमान समाधान देगा या हमें बताएगा कि किसी व्यक्ति को हमें क्या कहना है, हमारे प्रतिदिन के जीवन में हमें प्रेरित करेगा।

यह याद रखें - पवित्र आत्मा केवल निवास करने वाला नहीं है। वह आपके जीवन में अध्ययक्ष बनना चाहता है!

आत्मा से परिपूर्ण जीवन का परिणाम

मैं आपको एक आत्मा से परिपूर्ण मसीही के निश्चित चिन्हों में से एक बताता हूँः आप अधिक मसीह - जैसे बनेंगे। आप एक आत्म-केंद्रित जीवन, अपने प्राकृतिक पापी स्वभाव की इच्छाओं को पूरा करते हुए नहीं जीएंगे जिसे बाइबल "देह" कहती है।

"पर मैं कहता हूँ, आत्मा के अनुसार चलो, तो तुम शरीर की लालसा किसी रीति से पूरी न करोगे ... शरीर के काम तो प्रगट हैं, अर्थात व्यभिचार, गन्दे काम, लुचपन .... मूर्ति पूजा, टोना, बैर, झगड़ा, ईर्श्या, क्रोध, विरोध, फूट, विधर्म ... (गलातियों 5:16,19,20)।

लेकिन इसके बजाए आप मसीह के स्वभाव को प्रकट करेंगे जो आत्मा का फल है।

"पर आत्मा का फल प्रेम, आनन्द, मेल, धीरज, और कृपा, भलाई, विश्वास, नम्रता, और संयम हैं, ऐसे ऐसे कामों के विरोध में कोई भी व्यवस्था नहीं। और जो मसीह यीशु के हैं, उन्होंने शरीर को उस की लालसाओं और अभिलाशाओं समेत क्रूस पर चढ़ा दिया है यदि हम आत्मा के द्वारा जीवित हैं, तो आत्मा के अनुसार चलें भी" (गलातियों 5:22-25)।

मसीह के आत्मा का फल है ...

प्रेम ...आनंद... शांति - हमारे आंतरिक अनुभव के संदर्भ में।

संयम ... दया ... भलाई ... - दूसरों के प्रति हमारे आचरण के संदर्भ में। विश्वासयोग्यता, नम्रता और आत्म नियंत्रण - परमेश्वर के सामने हमारे चरित्र के संदर्भ में।

हम इन अद्‌भुत चारित्रक गुणों को अपनी ताकत से नहीं बना सकते हैं। हालांकि, जब हम यीशु के साथ संगति करते हैं और पवित्र आत्मा को हमारे जीवन का स्वामित्व देते हैं, तो हम अपने जीवन में आत्मिक रूप से और स्वचालित रूप से आत्मा के फल को

प्रगट करते हैं - मसीह समानता। रोमियों 5:5 में, कहा गया है, "पवित्र आत्मा जो हमें दिया गया है उसके द्वारा परमेश्वर का प्रेम हमारे मन में डाला गया है।" मसीह के चरित्र में और दूसरों के प्रति प्रेम में बनना यह प्रत्येक मसीही के मुख्य लक्ष्यों में से एक होना चाहिए।

प्रेरित पौलुस कई अन्य तरीकों को दिखाता है जिसमें आत्मा से परिपूर्ण जीवन विश्वासियों के रूप में हमें मजबूत कर सकता है।

1. आत्मा की परिपूर्णता हमारी आराधना के जीवन में हमारी सहायता करेगा - इफिसियों 5:19-20

> इफिसियों 5:18 में, पौलुस ने आत्मा से परिपूर्ण होते जाओ और इफिसियों 5:19-20 में वह कहता है -
>
> "और आपस में भजन और स्तुतिगान और आत्मिक गीत गाया करो, और अपने अपने मन में प्रभु के साम्हने गाते और कीर्तन करते रहो। और सदा सब बातों के लिये हमारे प्रभु यीशु मसीह के नाम से परमेश्वर पिता का धन्यवाद करते रहो।"

पवित्र आत्मा हमें आराधना, भक्ति और धन्यवाद की भावना प्रदान करता है। वह हमें यीशु की महिमा करने में मदद करेगा यह समझने में काफी आसान है। आपका शरीर उसका मंदिर है और उसका मंदिर प्रशंसा के लिए एक जगह है। जब आत्मा आपको भरता है, तो आप पाएंगे कि आपके पास सभी के लिए प्रशंसा और आभार की भावना है। जब आप पवित्र आत्मा से भरे होते या नियंत्रित होते हैं, तो आप कैसे जान पाएंगे? आपमें भड़काऊ और घृणित होने की भावना नहीं होगी, लेकिन इसके बजाय नम्रतापूर्वक आभारी होने की भावना होगी। आप हर रोज काम के लिए अपनी कार या बस या रेलगाड़ी में आते हैं और कहते हैं "एक नए दिन के लिए यीशु का धन्यवाद ... मुझे पता है आपके पास आज मेरे लिए योजनाएं हैं! यीशु मुझे आपसे प्रेम है ... मेरे जीवन का परमेश्वर होने के लिए धन्यवाद।" आपके पास भक्ति की भावना होगी - यीशु के लिए एक ज्वलंत, प्रज्वलित, भावपूर्ण प्रेम, चाहे आराधना सेवा में, कार्यस्थल में या घर पर हो।

यह हर मसीही के लिए एक जबरदस्त बाइबल शिक्षण कलीसिया को खोजने और कलीसिया के पादरी और बुजुर्गों के आत्मिक आवरण के अधीन होने के लिए महत्वपूर्ण है। एक स्थानीय कलीसिया में एक मसीही विश्वासी न केवल आराधना और परमेश्वर

के वचन से आत्मिक रूप से मजबूत होगा, बल्कि अपने जीवन में मुश्किल समय के दौर से गुजरते हुए अन्य परिपक्व मसीही भी होंगे जो उसे प्रोत्साहित करेंगे। एक विश्वासी अपनी कलीसिया ('शरीर का जीवन') के माध्यम से मसीह के जीवन के प्रवाह में है, उसे परमेश्वर के साथ स्वयं की एक अद्भुत रूप से उत्साहित और पोषण वाला मार्ग मिलेगा।

2. आत्मा की परिपूर्णता हमारे विवाहित जीवन में हमें मदद करता है - इफिसियों 5:22-25

> फिसियों 5:18 में, पौलुस ने आत्मा से परिपूर्ण होने के लिए कहा और फिर वह 22 से 25 पदों में कहता है-
>
> "हे पत्नियों, अपने अपने पति के ऐसे आधीन रहो, जैसे प्रभु के। क्योंकि पति पत्नी का सिर है जैसे कि मसीह कलीसिया का सिर है और आप ही देह का उद्धारकर्ता है। पर जैसे कलीसिया मसीह के आधीन है, वैसे ही पत्नियां भी हर बात में अपने अपने पति के आधीन रहें। हे पतियों, अपनी अपनी पत्नी से प्रेम रखो, जैसा मसीह ने भी कलीसिया से प्रेम करके अपने आप को उसके लिये दे दिया.." (इफिसियों 5:22-25)।

फिर हमें अपने वैवाहिक जीवन में आत्मा से परिपूर्ण होने की आवश्यकता है, ताकि हम अपने पति या पत्नी के लिए परमेश्वर का प्रेम प्राप्त कर सकें। जब एक पत्नी आत्मा से परिपूर्ण होती है, तो वह अपने पति के आधीन रहकर उससे प्रेम करती है। अधीनता स्वैच्छिक रूप से दूसरे को अपने समान समझना है जिससे कि परमेश्वर की महिमा हो सके। एक स्त्री परमेश्वर के ठहराए हुए घर के मुखिया के लिए आधीनता की आत्मा को कैसे जान सकती है? केवल परमेश्वर के पवित्र आत्मा से भरे होने के द्वारा। उसके लिए लड़ना, बडबडाना और बहस करना स्वाभाविक है। सम्मान और आधीन होना यह अलौकिक है।

परन्तु पतियों के लिए परमेश्वर के पास एक मुश्किल काम है।

"हे पतियों, अपनी अपनी पत्नी से प्रेम रखो, जैसा मसीह ने भी कलीसिया से प्रेम करके अपने आप को उसके लिये दे दिया.." (इफिसियों 5:25)।

एक पति अपनी पत्नी से कैसे वैसा प्रेम कर सकता है जैसा मसीह ने कलीसिया से किया। केवल जब वह पवित्र आत्मा से परिपूर्ण होता है। अपनी शक्ति से, एक पुरुष अपनी पत्नी

को उस तरह से प्रेम नहीं कर सकता जैसा यीशु ने किया? एक पति अपनी पत्नी को बिना शर्त निस्वार्थ प्रेम से प्यार नहीं कर सकता, लेकिन उसमें यीशु के द्वारा वह ऐसा कर सकता है। जब एक पति पवित्र आत्मा से परिपूर्ण होता है, तो उसे पता चल जाएगा कि यीशु का प्रेम उसके हृदय में डाल दिया गया है (रोमियों 5:5)। जब एक पति आत्मा से परिपूर्ण होता है, तो वह अपनी पत्नी को बलिदानपूर्वक, निःस्वार्थ और दृढ़ता से प्रेम करता है। अधिकांश पत्नियों को ऐसे व्यक्ति के आधीन रहने में कोई दिक्कत नहीं होती जो उसके लिए मरने तक के लिए पर्याप्त प्रेम करता है और जिस तरह से वह उसके लिए जैसा रहता है उससे यह दिखाता है।

जब एक विवाहित दंपत्ति आत्मा में जीने और चलना सीखते हैं, तो उन्हें यह मालूम पड़ेगा कि आत्मा का फल - प्रेम, आनंद, शांति, संयम, नम्रता, सच्चाई, भलाई, दयालुता और आत्म-नियंत्रण से उनका घर सजा होगा।

3. आत्मा की परिपूर्णता हमारे कार्यस्थल के जीवन में हमें मदद करता है - इफिसियों 6:5

आत्मा से परिपूर्ण जीवन एक मसीही को उसके कार्यस्थल में परमेश्वर की महिमा लाने में मदद करेगा। पवित्र आत्मा, हमें ईमानदारी से जीना, कड़ी मेहनत करना, गपषप नहीं करने और हमारे मालिकों का सम्मान करना सिखाता है। आपका काम आपका दीपक बन जाता है ताकि आपका प्रकाश चमके और स्वर्ग में हमारे पिता की महिमा हो (मत्ती 5:14-16)।

> इफिसियों 5:18 में, पौलुस आत्मा से परिपूर्ण होने के लिए कहता है और फिर वह इफिसियों 6:5-6 में कहता है -
>
> “हे दासो (कर्मचारी), जो लोग शरीर के अनुसार तुम्हारे स्वामी (नियोक्ता) हैं, अपने मन की सीधाई से डरते, और कांपते हुए, जैसे मसीह की, वैसे ही उन की भी आज्ञा मानो। और मनुष्यों को प्रसन्न करने वालों की नाईं दिखाने के लिये सेवा न करो, पर मसीह के दासों की नाईं मन से परमेश्वर की इच्छा पर चलो” (इफिसियों 6:5-6)।

आप जानते हैं इसका मतलब क्या है? आपकी नौकरी में आपका नियोक्ता वह है जिसे आपको सेवा और आज्ञापालन करना चाहिए। जब आप सुबह काम पर जाते हैं, तो आप को अपने मालिक की सेवा ऐसे करनी चाहिए जैसे वह यीशु हैं! आप कहते हैं, ‘एक मिनट

रुको! आप मेरे मालिक को नहीं जानते हो। वह एक अतृप्त, मतलबी, कठोर, व्यंग्यात्मक व्यक्ति है। इसका मतलब यह नहीं हो सकता कि मैं उसकी सेवा ऐसे करूँ जैसे कि वह यीशु है?' लेकिन यही बाइबल कहती है! कई लोग कहेंगे, 'मुझे अपने बॉस (स्वामी) की कोई परवाह नहीं है। मैं उस व्यक्ति की उस तरह से सेवा करने नहीं जा रहा हूँ"। मैं यीशु की सेवा करूँगा लेकिन मैं उसकी सेवा नहीं करूँगा'। हालांकि, परमेश्वर कहते हैं, 'आपको यीशु की सेवा करने के लिए उसकी सेवा करनी होगी। आप ऐसा क्यों करते हैं? क्योंकि आप, यीशु के एकमात्र प्रतिनिधित्व है जिसे वह कभी भी देख सकता है। आपको उस कार्यालय में रखा गया है और यह आपका कार्य क्षेत्र है ... आपका प्रकाश चमकने के लिए! 'क्या आपको पता है कि एक नियोक्ता को क्या कहना चाहिए? 'मुझे मेरी कंपनी में अच्छे, ईमानदार, कड़ी मेहनत करने वाले, गैर-गपशप वाले मसीहियों की अधिक जरूरत है। वे वफादार, सम्मानित और संगठन के लिए एक खुशहाल टीम की भावना ला रहे हैं।'

आप अपने काम की जगह में इस तरह कैसे रह सकते हैं? सिर्फ अगर आप परमेश्वर के पवित्र आत्मा से परिपूर्ण हैं।

4. आत्मा की परिपूर्णता हमें आत्मिक मल्लयुद्ध के समय में मजबूत बनाता है - इफिसियों 6:10-12

इफिसियों 6:10-12 में पौलुस आत्मा से परिपूर्ण जीवन के बारे में बात कर रहा है।

"निदान, प्रभु में और उस की शक्ति के प्रभाव में बलवन्त बनो। परमेश्वर के सारे हथियार बान्ध लो कि तुम शैतान की युक्तियों के साम्हने खड़े रह सको। क्योंकि हमारा यह मल्लयुद्ध, लोहू और मांस से नहीं, परन्तु प्रधानों से और अधिकारियों से, और इस संसार के अन्धकार के हाकिमों से, और उस दुष्टता की आत्मिक सेनाओं से है जो आकाश में हैं। इसलिये परमेश्वर के सारे हथियार बान्ध लो, कि तुम बुरे दिन में साम्हना कर सको, और सब कुछ पूरा करके स्थिर रह सको। सो सत्य से अपनी कमर कसकर, और धार्मिकता की झिलम पहिन कर। और पांवों में मेल के सुसमाचार की तैयारी के जूते पहिन कर। और उन सब के साथ विश्वास की ढाल लेकर स्थिर रहो जिस से तुम उस दुष्ट के सब जलते हुए तीरों को बुझा सको। और उद्धार का टोप, और आत्मा की तलवार जो परमेश्वर का वचन है, ले लो। और हर समय और हर प्रकार से आत्मा में प्रार्थना, और बिनती करते रहो, और इसी लिये जागते रहो, कि सब पवित्र लोगों के लिये लगातार बिनती किया करो।" (इफिसियों 6:10-18)।

प्रत्येक मसीही विश्वासी आत्मिक युद्ध के समय का अनुभव करेंगे। मसीहियों के रूप में, हमें यह समझना चाहिए कि हमारा एक शत्रु है, शैतान। शैतान को यह पसंद नहीं है कि हम मसीह के राजदूत हैं। आप यह पसंद करें या नहीं, परन्तु हम एक लड़ाई में हैं। अच्छी खबर यह है कि हम जीतने वाले पक्ष में हैं। वास्तव में विश्वासियों के रूप में, हमें जीने के लिए और विजय में रहने के लिए कहा जाता है जो पहले से ही क्रूस पर मसीह के द्वारा हमारे लिए जीता जा चुका है।

मसीही विश्वासियों के रूप में हमें यह एहसास होना चाहिए कि हमारे व्यक्तिगत जीवन और परिवार के जीवन में जो कुछ भी होता है वह स्वाभाविक नहीं है। जब हम परमेश्वर के साथ चलते हैं, तो हम समझेंगे कि कुछ दिन या समय हैं, जब हमारा शत्रु - शैतान हमें बाधा देने और हमें तोड़ने की कोशिश करता है (दानिय्येल 7:25)। क्या आपका कोई दिन या सप्ताह ऐसा था, जहां सारे नरक ने आपके परिवार में भ्रम पैदा करने के की कोशिश की हो? यह भयावह था। आप दुष्ट को महसूस कर सकते थे। बाइबल इसे 'बुरे दिन' कहती है। हो सकता है शैतान आपके कार्यस्थल पर आप पर हमला कर रहा है। यद्यपि आप निर्दोष हैं, लेकिन आपके कार्य स्थल में लोग आपके विरूद्ध आरोप लगा रहे हैं। या शायद शैतान आपके बच्चों पर हमला कर रहा है। आप समझ सकते हैं कि यह स्वाभाविक नहीं है। यह नारकीय है!

आपको क्या करना चाहिये? आप केवल अलौकिक संसाधनों के द्वारा अपनी आत्मा के शत्रु का सामना कर सकते हैं।

> याकूब 4:7-8 हमें निर्देश देता है -
>
> "इसलिये परमेश्वर के आधीन हो जाओ और शैतान का सामना करो, तो वह तुम्हारे पास से भाग निकलेगा। परमेश्वर के निकट आओ, तो वह भी तुम्हारे निकट आएगा।.."

पौलुस हमें सलाह देता हैं "...निदान, प्रभु में और उस की शक्ति के प्रभाव में बलवन्त बनो। परमेश्वर के सारे हथियार बान्ध लो कि तुम शैतान की युक्तियों के सामने खड़े रह सको।" (इफिसियों 6:10-11)

शैतान का विरोध करने के लिए प्रमुख आक्रामक हथियारों में से एक परमेश्वर का वचन है। यही कारण है कि पौलुस हमें बताता है "... आत्मा की तलवार को ले लो, जो कि परमेश्वर का वचन है। 'इसके बारे में सोचो, परमेश्वर का वचन पवित्र आत्मा की

तलवार है! जब हम पवित्र आत्मा की परिपूर्णता में रहते हैं, तब वह हमें अपनी सामर्थ के साथ मजबूत करता है और हर हमले का परमेश्वर के वचन से उत्तर देता है - "यह लिखा है" - जैसे उसने यीशु के साथ किया था जब जंगल में शैतान ने उसकी परीक्षा ली थी (मत्ती 4:1-8)

अन्य आक्रामक हथियार जिसके साथ हम शैतान का विरोध करते हैं वह प्रार्थना है। यही कारण है कि पौलुस हमें निर्देश देता है, "आत्मा में हर समय प्रार्थना करो, और इस दृश्टि से, सभी संतों के लिए सभी दृढ़ता और याचिका के साथ सावधान रहें..."

इसलिए मसीही विश्वासी को यह याद रखना चाहिए कि जब शैतान उनके व्यक्तिगत या पारिवारिक जीवन पर हमला करता है, तो उन्हें परमेश्वर के वचन और प्रार्थना का उपयोग उनके आक्रामक हथियारों के रूप में करना है। उन्हें यह भी समझना है कि उन्हें परमेश्वर और कलीसिया के पास जाना है।

5. आत्मा की परिपूर्णता हमारी गवाही के जीवन में मदद करता है - इफिसियों 6:19

> इफिसियों 5:18 में, पौलुस ने आत्मा से परिपूर्ण होने के लिए कहा और फिर वह इफिसियों 6:19 में कहता है-
>
> "और मेरे लिये भी, कि मुझे बोलने के समय ऐसा प्रबल वचन दिया जाए, कि मैं हियाव से सुसमाचार का भेद बता सकूं" (इफिसियों 6:19)।

पौलुस उनसे प्रार्थना करने के लिए कह रहा है- यह सब आत्मा से परिपूर्ण होने के संदर्भ में है और कहता है, "... और मेरे लिये भी, कि मुझे बोलने के समय ऐसा प्रबल वचन दिया जाए, कि मैं हियाव से सुसमाचार का भेद बता सकूं"। पौलुस एक बौद्धिक और एक विश्व यात्री था, लेकिन वह जानता था जैसे हर प्रचारक जानता है कि सभी व्यर्थ हैं, जब तक पवित्र आत्मा नहीं आता है और लोगो को अपराधबोध न कराए और उन्हें न सिखाए।

> प्रेरितों 1:8 में, यीशु ने अपने शिष्यों से वादा किया -
>
> "परन्तु जब पवित्र आत्मा तुम पर आएगा तब तुम सामर्थ पाओगे और यरूशलेम और सारे यहूदिया और सामरिया में, और पृथ्वी की छोर तक मेरे गवाह होगे।"

> मरकुस 14:66-72 में, हम एक निराश और भयभीत पतरस से मिलते हैं जो महासभा के आंगन में बाहर बैठा था जबकि मसीह की परीक्षा अंदर चल रही है। वह आग से खुद को गर्म कर रहा है, शाप और इनकार करता है कि वह यीशु को भी जानता था। वह यह भी स्वीकार करने के लिए डर गया था कि वह यीशु के चेले में से एक था। लेकिन सिर्फ 50 दिन बाद जब पवित्र आत्मा स्वर्ग से उतरा और पेन्तिकुस्त के दिन (प्रेरितों के काम 2:1-4, 14) चेले को भर दिया, तब हम उसी पतरस को देख पाते हैं जो 'आत्मा से भर गया' और यीशु के बारे में गवाही देता है। अपनी आवाज़ उठाकर, साहसपूर्वक और निडरता से वह बड़े यहूदी दर्शकों के सामने सुसमाचार संदेश का प्रचार करता है और यह घोषणा करता है कि यीशु ही प्रभु और मसीह है। 3000 से अधिक आत्माओं को बचाया और अपने शक्तिशाली संदेश के माध्यम से परमेश्वर के राज्य में लाया।

एक भयभीत व्यक्ति से पतरस यीशु के लिए एक साहसिक प्रचारक में कैसे बदल गया? प्रेरितों के काम 4:13 में पाया गया है - "पतरस पवित्र आत्मा से भर गया।" केवल पतरस ही नहीं, परन्तु अन्य सभी शिष्य पवित्र आत्मा से भरने के द्वारा मसीह के लिए शक्तिशाली गवाह बनने के लिए बदल गए।

> प्रेरितों के काम 4:31 में हम फिर से पढ़ते हैं -
>
> "वे सब पवित्र आत्मा से परिपूर्ण हो गए, और परमेश्वर का वचन हियाव से सुनाते रहे।"

आप देखें, जब हम पवित्र आत्मा से भरे होते हैं, तो वह हमें दूसरों को यीशु के बारे में बताने के लिए साहस देता है। जब हम पवित्र आत्मा से भर जाते हैं तो हम हमारे लिए परमेश्वर की उपस्थिति और सामर्थ के प्रति सचेत होते हैं, तब हम मनुष्यों द्वारा अस्वीकार किए जाने के बारे में चिंतित नहीं होते हैं। यीशु ने अपने अनुयायियों से वादा किया था कि पवित्र आत्मा उन्हें गवाही देने में मदद करेगा। "तुम मेरे लिये हाकिमों ओर राजाओं के साम्हने उन पर, और अन्यजातियों पर गवाह होने के लिये पहुंचाए जाओगे। जब वे तुम्हें पकड़वाएंगे तो यह चिन्ता न करना, कि हम किस रीति से या क्या कहेंगेः क्योंकि जो कुछ तुम को कहना होगा, वह उसी घड़ी तुम्हें बता दिया जाएगा। क्योंकि बोलने वाले तुम नहीं हो परन्तु तुम्हारे पिता का आत्मा तुम में बोलता है।' (मत्ती 10:18-20)।

हम परमेश्वर के लिए शक्तिशाली गवाह कैसे हो सकते हैं?

जब हम आत्मा से परिपूर्ण होते हैं। क्या मैं आपसे एक व्यक्तिगत सवाल पूछ सकता हूँ? क्या आप आत्मा से परिपूर्ण हैं? यह केवल परमेश्वर का एक अनुरोध नहीं है। यह आज्ञा मानने के लिए एक आदेश है। आप अपने खुद की शक्ति से मसीही जीवन नहीं जी सकते। आप और मुझे लगातार यीशु के पवित्र आत्मा की शक्ति और अग्रणी नेतृत्व में रहना चाहिए। और जब आप आत्मा से भर जाते हैं, क्या आप जानते हैं कि आपको क्या मिलेगा? आपको अपनी आराधना, विवाहित जीवन, कार्यस्थल, युद्ध, गवाही और आपके जीवन के सभी क्षेत्रों में उसकी उपस्थिति, सामर्थ और मार्गदर्शन मिलेगा।

संदर्भः

1. एड्रियन रोजर्स द्वारा द पॉवर ऑफ हिज प्रेसेंस

2. केनेथ वूस्ट द्वारा वर्ड स्टडीज इन द न्यू टेस्टामेंट

गृहकार्य # 11 । अध्याय # 11

1. पवित्र शास्त्र के पदों के साथ 8 तरीकों की सूची बनाएं कि पवित्र आत्मा एक विश्वासी की मदद कैसे कर सकता है।
2. कई बार लोग आत्मा से भरने की वचनबद्धता रखते हैं लेकिन समझने में विफल होते हैं कि इफिसियों 5:18 कहता है कि ''लगातार भरे रहें। " कृपया बताएं कि यह पवित्र आत्मा से लगातार भरे होने का क्या अर्थ है, जैसा कि आपके अध्याय में बताया गया है। "आत्मा में जीने" और "आत्मा में चलना" के अर्थ को भी समझाएं।
3. निम्नलिखित वाक्य पूरा करें:
    1. यह समझना बहुत महत्वपूर्ण है कि जब पवित्र आत्मा की पहचान "........" की जाती है (प्रेरितों के काम 1:8), वह एक अवैयक्तिक बल नहीं है बल्कि एक .... है - .... का तीसरा व्यक्ति।
    2. पवित्र आत्मा का महान व्यवसाय .... की महिमा करना नहीं है, बल्कि परदे के पीछे खड़े होने के लिए है और बिंदु को .... करने के लिए है।
    3. जब लोग .... को यीशु के साथ होते हैं और पवित्र आत्मा से भरे होते हैं, तो उसकी सामर्थ मसीह की तरह प्रेम और ...., ..., ... और .... को प्रकाश में बदलता है।
    4. इफिसियों के अध्याय 5 और 6 में, प्रेरित पौलुस सभी मसीहियों को अपने .... (इफिसियों 5:19) में (इफिसियों 5:18), उनके .... (इफिसियों 5:22-32) में, उनके .... (इफिसियों 6:5-9) में, ... (इफिसियों 69:10-19) से निपटने में और उनके .... में (इफिसियों 6:20) में पवित्र आत्मा से परिपूर्ण होने की आज्ञा देता है।
    5. इफिसियों 5:18 में, परमेश्वर विश्वासियों को आत्मा से भरने का अनुरोध या .... नहीं करते हैं। वह हमें परिपूर्ण होने की .... देते है।
    6. परमेश्वर की पवित्र आत्मा से परिपूर्ण होने के लिए दो आवश्यकताएं हैं:
        1. ....
        2. ....

3. पवित्र आत्मा को एक .... के रूप में सोचें, जो आपके शरीर पर पूरा .... लेना चाहता है, जो उसका .... है।

4. आत्मा से भरे विश्वासी के निश्चित चिन्हों में से एकः आप और अधिक .... जैसे बनेंगे।

5. मसीह की आत्मा का फल है ... प्रेम ... आनंद... षांति - .... के संदर्भ में।

6. संयम ... दया ... अच्छाई .... - के संदर्भ में।

7. विश्वासयोग्यता, नम्रता और आत्म नियंत्रण - .... के संदर्भ में।

8. पवित्र आत्मा हमें ...., ... और .... की आत्मा देता है।

9. जब एक पत्नी आत्मा से परिपूर्ण होती है, तो वह अपने पति को .... से प्रेम करती है।

10. जब एक पति आत्मा से परिपूर्ण होताहै, तो वह अपनी पत्नी को ...., ... तथा .... से प्रेम करता है।

11. आप अपने (स्वामी) बॉस की सेवा .... से सेवा कर रहे हैं। क्योंकि आप केवल एक ही हैं यीशु के .... है जिसे वह कभी भी देख सकता है

12. जैसा कि हम पवित्र आत्मा से भरने में रहते हैं, वह हमें हमें अपनी शक्ति के साथ .... है और .... के साथ शैतान के हर हमले का जवाब देता है – "यह लिखा है"।

13. जब हम पवित्र आत्मा से भरे होते हैं, तो वह हमें दूसरों को यीशु के बारे में बताने के लिए .... देता है।

अध्याय 12

परमेश्वर की आवाज़ कैसे सुनें

प्रत्येक मसीही के लिए सबसे बड़ा रोमांच यह है कि यह एक अद्भुत सच्चाई है कि परमेश्वर आपसे बात करना और आपके जीवन के सभी प्रमुख और छोटे निर्णयों पर व्यक्तिगत रूप से मार्गदर्शन करना चाहते हैं।

> यीशु ने स्पष्ट रूप से यूहन्ना 10:4-5 में कहा -
>
> "और जब वह अपनी सब भेड़ों को बाहर निकाल चुकता है, तो उन के आगे आगे चलता है, और भेड़ें उसके पीछे पीछे हो लेती हैं, क्योंकि वे उसका शब्द पहचानती हैं। परन्तु वे पराये के पीछे नहीं जाएंगी, परन्तु उस से भागेंगी, क्योंकि वे परायों का शब्द नहीं पहचानती।"

क्या आप वास्तव में उद्धार पाए हुए मसीही हैं? यदि हां, तो आपको अपने जीवन में यीशु की आवाज़ और मार्गदर्शन को पहचानना और जानना चाहिए।

परमेश्वर की आवाज़ सुनने की जरूरत

मेरा मानना है कि सबसे महत्वपूर्ण सबक में से एक है कि विश्वासी कभी भी अपने जटिल और व्यस्त जीवन के बीच में सीख सकता है कि कैसे परमेश्वर जो उससे बोल रहा है, वे सुनें और जानें। आप देखते हैं, हम में से हर एक के पास इतने सारे महत्वपूर्ण फैसले होते हैं जो हमें अपने जीवन भर करने पड़ते है। इन निर्णयों में से कई हमारे जीवन के भविष्य को प्रभावित करेंगे। चूंकि सिर्फ परमेश्वर हमें जानते हैं और भविष्य को जानते हैं, इसलिए हमें उनके मार्गदर्शन की प्रतिदिन आवश्यकता है।

> यिर्मयाह 10:23 कहता है -
>
> "मनुष्य का मार्ग उसके वश में नहीं है ..."
>
> नीतिवचन 20:24 कहता है -
>
> "मनुष्य का मार्ग यहोवा की ओर से ठहराया जाता है।"

जो परमेश्वर किसी विश्वासी से कहना चाहता है कुछ भी उससे ज्यादा जरूरी और फायदेमंद नहीं है। परमेश्वर की आवाज़ सुनने की प्रतीक्षा करती है, और इसको सुनने के बाद, हम सबसे महान, सबसे रोमांचक साहसिक अभियान में उतारे गए हैं जिसकी हम कभी कल्पना भी नहीं कर सकते हैं।

आज भी परमेश्वर हमसे क्यों बात करता है?

हम अच्छी तरह से पूछ सकते हैं, "आज भी परमेश्वर हमसे क्यों बात करना चाहता है? क्या उसने उत्पत्ति से प्रकाशितवाक्य तक पर्याप्त नहीं कहा?" ठीक है, ऐसे कई महत्वपूर्ण कारण हैं कि परमेश्वर आज आपसे बात करना चाहता है।

- **पहला और सबसे महत्वपूर्ण, परमेश्वर वास्तव में आपसे प्रेम करता है और चाहता है कि आप उसकी मित्रता का आनंद ले।**

अगर आपको याद है, वह परमेश्वर ही था जो हर सुबह बगीचे में आदम और हव्वा के साथ मिलने आता था (उत्पत्ति 3:8)। परमेश्वर ने हमें उसके साथ मित्रता का आनंद लेने के लिए बनाया। निजी बाइबल पढ़ने, मनन करने और प्रार्थना के हमारे शांत समय में, हमें केवल परमेश्वर से बात करने के लिए नहीं बल्कि उसे सुनने के लिए चुप होना रहना चाहिए। परमेश्वर आज भी हमसे बोलते हैं क्योंकि वह एक प्रेम-संबंध विकसित करना चाहता है जिसमें दो पक्ष अंतरंग बातचीत में शामिल होते है। मेरा मानना है कि सबसे महत्वपूर्ण कारण है कि परमेश्वर आज भी हमारे साथ बात कर रहा है कि वह चाहता है कि हम उसे अच्छी तरह से और व्यक्तिगत रूप से जान सकें।

- **दूसरा कारण, परमेश्वर अभी भी हमसे बात करता है क्योंकि वह जानता है कि हमें उसके प्रोत्साहन, आराम और मार्गदर्शन की जरूरत है।**

एक समय था यहाँ तक कि एलिय्याह, परमेश्वर के भविष्यवक्ता और पराक्रमी प्रार्थना योद्धा को प्रोत्साहन की जरूरत थी। 1 राजा अध्याय 18 में, एलिय्याह ने बहादुरी से बाल के 400 झूठे भविष्यवक्ताओं पर बड़ी जीत हासिल की। हालांकि, उसके बाद में, वह थका हुआ और शक्तिहीन था, जब उसे ईजेबेल नामक एक दुष्ट रानी से धमकी मिली, तो एलिय्याह अपने जीवन के लिए दौड़ा, एक गुफा में छिप गया और काफी निराश हो गया (1 राजा 19)। 1 राजा 19: 11-16 में, परमेश्वर ने उस स्थिति में एक धीमी आवाज़ में एलिय्याह से बात की और उसे प्रोत्साहन और मार्गदर्शन दिया। उसे प्रोत्साहित करने के लिए एलिय्याह को परमेश्वर की आवाज़ सुनने की जरूरत थी।

परमेश्वर ने लाल समुद्र में एक अलग स्थिति में मूसा से बात की। निर्गमन 14:15-16 में यहोवा ने मूसा से कहा, "इस्राएलियों को आज्ञा दे कि यहां से कूच करें। और तू अपनी लाठी उठा कर अपना हाथ समुद्र के ऊपर बढ़ा, और वह दो भाग हो जाएगा। तब इस्राएली समुद्र के बीच हो कर स्थल ही स्थल पर चले जाएंगे।" मूसा को परमेश्वर से बात करने और मार्गदर्शन की जरूरत थी।

हमें बार बार परमेश्वर से पूछने को सीखना होगा जैसे दाउद ने 2 शमूएल 5:19 और 2 शमूएल 5:23 में किया, क्योंकि परमेश्वर की रणनीति कभी भी बदल सकती है।

बाइबल के समय में परमेश्वर ने लोगों से कैसे बात की?

परमेश्वर ने पुराने नियम और नए नियम के दिनों में लोगों से कैसे बात की?

> इब्रानियों 1:1-2 हमें कुछ अंतर्दृश्टि प्रदान करता है। यह कहता है, "पूर्व युग में परमेश्वर ने बाप दादों से थोड़ा थोड़ा करके और भांति भांति से भविष्यवक्ताओं के द्वारा बातें कर के। इन दिनों के अन्त में हम से पुत्र के द्वारा बातें की, जिसे उस ने सारी वस्तुओं का वारिस ठहराया और उसी के द्वारा उस ने सारी सृष्टि रची है।' उपरोक्त पद हमें यह बताते हैं कि जब परमेश्वर ने बाइबल के कई सालों में कई अलग-अलग तरीकों से बात की थी, इन आखिरी दिनों में, यीशु हमारे लिए परमेश्वर का पूर्ण और अंतिम प्रकटीकरण है।

आप पूछ सकते हैं कि बाइबल के समय में परमेश्वर ने अपने लोगों से बात करने के लिए किन तरीकों का इस्तेमाल किया था? जब हम इस प्रश्न के उत्तर को देखते हैं, तो हमें ध्यान रखना चाहिए, कि बाइबल के सभी इतिहास में, शास्त्रों को लिखा और एकत्र किया जा रहा था। बाइबल का सिद्धांत अभी तक पूरी तरह से पूर्ण नहीं हुआ था। तो जाहिर है परमेश्वर को अपने लोगों के साथ संवाद करने के लिए कुछ विशेष तरीकों का इस्तेमाल करने की जरूरत थी। अगर हम पुराना नियम और नया नियम पढ़ते हैं, तो हम कुछ ऐसे तरीकों को देखेंगे जिनसे परमेश्वर मुख्यतः लोगों से बात करते थे।

(1) परमेश्वर ने विशेष निजी रूप-रंग के माध्यम से बात की जिन्हें थिओंफनिएस के रूप में जानाजाता है।

पुराने नियम में, परमेश्वर कभी-कभी सीधे कुछ लोगों को दिखाई देते थे और उनसे बात करते थे। परमेश्वर के इन प्रत्यक्ष दिखावे को "थिओंफनिएस" कहा जाता है। यूनानी में,

थिओस का अर्थ है 'परमेश्वर' और एफीफेनी का अर्थ है 'उपस्थिति'। उदाहरण के लिए, प्रेरितों के काम 7:2 में, यह लिखित प्रमाण है कि परमेश्वर महिमा में दिखाई दिया, और अब्राहम को विशिष्ट निर्देश दिए। निर्गमन 3:1-3 में लिखा है कि आग की झाड़ी के बीच परमेश्वर मूसा को महिमा में दिखाई दिया और मूसा को निर्देश दिए।

(2) परमेश्वर ने स्वर्गीय स्वर्गदूतों के माध्यम से बात की।

बाइबल में, परमेश्वर ने कभी-कभी अपने लोगों से अपने विशेष दूतों, स्वर्गदूतों के माध्यम से बात की थी। उदाहरण के लिए, दानिय्येल 9:21-22 में, दूत जिब्राएल ने भविष्य में विशिष्ट समय के बारे में दानिय्यल को एक भविष्यवाणी संदेश भेजा था जब मसीहा इस्राएल के लिए आएगा और मरेगा (दानिय्येल 9:24-27)। लगभग 500 साल बाद, दूत जिब्राएल ने परमेश्वर से मरियम को एक संदेश दिया कि वह वो कुंवारी है जिसके माध्यम से मसीहा का जन्म होगा (लूका 1:27-35)।

(3) परमेश्वर ने स्वप्न और दर्शन के माध्यम से बात की।

परमेश्वर ने कभी कभी स्वप्न के द्वारा (जब वे रात को सो गए) और दर्शन (जब वे जाग रहे थे) अपने लोगों से बात की। दानिय्येल अध्याय 2 में, परमेश्वर ने अपने भविष्यवक्ता दानिय्येल को स्वप्न की एक श्रृंखला में, तीन शक्तिशाली विश्व साम्राज्यों (फारस, ग्रीस और मसीह विरोधी) के बारे में बताया जो कि बाबुल के वर्तमान साम्राज्य में सफल होगा। मत्ती 1:20-24 में, परमेश्वर ने एक स्वप्न में यूसुफ से कहा कि मरियम को अपनी पत्नी के रूप में ले। परमेश्वर ने उद्धार न पाए हुए कुरनेलियुस को एक दर्शन के द्वारा पतरस के लिए भेजा (प्रेरितों 10:1-5)।

(4) परमेश्वर ने भविष्यवक्ताओं के माध्यम से बात की।

परमेश्वर ने अक्सर भविष्यवक्ताओं के माध्यम से बात की थी। परमेश्वर ने बाइबल के दिनों में विशेष 'संतों'

या भविष्यवक्ताओं को उठाया जो भविष्य की भविष्यवाणी करने के लिए परमेश्वर के आत्मा से चलाए गए थे।

भविष्यवक्ताओं ने कहा, 'प्रभु कहता है,' और लोगों ने इस बात का पालन किया क्योंकि उन्हें पता था कि

यह परमेश्वर से सीधे आया था।

(5) परमेश्वर ने पवित्र आत्मा के माध्यम से बात की।

परमेश्वर ने अक्सर अपने लोगों से सीधे पवित्र आत्मा के माध्यम से बात की थी। उदाहरण के लिए, लूका 2: 25-27 में, हमें शिमोन नामक एक व्यक्ति के बारे में बताया गया है, जिसे पवित्र आत्मा ने प्रकट किया था कि वह मसीहा को देखने से पहले नहीं मरेगा।

आज परमेश्वर किस प्रकार बोलते हैं?

कृपया समझें, परमेश्वर राजा है और आज भी अपने उपर्युक्त तरीकों से अपने लोगों से आज भी बात कर सकता है, अगर वह चुनता है। फिर भी, यह मेरी राय है कि आज परमेश्वर शायद ही कभी स्वर्गदूतों या दृष्टांतों और स्वप्नों के माध्यम से बोलते हैं। मैं हालांकि अपने अंतिम बयान को अर्हता प्राप्त करना चाहता हूँ। इसका अर्थ यह नहीं है कि परमेश्वर कभी भी स्वर्गदूतों, स्वप्नों और दृष्टांतों के माध्यम से बात नहीं करते है। यह अनुमान लगाया गया है कि 25 प्रतिशत से अधिक मुस्लिम जो मसीह के पास आये हैं, वे दर्शन या स्वप्न के द्वारा यीशु की ओर आकर्शित हुए है। मैं व्यक्तिगत रूप से कई मुसलमानों (और कुछ हिंदुओं) से मिला हूँ, जो स्वप्नों या दर्शनों के माध्यम से विश्वास करने के लिए प्रेरित किए गए है। मैं सिर्फ यह कह रहा हूँ कि परमेश्वर स्वर्गदूतों, स्वप्नों और दर्शन के माध्यम से लोगों से बात कर रहे हैं वह लोगों से बात करने का प्रमुख तरीका नहीं है।

तो आज परमेश्वर का अपने लोगों से बोलने का प्रमुख तरीका क्या है? आज, सबसे जरूरी और सबसे अधिक नियमित तरीका कि परमेश्वर हमारे साथ बात करता है, वह यीशु के माध्यम से है जो पवित्र आत्मा की अभी भी धीमी आवाज़ से हमें बताता है।

याद रखें कि इब्रानियों 1:1-2 कहता है, "... इन आखिरी दिनों में, परमेश्वर ने हमसे अपने पुत्र के द्वारा बात की...

यीशु ने वादा किया था कि वह पवित्र आत्मा के द्वारा हमारे साथ बात करेगा।

ऊपरी कोठरी में, यीशु ने अपने शिष्यों से वादा किया था कि जब वह अपने पिता के दाहिने हाथ में बैठकर स्वर्ग में लौट जाएंगे, तो वह हमारे सहायक और शिक्षक के रूप में पवित्र आत्मा भेजेगे।

> यूहन्ना 16:13 में, यीशु ने कहा -
>
> “परन्तु जब वह अर्थात सत्य का आत्मा आएगा, तो तुम्हें सब सत्य का मार्ग बताएगा, क्योंकि वह अपनी ओर से न कहेगा, परन्तु जो कुछ सुनेगा, वही कहेगा, और आनेवाली बातें तुम्हें बताएगा।”
>
> यूहन्ना 14:26 में, यीशु ने कहा -
>
> “परन्तु सहायक अर्थात पवित्र आत्मा जिसे पिता मेरे नाम से भेजेगा, वह तुम्हें सब बातें सिखाएगा, और जो कुछ मैं ने तुम से कहा है, वह सब तुम्हें स्मरण कराएगा।”

इस प्रकार आज मेरा मानना है कि परमेश्वर का हमारे साथ बोलने का प्राथमिक तरीका है (बाइबल के पूरा होने के बाद):

- ★ उसके पहले से प्रेरित वचन के द्वारा - बाइबल (2 तीमुथियुस 3:16, 2 पतरस 1:19-21, प्रकाशितवाक्य 22:9, भजन 119:105)
- ★ पवित्र आत्मा के माध्यम से (यूहन्ना 16:13-14)

परमेश्वर, फिर दूसरी बात यह पुष्टि करता है कि आत्मा परिस्थितियों और अन्य ईश्वरीय लोगों के माध्यम से क्या कह रहा है।

पवित्र आत्मा द्वारा यीशु ने अपनी कलीसिया से कैसे बात की उसके कुछ उदाहरण

आइए देखें कि कैसे पवित्र आत्मा की प्रेरणा से शुरुआती कलीसिया में परमेश्वर ने लोगों से बात की थी।

> प्रेरितों के काम 8:29 में यह लिखा है कि, फिलिप्पुस गाजा पट्टी पर गया था, उसने एक खोजे का रथ देखा तब आत्मा ने फिलिप्पुस से कहा, “निकट जाकर इस रथ के साथ हो ले।”। फिलिप्पुस ने पवित्र आत्मा के निर्देशों का पालन किया और खोजा को मसीह में लाने का नेतृत्व करने में सक्षम रहा।
>
> प्रेरितों के काम 10:19 में, आत्मा ने पतरस से कुरनेलियुस द्वारा भेजे गए मनुष्यों में शामिल होने के बारे में बात की - “तीन मनुष्य तेरी खोज में हैं। सो उठकर नीचे

जा, और बेखटके उन के साथ हो ले, क्योंकि मैं ही ने उन्हें भेजा है। " जब पतरस ने आत्मा के संकेतों का पालन किया, तो उसने कुरनेलियुस के घर को मसीह में आने के लिए बदल दिया।

प्रेरितों के काम 13:2 में, जबकि अन्ताकिया में कलीसिया के मुख्य अगुवे उपवास और प्रार्थना कर रहे थे, आत्मा ने कहा, "मेरे निमित्त बरनबास और शाऊल को उस काम के लिये अलग करो जिस के लिये मैं ने उन्हें बुलाया है।" जब अन्ताकिया के अगुओं ने आत्मा के मार्गदर्शन का पालन किया, तो परमेश्वर के राज्य के लिए अन्यजातियों तक पहुँचने के लिए अद्भुत दरवाजे खोल दिए। जैसा कि हम देखते हैं कि प्रेरितों की पुस्तक में परमेश्वर के आत्मा ने कैसे बात की थी, मैं चाहता हूँ कि आप तीन चीजें याद करें:

1. जब प्रभु का आत्मा बात करता है, तो वह आमतौर पर गपषप में संलग्न नहीं होता है। वह हमेशा बिंदु पर होता है। उसके पास कहने के लिए कुछ होता है और वह ठीक से और संक्षेप में कहता है।
2. जब प्रभु का आत्मा बात करता है और अगुवाई करता है, तो इसे आम तौर पर अनुवाद मिलेगा और अन्य ईश्वरीय आत्मा से भरे हुए पुरुषों और महिलाओं द्वारा एक अच्छे निर्णय के रूप में उसकी पुष्टि की जाएगी। परिस्थितियाँ भी यह पुष्टि करने के लिए इंगित करेंगी कि यह परमेश्वर की ओर से है।
3. कभी-कभी आत्मा हमें कार्य को रोककर कुछ अन्य कार्य करने को कहता है।

प्रेरितों के काम 16:6-10 में, और वे फ्रूगिया और गलतिया देशों में से होकर गए, और पवित्र आत्मा ने उन्हें ऐषिया में वचन सुनाने से मना किया। और उन्होंने मूसिया के निकट पहुंचकर, बितूनिया में जाना चाहा। परन्तु यीशु के आत्मा ने उन्हें जाने न दिया। सो मूसिया से होकर वे त्रोआस में आए। और पौलुस ने रात को एक दर्शन देखा कि एक मकिदुनी पुरूष खड़ा हुआ, उस से बिनती करके कहता है, "कि पार उतरकर मकिदुनिया में आ और हमारी सहायता कर।" उसके यह दर्शन देखते ही हम ने तुरन्त मकिदुनिया जाना चाहा, यह समझकर, कि परमेश्वर ने हमें उन्हें सुसमाचार सुनाने के लिये बुलाया है।

पवित्र आत्मा की प्रेरणा और नियंत्रण का अनुसरण करना

अगर हम परमेश्वर की आवाज़ सुनना चाहते हैं, तो हमें आत्मा से परिपूर्ण जीवन जीने की जरूरत है और स्पष्ट प्रेरणा और परमेश्वर के पवित्र आत्मा के नियंत्रण के प्रति संवेदनशील होना सीखना चाहिए। बोना फ्लेमिंग को ओक्लाहोमा में अपने सुसमाचार सभा तक पहुंचने के लिए सिनसिनाटी और सेंट लुइस में ट्रेनों को बदलना पड़ा। जब वह सिनसिनाटी ट्रेन स्टेशन में इंतजार कर रहे थे, एक आंतरिक आवाज़ ने उन्हें प्रभावित किया, "उस ट्रेन को मत लो"। फ्लेमिंग ने अपने दिमाग में तर्क दिया, "पश्चिम की ओर ट्रेन के लिए कनेक्षन बनाने के लिए यह एकमात्र ट्रेन है"। फिर से आंतरिक आवाज़ ने इतनी स्पष्ट रूप से बात की, कि फ्लेमिंग ने चारों ओर घूमते हुए देखा कि यह किसने कहा, "9:30 बजे वाली ट्रेन मत लेना"। कोई भी नहीं बोला था। लेकिन वह आसन्न खतरे को समझने लगे। 9:30 बजे वाली ट्रेन की घोषणा करने से पहले फ्लेमिंग ने सोचा, 'मुझे उस सभा के लिए समय पर पहुंचना चाहिए। मैं लोगों को निराश नहीं करना चाहता हूँ। "मुझ पर छोड़ दो", एक और बार स्पष्ट आवाज़ आई। फ्लेमिंग थोड़ी देर तक रुक गए, उसके बाद उन्होंने उन आवाजों पर संदेह किया और उन्होंने तीसरी बार ट्रेन लेनी चाही। फिर से स्पष्ट आवाज़ आई, "वह ट्रेन मत लेना"।

फ्लेमिंग अपनी सीट पर वापस चला गया। जैसे ही वह इंतजार कर रहा था, उन्हें एक स्थायी शांति अनुभव हुई। फ्लेमिंग दोपहर वाली ट्रेन पर चढ़े। सिनसिनाटी से 90 मील की दूरी पर, ट्रेन को रोक दिया गया। रेलवे पटरियों के किनारे पर, उन्होंने 9:30 ट्रेन के मलबे को देखा! जब फ्लेमिंग सेंट लुईस पहुंचे, तो उन्होंने उचित कनेक्षन बनाए और समय पर उनके ओकलाहोमा सभा तक पहुंचे।

> भजन 37:23 घोषित करता है कि "मनुष्य की गति यहोवा की ओर से दृढ़ होती है, और उसके चलन से वह प्रसन्न रहता है।" ईश्वरीय प्रार्थना योद्धा जॉर्ज मूलर ने कहा, 'एक अच्छे व्यक्ति के कदम और साथ ही साथ उसका ठहराव परमेश्वर द्वारा सुव्यवस्थित किए जाते हैं।' हमें यह याद रखना चाहिए कि मसीह ने अपनी कुंजी का उपयोग द्वार को खोलने और बंद करने के लिए वादा किया है (प्रकाशितवाक्य 3:7-8)।

परमेश्वर की अगुवाई निर्णायक होती है

प्रेरितों के काम 16:6-10 मिकिदुनिया दर्शन की घटना में, पौलुस ने "निष्कर्ष निकाला" कि परमेश्वर ने उसे मिकिदुनिया में सुसमाचार देने और प्रचार करने के लिए बुलाया

था। शब्द "निष्कर्ष निकाला" एक यूनानी शब्द का अनुवाद है, जिसका अर्थ है "अलग-अलग तथ्यों को एक साथ मन में लाना।" कौन से तथ्य? सबसे पहले कि पौलुस को अब भी सुसमाचार के लिए बुलाया गया था। दूसरा, कि पहले दो स्थानों (गलातिया और बिथिनिया) वर्तमान समय के लिए परमेश्वर की इच्छा नहीं थी। अब दर्शन ने मकिदुनिया को बताया। तो परमेश्वर की रोकने, मानव तर्क और एक विशेष 'दैवीय मार्गदर्शन' के संयोजन के द्वारा, मकिदुनिया समूह को परमेश्वर की बुलाहट के बारे में सुनिश्चित हो गया।

पादरी जेफ फेल्प्स ने, 14 वर्षों के लिए चीन में मिशनरियों के रूप में सेवा की। ग्रेटर ग्रेस वर्ल्ड आउटचर्च (जी जी डब्ल्यू ओ) की सुरक्षा के तहत उन्हें चीन भेजा गया था। कैसे परमेश्वर ने उन्हें चीन जाने के लिए अगुवाई की, यह एक अद्‌भुत उदाहरण है कि पवित्र आत्मा एक विश्वासी की अगुवाई कैसे करता है। जेफ एक जवान आदमी था, जो लेनिन, मैसाचुसेट्स में बाइबल कॉलेज के स्नातक थे, जब परमेश्वर ने उनके दिल में चीन के लोगों को मसीह तक पहुंचने के लिए एक बोझ डाला। कई सालों तक, उन्होंने चीन के बारे में और उसकी सुसमाचार की आवश्यकता का अध्ययन किया, चीन में मिशन के काम की कहानियां पढ़ीं और चीन के लिए प्रार्थना की।

एक दिन, एक मिशन सम्मेलन के बाद, परमेश्वर ने उससे बात की, "यह जाने का समय है। एक साल के अंदर जाने की योजना बनाओ।" इसलिए उन्होंने 2-3 लोगों की एक टीम तैयार की, जो चीन में उनके साथ जाने में रुचि रखते थे। वे अपने भविष्य के दर्शन के लिए प्रार्थना करने लगे और इसके बारे में बोलने लगे। उन्होंने अपने अगुवों से बात की और उन्हें हरा संकेत दिया। उन्होंने अपनी किराए के लिए बचत शुरू की और धन जुटाने के लिए कलीसियाओं के पास गए। जब परमेश्वर ने उन्हें जो तारीख दिखाई थी वह आ रही थी, उन्हें यह एहसास हुआ कि उनके पास केवल आधा पैसा है जितनी उनको जरूरत थी। उनकी उड़ान बोस्टन (पूर्वी तट पर) से कैलिफोर्निया (वेस्ट कोस्ट पर) और फिर षंघाई, चीन पर थी। उन्होंने जितना धन जमा किया था उसके साथ, वे या तो चीन तक पूर्ण किराए से जा सकते हैं और आगमन के लिए उनके पास कोई पैसा नहीं होता या कैलिफोर्निया तक आधे रास्ते तक जाएं और परमेश्वर पर भरोसा करें कि वह एक चमत्कार करे और उन्हें बाकी रास्ते और वापस लाने का इंतजाम करे। उन्हें पवित्र आत्मा द्वारा परमेश्वर पर विश्वास और भरोसे करके कैलिफोर्निया जाने की अगुवाई हुई।

विश्वास के द्वारा वे कैलिफोर्निया गए, पूरी तरह से चीन के लिए तैयार थे। वे एलएएक्स हवाई अड्डे पर 4 दिन और कलीसिया की नर्सरी में 3 रात सोए थे, परमेश्वर की दिशा

के लिए प्रार्थना करते हुए। पहले दिन कैलीफोर्निया में, परमेश्वर के इंतजाम के अनुसार, वे एक युवा महिला से मिले, जो एक मसीही किताबों की दुकान में रिसेप्शनिस्ट थीं। जेफ और अन्य लोगों ने उस दर्शन को उसके साथ साझा किया, जो परमेश्वर ने चीन में सेवकाई के लिए उनके हृदय में डाला था। उस महिला ने उनके जीवन देखे, क्योंकि वे सड़कों पर 7 दिनों के लिए आत्माओं को जीतने में लगे थे और उसने उन्हें परमेश्वर और उसके वचन की गवाही देते हुए सुना। 7वें दिन उसने कहा, 'ठीक है, आप जा सकते हैं। मेरे पास आपके लिए पैसा है।' उसने जेफ से कहा, "मेरा मानना है कि परमेश्वर ने मुझे एक साल पहले चीन के लिए यह धन बचाने के लिए नेतृत्व किया ताकि एक दिन मैं चीन जा सकूँ। लेकिन अभी के लिए, मैं नहीं जा सकती। परमेश्वर मुझे आपको देने और वहां से वापस लाने की जरूरत को पूरा करने के लिए प्रेरित कर रहा है।" वे उस सप्ताह चीन गए!

यह 29 साल पहले था। आज जी.जी.डब्ल्यू.ओ. की चीन में कई स्थापित कलीसियाएं और बाइबल कॉलेज हैं! हमें हमेशा यह याद रखना चाहिए कि जब हम परमेश्वर की आवाज़ सुनते हैं, तो वह हमें हमारे जीवन के लिए कुछ सबसे रोमांचक साहसिक कार्यो को करने में मदद करेगा!

परमेश्वर की आवाज़ की पहचान

लोग अक्सर ये सवाल पूछते हैं: "जब मैं परमेश्वर की बात सुनता हूँ, तो मुझे कैसे पता चलेगा कि यह परमेश्वर मुझसे बात कर रहा है या यह कोई अन्य आवाज़ है?" या "मैंने परमेश्वर से मुझे निर्देश देने के लिए कहा है, लेकिन ऐसा लगता है जैसे मैं दो आवाज़ों को सुनता हूँ। मुझे कैसे पता चलेगा कि परमेश्वर ही है जिन्हें मैं सुन रहा हूँ या शैतान मुझे गुमराह करने की कोशिश कर रहा है?" या "मुझे कैसे पता चलेगा कि जब परमेश्वर मुझसे मिलने की कोशिश कर रहे हैं या यह मेरा दिमाग या विवेक मेरे साथ खेल रहा है?"

ये बहुत ही वैध सवाल हैं जिनके उत्तर की आवश्यकता है। अगर हम सही ढंग से सुनना चाहते हैं तो कौन बात कर रहा है यह पहचानना जरूरी है। मेरा मानना है कि उत्तर निम्नलिखित आयतों में दिया गया है।

- इब्रानियों 5:14 हमें याद दिलाता है कि जैसे-जैसे हम परमेश्वर और उसके वचन की हमारी समझ में परिपक्व होते जाते हैं, "हम भले बुरे में भेद करने के लिये पक्के हो जाते हैं।" मेरा मानना है कि इस विवेक में यह भी शामिल है कि परमेश्वर की आवाज़ और शैतान के धोखेबाज प्रलोभन में अंतर समझना।

- ✶ यूहन्ना 10:4-5 में, यीशु कहता है, 'और जब वह अपनी सब भेड़ों को बाहर निकाल चुकता है, तो उन के आगे आगे चलता है, और भेड़ें उसके पीछे पीछे हो लेती हैं, क्योंकि वे उसका शब्द पहचानती हैं। परन्तु वे पराये के पीछे नहीं जाएंगी, परन्तु उस से भागेंगी, क्योंकि वे परायों का शब्द नहीं पहचानती।'

शायद यह सच्ची घटना आपको बेहतर बता सके कि मैं क्या कहने की कोशिश कर रहा हूँ ..

राल्फ गुस्ताफसन, इस्राएल में एक लंबे समय से पर्यटक गाइड थे, वह मध्य पूर्व में अनुभव की एक घटना के बारे में बताते है। चरवाहों का एक समूह एक ही पहाड़ी पर अपनी भेड़ों की चराई करता था। विभिन्न चरवाहों के साथ-साथ भेड़ों के समूह द्वारा, जो सभी मिलकर मिलते-जुलते हैं, यह समझना मुश्किल हो जाता था कि कौन सी भेड़ का चरवाहा कौन है। विभिन्न चरवाहों ने एक-दूसरे के साथ घूमते हुए शाम तक एक दूसरे के साथ बातें कीं और यह घर लौटने का समय था। तब प्रत्येक चरवाहे ने एक विशेष तरीके या सीटी से अपनी भेड़ों को "बुलाया" और एक दिशा में चलना शुरू कर दिया।

उस चरवाहे की भेड़ों ने चराई बंद कर दी, ऊपर देखा और तुरंत अपने चरवाहे के पीछे चलना शुरू कर दिया। उन्होंने अपने चरवाहे की आवाज़ को पहचान लिया। जब राल्फ गुस्टाफसन ने चरवाहों में से किसी एक की विशिष्ट बुलाने के तरीके की नकल करने की कोशिश की, तो भेड़ें ने ऊपर देखा, लेकिन उनका पीछा नहीं किया। यीशु ने इस समान समानता का वर्णन किया कि कैसे विश्वासियों - उसकी भेड़, उसका पीछा करें क्योंकि वे उसकी आवाज़ जानते हैं और अजनबी की आवाज़ से उसे भिन्न कर सकते हैं!

शमूएल ने परमेश्वर की बात सुनना सीखा

शमूएल पुराने नियम के सबसे शक्तिशाली भविष्यवक्ताओं में से एक बन गया। यह कोई संयोग नहीं है कि परमेश्वर द्वारा दिया गए पहला काम जरूरी था कि वह परमेश्वर की आवाज़ सुनना सीखें।

> 1 शमूएल 3:4-10 में हम पढ़ते हैं कि यह छोटा लड़का कैसे परमेश्वर की आवाज़ सुन रहा था। शमूएल, जो एली याजक की देखभाल करने के लिए सौंपा गया था, एक शाम नीचे लेटा हुआ था जब यहोवा ने उससे कहाः

“तब यहोवा ने शमूएल को पुकारा और उसने कहा, क्या आज्ञा! तब उसने एली के पास दौड़कर कहा, क्या आज्ञा, तू ने तो मुझे पुकारा है। वह बोला, मैं ने नहीं पुकारा। फिर जा लेट रह। तो वह जा कर लेट गया। तब यहोवा ने फिर पुकार के कहा, हे शमूएल! शमूएल उठ कर एली के पास गया, और कहा, क्या आज्ञा, तू ने तो मुझे पुकारा है। उसने कहा, हे मेरे बेटे, मैं ने नहीं पुकारा, फिर जा लेट रह। उस समय तक तो शमूएल यहोवा को नहीं पहचानता था, और न तो यहोवा का वचन ही उस पर प्रगट हुआ था। फिर तीसरी बार यहोवा ने शमूएल को पुकारा।

और वह उठके एली के पास गया, और कहा, क्या आज्ञा, तू ने तो मुझे पुकारा है। तब एली ने समझ लिया कि इस बालक को यहोवा ने पुकारा है। इसलिये एली ने शमूएल से कहा, जा लेट रहे, और यदि वह तुझे फिर पुकारे, तो तू कहना, कि हे यहोवा, कह, क्योंकि तेरा दास सुन रहा है तब शमूएल अपने स्थान पर जा कर लेट गया। तब यहोवा आ खड़ा हुआ, और पहिले की नाईं पुकारा, शमूएल! शमूएल! शमूएल ने कहा, कह, क्योंकि तेरा दास सुन रहा है।”

क्या यह परमेश्वर को उत्तर देने का एक शानदार तरीका नहीं है- “कह, तेरा दास सुन रहा है?” एली ने शमूएल को परमेश्वर की आवाज़ सुनना सिखाया, और अगर आज हम परमेश्वर के दास और दासी होने जा रहे हैं तो हमें भी ये सुनना सीखना है कि परमेश्वर हमसे क्या कह रहा है। परमेश्वर उन लोगों से बात करते हैं जो सुनने के लिए समय निकालते हैं और जो प्रार्थना करने के लिए समय निकालते है वह उनकी सुनता है। परमेश्वर के साथ चलने के दौरान, अक्सर कहें, ‘प्रभु कह, क्योंकि तेरा दास सुन रहा है’ और उसके बाद आप उसके साथ चलने के लिए समय निकालें।

हालांकि शुरुआत में, परमेश्वर शमूएल को कुछ कहने की कोशिश कर रहे थे, हालांकि, वह नहीं जानता था कि परमेश्वर क्या कह रहा था क्योंकि “वह अभी तक प्रभु को नहीं जानता था” या उसकी आवाज़ पहचानने का तरीका नहीं पता था (1 शमूएल 3:7)। लेकिन एक बार जब शमूएल ने समझ लिया कि परमेश्वर की धीमी सी आवाज़ किस तरह लगती है, तो उसके बाद वह अक्सर परमेश्वर से सुनता रहा (1 शमूएल 3:19, 21: 7:9, 8:7, 22 9:17)।

परमेश्वर से सुनने की आवश्यकताएं

यहां कुछ शर्तें या आवश्यकताएं हैं जो कि परमेश्वर से सुनने के लिए हैं

(1) यह इच्छा रखना कि परमेश्वर को वैसे जानना, जैसा वह मुझे जानता है

यीशु ने यूहन्ना 10:14 में कहा, "अच्छा चरवाहा मैं हूँ, जिस तरह पिता मुझे जानता है, और मैं पिता को जानता हूँ।' यूहन्ना 10:44 (तीसरे भाग) में, वह कहता है, 'और भेड़ें उसके पीछे पीछे हो लेती हैं। क्योंकि वे उसका शब्द पहचानती हैं।"

जब मैं एक बढ़ता हुआ बच्चा था, तो मेरे पिता मुझे बताते थे, "कार्ल, मैं आपको खेल से घर पर 7:00 बजे तक वापस चाहता हूँ। कृपया समय पर घर आ जाना'। बहुत जल्द, मैं खेल में शामिल हो जाता और 7:00 बज जाते। अचानक मैं एक आवाज़ पुकारते हुए सुनता हूँ, "कार्ल, कार्ल"। मुझे आश्चर्य नहीं था कि क्या यह मेरे पिता की आवाज़ थी। मुझे कुछ सेकेण्ड में पता था कि किसकी आवाज़ थी। मैं इसे सुनकर बड़ा हुआ। एक हजार पिता मेरे नाम को बुला सकते थे, लेकिन केवल मेरे पिता ने मेरे नाम को ऐसे तरीके से बुलाया, जिसने मेरा ध्यान आकर्शित किया।

(2) एक अन-विचलित जीवन

क्योंकि परमेश्वर हमारी पसंद का सम्मान करते हैं और हमारे स्वैच्छिक प्रेम की इच्छा रखते हैं, वह हमें दबाता या हमें मजबूर नहीं करता है। वह हमसे एक सूक्ष्म आवाज़ में बात करता है, और जब हम उसकी आवाज़ सुन नहीं पा रहे हैं इसका अर्थ है कि हमारे जीवन में बहुत अधिक ध्यान का खिंचाव होता हैं। जैसे ही हमें एक फुसफुसाए संगीत और बकबक कर रहे लोगों से भरे कमरे में एक टेलिफोन पर वार्तालाप करने में परेशानी होती है, उसी तरह, स्वार्थी इच्छाओं, आधीनता की कमी, घमंड और आजादी की कठोर आवाज़ हमें परमेश्वर की शांत आवाज़ को ग्रहण करने से रोकती है।

> यिर्मयाह 7:13 में, परमेश्वर लोगों से कहता है, "मैं तुम से बड़े यत्न से बातें करता रहा हूँ, तौभी तुम ने नहीं सुना, और तुम्हें बुलाता आया परन्तु तुम नहीं बोले।"

(3) पापमय विद्रोह से मुक्त जीवन

अपने जीवन में पापों का पश्चाताप न करने से, आप के साथ परमेश्वर की बातचीत में बाधा आएगी। यह राजा शाऊल के जीवन में हुआ। परमेश्वर की ओर निरन्तर कठोरता और विद्रोह ने उसका एक ऐसे मार्ग में नेतृत्व किया जहां परमेश्वर ने उससे बात करना बंद कर दिया था (1 शमूएल 28:6,16)।

"और जब शाऊल ने यहोवा से पूछा, तब यहोवा ने न तो स्वप्न के द्वारा उसे उत्तर दिया, और न ऊरीम के द्वारा, और न भविष्यवक्ताओं के द्वारा" (1 शमूएल 28:6)।

"क्योंकि प्रभु की आंखे धर्मियों पर लगी रहती हैं, और उसके कान उन की बिनती की ओर लगे रहते हैं, परन्तु प्रभु बुराई करने वालों के विमुख रहता है" (1 पतरस 3:12)।

(4) परमेश्वर के वचन का ज्ञान

यदि हमें उसकी आवाज़ को पहचानना सीखना है, तो हमें परमेश्वर के वचन का बढ़ता हुआ ज्ञान होना चाहिए। ऐसा इसलिए है क्योंकि परमेश्वर अक्सर हमारे स्थितियों में हमारे साथ बोलने के लिए अपने वचन से सत्य या अंश का उपयोग करता है। परमेश्वर हमें ऐसा कुछ करने के लिए कभी नहीं कहेगा जो उसके वचन के विपरीत है।

> भजन संहिता 119:130 में, "तेरी बातों के खुलने से प्रकाश होता है। उससे भोले लोग समझ प्राप्त करते हैं।"
>
> भजन संहिता 119:105 में, "तेरा वचन मेरे पांव के लिये दीपक, और मेरे मार्ग के लिये उजियाला है।"
>
> इब्रानियों 5: 14 में, "पर अन्न सयानों के लिये है, जिन के ज्ञानेन्द्रिय अभ्यास करते करते, भले बुरे में भेद करने के लिये पक्के हो गए हैं।"

(5) एक आत्मा से परिपूर्ण जीवन और एक सुनने वाला हृदय

एक अन्य शर्त या परमेश्वर से सुनने की पूर्व-आवश्यकता, उसे सुनने के लिए हमारा खुलापन है। हमें आत्मा से परिपूर्ण जीवन जीने की इच्छा है और जब पवित्र आत्मा हमारे लिए सेवा कर रहा होता है तो उसे दुखी या विचलित न करें। याद रखिए कि यीशु ने अपने श्रोताओं से सुसमाचार में और बार बार कहा था, "जिनके पास कान हैं, वे सुन लें।" उसके दर्शकों के पास कान थे। वे क्या कह रहे थे सुनने के लिए उन्हें अपने कान खुले रखने की जरूरत थी।

एक व्यक्तिगत गवाही

अक्सर, जब मुझे किसी स्थिति के लिए परमेश्वर के मार्गदर्शन की आवश्यकता होती है, तो मैं उससे सही काम करने के लिए बुद्धि मांगता हूँ।

> याकूब 1:5 कहता है,
>
> "पर यदि तुम में से किसी को बुद्धि की घटी हो, तो परमेश्वर से मांगे, जो बिना उलाहना दिए सब को उदारता से देता है और उस को दी जाएगी।"
>
> नीतिवचन 3:6 कहता है कि यदि हम -
>
> "उसी को स्मरण करके सब काम करना, तब वह तेरे लिये सीधा मार्ग निकालेगा।"

जब मैं किसी स्थिति के लिए परमेश्वर के मार्गदर्शन की तलाश कर रहा हूँ, तो मुझे यह सुनिश्चित करना है कि मेरा दिल उन शर्तों को पूरा कर रहा है जो हमने ऊपर बताए हैं, विशेष रूप से कि मेरे पास मानने वाला हृदय है। यह मेरा अनुभव रहा है कि परमेश्वर हमेशा आपको ज्ञान या स्पष्ट जवाब नहीं दे सकते हैं जो आपने प्रार्थना करने के पश्चात उसी क्षण में मांग कर रहे हैं (जब तक कि उसकी जरुरत उसी समय नहीं है)। अक्सर परमेश्वर ने मुझसे सबसे असामान्य समय पर बात की है - कभी-कभी दिन या हफ्ते बाद भी। मुझे हमेशा पता नहीं होता है कि परमेश्वर ने जवाब देने में देरी क्यों की? ऐसा हो सकता है कि मेरा हृदय पूरी तरह से उसे सुनने पर केंद्रित नहीं था या यह सिर्फ आत्मिक युद्ध का मामला हो सकता है (दानिय्येल 10:12-13)।

अक्सर जब परमेश्वर ने मुझसे जवाब के साथ बात की, उसी छोटी आवाज़ में, मैं प्रार्थना के एक शांत समय में भी नहीं था। कभी-कभी यह तब हुआ था जब मैं एक पार्क में चल रहा था और मनन करता था या गाड़ी चलाने में या कुछ गतिविधि में व्यस्त था। परमेश्वर ने मेरे दिमाग में उसी समय वही स्थिति डाली (जिसके लिए मैंने बुद्धि मांगी थी) और फिर उसने ईमानदारी से अपनी बुद्धिमानी से भरी सलाह को मेरे हृदय में डाला। जब परिस्थितियों के बारे में परमेश्वर ने मुझे अपने बुद्धि दी उसके बाद, मुझे पता था कि यह परमेश्वर था, जिसने मुझसे बात की थी। परमेश्वर की धीमी आवाज़ आज उसके पवित्र आत्मा के द्वारा है और यह निम्न रूप ले सकती है:

- ✶ तार्किक विचारों की एक छोटी सी श्रृंखला जो स्थिति के लिए सबसे अच्छा समाधान पेश करती है।
- ✶ कुछ कार्य करने की दिशा में प्रेरणा।
- ✶ एक "रेहमा" शब्द (आत्मा द्वारा बोलने वाली रोशनी) सीधे शब्द से या 'रेहमा' से परमेश्वर के चरित्र और आयतों के अनुसार

मुझे हमेशा पता होता है जब परमेश्वर मुझसे बात करता है क्योंकि वह शांति से मेरे हृदय को घेरता है, और वह यही है जो वह मुझसे करवाना चाहता है और यह परिस्थिति के लिए सबसे अच्छा उपाय होता है। जब भी मैं उसके अगुवाई का अनुसरण करता हूँ, मैं पीछे मुड़कर देख सकता हूँ और महसूस कर सकता हूँ कि यह केवल परमेश्वर ही था जिसने बुद्धि को दिया था। जब भी मैं आगे बढ़ता हूँ और उससे परामर्श नहीं करता हूँ, और मैंने उसके कदमों के लिए पर्याप्त रूप से नहीं सुना, तो मैं परेशानी में पड़ जाता हूँ!

यह पुष्टि करना कि यह परमेश्वर है जो आपसे बात कर रहा है

> भजन 62:11 मेरे पसंदीदा आयतों में से एक है- "परमेश्वर ने एक बार कहा है और दो बार मैं ने यह सुना है।"

जब परमेश्वर हमें कुछ महत्वपूर्ण कहना चाहता है, तो वह आम तौर पर हमें कई तरह की पुष्टिकरण देता है जिससे हमारे हृदय में एकदम सही शांति मिलती है कि यह परमेश्वर है जो बोल रहा है और हमें अगुवाई करता है।

एकमात्र समस्या यह थी कि, "मसीह की शान्ति, तुम्हारे हृदय में राज्य करे।" शब्द "राज्य करना" का यूनानी अर्थ "मध्यस्थ" या "निर्णय कर्ता" है। जब हम परमेश्वर की इच्छा "में" होते हैं, तो हम मसीह के उत्तम शांति को जानते हैं। हमें परमेश्वर पर विश्वास है और हम बेचौन नहीं हैं।

मैंने पी. ई. ए. सी. ई (PEACE) शब्द के संक्षिप्त शब्द को 5 पुष्टिकरणों का उपयोग करके आम तौर पर देखा है, यह निष्कर्ष निकाला कि परमेश्वर मुझसे एक कार्यवाही के दौरान बात कर रहा है।

1. पी - प्रांतीय परिस्थितियों को दिखाता है

क्या मुझे इस प्रकार के कार्य का पालन करने के लिए भयानक परिस्थितियां दिखाई देती हैं? यदि परमेश्वर वचन देता है, तो आम तौर पर वह उसके द्वारा चलने के लिए एक दरवाजा खोलेगा। दूसरे शब्दों में, क्या परमेश्वर मुझे अगुवाई कर रहा है और द्वार खोल रहा है या क्या मुझे इस पर दस्तक देना है? अगर मुझे द्वार खोलने का प्रयास करना है, तो यह काफी अच्छा संकेत है कि मैं शरीर में हूँ।

प्रयोजन परमेश्वर का "हमसे पहले चलने" के तरीके को दर्शाता है और हमारे लिए रास्ता खोलने के लिए परिस्थितियों का प्रबंध करता है।

2. ई - आत्मिक वृद्धि को सक्षम करने को दिखाता है

जो कार्य या निर्णय मुझे सेवकाई में आत्मिक वृद्धि के लिए लेने है वे मुझे या दूसरों को लैस करेंगे और परमेश्वर के राज्य को आगे बढ़ाने में सहायता करने के बारे में होंगे? सिर्फ इसलिए कि ऐसा लगता है कि "एक द्वार" कुछ करने या किसी स्थान पर जाने के लिए खोला जाता है, इसका मतलब यह नहीं है कि परमेश्वर उस दिशा में हमारी अगुवाई कर रहा है। कभी-कभी शैतान हमें परमेश्वर की परिपूर्ण इच्छा के बाहर "आसान मार्ग" या "आरामदायक मार्ग" लेने के लिए प्रेरित करता है।

उदाहरण के लिए, जब योना ने नीनवे में जाने और सेवकाई के लिए परमेश्वर के आदेश को "नही" कहा, उसने 'अपनी योजना बनाई' और इसके बजाय तर्शिश (आधुनिक दिन स्पेन) जाने का फैसला किया। और देखिए, जब वह घाट के पास गया, तो वहां तर्शिश जाने के लिए जहाज था। मुझे यकीन है कि इससे उसे

यकीन हो गया होगा जो उसने करने का फैसला किया था।

"लेकिन योना प्रभु की उपस्थिति से तर्शिश में भाग जाने के लिए उठकर चढ़ गया। तो वह जोपा के पास गया, एक जहाज जो तार्षीष जा रहा था, उसने किराये का भुगतान किया और उसके साथ परमेश्वर की उपस्थिति से तर्शिश तक जाने के लिए चला गया" (योना 1:3)।

एकमात्र समस्या यह थी कि तर्शिश योना के लिए परमेश्वर की इच्छा नहीं थी। प्रयोजन, तो, पर्याप्त नहीं है। सबसे महत्वपूर्ण सवाल यह पूछने की जरूरत है: परमेश्वर ने मुझे क्या करने के लिए "प्रेरित" किया है या परमेश्वर ने मुझे आत्मिक विकास, सेवकाई और राज्य की प्रगति से संबंधित और अन्य लोगों से लैस करने के लिए मुझे कहाँ जाने के लिए मुझे प्रेरित किया?

शैतान मुझे कुछ ऐसा करने की अगुवाई करने हमेशा करता रहेगा जो मुझे झुकाए और निराश करें या मुझे उस स्थान पर ले जाएं जहां मैं आत्मिक रूप से सूखता हूँ और परमेश्वर के लिए मेरी "आग" को खो देता हूँ। अक्सर मैंने देखा है कि विश्वासियों ने "परमेश्वर के लिए आग" को अधिक आरामदायक स्थान के लिए स्थानीय कलीसिया छोड़ दिया। जैसे-जैसे साल गुजरते हैं, वे अंत में अपनी आग खो देते हैं और आत्मिक रूप से शुष्क होते हैं। अब, मुझे विश्वास है कि कोई भी पादरी या अगुवा अन्य विश्वासियों के फैसले के बारे में निर्णय लेने और नियंत्रित करने या उनका न्याय करना नहीं चाहेगा, जिन्हें उन्होंने जाना है। हर विश्वासी को व्यक्तिगत तौर पर अपने आप को (या खुद)

परमेश्वर की अग्रणी सुनना चाहिए। हालांकि हर विश्वासी के लिए यह जानना जरूरी है कि यह कैसे पुष्टि करें कि यह प्रभु है जो उनकी अगुवाई कर रहा है।

3. ए - बाइबल का अधिकार

परमेश्वर का वचन क्या कहता है? पवित्र आत्मा हमें कभी भी परमेश्वर की प्रकट इच्छा - बाइबल - के विपरीत कुछ भी करने नहीं देगा। उदाहरण के लिए, परमेश्वर हमें कभी भी ऐसा कोई कार्य करने के लिए नहीं कहेगा जो हमारी आत्मिक परिपक्वता को बाधित करे।

यहाँ एक सच्ची कहानी है, कई सालों पहले, एक जवान औरत जो मसीही थी, मेरे पास आई और मुझसे कहा कि वह एक जवान आदमी से मिल रही थी जो अविश्वासी था। जब मैंने उसकी कहानी सुनी, मुझे यह भी पता चला कि वह बहुत ही शराब पीने वाला था और कई महिलाओं के साथ छेड़छाड़ करता था। इस के बावजूद, उसने मुझे बताया कि उसका मानना था कि परमेश्वर ने उसे उससे शादी करने के लिए कहा था। क्या वह परमेश्वर की आवाज़ सुन रही थी? बिल्कुल नहीं, क्योंकि उस स्वभाव का विवाह उसके आत्मिक विकास में योगदान नहीं करेगा। वास्तव में, यह एक दुःस्वप्न होगा।

4. सी - परमेश्वर के चरित्र के अनुरूप

परमेश्वर उस प्रभाव और गवाही के बारे में अधिक ध्यान देते है जो हम मसीहियों के रूप् में दूसरे लोगों पर डालते हैं। यदि, हम क्या करने के लिए 'नेतृत्व' कर रहे हैं, दूसरों के प्रति कठोरता या कुटिलता है, तो यह परमेश्वर से नहीं है। परमेश्वर कभी भी हमें दूसरों के साथ कुटिलता या कठोरता से निपटने के लिए नहीं कहता। वह हमें दूसरों के प्रति उसके चरित्र का प्रतिनिधित्व करने के लिए कहता है। जब परमेश्वर बोलता है, तो वह न केवल हमारे सर्वोत्तम हितों को ध्यान में रखेगा बल्कि सभी संबंधित बातों के लिए भी अच्छा ही होगा। उदाहरण के लिए यदि आप किसी कंपनी में एक अगुवा या प्रबंधक हैं और आपको किसी कर्मचारी को नौकरी से निकालना है तो आप फिर भी इसे अनुग्रह की भावना से करेंगे।

5. ई - ईश्वरीय अगुवों या दोस्तों का प्रोत्साहन

परमेश्वर अक्सर हमें अन्य ईश्वरीय अगुवों और दोस्तों से सलाह पाने के लिए प्रेरित करता है। यह पुष्टिकरण का एक द्वितीयक स्रोत है, लेकिन यह महत्वपूर्ण है। जितना अधिक बड़ा फैसला है, उतना ही मैं पुष्टिकरण सलाह और ईश्वरीय पुरुषों के ज्ञान की

तलाश करता हूँ। सलाह की तलाश करते समय, मुझे यह सुनिश्चित करने की जरूरत है कि जिन लोगों के पास मैं जाता हूँ, वे आत्मा से भरे होते हैं, वे मुझे जानते हैं और मेरे और मेरे आत्मिक विकास के लिए सबसे अच्छा चाहते हैं।

> नीतिवचन 24:6, "इसलिये जब तू युद्ध करे, तब युक्ति के साथ करना, विजय बहुत से मन्त्रियों के द्वारा प्राप्त होती है।"
>
> नीतिवचन 20:5 कहता है, "मनुष्य के मन की युक्ति अथाह तो है, तौभी समझ वाला मनुष्य उस को निकाल लेता है।"

हमेशा याद रखें: दूसरों की ईमानदारी से दी गई सलाह उपयोगी है, लेकिन आपको अंतिम निर्णय करना है जैसे परमेश्वर आपकी अगुवाई करते हैं। अंतिम परिणाम पी.ई.ए.सी.सी. होना चाहिए।

> रोमियो 14:19, "बुरे लोग भलों के सम्मुख, और दुष्ट लोग धर्मी के फाटक पर दण्डवत करते हैं।"

दिन के अंत में, शांति ने बड़े और छोटे निर्णय लेने में मुझे कुछ और से ज्यादा शासित किया है। आत्मा का फल शांति है (गलातियों 5:22)। यह गहरा और बहुत शक्तिशाली है। यशायाह 26:3 कहता है, "जिसका मन तुझ में धीरज धरे हुए हैं, उसकी तू पूर्ण बुकशैल्फ के साथ रक्षा करता है, क्योंकि वह तुझ पर भरोसा रखता है।" मुझे एक भी ऐसा बड़ा निर्णय याद नहीं है जिसको मैंने इस बुकशैल्फ से लिया और लेने के बाद मैंने खेद किया हो। लेकिन मैं कई ऐसे फैसलों को याद कर सकता हूँ जिन्हें मैंने बिना शांति के लिया था और बाद में खेद किया था। शांति की कमी चमकती हुई लाल बत्ती की तरह है जो कहती है, "बंद करो!"

एक अंतिम कहानी हमें समझाती है कि परमेश्वर ने शमूएल को उसके विचारों को जानने में कैसे मदद की?

> 1 शमूएल 16:1-3 में, शमूएल ने यिशै के घर में एक नए राजा का अभिषेक करने के लिए नेतृत्व किया। शमूएल ने यिशै के पहले सात बेटों को सराहा। शुरू में, शमूएल के "अपने विचार" होते हैं जब उसने एलिआब को देखा और कहा, "निश्चित रूप से यह परमेश्वर का अभिशिक्त है।"

परन्तु परमेश्वर ने शमूएल से बात की और कहा, "उसके रूप पर दृश्टि न कर ... क्योंकि परमेश्वर की दृश्टि मन पर रहती है।" अंत में शमूएल ने यिशै से पूछा, "क्या ये तेरे सभी बेटें हैं? 'अब तक सबसे कम उम्र का रह गया", यिशै ने कहा, "लेकिन वह भेड़ों को देख रहा है।" शमूएल ने कहा,"उसे बुलवा भेज"...जब दाऊद पहुंचा, तब यहोवा ने कहा, "उठ कर, इसका अभिषेक कर - यही है।"

शमूएल के पास 'कोई शांति नहीं' थी, जब तक उसने दाऊद को नहीं देखा था, लेकिन जब उन्होंने दाऊद को देखा, तो उसने उस आवाज़ को पहचाना जिसने कभी उसे नहीं छोड़ा। यहोवा की आवाज़ उसके पास आई थी - "उठ कर, इसका अभिषेक करो, यह वही है।"

विश्वासियों के रूप में हमें परमेश्वर की आवाज़ को पहचानना सीखना चाहिए। यह केवल तभी है जब हम परमेश्वर की आवाज़ सुनना सीखते हैं कि हम अपने जीवन के लिए परमेश्वर की सही योजना में अपने और अपने परिवारों का नेतृत्व करना सीखते हैं।

गृहकार्य # 12 । अध्याय # 12

1. कृपया 15 पंक्तियों में समझाएं कि लोगों से बात करने के लिए परमेश्वर पहले किस तरी.के से बात करता था। बाइबल के समय में और आज किस पद्धति को परमेश्वर सबसे अधिक बार उपयोग करता है?
2. परमेश्वर से सुनने के विशय में जो परमेश्वर ने आपसे कहा, जिसने आप को सबसे अधिक प्रभावित किया, उसके कम से कम 2 अनिवार्यताओं की सूची के बारे में बताएं।
3. निम्नलिखित वाक्य पूरा करेंः
    1. मेरा मानना है कि सबसे महत्वपूर्ण कारण परमेश्वर आज भी हमारे साथ बात करता है वह यह है कि वह चाहता है कि हम उसके .... और .... को जानें।
    2. परमेश्वर ने उस स्थिति में धीमी आवाज़ से एलिय्याह से बात की और उसे .... और .... दिया।
    3. हमें परमेश्वर .... और .... की पूछताछ करने की आवश्यकता है जैसा दाऊद ने 2 शमूएल 5:19 और 2 शमूएल 5:23 में किया था, क्योंकि परमेश्वर का .... कभी भी नहीं बदलता है।
    4. परमेश्वर का हमारे साथ बोलने का प्राथमिक तरीका (बाइबल पूरा होने के बाद) उसके पहले से ही .... और .... के माध्यम से है।
    5. अगर हम परमेश्वर की आवाज़ सुनना चाहते हैं, तो हमें आत्मनिर्भर जीवन जीना चाहिए और परमेश्वर के पवित्र आत्मा की .... और .... के प्रति संवेदनशील होना सीखना चाहिए।
    6. इब्रानियों 5:14 हमें याद दिलाता है कि जैसे-जैसे हम परमेश्वर और उसके वचन की हमारी समझ में परिपक्व होते हैं, 'हमें .... और .... के बीच में जानने में सक्षम होना चाहिए।'
    7. परमेश्वर के साथ अपने चलन में, अक्सर कहें, 'प्रभु कह, आपका .... रहा है' और फिर सुनने के लिए समय निकाले जब आप उसके साथ चलते हैं।

8. जब परमेश्वर हमें कुछ महत्वपूर्ण कहना चाहता है, वह आम तौर पर हमें .... की एक श्रृंखला देता है और हमारे दिलों में सही .... को जन्म देती है कि यह परमेश्वर है जो बोल रहा है और हमें अग्रणी करता है।

9. कृपया पांच पुष्टिकरणों का प्रयोग करके पी.ई.ए.सी.ई. शब्द के परिचित करा के प्रत्येक अक्षर का अर्थ बताएं, जिसे आप आम तौर पर यह देखना चाहते हैं कि परमेश्वर आपसे कार्रवाई करने की दिशा में बात कर रहा है।

   पी - ....

   ई - ....

   ए -...................................

   सी - ....

   ई- ....

अध्याय 13

अपने जीवन के लिए परमेश्वर की इच्छा और उद्देश्य को ढूंढ़ना और उसका अनुसरण करना

व्यावहारिक रूप से सभी विश्वासी, विशेष रूप से उनके जीवन में महत्वपूर्ण निर्णय बिंदुओं पर ऐसे प्रश्न पूछें, - "मैं अपने जीवन के लिए परमेश्वर की इच्छा और उद्देश्य को कैसे खोज सकता हूँ?" या 'मैं अपने फैसले में परमेश्वर का मार्गदर्शन कैसे प्राप्त कर सकता हूँ?' या 'परमेश्वर, आप मुझसे क्या करवाना चाहते हैं?'

हम प्रत्येक दिन सैकड़ों निर्णय लेने के द्वारा अपने जीवन को आकार देते हैं। इनमें से अधिकांश निर्णय इतने तुच्छ और छोटे होते हैं कि हम उन्हें लगभग स्वचालित रूप से बनाते हैं। हम में से बहुतों के लिए, परमेश्वर की इच्छा का सवाल शायद ही उन असामान्य समयों के अलावा हमारे निर्णयों में प्रवेश करता है जब हमें पता चलता है कि एक विशिष्ट विकल्प हमारे जीवन के बाकी हिस्सों पर असर डाल सकता है - उदाहरण के लिए, शादी के लिए एक साथी चुनने या एक नए स्थान पर जाने के बारे में आदि। क्योंकि इस तरह से एक बिंदु पर गलत चुनाव लेने के परिणाम विनाशकारी हो सकते हैं, हम अचानक हमारी सामान्य आदतों से बाहर निकलते हैं और आगे बढ़ने लगते हैं और कभी-कभी इस मामले पर परमेश्वर के विचारों पर असहमत होते है।

क्या कोई बेहतर तरीका है? हाँ, यहाँ है। इस अध्याय में हम परमेश्वर की इच्छा को जीवन के मार्ग के रूप में अनुसरण करेंगे और एक आपातकालीन समर्थन प्रणाली के रूप में नहीं देखेंगे। हम अपनी भूमिका और हमारे जीवन के लिए उसकी सर्वोत्तम योजनाओं की प्राप्ति में परमेश्वर की भूमिका पर एक परिप्रेक्ष्य प्राप्त करेंगे। हम परमेश्वर की इच्छा की खोज के लिए सिद्धांतों और आवश्यकताओं को भी देखेंगे और ऐसे निर्णय लेंगे जो परमेश्वर को प्रसन्न करेगा और हमारे लिए पूरा करेगा।

परमेश्वर की इच्छा को खोजना और अनुसरण करने का महत्व

एक आत्म-केंद्रित और अर्थहीन जीवन के अंत में जागने की त्रासदी की कल्पना करो। मृत्यु के कगार पर आप बर्बाद समय के वर्षों पर प्रतिबिंबित करते हैं और आश्चर्यचकित

होते हैं कि आपने उन चीजों को अनदेखा किया जिन चीजों को आप जानते थे कि महत्वपूर्ण थी, बल्कि आप उन दिनचर्या के दास बन गए थे। इस धरती पर हमारे साल थोड़े से हैं, और हममें से कोई भी उन्हें बर्बाद नहीं करना चाहता। लेकिन जब तक हम नियमित रूप से परमेश्वर और उसकी योजनाओं को स्वीकार नहीं करते हैं, हमारा जीवन अनन्त मूल्य के लिए निम्न ही गिना जाएगा।

> इफिसियों 5:15-17 में प्रेरित पौलुस ने हमें सलाह दी -
>
> "इसलिये ध्यान से देखो, कि कैसी चाल चलते हो। निर्बुद्धियों की नाईं नहीं पर बुद्धिमानों की नाईं चलो। और अवसर को बहुमोल समझो, क्योंकि दिन बुरे हैं। इस कारण निर्बुद्धि न हो, पर ध्यान से समझो, कि प्रभु की इच्छा क्या है!"
>
> कुलुस्सियों 1:9 में, पौलुस अपनी मण्डली को बताता है-
>
> "इसीलिये जिस दिन से यह सुना है, हम भी तुम्हारे लिये यह प्रार्थना करने और बिनती करने से नहीं चूकते कि तुम सारे आत्मिक ज्ञान और समझ सहित परमेश्वर की इच्छा की पहिचान में परिपूर्ण हो जाओ।"

हमारे पास केवल परमेश्वर का दायित्व नहीं है, बल्कि स्वयं को भी हमारे जीवन के लिए उसकी इच्छा जानने, पालन करने और उसे पूरा करने के लिए है। यह केवल हमारे जीवन के लिए परमेश्वर की योजनाओं को सर्वोच्च प्राथमिकता बनाकर ही है कि हम इस धरती पर एक अर्थपूर्ण अस्तित्व की खुशी और अंतिम संतोश प्राप्त करेंगे।

यदि आप एक मसीही हैं, तो आपकी सबसे बड़ी इच्छा परमेश्वर की इच्छा को जानना होना चाहिए। हमारी सबसे बड़ी खुशी परमेश्वर की इच्छा पूरी करने के लिए होनी चाहिए। हमारा सबसे बड़ा खतरा जब हम परमेश्वर की इच्छा को अस्वीकार करते हैं। यदि यह आपके लिए परमेश्वर की इच्छा नहीं है, तो आपके लिए कुछ भी सही नहीं है।

परमेश्वर की इच्छा के बारे में छह मिथ्याएं

परमेश्वर की इच्छा के विषय में लगभग छह मिथ्याएं हैं और मैं इन मिथ्याओं को आपके दिमाग में से निकालना चाहता हूँ।

1. मानचित्र मिथ्या

सबसे पहले मैं "मानचित्र मिथ्या" कहता हूँ। कई मसीही इस विचार के साथ रहते हैं कि परमेश्वर किसी दिन उन्हें दिखाई देंगे या उनसे बात करेंगे और उनकी योजनाओं के बारे में एक विस्तृत सड़क का नक्षा देंगे और अपने जीवन के लिए, सभी एक बार में। हालांकि, परमेश्वर आम तौर पर हमें एक बार पूर्ण सड़क का नक्षा नहीं देता है, और मुझे खुशी है कि वह ऐसा नहीं करता है। क्योंकि अगर उसने ऐसा किया होता, तो इससे परमेश्वर के साथ हमारे रिष्ते में सभी साहसिक और प्रेम सम्बन्ध चला जाएगा। तो यह मत समझो कि परमेश्वर कहने जा रहा है, "अब 5 साल बाद आप ऐसा करने जा रहे हैं। अब से 10 साल बाद आप यहां ऐसा करने जा रहे हैं। 'परमेश्वर ऐसा नहीं करते हैं। वह चाहता है कि हम विश्वास से उसके साथ एक दिन-प्रतिदिन घनिष्ठ संबंध में चलें। एक विश्वासी के लिए परमेश्वर की इच्छा अग्रिम में दिए गया एक सड़क का मानचित्र नहीं है, लेकिन यह उसके साथ चलने वाला संबंध है।

क्या आपको याद है, निर्गमन 13:21-22? यह दर्ज करता है - "और यहोवा उन्हें दिन को मार्ग दिखाने के लिये मेघ के खम्भे में, और रात को उजियाला देने के लिये आग के खम्भे में हो कर उनके आगे आगे चला करता था, जिससे वे रात और दिन दोनों में चल सकें। उसने न तो बादल के खम्भे को दिन में और न आग के खम्भे को रात में लोगों के आगे से हटाया।" इस्राएल के लोगों को सड़क के मानचित्र के बारे में नहीं पता था कि वे कहाँ जा रहे थे। उन्हें सिर्फ पूछना था, "क्या मैं बादल का खंभा देख सकता हूँ, क्या मैं आग का खंभा देख सकता हूँ?" 'और यह मुझे और आपको पूछने की जरूरत है -"क्या मैं परमेश्वर की उपस्थिति को समझता हूँ - क्या उसकी उपस्थिति, मेरी, मेरी कलीसिया और मेरे आत्मिक अगुवों की अगुवाई करती है"?

2. दुखद मिथ्या

दूसरी मिथ्या "दुखद मिथ्या' है। कई मसीही सोचते हैं कि यदि मैं परमेश्वर की इच्छा का पालन करता हूँ, तो वह मुझसे कुछ ऐसा करने को कहता है जो बहुत कठिन और दर्दनाक होगा। वे सोचते हैं कि परमेश्वर किसी प्रकार का स्वर्गीय आनंद का वध करनेवाला है। वे सोचते हैं, "यदि मैं परमेश्वर को कहता हूँ कि मैं किसी भी कीमत पर, कहीं भी, किसी भी समय, किसी भी मूल्य पर, कुछ भी करने के लिए तैयार हूँ तो मुझे दूर किसी जंगली जनजाति के लिए एक मिशनरियों के रूप में भेज दिया जाएगा और शायद मलेरिया से मर जाऊं या ऐसा कुछ भी!"

कुछ लोग परमेश्वर से डरते हैं। वे वास्तव में परमेश्वर को आत्मसमर्पण करने से डरते हैं। फिर भी वास्तविक तथ्य यह है कि परमेश्वर हमारे प्रेमी पिता हैं जो हम में से हर एक के लिए वह चाहते हैं जो हम खुद के लिए चाहते हैं, अगर हमें उसे मांगने की समझ होती। आपके लिए परमेश्वर की योजना कभी आपको किसी जंगली जनजाति के लिए पूर्णकालिक मिशनरियों के रूप में भेजने के लिए नहीं हो सकती है। हालांकि, मैं अपने अनुभव से आपको आश्वस्त कर सकता हूँ कि यदि वह इस बोझ को आपके दिमाग में डालता है, कि आप एक पूर्णकालिक मिशनरियों बनें, तो आप उसकी इच्छा पूरी करने के लिए खुश होंगे। आप कुछ और नहीं करना चाहेंगे। दुखद मिथ्या पर विश्वास न करें।

3. मिशनरियों मिथ्या

और फिर में "मिशनरियों मिथ्या' कहता हूँ। कुछ मसीही सोचते हैं कि परमेश्वर की इच्छा केवल एक निश्चित श्रेणी के लोगों के लिए है। परमेश्वर पासबान को बुलाता है और परमेश्वर मिशनरियों को बुलाता हैं, लेकिन परमेश्वर के पास आम लोगों के लिए बुलाहट नहीं है। सच्चाई से आगे कुछ भी नहीं हो सकता है। सुनो, परमेश्वर के लिए सुसमाचारक के लिए एक योजना है, और उसके पास सचिव के लिए एक योजना है। उसके पास उपदेशक के लिए एक योजना है और उसके पास प्लंबर (नलसाज) के लिए एक योजना है। उसके पास बाइबल शिक्षक और बैंकर और व्यापारी के लिए एक योजना है। परमेश्वर ने हम सभी के लिए एक योजना बनाई है क्योंकि हम सभी उसके मिशनरियों समाज के विभिन्न भागों में प्रतिनिधित्व करते हैं।

> यिर्मयाह में 29:11,13 में परमेश्वर कहते हैं -
>
> "क्योंकि यहोवा की यह वाणी है, कि जो कल्पनाएं मैं तुम्हारे विषय करता हूँ उन्हें मैं जानता हूँ, वे हानि की नहीं, वरन कुशल ही की हैं, और अन्त में तुम्हारी आशा पूरी करूंगा। तुम मुझे ढूंढ़ोगे और पाओगे भी। क्योंकि तुम अपने सम्पूर्ण मन से मेरे पास आओगे।"

ध्यान दें कि शब्द "कल्पनाएं" बहुवचन में है। परमेश्वर के पास सभी के लिए कई योजनाएं हैं। वह न केवल आपके आत्मिक कल्याण के लिए बल्कि आपके घर के जीवन, आपके काम, आपके वित्तीय भविष्य के लिए - और आपकी सभी जरूरतों के लिए योजना रखता है। फिलिप्पियों 4:19 घोषित करता है कि, 'और मेरा परमेश्वर भी अपने उस धन के अनुसार जो महिमा सहित मसीह यीशु में है तुम्हारी हर एक घटी

को पूरी करेगा।' तो अपनी जिंदगी के लिए परमेश्वर की योजनाओं और इच्छाओं को खोजना और उनका अनुसरण करना चाहे फिर आप कोई भी हों।

4. चमत्कार की मिथ्या

अगला 'चमत्कार की मिथ्या' है - ताकि परमेश्वर की इच्छा जानने के लिए आपके पास कुछ नाटकीय घटनाए होनी चाहिए। आपको कुछ संकेत या चमत्कार या कुछ ऐसा देखना होगा जो कि परमेश्वर की इच्छा को खोज सके। यह आमतौर पर मामला नहीं होता है। जबकि परमेश्वर एक चमत्कार के माध्यम से आपसे बात कर सकते हैं, आम तौर पर वह ऐसा नहीं करता।

> 1 राजा 19:11-13, परमेश्वर एलिय्याह से बात कर रहा था और उसने कहा, "निकलकर यहोवा के सम्मुख पर्वत पर खड़ा हो। और यहोवा पास से हो कर चला, और यहोवा के साम्हने एक बड़ी प्रचण्ड आन्धी से पहाड़ फटने और चट्टानें टूटने लगीं, तौभी यहोवा उस आन्धी में न था। फिर आन्धी के बाद भूंईडोल हुआ, तौभी यहोवा उस भूंईडोल में न था। फिर भूंईडोल के बाद आग दिखाई दी, तौभी यहोवा उस आग में न था। फिर आग के बाद एक दबा हुआ धीमा शब्द सुनाईं दिया। यह सुनते ही एलिय्याह ने अपना मुंह चद्दर से ढांपा, और बाहर जा कर गुफा के द्वार पर खड़ा हुआ। फिर एक शब्द उसे सुनाईं दिया, कि हे एलिय्याह, तेरा यहां क्या काम?"

कई विश्वासी परमेश्वर की दिशा की तलाश कर रहे हैं और बड़े संकेतों की प्रतीक्षा कर रहे हैं - हवा, भूकंप, आग और चमत्कार। लेकिन परमेश्वर आमतौर पर संवेदनशील विश्वासी के कान के साथ आज भी अपनी पवित्र आत्मा की धीमी आवाज़ के माध्यम से बात करता हैं। यीशु ने यूहन्ना 10:27 में कहा था "मेरी भेड़ मेरी आवाज़ सुनती है ... और वे मेरे पीछे आती हैं।" यीशु ने फिर से यूहन्ना 16:13 में कहा (उसके उठाए जाने के बाद), जब वह अर्थात सत्य का आत्मा आएगा, तो तुम्हें सब सत्य का मार्ग बताएगा।"

5. खोया हुआ - यह मिथ्या है

फिर 'खोया हुआ मिथ्या' है। कुछ मसीही अफसोस और अपराध के साथ रहते हैं। उनका मानना है कि उन्हें अपने जीवन के लिए परमेश्वर की योजना पर अप्रिय रूप से याद किया गया है। वे कहते हैं, "मैं परमेश्वर की योजना पर याद नहीं किया गया हूँ। जब मैं छोटा था, परमेश्वर ने मेरे जीवन के लिए एक योजना बनाई थी, लेकिन मैं विद्रोही था

और सुन नहीं रहा था। अब जब मैं बूढ़ा हूँ, तो शायद परमेश्वर की इच्छा को जानने के लिए देर हो सकती है।'

नहीं, परमेश्वर की इच्छा को जानने में कभी भी जल्दी या बहुत देर नहीं होती - चाहे आप 8 साल या 80 साल के क्यों न हो। आपके जीवन के हर चरण पर आपके जीवन के लिए परमेश्वर की इच्छा है। आप ने आपके लिए परमेश्वर की मूल योजना को खोया होगा लेकिन आपके जीवन के इस चरण के लिए अभी भी उसके पास आपके लिए एक अद्भुत योजना है। मुझे योएल 2:25 में परमेश्वर के इस वादे से प्रेम है, जहां वह कहता है, "और जिन वर्षों की उपज अर्बे नाम टिड्डियों, और येलेक, और हासील ने, और गाजाम नाम टिड्डियों ने, अर्थात मेरे बड़े दल ने जिस को मैं ने तुम्हारे बीच भेजा, खा ली थी, मैं उसकी हानि तुम को भर दूंगा।" जब हम हमारे पापों को स्वीकार करते हैं, तो वह हमें माफ और साफ करता है (भजन 51:1-13, 1 यूहन्ना 1:9) ताकि हम फिर से उसकी सेवकाई में इस्तेमाल किया जा सके। इब्रानियों 11 में विश्वास के कुछ नायक भी महान पापियों में से थे। तो अगर आपको कुछ साल हो गए हैं जो आपको लगता है कि व्यर्थ हो गएँ है, तो परमेश्वर आपको एक नई शुरुआत देंगे।

6. रहस्य मिथ्या

आखिर में, 'रहस्य मिथ्या' है। कुछ मसीही सोचते हैं कि परमेश्वर की इच्छा एक रहस्य है। यह एक खजाने की खोज की तरह है। परमेश्वर कहते हैं, "ऐसा कुछ है जिसे मैं तुमसे करवाना चाहता हूँ, लेकिन मैं तुमको यह नहीं बता रहा कि वह क्या है। मैंने इसे छिपा रखा है और इसे छुपाया है ताकि तुम इसे ढूंढने के लिए अपनी सारी जिंदगी लगा सके।" यह हास्यास्पद होगा, है ना? परमेश्वर विश्वासी से अपनी इच्छा को छिपाने की कोशिश नहीं कर रहा है। इसके विपरीत, वह अपनी इच्छा प्रकट करने के लिए उत्सुक है और हर विश्वासी के लिए योजना बना रहा है।

प्रेरित पौलुस का सबसे महत्वपूर्ण प्रश्न

यदि आप यीशु को शरीर में आमने सामने मिलें, और उससे आप अपने बारे में एक प्रश्न पूछ सकते हैं, तो आप उससे क्या पूछेंगे? मुझे लगता है कि मुझे पता है कि मैं उससे क्या पूछूंगा। यह होगाः "हे परमेश्वर, मेरे जीवन के लिए आपकी क्या इच्छा है? आप मेरे लिए क्या करना चाहते हैं?" प्रेरित पौलुस ने यीशु से पूछा कि वह जब प्रेरितों के काम 9 में दमिश्क के रास्ते पर मिले थे।

> आइए प्रेरितों के काम 9:1-6 पढ़ें -
>
> "शाऊल जो अब तक प्रभु के चेलों को धमकाने और घात करने की धुन में था, महायाजक के पास गया। और उस से दमिश्क की अराधनालयों के नाम पर इस अभिप्राय की चिट्ठियां मांगी, कि क्या पुरूष, क्या स्त्री, जिन्हें वह इस पंथ पर पाए उन्हें बान्ध कर यरूशलेम में ले आए। परन्तु चलते चलते जब वह दमिश्क के निकट पहुंचा, तो एकाएक आकाश से उसके चारों ओर ज्योति चमकी। और वह भूमि पर गिर पड़ा, और यह शब्द सुना, कि हे शाऊल, हे शाऊल, तू मुझे क्यों सताता है? उस ने पूछा, हे "प्रभु, तू कौन है"? उस ने कहा, "मैं यीशु हूँ, जिसे तू सताता है। परन्तु अब उठकर नगर में जा, और जो कुछ करना है, वह तुझ से कहा जाएगा।"

पौलुस ने पवित्र शास्त्र में दो महान प्रश्नों को पूछाः सबसे पहले, "प्रभु तू कौन हैं?" अगला, "आप क्या चाहते हैं कि मैं करूँ?" क्या आप एक मसीही से इससे बढ़कर दो प्रश्नों को पूछने के बारे में सोच सकते हैं? पौलुस ने अपना पूरा जीवन इन दो महान सवालों का उत्तर सीखते हुए बिताया - बस ठीक उसी तरह यीशु कौन है, और यीशु को क्या करना होगा। आज हमें उसी प्रश्न को पूछने की जरूरत है जो पौलुस ने पूछा।

प्रेरितों के काम की पुस्तक में मैं आपको पौलुस की कहानी में से परमेश्वर के मार्गदर्शन के बारे में कुछ सिद्धांत बताता हूँ।

पहला सिद्धांत - मार्गदर्शन का वादा किया गया है

जैसे ही पौलुस ने परमेश्वर से पूछा "कि जो परमेश्वर उससे कराना चाहते हैं, उसे दिखा, तब परमेश्वर ने पौलुस को मार्गदर्शन का वादा किया। परमेश्वर ने कहा, "उठो, उठकर नगर में जा, और जो कुछ करना है, वह तुझ से कहा जाएगा।" (प्रेरितों के काम 9:6)। ध्यान दें, परमेश्वर ने पौलुस को अपने जीवन के बाकी हिस्सों के लिए एक "सड़क का मानचित्र" नहीं दिया, लेकिन उसने कदम दर कदम मार्गदर्शन का वादा किया था। परमेश्वर भी वादा करता है कि वह हर मसीही को मार्गदर्शन देगा जो वास्तव में उसकी इच्छा को खोजते हैं।

> यशायाह 58:11 वादा करता है -
>
> "और यहोवा तुझे लगातार लिए चलेगा।"

> भजन संहिता 37:23 कहता है -
>
> "मनुष्य की गति यहोवा की ओर से दृढ़ होती है, और उसके चलन से वह प्रसन्न रहता है।"

परमेश्वर (हिब्रू शब्द "कूइन" (Kuin) - इसका मतलब है निर्देश) एक एक करकें आपके कदमों को आगे बढाने के लिए निर्देश देता है। क्या ही अद्भुत वादा है!

मसीहियों को यह समझने की जरूरत है कि अपने जीवन के हर पल के लिए, आपके ऊपर एक पिता है जो सब बातों में अधिक शक्तिशाली है, उसके अलावा एक उद्धारकर्ता है, जो आपके भीतर आपके कदमों और पवित्र आत्मा का निर्देशन कर रहा है, उसे उत्साहित करता है और आपके दिल में उसकी इच्छा, मन और हृदय को प्रभावित करता है।

अब जैसा कहा गया है कि परमेश्वर की इच्छा के लिए उसके मार्गदर्शन का वादा किया गया है, मैं चाहता हूँ कि आप परमेश्वर की इच्छा के बारे में कुछ बाइबल संबंधी सत्य सीखें।

परमेश्वर की इच्छा के 3 पहलू

1. लापरवाही या विद्रोही के लिए परमेश्वर की अनुमोदक इच्छा

परमेश्वर की इच्छा हमेशा मनुष्य पर लगाई गई एक निश्चित और लागू विधि नहीं है। यह अक्सर बाइबल में परमेश्वर की योजना, उद्देश्य या इच्छा के अर्थ में प्रयोग किया जाता है। अब तक, यूनानी नए नियम में परमेश्वर की इच्छा में सबसे आम शब्द है, "थलेमा" (Thalema)। इसका उपयोग परमेश्वर की इच्छा या भावनात्मक इच्छाओं के लिए किया जाता है।

हालांकि, यह ध्यान दिया जाना चाहिए कि सभी परमेश्वर की इच्छा और इच्छाएं स्वचालित रूप से पारित नहीं हो पाती। उदाहरण के लिए, परमेश्वर चाहते हैं कि दुनिया में सभी खोए हुए लोगों को पश्चाताप करना चाहिए (2 पतरस 3:9) और बचाए जाना चाहिए (1 तीमुथियुस 2:4), लेकिन सभी नहीं करते हैं। परमेश्वर चाहते हैं कि सभी मसीही शुद्ध और नैतिक जीवन जीएँ और परमेश्वर का सम्मान करें (1 थिस्सलुनीकियों 4:3), लेकिन सभी नहीं करते हैं। परमेश्वर ने अपनी सार्वभौमिकता में

मनुष्य को स्वतंत्र इच्छा प्रदान की है कि वह परमेश्वर की आज्ञा पालन या न मानना चुन सकता है।

> व्यवस्थाविवरण 30:19 में परमेश्वर कहता है -
>
> "मैं आज आकाश और पृथ्वी दोनों को तुम्हारे साम्हने इस बात की साक्षी बनाता हूँ, कि मैं ने जीवन और मरण, आशीष और शाप को तुम्हारे आगे रखा है। इसलिये तू जीवन ही को अपना ले, कि तू और तेरा वंश दोनों जीवित रहें।"

यदि, विश्वासियों के रूप में, हम बुरे विकल्प बनाते हैं, उदाहरण के लिए: एक अविश्वासी से शादी करना, संसारिक जीवन जीना और परमेश्वर से दूर होने का चयन करना, अपने तरीकों में धोखेबाज होना या अनैतिक रूप से जीना, तो परमेश्वर आपको ऐसा करने की अनुमति देगा लेकिन वह आपको अपने बुरे विकल्पों के परिणाम भी भुगतने देगा।

गलतियों 6:7-8 में प्रेरित पौलुस ने हमें याद दिलाया - "धोखा न खाओ, परमेश्वर ठट्ठों में नहीं उड़ाया जाता, क्योंकि मनुष्य जो कुछ बोता है, वही काटेगा। क्योंकि जो अपने शरीर के लिये बोता है, वह शरीर के द्वारा विनाश की कटनी काटेगा और जो आत्मा के लिये बोता है, वह आत्मा के द्वारा अनन्त जीवन की कटनी काटेगा।"

जब विश्वासी परमेश्वर की योजनाओं का पालन करने या पाप में विद्रोही रूप से जीवित रहने के किसी भी विचार के बिना लापरवाह होते हैं, तो परमेश्वर उन्हें जिस तरीके से वे चुनते हैं, उन्हें जीने की अनुमति देगा। वह लोगों या परिस्थितियों का इस्तेमाल करके उन्हें दिखा सकता है कि वह उन्हें कितना प्रेम करता है लेकिन वह उनकी स्वतंत्र इच्छा का उल्लंघन नहीं करेगा। जब ऐसे विश्वासी विद्रोह में रहते हैं, तो परमेश्वर उन्हें पृथ्वी पर रहने के दौरान अपनी लापरवाही के दुखद परिणाम काटने की अनुमति देगा- "... हठीलों को सूखी भूमि पर रहना पड़ता है" (भजन 68: 6 सी)। इसके अलावा, जब ये विश्वासी स्वर्ग में मिलते हैं, तो वे अपने आने वाले राज्य में अनन्त प्रतिफल, मुकुट और मसीह के साथ षासन करने का विशेषाधिकार को खो देते हैं, जो विश्वासयोग्य विश्वासियों को दिया जाएगा।

2. परमेश्वर की भविष्यवाणी, मानव इतिहास में पूर्व-निर्धारित और प्रबल इच्छा

जब प्रेरित पतरस पेन्तिकुस्त के दिन प्रचार कर रहा था, तो उसने यहूदी श्रोताओं को ये शब्द कहे "जब वह परमेश्वर की ठहराई हुई मनसा और होनहार के ज्ञान के अनुसार

पकड़वाया गया, तो तुम ने अधर्मियों के हाथ से उसे क्रूस पर चढ़वा कर मार डाला।" (प्रेरितों के काम 2:23)। पतरस यहाँ परमेश्वर की भविष्यवाणी, पूर्व निर्धारित और प्रचलित इच्छा के संदर्भ में था। ऐसे कई चीजें हैं जो मानव इतिहास में होगी, क्योंकि परमेश्वर ने उन्हें होने का फैसला किया है। यद्यपि परमेश्वर मनुष्यों के सभी फैसलों पर सक्रिय रूप से नियंत्रण नहीं करता है, इस पूरे स्वर्ग और पृथ्वी के लिए परमेश्वर के भविष्यवाणियों की इच्छा पूरी हो जाएगी, चाहे कोई भी व्यक्ति, स्वर्गदूत, राजा, शासक, या देश क्या करता है, कहता है या सोचता है।

3. एक आत्मिक विश्वासी के लिए परमेश्वर की सिध्द और व्यक्तिगत इच्छा

परमेश्वर का वचन हमें सिखाता है कि हम में से प्रत्येक के लिए परमेश्वर की एक विशिष्ट एक खास और एक व्यक्तिगत योजना है। परमेश्वर की योजनाएं कई आशीषों, सुख और अद्‌भुत आश्चर्य से भरी होती हैं।

दाऊद ने एक बार कहा -

"हे मेरे परमेश्वर यहोवा, तू ने बहुत से काम किए हैं! जो आश्चर्यकर्म और कल्पनाएं तू हमारे लिये करता है वह बहुत सी हैं। तेरे तुल्य कोई नहीं! मैं तो चाहता हूँ कि खुलकर उनकी चर्चा करूं, परन्तु उनकी गिनती नहीं हो सकती" (भजन 40:5)।

आपके जीवन के प्रत्येक विवरण के लिए परमेश्वर की सबसे अच्छी योजना है - आपकी उसके साथ आत्मिक चाल, आपका कलीसियाई जीवन (कलीसिया में शामिल होने के साथ), आपका विवाह (जिस व्यक्ति से आप शादी करते हैं), आपका परिवार, आपके काम, आपके वित्त और सभी के लिए। केवल एक विश्वासी सक्रिय रूप से अपने जीवन के लिए परमेश्वर की योजनाओं को खोजने और पालन करने का प्रयास करता है, कि परमेश्वर की संपूर्ण और व्यक्तिगत योजनाएं उसके जीवन में और उसके द्वारा पूरी हुई हैं।

दूसरा सिद्धांत - मार्गदर्शन अस्थाई है

अब ये दूसरा सिद्धांत हैः न केवल मार्गदर्शन का वादा किया गया बल्कि मार्गदर्शन भी अस्थाई है। याद रखें कि हमने क्या कहाः सिद्धांत हैं और परमेश्वर की इच्छा की खोज के लिए आवश्यक शर्तें हैं। अगर हम यह समझना चाहते हैं कि परमेश्वर की इच्छा क्या है, तो कुछ चीजें हैं जिन्हें हमें करना चाहिए (हमारी भूमिका) और फिर ऐसी चीजें हैं जो परमेश्वर प्रकट करेंगे (परमेश्वर की भूमिका)।

यहाँ कुछ बाइबल शर्तों को हमें पूरी करनी हैं, अगर हम परमेश्वर की इच्छा जानना चाहते हैं

> रोमियो 12:1-2 में प्रेरित पौलुस, हमें उन कुछ पहले कदमों को मुहैया कराता है जो एक विश्वासी को अपने जीवन के लिए परमेश्वर की इच्छा की खोज करने के लिए लेना चाहिए। वह कहता है -
>
> "इसलिये हे भाइयों, मैं तुम से परमेश्वर की दया स्मरण दिला कर बिनती करता हूँ, कि अपने शरीरों को जीवित, और पवित्र, और परमेश्वर को भावता हुआ बलिदान करके चढ़ाओः यही तुम्हारी आत्मिक सेवा है। और इस संसार के सदृश न बनो। परन्तु तुम्हारी बुद्धि के नये हो जाने से तुम्हारा चाल-चलन भी बदलता जाए, जिस से तुम परमेश्वर की भली, और भावती, और सिद्ध इच्छा अनुभव से मालूम करते रहो।"

यहां पहले दो कदम हैं जो एक विश्वासी को परमेश्वर की इच्छा की खोज करने में लेने की जरूरत हैः

1. हमें अपने शरीर को परमेश्वर के सामने पेश करने की आवश्यकता है

क्या आपने परमेश्वर को उनकी सेवा के लिए अपने शरीर को जीवित बलिदान के रूप में प्रस्तुत किया है? क्या आप यह मानते हैं कि आपका जीवन आपका नहीं है, कि आप एक कीमत के साथ खरीदें गएँ है? यह केवल तभी है जब आप अपने जीवन और अपने शरीर को परमेश्वर के सामने पेश करते हैं कि वह अपनी अधिकतम महिमा के लिए इसका उपयोग कर सकें। रोमियों 12:1 में, पौलुस कहता है, "हे भाइयों, मैं तुम से परमेश्वर की दया स्मरण दिला कर बिनती करता हूँ, कि अपने शरीरों को जीवित, और पवित्र, और परमेश्वर को भावता हुआ बलिदान करके चढ़ाओः यही तुम्हारी आत्मिक सेवा है"।

एक जवान आदमी लंबी दूरी की ट्रेन में अकेले यात्रा कर रहा था। यात्रा के दौरान, एक ही कम्पार्टमेंट पर रह रहे तीन अन्य पुरुषों ने कार्ड का एक पैकेट ले लिया। चूंकि उन्हें खेल खेलने के लिए चौथे व्यक्ति की जरूरत थी इसलिए उन्होंने पूछा कि क्या वह उनके साथ खेलना चाहते हैं। जब उन्हें पता चला कि वे जुए खेलना चाहते थे, तो उन्होंने विनम्रता से मना कर दिया। पुरुषों में से एक ने मजाक में कहा, "तुम क्यों नहीं खेलना चाहते हो, तुम्हारे पास हाथ नहीं हैं?" वह जवान आदमी जो मसीही था, उसने उत्तर दिया, "हाँ मेरे पास हाथ हैं, लेकिन वे अब मेरे नहीं हैं - वे मसीह के हैं!"

> रोमियों 6:13-14 में, पौलुस फिर से कहते हैं -
>
> "और न अपने अंगो को अधर्म के हथियार होने के लिये पाप को सौंपो, पर अपने आप को मरे हुओं में से जी उठा हुआ जानकर परमेश्वर को सौंपो, और अपने अंगो को धर्म के हथियार होने के लिये परमेश्वर को सौंपो। और तुम पर पाप की प्रभुता न होगी, क्योंकि तुम व्यवस्था के आधीन नहीं वरन अनुग्रह के आधीन हो।"

अगर हम परमेश्वर को अपनी महिमा के लिए अपने शरीर का उपयोग करने और अपने जीवन के लिए अपनी योजनाओं को पूरा करने की अनुमति देने जा रहे हैं, तो हमे परमेश्वर को हमारी पहली चीजों में से एक हमें अपने शरीर को पेश करना है- हमारी आंखें, हमारे कान, हमारे हाथ, हमारे पैर और हमारे होंठ। परमेश्वर की संतान बनने के बाद, प्रत्येक मसीही को उस बिंदु पर आना चाहिए जहां वह संपूर्ण वचनबद्धता के कार्य में स्वयं को परमेश्वर के सामने 'वेदी' पर रखता है। चूंकि एक जीवित बलिदान 'वेदी' पर से रेंगता है, इसलिए वचनबद्धता का यह प्रारंभिक कार्य केवल हमारे जीवन में ही किया जा सकता है क्योंकि यह उसकी इच्छा के प्रति रोजाना प्रस्तुत करने की एक नियमित प्रक्रिया बन जाती है।

2. अपने मन का नवीनीकरण से परिवर्तित हो जाओ

प्रेरित पौलुस हमें बताता है कि हमारे जीवन के लिए परमेश्वर की इच्छा को समझने के लिए अगले कदम की आवश्यकता है। रोमियों 12:2 में वह कहता है, "इस संसार के सदृश न बनो, परन्तु तुम्हारी बुद्धि के नये हो जाने से तुम्हारा चाल-चलन भी बदलता जाए, जिस से तुम परमेश्वर की भली, और भावती, और सिद्ध इच्छा अनुभव से मालूम करते रहो।"

विश्वासी बनने के बाद, हमें दुनिया के धर्मनिरपेक्ष विचारों से दूर होने की जरूरत है और हमें परमेश्वर के मन से सोचना सीखना होगा। परमेश्वर के वचन के बिना उसके मन, उसके उद्देश्यों और उसकी इच्छाओं को हम कभी भी नहीं जान सकते। इसलिए यदि हम परमेश्वर की इच्छा और हमारे जीवन की योजनाओं को जानना चाहते हैं, तो हमें उसके वचन के द्वारा नए सिरे से नवीनीकृत करके अपनी सोच को परिवर्तित करना चाहिए।

> यशायाह 55:8-9 में, परमेश्वर कहता है-

> "क्योंकि यहोवा कहता है, मेरे विचार और तुम्हारे विचार एक समान नहीं है, न तुम्हारे मार्ग और मेरे मार्ग एक से है। क्योंकि मेरी और तुम्हारे मार्ग में और मेरे और तुम्हारे सोच विचारों में, आकाश और पृथ्वी का अन्तर है।"

अगर हम स्वर्ग के तरीकों से चलना चाहते हैं, तो हमें स्वर्ग की सोच में सोचने की जरूरत है। इसमें संसार की ओर से एक क्रमिक आंदोलन शामिल है जो बाइबल की मानसिकता है क्योंकि परमेश्वर के साथ हमारा संबंध गहरा है।

जब मैं इस अध्याय के माध्यम से गुजरता हूँ, मैं आपसे मेरी निजी कहानी साझा करना चाहूँगा कि परमेश्वर ने मुझे स्पष्ट रूप से मेरे जीवन के उद्देश्य के बारे में मार्गदर्शन दिया। मैं इस कहानी को साझा करता हूँ, यह कहने के इरादे से नहीं कि परमेश्वर उसी तरह आपको मार्गदर्शन करेंगे जैसे मुझे किया, लेकिन आपको उसके मार्गदर्शन के बारे में कुछ महत्वपूर्ण बिंदु बताने के लिए।

जब मैं एक विश्वासी बन गया, तो मैंने जो सबसे महत्वपूर्ण काम किया वह मेरे कलीसिया में चल रहे एक बाइबल अध्ययन में भाग लिया था। हमारी कलीसिया के पासबान परमेश्वर के अभिशिक्त जन थे और उनके संदेश जीवन बदलने वाले होते थे। जब मैंने बाइबल अध्ययन और कलीसियाई सेवाओं में भाग लेना जारी रखा, मैं परमेश्वर के साथ प्रेम में डूबने लगा क्योंकि मुझे उसके दिल और उसके उद्देश्यों के बारे में पता चला। बाइबल अध्ययन मेरी पहचान के संदर्भ में, परमेश्वर के साथ गहरा रिश्ता और जीवन के लिए मेरे उद्देश्य के संदर्भ में मुझे बदलती गई। मुझे एहसास हुआ कि मैं परमेश्वर का प्रिय पुत्र और मसीह का राजदूत हूँ। मैंने पूरी मानव जाति के लिए परमेश्वर के प्रेम को समझना शुरू किया और यह मुझे दूसरों के साथ यीशु के संदेश को बाँटने के लिए एक बोझ देने लगा। थोड़ा थोड़ा करके, पवित्र आत्मा ने मेरे जीवन को पुनर्निर्देषित करने के लिए उन कलीसिया सेवाओं और बाइबल अध्ययनों का उपयोग करना शुरू किया। मुझे बचाये जाने से पहले मैंने इंजीनियरिंग में मास्टर ऑफ प्रोग्राम करने के लिए विदेशों में जाने के लिए अपनी 'स्वयं की योजनाएं' बनाईं हुईं थी, लेकिन परमेश्वर के वचन को सीखने के बाद, परमेश्वर ने मुझे बाइबल कॉलेज जाने के लिए निर्देशित किया, इसलिए मुझे 'मास्टर की गहरी योजना' की प्राप्ति हुई! उस निर्णय ने मेरे पूरे जीवन को बदल दिया।

यह मुझे मेरे पहले महत्वपूर्ण बिंदु पर लाता है। यदि आप अपने जीवन के लिए परमेश्वर की इच्छा को निर्देशित करना चाहते हैं, तो आपको अपना जीवन वचन से बदलना

होगा और इसका मतलब है कि आपको एक आत्मा से भरे पासबान के साथ बाइबल की शिक्षा मंडली में 'परमेश्वर की आग' को खोजना होगा जो परमेश्वर के साथ चल रहा है। प्रकाशितवाक्य अध्याय 2 और 3 की पुस्तक में परमेश्वर बार-बार विश्वासियों से कहता है, 'सुनो, आत्मा कलीसिया से क्या कहता है'। यदि आप की कलीसिया गुनगुनी हैं तो वहां पवित्र आत्मा की आवाज़ सुनने की संभावना कम होती है।

जब आपको सेवकाई और लक्ष्य के हृदय से सम्बन्धित बाइबल की शिक्षा पर आधारित एक उत्कृष्ट कलीसिया मिलती है, तो मैं सलाह देता हूँ कि यह बहुमूल्य समझे और सेवकाई से जुड़ें। मुझे दृढ़ विश्वास है कि जिस तरह की कलीसिया में आप भाग लेते हैं, उसका आपके आत्मिक विकास पर बहुत बड़ा प्रभाव होगा, आप जिस तरह की सेवकाई करेंगे और इसके परिणामस्वरूप आपको शाश्वत प्रतिफल मिलेगा।

मुझे आपको कुछ महत्वपूर्ण याद दिलाना है। कृपया ध्यान दें। आपके जीवन के लिए परमेश्वर की अधिकांश इच्छा पहले से ही आपकी बाइबल में पाई गई है। कभी भी परमेश्वर की इच्छा से ऐसी किसी चीज की खोज न करें जो परमेश्वर ने स्पष्ट रूप से आज्ञा दी है या कुछ ऐसा है जो परमेश्वर ने स्पष्ट रूप से मना किया है। यह अभिमान और खतरनाक है। परमेश्वर के वचन के अलावा परमेश्वर की इच्छा जानने की कोशिश करना मूर्खता है। यदि परमेश्वर ने उसे अपने वचन में कहा है, तो वह आपके लिए उसकी इच्छा है!

3. अपने जीवन के लिए परमेश्वर की योजनाओं को खोजें

जब एक विश्वासी अभिषेक के निरंतर प्रवाह और परमेश्वर के वचन से जीवन को बदलते संदेश के तहत होता है, तो वह अपने जीवन के लिए परमेश्वर की योजनाओं और उद्देश्यों की तलाश करने की अधिक कोशिश करता है। अक्सर मसीही केवल यिर्मयाह 29:11-13 के पहले हिस्से का हवाला देते हैं।

> यिर्मयाह 29:11 में परमेश्वर कहता है, "क्योंकि यहोवा की यह वाणी है, कि जो कल्पनाएं मैं तुम्हारे विषय करता हूँ उन्हें मैं जानता हूँ, वे हानि की नहीं, वरन कुशल ही की हैं, और अन्त में तुम्हारी आशा पूरी करूंगा।"

उपरोक्त पद एक अद्‌भुत वचन है। यह हमें बताता है कि परमेश्वर ने हमारे कल्याण और भविष्य के लिए अद्‌भुत योजना तैयार की है। यह परमेश्वर की भूमिका है। लेकिन दुर्भाग्य से, हम अक्सर उचित संदर्भ में यिर्मयाह 29:11 से नहीं जुड़ते हैं। अगले दो

आयत, पद 12 और 13, हमें यह पता लगाने में हमारी भूमिका बताते हैं कि ये योजना क्या है।

“तब उस समय तुम मुझ को पुकारोगे और आकर मुझ से प्रार्थना करोगे और मैं तुम्हारी सुनूंगा। तुम मुझे ढूंढ़ोगे और पाओगे भी, क्योंकि तुम अपने सम्पूर्ण मन से मेरे पास आओगे।”

हालांकि हर विश्वासी के लिए परमेश्वर की अद्भुत योजनाएं हैं, इन योजनाओं को केवल तब ही खोजा जा सकता है जब विश्वासी परमेश्वर के साथ घनिष्ठ संबंध की खोज करता है। परमेश्वर ने वादा किया है कि जब आप प्रार्थना में उसके पास आते हैं, तो वह आपकी बात सुनेगा जब आप उसकी तलाश करेंगे, तो वह आप को स्वयं प्रकट करेगा।

बांइबल परमेश्वर की इच्छा को जानने के तरीकों के बारे में बहुत कम बताती है, परन्तु परमेश्वर के साथ गहरा संबंध स्थापित करने के लिए जोर देती है। यह एक ऐसी नियम पुस्तिका नहीं है जिसमें यह बताया गया हो कि कैसे करना है बल्कि एक ऐसे मार्गदर्शन पुस्तिका है जिससे पता चलेगा कि परमेश्वर को अच्छी तरह कैसे जानना हैं। अपने जीवन के लिए परमेश्वर की योजनाओं की खोज में, मुझे विश्वास है कि निम्नलिखित दो दृष्टिकोण सबसे महत्वपूर्ण हैंः

आपको मार्गदर्शन के लिए तैयार रहना चाहिए

> याद है कि प्रेरितों 9:6 में पौलुस ने क्या कहा, “प्रभु, आप मुझसे क्या करवाना चाहते हो?’ यदि आप बास्तव में परमेश्वर की इच्छा खोजना चाहते हैं, तो आपको वास्तव में निर्देशित होने के लिए तैयार रहना चाहिए। ज्यादातर मसीही पहले से तय कर चुके होते है कि वे क्या करने की योजना बना रहे हैं और फिर वे बस उसे करने के तरीकों को ढूँढना चाहते हैं”।

मैंने एक आवारा के बारे में कहानी सुनी जिसने पूरे देश में एक छोर से दूसरे तक घूमकर अपना पूरा जीवन बिताया। किसी व्यक्ति ने उससे पूछा, “आप कैसे तय करते हैं कि आप को किस तरफ से जाना है?’ उन्होंने उत्तर दिया, ‘इससे वास्तव में मेरे लिए कोई फर्क नहीं पड़ता है, मैं बस जाता हूँ।’ और उन्होंने कहा, ‘यदि आप सड़क पर चलते हैं, तब आप क्या करेंगे जब आप सड़क के चौराहे में फंस जाते हैं। आप यह कैसे तय करते हैं कि आप इस तरफ से या उस तरफ से जाना चाहते हैं?’ उन्होंने कहा,‘यह आसान है। मैं सिर्फ एक छड़ी उठाकर हवा में फेंक देता हूँ और जिस भी तरफ वह भूमि पर होती

है, मैं उस तरफ जाता हूँ।' तब उसने कहा, 'कभी-कभी मुझे इसे सही दिशा में उतारने के लिए छह या सात बार फेंकना पड़ता है।'

हम में से बहुत ऐसे ही करते हैं। हम कहते हैं, 'ओह, आप जानते हैं कि मैं सिर्फ परमेश्वर की इच्छा चाहता हूँ।', लेकिन तथ्य यह है कि ज्यादातर मामलों में, हमने पहले से ही तय कर लिया है कि हम किस तरफ से जाना चाहते हैं। तो हम केवल छड़ी को फेंकते रहते हैं, जब तक वह उस दिशा में जमीन पर न गिरे जिस तरफ हम जाना चाहते हैं। क्या आप सचमुच परमेश्वर की इच्छा पूरी करने के लिए तैयार हैं? यदि नहीं, तो शायद आपको यह नहीं पता होगा।

कभी-कभी लोग एक घर का निर्माण करना चाहते हैं और उनके पास पहले से ही उनके घर की तस्वीर मन में होती है। इसलिए वे कागज के एक टुकड़े को उस तरह के घर का एक पूरा आरेख बनाते हैं जैसा वे निर्माण करना चाहते हैं। तब वे एक वास्तुकार से मिलते हैं। वे वास्तुकार से वास्तव में शुरू से अंत तक के एक घर के डिजाइन को नहीं बता रहे हैं। बल्कि वे यह कह रहे हैं, 'मैं इस तरह का घर चाहता हूँ। यह वही है जो 'मैं' चाहता हूँ - अब कृपया इसे बनाएं। 'मसीहियों के रूप में, मुझे डर है कि कभी-कभी हम परमेश्वर के पास इस तरह ही आते हैं। हम कहते हैं, 'हे परमेश्वर, मैं अपने जीवन के लिए ये चाहता हूँ। अब परमेश्वर, अब आप मेरी जीवन की योजनाओं के चारों ओर अपनी योजना को तैयार करें। 'हम वास्तव में परमेश्वर से पूछते हैं कि वह हमारी इच्छानुसार अपनी इच्छा को सुस्थापित करे और अपनी इच्छा पूरी करे।

जब एक घर बनाने की बात आती है, तो यह दृष्टिकोण ठीक हो सकता है। हालांकि, जब यह हमारे जीवन के लिए परमेश्वर की योजनाओं की खोज और ढूँढने की बात आती है, तो हमें शुरू से लेकर अंत तक परमेश्वर की ओर निर्देशित होने के लिए तैयार रहना होगा। हमें उसके पास पूरी तरह आत्मसमर्पित दिलों के साथ आना होगा, वास्तव में हमारे जीवन के लिए उसकी योजनाओं की मांग करना, भले ही इसका मतलब यह हो कि उसकी योजनाएं हमारी योजनाओं से अलग हैं।

प्रेरित याकूब हमें हमारे निर्णय के संबंध में हमारे जीवन के लिए परमेश्वर की इच्छा जानने के लिए कहता है - चाहे वह हमारे स्थान को बदलना हो या व्यवसाय शुरू करने से सम्बंधित हो।

"आओ अब (मसीहियों), आप कहते हैं कि "तुम जो यह कहते हो, कि आज या कल हम किसी और नगर में जाकर वहां एक वर्ष बिताएंगे, और व्यापार करके लाभ उठाएंगे।

और यह नहीं जानते कि कल क्या होगाः सुन तो लो, तुम्हारा जीवन है ही क्या? तुम तो मानो भाप समान हो, जो थोड़ी देर दिखाई देती है, फिर लोप हो जाती है। इस के विपरीत तुम्हें यह कहना चाहिए, कि यदि प्रभु चाहे तो हम जीवित रहेंगे, और यह या वह काम भी करेंगे। पर अब तुम अपनी ड़ींग पर घमण्ड करते हो। ऐसा सब घमण्ड बुरा होता है इसलिये जो कोई भलाई करना जानता है और नहीं करता, उसके लिये यह पाप है" (याकूब 4:13-17)।

ईमानदारी से यह सवाल पूछिएः "क्या आप वास्तव में अपने जीवन के लिए परमेश्वर की इच्छा और उद्देश्य को ढूंढना चाहते हैं?" फिर, आपको मार्गदर्शन के लिए तैयार रहना चाहिए।

आपको परमेश्वर से सुनने के लिए अपने आपको खोलना चाहिए

पौलुस ने परमेश्वर से पूछा, "आप मुझसे क्या करवाना चाहते हैं? दूसरे शब्दों में, "मैं सुनना चाहता हूँ।" वह यह नहीं कहता है, "हे प्रभु, मैं यही करना चाहता हूँ, आप मुझे यह करने में मदद करें'। वह सिर्फ परमेश्वर की आवाज़ के लिए अपने आप को खोलता है। आप देखेंगे कि परमेश्वर बात करेंगे, लेकिन आपको उसकी आवाज़ सुनने के लिए खुला होना चाहिए। कई बार वह धीमी सी आवाज़ में बात करता है। वह चिल्लाता नहीं है (1 राजा 19:11-12)। यही कारण है कि हमें हर सुबह ड्यूटी के लिए रिपोर्ट करने की जरूरत है।

क्या आप हर दिन परमेश्वर के साथ एक शांत समय बिताते है? यदि परमेश्वर आपसे शांत आवाज़ में बात करते हैं, तो आपको सुनने के लिए एक शांत समय रखना होगा। यदि आप अपने घर में बहुत सारी हलचल और घबराहट और शोर से घिरे हैं और कोई फुसफुसा रहा है, तो आप उसे सुन नहीं पाएंगे। यही कारण है कि आपको परमेश्वर को कहने के लिए एक शांत समय होने की आवश्यकता है, "हे परमेश्वर, आप वास्तव में इस परिस्थिति में मुझे क्या करने के लिए कहना चाहते हैं?"

हमारी प्रार्थना सुनने वाली प्रार्थना और बोलने वाली प्रार्थना होने की जरूरत है। यदि हम जीवन में शुरु से ही सीख लेते हैं, जैसे शमूएल 1 शमूएल 3:10 में कहता है "बोल प्रभु, तेरा दास सुनता है", तो यह निश्चित ही है कि परमेश्वर हमें कहेंगे, "मेरे दास सुनो, तुम्हारा स्वामी बोलता है।"

इसलिए हमें भी हमेशा प्रार्थना करनी चाहिए, "हे प्रभु, मैं तैयार हूँ, मैं जो भी आप इच्छा करते हैं, वह करना चाहता हूँ ... कृपया मुझे अपनी इच्छा दिखाएं और जानने के लिए मुझे मार्गदर्शन करें"।

मैं इस कहानी को बाते हुए यह कहना चाहूँगा कि परमेश्वर ने मुझे कैसे नेतृत्व किया। जैसा कि मैंने पहले उल्लेख किया है, प्रभु ने मास्टर कार्यक्रम शुरू करने के लिए 'मेरी' योजनाओं को बदलना शुरू किया और इसके बजाय उसने अमेरिका में बाइबल कॉलेज जाने के लिए मेरे हृदय को प्रभावित करना शुरू कर दिया। मुझे एक धारणा थी कि परमेश्वर मुझे भारत में पूर्णकालिक मिशनरियों बनना चाहते थे, लेकिन अभी उस समय तक यह मेरे लिए बिल्कुल स्पष्ट नहीं था। मैंने सिर्फ परमेश्वर से कहा था कि, 'मैं जो आप मेरे जीवन में करना चाहते हैं उसके लिए पूरी तरह से खुला हुआ हूँ'। बाइबल कॉलेज जाने की मेरी इच्छा बस परमेश्वर को अच्छी तरह से जानने के लिए थी। मुझे पता था कि जब मैं परमेश्वर और उसके वचन को जानूंगा, वह मेरी कदम कदम पर अगुवाई करेगा। मुझे जो करना था वह यह कि उसकी आवाज़ सुनने के लिए अपने आप को खोलना था।

जब मैं बाइबल कॉलेज में अध्ययन कर रहा था, तो परमेश्वर ने मुझे पूरी तरह से स्पष्ट किया कि मुझे भारत लौटना है और अपने देश में पूर्णकालिक मिशनरियों बनना है। बेशक मुझे पता था कि परमेश्वर की योजनाओं का पालन करने का यह फैसला क्या होगा। इसका मतलब यह होगा कि मुझे "बड़ी और अधिक आरामदायक जीवन शैली" और विदेशों में रहने की अपनी योजनाओं को त्यागना होगा। एक पूर्णकालिक मिशनरियों के रूप में मुझे विश्वास से जीना होगा। हालांकि, जब परमेश्वर हमें 'अपनी योजनाओं' में ले जाता है, वह हमेशा प्रचुर मात्रा में आनन्द और शांति के साथ हमारा मार्गदर्शन करता है। उस समय से मैं भूल गया और अपनी सारी योजनाओं के लिए इच्छा खो दी। जो मैं सोच रहा था वह यह था कि मेरे देश के लोगों को "मसीह के अनोखे धन" का प्रचार करने के लिए मुझे भारत लौटना था।

मैं अपनी कहानी क्यों बांट रहा हूँ? क्या मैं यह कह रहा हूँ कि परमेश्वर आप सभी को अपनी उच्च शिक्षा का पीछा नहीं करने और एक पूर्णकालिक मिशनरियों होने के लिए नेतृत्व करेंगे? बिल्कुल नहीं! मैं अपने अगली महत्वपूर्ण बिंदु बनाने के लिए इस कहानी को साझा कर रहा हूँ।

जब हम परमेश्वर द्वारा अगुवाई पाने के लिए खुले होते हैं, तो वह अगुवाई करेगा। हालांकि हमें यह भी समझना चाहिए कि जब परमेश्वर हमें अपनी योजनाओं में ले जाता है, तो इसका अर्थ यह नहीं है कि वह चाहता है कि हमें एक बड़ा और अधिक आरामदायक जीवन शैली दे। दरअसल, अक्सर, परमेश्वर हमें एक ऐसे उद्देश्य में से ले जाएगा ताकि हमारे जीवन से दूसरों को अपने राज्य में लाने का सबसे बड़ा प्रभाव हो।

दुनिया आपके घर के आकार के द्वारा, आपके द्वारा चलाए जाने वाले कार के मॉडल से, आपकी कितनी आरामदायक जीवनशैली है, इससे आपकी सफलता का अनुमान लगाती है, परन्तु परमेश्वर आपकी सफलता आपने अपने जीवन में उसको कैसे पाया, अनुसरण किया और उसकी इच्छा और उद्देश्य को कैसे पूरा किया, इससे पता लगाता है। यह हमेशा याद रखें: "मसीही के लिए सच्ची सफलता यह है कि वह परमेश्वर की इच्छा खोजे और वैसा करे।"

4. आपको विश्वास से आज्ञा पालन करने के लिए तैयार रहना चाहिए

परमेश्वर की इच्छा को जानना ही पर्याप्त नहीं है; परमेश्वर को सुनना ही पर्याप्त नहीं है। परमेश्वर के बोलने और मार्गदर्शन से पहले, आपको यह कहना होगा, "हे प्रभु, मैं विश्वास से आपकी इच्छा का पालन करने के लिए तैयार हूँ।"

> मरकुस 1:16-18 में हम पढ़ते हैं- "गलील की झील के किनारे किनारे जाते हुए, उस ने शमौन और उसके भाई अन्द्रियास को झील में जाल डालते देखा, क्योंकि वे मछुवे थे। और यीशु ने उन से कहा, मेरे पीछे चले आओ। मैं तुम को मनुष्यों के मछुवे बनाऊंगा। वे तुरन्त जालों को छोड़कर उसके पीछे हो लिए।"

जब शमौन पतरस और अन्द्रियास ने यीशु की आज्ञा का पालन करने और उसके अनुसरण करने का फैसला किया, तो उन्होंने विश्वास से ऐसा किया। उन्हें यह नहीं पता था कि उनका फैसला परमेश्वर के साथ उन्हें एक अद्‌भुत साहसिक कार्य में ले जाने जा रहा था। उनके अद्‌भुद कार्य न केवल सुसमाचार में दर्ज किए गए हैं बल्कि उससे कलीसिया के इतिहास पर भी बहुत बड़ा प्रभाव पड़ा है।

यदि आप परमेश्वर की स्पष्ट रूप से जानी जाने वाली इच्छाओं को प्राप्त करने के लिए तैयार नहीं हैं, तो परमेश्वर आपको आगे क्यों दिखाएगा? मुझे आपके साथ एक सच्ची कहानी बाँटने दें।

फ्रेड ओल्फोर्ड एक बाईस वर्षीय अंग्रेज था जो व्यापारिक दुनिया में प्रवेश करने की तैयारी कर रहा था। वह इंग्लैंड में अपने चचेरे भाई के देश में कुछ समय के लिए रह रहे थे। वे हिलाव वाली पहाड़ियों और गेहूँ के खेतों की शांति का आनंद ले रहे थे जो फसल के लिए पके थे। लेकिन एक रात बादलों की भयानक गड़गड़ाहट और मुसलाधार बारिश हुई। अगली सुबह उसने अपने बेडरूम का पर्दा खोला, और देखा कि गेहूँ की भूरी फसल पूरी तरह से ओलों के कारण नष्ट हो गई थी। उस समय वह एक गहरी समझ से

भर गए कि परमेश्वर चाहता था कि वह मसीह के लिए फसल काटने के लिए अफ्रीका जाए।

अब यह एक अजीब तरह से लग सकता है जिस तरह से पता चलता है कि परमेश्वर आपसे क्या करवाना चाहता है। लेकिन फ्रेड के दिल में कुछ महीनों तक एक प्रक्रिया चल रही थी। उसने एक इच्छा विकसित की, लगभग एक पुल, अफ्रीका जाने के लिए और उन लोगों को सुसमाचार सुनाने के लिए जिन्होंने कभी नहीं सुना। उस सभी इच्छाओं, विचारों और उसके पीछे की प्रार्थना के साथ, उस वक्त वह तुरंत जान गए थे कि उनके जीवन का मकसद वही था। सबकुछ वह सिर्फ प्रसंस्करण कर रहा था अचानक "समझ में आ गया।" वह अफ्रीका जा रहे थे। यह ऐसा कुछ था जिसे वह करने के लिए महसूस कर रहे थे और जिसे वह करना चाहते थे।

उसने तुरंत तैयारी शुरू कर दी, और दो साल के भीतर उसने खुद को मध्य अफ्रीका में पाया। लेकिन वह सिर्फ अफ्रीका में नहीं था - वह अफ्रीका की एक एकांत जगह में था। लंदन के पार्कों में टहलना नहीं और अंग्रेजी के ग्रामीण इलाकों में कोई दोपहर नहीं। वह किसी शुन्यता के बीच में कहीं जा रहा था।

फ्रेड किसी भी चौबीस साल के सामान्य व्यक्ति की तरह था। उसे पत्नी खोजने और परिवार शुरू करने की इच्छा थी। वह इच्छा इतनी महान थी, कि मसीह का अनुसरण करने की उनकी इच्छा उससे अधिक महान थी।

एक ठेठ अमेरिकी घर में अटलांटिक महासागर के पार, एक जवान लड़की बढ़ रही थी। बेसी संत मायर केवल सात साल की थी जब उसकी मां की दुर्भाग्यवश मृत्यु हो गई थी। वह अपनी बड़ी बहन के साथ रहती थी। दो साल बाद, उसकी बहन ने उसे यीशु मसीह के पास आने का नेतृत्व किया। सोलह वर्ष की आयु में, बेसी को अफ्रीका में परमेश्वर की सेवा करने की बहुत इच्छा थी। हर कोई उसकी सोच को समझ नहीं रहा था। दुनिया के दूसरी तरफ जाने के बारे में सोचना एक युवा, अविवाहित अमेरिकी लड़की के लिए यह बहुत असामान्य था।

लेकिन बेसी को पता था कि परमेश्वर उसे बुला रहा था और यह उसके हृदय की गहरी इच्छा थी। हां, उसकी इच्छा थी कि वह एक दिन एक पत्नी हो और एक माँ हो। लेकिन उसी समय, अफ्रीका में जीवन के लिए तैयार करने के लिए उसे इस आंतरिक प्रेरणा थी। उसने ऐसी शिक्षा लेनी शुरू कर दी, जो उसे दूसरे देश में काम करने के लिए तैयार करे। कई सालों बाद, जब एक मिशनरियों दंपत्ति ने उसे अफ्रीका आने और उनके साथ जुड़ने के लिए आमंत्रित किया तो उसकी प्रशिक्षण में कमी आई।

अंगोला के लिए एक कठिन यात्रा थी। लेकिन यात्रा अधिक मुश्किल हो गई क्योंकि उन्होंने अपना रास्ता अन्दर से बना लिया। उन्हें आधार मिशनरियों स्टेशन तक पहुंचने के लिए हर दिन में पच्चीस मील की यात्रा करके एक सप्ताह लगा। और वे हर कदम पर चले। लेकिन बेसी के पास अभी भी एकांत स्टेशन पर पहुंचने के तरीके थे। वह और अन्य मिशनरियों को अन्दर गहराई तक जाने के लिए नियुक्त किया गया, जंगली देश में लूमा-कसा नामक किसी एक छोटे से गांव में।

जब वह दूरदराज के आदिम गांव में चली गईं, जो अमेरिका से हजारों मील दूर और अपने दोस्तों और शादी के किसी भी संभावित संभावनाओं से दूर थी - वहां फ्रेड ओल्फोर्ड था।

उसने इसे देखा और इसने उसे देखा। दो साल बाद उनकी शादी हो गई। उन्होंने साथ में पैंतीस वर्ष शादीशुदा जीवन का आनन्द लिया, जब फ्रेड परमेश्वर के साथ हमेशा के लिए सो गए।

इस कहानी का मतलब यह नहीं है कि परमेश्वर आपको अफ्रीका में या किसी विशेष मिशन क्षेत्र में बुला रहे हैं। मुद्दा यह है कि यदि आप उसका अनुसरण करेंगे, कोई बात नहीं, जहां वह आपको ले जाता है, तो आपको यह पता चल जाएगा कि वह आपके लिए जो उसकी योजना है, वह जो आप कभी भी अपने आप नहीं बना सकते, उससे बढ़कर है। फ्रेड इंग्लैंड में था और बेसी अमेरिका में थी। वे अलग-अलग जगहों से थे और एक-दूसरे के बारे में कुछ नहीं जानते थे जब उन्होंने अपने जीवन को पूरी तरह से परमेश्वर के समक्ष आत्मसमर्पण किया था। दोनों अपने शुरुआती बीसवीं दशा में थे। और दोनों ने निर्णय लिया था। क्या वे ऐसा करेंगे जो उसने कहा था? क्या वे वहां जाते हैं जहां उसने नेतृत्व किया?

फ्रेड और बेसी अपने बीसवें उम्र के बड़े सवाल का सामना कर रहे थे- वे क्या करेंगे और वे किससे शादी करेंगे। वे भविष्य को देख नहीं सकते थे, जैसा कि आप भविष्य को देख नहीं सकते। लेकिन उन्होंने अपने चरवाहे का आज्ञा पालन करने का फैसला किया- पूरी तरह से और सम्पूर्ण रूप से। अंत में, यह वास्तव में बड़ा मुद्दा है। यह उससे भी बड़ा है कि आप क्या करेंगे या आप किससे विवाह करेंगे।

लेकिन अगर आप अपनी जिंदगी मसीह में लाएंगे और उसे अपने जीवन में पहले रखेंगे, तो अन्य मुद्दे स्वयं का ख्याल रखेंगे। वह आपको दुनिया भर में आधे रास्ते में जाने के लिए नहीं लाता, लेकिन वह आपको नेतृत्व करेगा।

हमारे जीवन के उद्देश्य की दैवीय नियुक्ति का अनुसरण करना (बुलाहट)

जब परमेश्वर की इच्छा खोजने की बात आती है, तो अधिकांश मसीही सोचते हैं कि महत्वपूर्ण चीजों की खोज की जा सकती है - किस कॉलेज में शामिल होना है, किस तरह का कैरियर बनाना है, किसके साथ मुझे शादी करनी चाहिए, इत्यादि।

हालांकि मेरी राय में, हर मसीही के लिए सबसे महत्वपूर्ण बातों में से एक यह है कि वह अपने जीवन के लिए 'परमेश्वर की बुलाहट या दैवीय उद्देश्य' को खोज कर लें। हां, आपके जीवन के हर विवरण के लिए परमेश्वर की सबसे अच्छी योजना है- उसके साथ आपकी आत्मिक चाल, आपका कलीसिया का जीवन, आपकी शादी, आपका परिवार, आपका काम, आपकी वित्तीय और बाकी सब कुछ के लिए। परन्तु सबसे महत्वपूर्ण बात यह है कि वह यह भी सोचता है कि कैसे वह आपके जीवन का उपयोग करना चाहता है ताकि वह अपने राज्य के लिए अधिकतम महिमा और प्रभाव डाल सके। ये योजनाएं आपके जीवन के लिए "परमेश्वर की बुलाहट या दैवीय उद्देश्य" कहलाती हैं।

जब पौलुस ने दमिश्क की सड़कों पर यीशु से मुलाकात की, तो उसने उससे एक महत्वपूर्ण सवाल पूछाः 'प्रभु, आप मुझे क्या करवाने चाहते हैं?' प्रेरितों के काम 26:16-18 में पौलुस ने हमें बताया कि परमेश्वर ने उसे क्या करने के लिए कहा - "परन्तु तू उठ, अपने पांवों पर खड़ा हो, क्योंकि मैं ने तुझे इसलिये दर्शन दिया है, कि तुझे उन बातों का भी सेवक और गवाह ठहराऊं, जो तू ने देखी हैं, और उन का भी जिन के लिये मैं तुझे दर्शन दूंगा। और मैं तुझे तेरे लोगों से और अन्यजातियों से बचाता रहूँगा, जिन के पास मैं अब तुझे इसलिये भेजता हूँ कि तू उन की आंखे खोले, कि वे अंधकार से ज्योति की ओर, और शैतान के अधिकार से परमेश्वर की ओर फिरें, कि पापों की क्षमा, और उन लोगों के साथ जो मुझ पर विश्वास करने से पवित्र किए गए हैं, मीरास पाएं।"

आप देख रहे हैं, परमेश्वर की बुलाहट और पौलुस के लिए दैवीय उद्देश्य मसीह को प्रकट करने और राज्य के लिए आत्माओं को जीतने के लिए आपके जीवन का उपयोग करना था। प्रेरित पौलुस ने अपने जीवन के लिए परमेश्वर के दैवीय उद्देश्य को पहचाना, जब उसने लिखा - "परन्तु परमेश्वर की, जिस ने मेरी माता के गर्भ ही से मुझे ठहराया और अपने अनुग्रह से बुला लिया, जब इच्छा हुई, कि मुझ में अपने पुत्र को प्रगट करे कि मैं अन्यजातियों में उसका सुसमाचार सुनाऊं, तो न मैं ने मांस और लोहू से सलाह ली।" (गलातियों 1:15-16)।

अपने जीवन के लिए परमेश्वर की बुलाहट या उद्देश्य यह है कि कैसे परमेश्वर आपके जीवन का उपयोग करने के लिए उसे अधिकतम महिमा लाने और अपने राज्य के लिए दूसरों को प्रभावित करना चाहता है।

मैं आपसे एक प्रश्न पूछना चाहता हूँ - क्या आपने परमेश्वर से कहा है कि वह आपको जीवन के लिए अपना उद्देश्य दिखाए? क्या आप उसकी दैवीय बुलाहट और उद्देश्य का अनुसरण कर रहे हैं और पूरा कर रहे हैं?

- यदि परमेश्वर ने आपको एक पासबान होने के लिए बुलाया है, तब जीवन के लिए आपका उद्देश्य हो सकता है - उसे जानने के लिए और उसके लिए आत्माओं को जीतने, कलीसिया का निर्माण करने और एक कलीसिया को बढ़ाना।
- यदि परमेश्वर आपको एक व्यवसायी बनने या सफल कैरियर बनाने के लिए कहता है, तो आपके जीवन का उद्देश्य यह हो सकता है - उसे जानने के लिए और उसे अपने काम के द्वारा आत्माओं को जीतने और अपने वित्त का उपयोग करके परमेश्वर की सेवकाई और मिशनरियों को समर्थन देने के लिए जो पहुँच से बाहर हैं।
- यदि आप एक अभिभावक हैं, तो जीवन के लिए आपका उद्देश्य यह हो सकता है - उसे जानने के लिए और अपने बच्चों को अनुशासित करने और अपने परिवार और पड़ोस में आत्माओं को जीतने के माध्यम से उसे ज्ञात करें।

जब यीशु हमें बुलाता है, तो वह कहता है, "मेरे पीछे (घनिष्टता) हो ले और मैं तुझे मनुष्यों का पकड़ने वाला (उद्देश्य) बनाऊंगा..." खोए हुए लोगों की आत्माएं हमेशा परमेश्वर के हृदय में होती हैं। आप उससे क्यों नहीं पूछते कि वह आपको दिखाए कि वह आपके जीवन का उपयोग करने के लिए दूसरों को अपने राज्य के लिए कैसे प्रभावित करना चाहता है? अगर कोई मेडिकल डॉक्टर, शिक्षक या सुरक्षा गार्ड हैं तो इससे कोई फर्क नहीं पड़ता। इससे कोई फर्क नहीं पड़ता कि हम अकेले हैं या शादीशुदा हैं। हम सभी के पास एक दैवीय बुलाहट और हमारे जीवन के लिए उद्देश्य है।

उसके दैवीय उद्देश्य पर पौलुस के ध्यान को देखें। उसका पहला उद्देश्य यीशु के साथ घनिष्टता रखना था। फिलिप्पियों 3:8 में वह कहता है- "वरन मैं अपने प्रभु मसीह यीशु की पहिचान की उत्तमता के कारण सब बातों को हानि समझता हूँ: जिस के कारण मैं ने सब वस्तुओं की हानि उठाई, और उन्हें कूड़ा समझता हूँ, जिस से मैं मसीह को प्राप्त करूं।"

उसका दूसरा उद्देश्य मसीह को प्रकट करना था और आत्माओं को जीतने के द्वारा दूसरों को उसके राज्य के लिए प्रभावित करना था। प्रेरितों के काम 26:19 में वह कहता हैं - "सो हे राजा अग्रिप्पा, मैं ने उस स्वर्गीय दर्शन की बात न टाली। (बुलाहट और दैवीय उद्देश्य)।"

परमेश्वर के उद्देश्य के परिणाम

1. परमेश्वर के उद्देश्य का अनुसरण आपके जीवन को स्पष्ट निर्देश देगा

> पौलुस 1 कुरिन्थियों 9:26-27 में कहता है - "इसलिये मैं तो इसी रीति से दौड़ता हूँ, परन्तु बेठिकाने नहीं (उद्देश्य)।" फिर पौलुस फिलिप्पियों 3:13-14 में कहता है - "... हे भाइयों, मेरी भावना यह नहीं कि मैं पकड़ चुका हूँ: परन्तु केवल यह एक काम करता हूँ, कि जो बातें पीछे रह गई हैं उन को भूल कर, आगे की बातों की ओर बढ़ता हुआ, निषाने की ओर दौड़ा चला जाता हूँ, ताकि वह इनाम पाऊं, जिस के लिये परमेश्वर ने मुझे मसीह यीशु में ऊपर बुलाया है।"

2. परमेश्वर के उद्देश्य का अनुसरण करने के बाद परीक्षाओं के मध्य मेंस्थिरता दी जाएगी

> रोमियो 8:28 में पौलुस कहता है- "और हम जानते हैं, कि जो लोग परमेश्वर से प्रेम रखते हैं, उन के लिये सब बातें मिलकर भलाई ही को उत्पन्न करती है, अर्थात उन्हीं के लिये जो उस की इच्छा के अनुसार बुलाए हुए हैं"। आगे एक ही अध्याय में पौलुस रोमियो 8:34-38 में कहते हैं -"कौन हम को मसीह के प्रेम से अलग करेगा? क्या क्लेश, या संकट, या उपद्रव, या अकाल, या नंगाई, या जोखिम, या तलवार?" परन्तु इन सब बातों में हम उसके द्वारा जिस ने हम से प्रेम किया है, जयवन्त से भी बढ़कर हैं"।

3. परमेश्वर का उद्देश्य आपके जीवन में पूर्ति लाएगा

> उत्पत्ति 25:8 में लिखा है - "और इब्राहीम का दीर्घायु होने के कारण अर्थात पूरे बुढ़ापे की अवस्था में प्राण छूट गया। और वह अपने लोगों में जा मिला।"

4. परमेश्वर के उद्देश्य से आपके जीवन को अनन्त महत्व मिलेगा

> प्रेरितों के काम 13:36 में पवित्र आत्मा दाऊद के जीवन के बारे में कुछ आश्चर्यजनक अंकित करता है - "क्योंकि दाऊद तो परमेश्वर की इच्छा के अनुसार अपने समय में सेवा करके सो गया और अपने बाप दादों में जा मिला और सड़ भी गया। ..."

क्या पवित्र आत्मा आपके जीवन के बारे में भी एक ही बात कहे तो यह कितना अद्भुद है? क्या आप पवित्र आत्मा आपकी समाधि के पत्थर पर आपके नाम के साथ यह चित्रण कर सकता है?"...(अपना नाम डालें). .... के बाद उसने अपनी ही पीढ़ी में परमेश्वर के उद्देश्य से सेवा की जब वह पीढ़ी सो गई थी।"

यह केवल तभी होता है जब हम अपने जीवन के लिए परमेश्वर की इच्छा और उद्देश्य का पालन करते हैं, जो हमारे जीवन को अनंत काल पर लाती है।

मुझे यह याद दिलाने के साथ निष्कर्ष निकालने दें कि परमेश्वर की इच्छा जानना कितना महत्वपूर्ण है।

परमेश्वर की इच्छा हमेशा आपके कल्याण के लिए है। इसके लिए आपको कुछ नहीं करना है। यह कुछ ऐसा है जिसे आप को करना है। यदि आप में परमेश्वर की इच्छा प्राप्त करने की चाहत हैं तो आप समझ गए कि परमेश्वर आपको कितना प्रेम करते हैं।

परमेश्वर की इच्छा हमेशा करने के लिए चुनें, हे परमेश्वर ... मैं खुला हूँ, मैं तैयार हूँ - मुझे बताओ कि आप मुझे क्या करना चाहते हो ... सुनें और मार्गदर्शन करें।

संदर्भः

[1]परमेश्वर की इच्छा के बारे में 6 मिथ्याएं - एड्रियन रोजर्स से अनुकूलित

गृहकार्य # 13 । अध्याय # 13

1. कृपया 15 पंक्तियों में समझाओ जो परमेश्वर की इच्छा से संबंधित छह मिथ्याएं हैं और उनकी संक्षिप्त स्पष्टिकरण दें।

2. परमेश्वर का मार्गदर्शन व्यावहारिक है। अपने स्वयं के शब्दों की सूची बनाए और संक्षेप में कुछ तरीकों को जो उसकी इच्छा जानने के लिए परमेश्वर का मार्गदर्शन करते हैं, समझाएं।

3. निम्नलिखित वाक्यों को पूरा करें:

    1. यदि आप एक मसीही हैं, तो आपका सबसे बड़ा .... परमेश्वर की इच्छा को जानना होना चाहिए। आपका सबसे बड़ा .... परमेश्वर की इच्छा को पूरा करना होना चाहिए। आपका सबसे बड़ा .... उसकी इच्छा को मना करना होना चाहिए।

    2. पूरे इतिहास के लिए परमेश्वर की प्रचलित इच्छा है। इसे भी परमेश्वर की प्रधान .... कहा जाता है या .... इच्छा।

    3. .... के लिए परमेश्वर अनुमोदक इच्छा। यह केवल परमेश्वर की .... इच्छा ही नहीं होगी, यह परमेश्वर की सामान्य या .... इच्छा होगी।

    4. परमेश्वर की परिपूर्ण और .... इच्छा ईष्वरीय विश्वासी के लिए होगी। परमेश्वर का वचन हमें सिखाता है कि परमेश्वर की एक .... योजना है, एक .... योजना है, और हम में से हर एक के लिए एक .... योजना है।

    5. परमेश्वर की इच्छा हमेशा आपके .... के लिए है। इसके लिए आपको कुछ करना नहीं है। यह वह है जो कुछ आप करना चाहते हैं। यदि आप परमेश्वर की इच्छा चाहते हैं तो उसके लिए आपको पर्याप्त समझ होगी और अगर आप समझ गए कि परमेश्वर आपको कितना प्रेम करते हैं।

    6. नीतिवचन 3:6 हमें याद दिलाता है, 'उसी को ....करके सब काम करना, तब वह तेरे लिये ...... मार्ग निकालेगा।'

    7. आपको परमेश्वर की इच्छा जानने के लिए .... होना चाहिए।

8. आपके जीवन के लिए परमेश्वर की अधिकांश इच्छा पहले ही .... में मिल चुकी है।

9. हमारी प्रार्थना के समय ....प्रार्थना के साथ ही .... प्रार्थना की जरूरत है।

10. आपको परमेश्वर की इच्छा को .... करना होगा। यह परमेश्वर की .... इच्छा के लिए पर्याप्त नहीं है। यह परमेश्वर की ...... के लिए पर्याप्त नहीं है।

अध्याय 14

सामर्थ के साथ प्रार्थना करना

मसीही के लिए प्रार्थना करना सीखने के मुकाबले पूरे विश्व में इससे और महत्वपूर्ण शिक्षा कोई और नहीं है। न केवल प्रार्थना करने के लिए बल्कि सामर्थ के साथ प्रार्थना करने के लिए भी सीखना है - पवित्र आत्मा की अगुवाई में प्रार्थना करना, परमेश्वर के वचन और परमेश्वर की इच्छा के अनुसार प्रार्थना करना। प्रार्थना

ऐसे करना कि उनके उत्तर मिलें।

कई मसीहियों के लिए जीवन में सबसे बड़ी असफलता है वास्तव में प्रार्थना करना न सीख पाना। मसीहियों के रूप में हमें यह एहसास होना चाहिए कि प्रार्थना की पहुंच से परे कुछ भी नहीं है, इसके अलावा सब परमेश्वर की इच्छा से बाहर है। प्रार्थना कुछ भी कर सकती है जो परमेश्वर कर सकता है और परमेश्वर कुछ भी कर सकता है! आपके जीवन में ऐसी कोई जरूरत नहीं है कि उचित प्रार्थना उस आवश्यकता की आपूर्ति नहीं कर सके।

पवित्र शास्त्र में, परमेश्वर ने प्रार्थना के उत्तर देने के लिए अपनी विश्वासयोग्यता के बारे में बहुत सारे वायदे हमें दिए हैं।

> पुराने नियम में यिर्मयाह 33:2-3 में, परमेश्वर कहते हैं -
>
> "यहोवा जो पृथ्वी का रचने वाला है, जो उसको स्थिर करता है, उसका नाम यहोवा है। वह यह कहता है, मुझ से प्रार्थना कर और मैं तेरी सुन कर तुझे बड़ी-बड़ी और कठिन बातें बताऊंगा जिन्हें तू अभी नहीं समझता।"

परमेश्वर कहते हैं - "मैं तुम पर महान और शक्तिशाली चीजें जो तुम नहीं जानते उन्हें प्रकट करूँगा'। उपरोक्त पद कितना दिलचस्प है, क्या ऐसा नहीं है? इब्रू में, इसका शाब्दिक अर्थ है "छिपी हुई चीजें, चीजें जो फंसी हुई हैं, चीजें जो अगम्य लगती हैं।"

सुनिए, क्या आपके जीवन में ऐसी कोई चीजे हैं जो आपको हल करने में असंभव और दुर्गम लगती हैं - जो आपके परिवार या कलीसिया या व्यवसाय में हैं? क्या ऐसी चीजें

छिपी और घिरी हुई चीजें हैं जिन्हें आप अपने संबंधों में समझ नहीं पा रहे हैं? परमेश्वर आपको और मुझे कहता है, "मुझ से प्रार्थना कर और मैं तेरी सुन कर तुझे बड़ी-बड़ी और कठिन बातें बताऊंगा जिन्हें तू अभी नहीं समझता। "दूसरे शब्दों में, "प्रार्थना उन कठिनाइयों की दीवारों को काट डालेगी जो हमारी प्राकृतिक सामर्थ में हमारे लिए दुर्गम हैं"।

> यीशु ने नए नियम में कहा, मत्ती में 7:11 -
>
> "सो जब तुम बुरे होकर, अपने बच्चों को अच्छी वस्तुएं देना जानते हो, तो तुम्हारा स्वर्गीय पिता अपने मांगने वालों को अच्छी वस्तुएं क्यों न देगा?"
>
> फिर याकूब 4:4 में हम पढ़ते हैं-
>
> "तुम्हें इसलिये नहीं मिलता, कि मांगते नहीं।" मत्ती 7:7 में यीशु कहता है -
>
> "मांगो, तो तुम्हें दिया जाएगा, ढूंढो, तो तुम पाओगे, खटखटाओ, तो तुम्हारे लिये खोला जाएगा।"

हे प्रभु, हमें प्रार्थना करना सिखा

पवित्र शास्त्र में लिखा है कि

"फिर वह किसी जगह प्रार्थना कर रहा था: और जब वह प्रार्थना कर चुका, तो उसके चेलों में से एक ने उस से कहा, हे प्रभु, जैसे यूहन्ना ने अपने चेलों को प्रार्थना करना सिखलाया वैसे ही हमें भी तू भी सिखा दे। उस ने उन से कहा, जब तुम प्रार्थना करो, तो कहो, हे हमारे पिता, तू जो स्वर्ग में है, तेरा नाम पवित्र माना जाए। तेरा राज्य आए, तेरी इच्छा जैसी स्वर्ग में पूरी होती है, वैसे पृथ्वी पर भी हो। हमारी दिन भर की रोटी आज हमें दे। और जिस प्रकार हम ने अपने अपराधियों को क्षमा किया है, वैसे ही तू भी हमारे अपराधों को क्षमा कर। और हमें परीक्षा में न ला, परन्तु बुराई से बचा, क्योंकि राज्य और पराक्रम और महिमा सदा तेरे ही हैं" आमीन! (लूका 11:1-4, मत्ती 6:9-13)

शिष्यों ने कई अवसरों पर यीशु को प्रार्थना करते देखा था। कभी-कभी वे रात के मध्य में जागते थे तो वह उसे शिविर के चारों ओर घिरने वाले पुरुषों के थके हुए बल में से अनुपस्थित पाते थे। वह कहीं अपने आप प्रार्थना कर रहा होता था। कभी-कभी, सुबह या रात की शांति में, वे उसे प्रार्थना करते हुए सुनते थे।

उसकी प्रार्थना यहूदी धार्मिक गुरुओं की तरह नहीं होती थी, जो आम तौर पर एक किताब से अपनी प्रार्थनाएं पढ़ते थे और एक महान विधि की औपचारिकता के साथ प्रार्थना करते थे। न तो वे उन्मादपूर्ण बबूलों और पुनरावृत्त जप की तरह करता था जो मूर्तिपूजक मंदिरों से आते थे। यीशु की प्रार्थनाओं में एक बेटे की परिचित उत्साह और घनिष्टता होती थी जो अपने पिता से बात कर रहा होता था।

चेलों ने परमेश्वर के साथ इस तरह के घनिष्टता की खोज की थी लेकिन उन्हें यह नहीं पता था कि इसे कैसे प्राप्त करना है। इसलिए वे इस अनुरोध के साथ उसके पास आएः "प्रभु हमें प्रार्थना करना सिखा..."

यीशु ने अपने शिष्यों को जवाब दिया और जिसे आज "प्रभु की प्रार्थना" कहा जाता है। दरअसल, इस प्रार्थना को, "शिष्यों की प्रार्थना" कहा जाना चाहिए। जो प्रार्थनाएं वास्तव में यीशु ने की थी वे कहीं और दर्ज की गई हैं। उसने हमें, अर्थात उसके चेलों को दी ताकि हमें इस तरह से प्रार्थना करनी चाहिए, उसका मार्गदर्शन किया।

मैं इस प्रार्थना के बारे में एक महत्वपूर्ण बिंदु बताना चाहता हूँ। ध्यान दें कि यीशु ने अपने शिष्यों को "यह प्रार्थना" करने के लिए नहीं बताया था। उसने बस कहा, "इस तरह से प्रार्थना करो।" यह एक अनुष्ठान के रूप में निरंतर दोहराई जाने वाली प्रार्थना नहीं है। कई पारंपरिक कलीसियाओं में, एक पादरी या पास्टर ऐसा कहेंगे, "आइए अब हम सब खड़े होकर प्रभु की प्रार्थना कहें।" उन्होंने प्रभु की प्रार्थना का पुनरावृत्तिक अनुष्ठान बना लिया है। वास्तव में यीशु ने हमें ऐसा कुछ करने के लिए नहीं कहा जब उसने हमें यह प्रार्थना दी। उसने स्वयं एक बार सिखाया था, "प्रार्थना करते समय अन्यजातियों की नाईं बक बक न करो, क्योंकि वे समझते हैं कि उनके बहुत बोलने से उन की सुनी जाएगी।" (मत्ती 6:7)।

यीशु ने स्वयं हमें इस प्रार्थना का अनुष्ठान करने के लिए (जैसा कि कई कलीसिया की आराधना सेवाओं में किया जाता है) नहीं चाहा था। मैं व्यक्तिगत रूप से विश्वास करता हूँ कि यीशु ने हमें यह प्रार्थना एक अच्छी मार्गदर्शिका के रूप में दी है, ताकि हमारी प्रार्थनाओं की रूपरेखा, सामग्री और दिशा समान्य होनी चाहिए। उसने कहा, "जब आप प्रार्थना करते हैं, तो इस तरीके से प्रार्थना किया करो .."

यहाँ सबसे महत्वपूर्ण दिशानिर्देश हैं जिन्हें यीशु ने हमें प्रार्थना करते हुए याद रखने के लिए कहा। यीशु चाहता है कि आप ...

1. परमेश्वर की व्यक्तिगत उपस्थिति पर अपना मन लगाएं

यीशु ने अपनी शिक्षा शुरू करते हुए कहा, “ऐसे हमें प्रार्थना करनी चाहिएः

“हे हमारे स्वर्गीय पिता, तेरा नाम पवित्र माना जाए...” (मत्ती 6:9)।

पहली बात यह है कि यीशु चाहते हैं कि जब आप प्रार्थना करना शुरू करते है तो अपने पिता की व्यक्तिगत उपस्थिति की पहचान करो।

प्रार्थना में शामिल व्यक्ति कौन हैं? एक संतान और उसका पिता। आपके लिए यह महत्वपूर्ण है कि आप जब प्रार्थना में प्रवेश करें तो आप यह जानें कि आप परमेश्वर के पास आ रहे हैं और अपने पिता परमेश्वर से बात कर रहे हैं। यह समझना जरूरी है क्योंकि वास्तविक, शक्तिशाली प्रार्थना- प्रार्थना जो उत्तर देती है, वह परमेश्वर के संतानों के लिए है।

आप ऐसा कह सकते हैं कि यह माना जाता है कि हर कोई परमेश्वर की संतान है। नही, वे नही हैं! हर कोई परमेश्वर की संतान नहीं है। यीशु ने उद्धार न पाए हुए फरीसियों से कहा, “तुम अपने पिता शैतान से हो, और अपने पिता की लालसाओं को पूरा करना चाहते हो।” (यूहन्ना 8:44)।

तो परमेश्वर की संतान कौन हैं? बाइबल यूहन्ना के पहले अध्याय में प्रभु यीशु के विषय में कहती है, “परन्तु जितनों ने उसे ग्रहण किया, उस ने उन्हें परमेश्वर के सन्तान होने का अधिकार दिया, अर्थात उन्हें जो उसके नाम पर विश्वास रखते हैं।” (यूहन्ना 1:12)। तो, हर कोई परमेश्वर की संतान नहीं है। केवल यीशु में सच्चे विश्वासियों को परमेश्वर की संतान कहा जा सकता है!

कुछ लोग यह तर्क दे सकते हैं कि परमेश्वर ने सभी मनुष्यों को बनाया है तो वह सभी का पिता हैं। खैर, परमेश्वर ने चूहे, सांप, गिद्धों और चर्मपत्र भी बनाये। वह उनका पिता नहीं हैं! नहीं, वह सृष्टि बनाने के द्वारा पिता नहीं बनता। वह नए जन्म से पिता बन जाता है। परमेश्वर हमारे पिता तब बनते हैं जब हम फिर से परमेश्वर के परिवार में जन्म लेते है।

यदि आप चाहते हैं कि आपकी प्रार्थनाओं का उत्तर दिया जाए और आप अपनी प्रार्थनाओं को शक्तिशाली बनाना चाहते हैं, तो पहली बात यह होनी चाहिए कि आप परमेश्वर की संतान बनें। परमेश्वर की संतान बनने के लिए, आपको प्रभु यीशु मसीह को अपने व्यक्तिगत उद्धारकर्ता के रूप में स्वीकार करना चाहिए। आपने ऐसा किया है? क्या

पवित्र आत्मा मसीह के द्वारा आपके हृदय में रहता है? यदि हां, तो आप सार्थक घनिष्ट प्रार्थना में प्रवेश करने के लिए तैयार हैं।

जब आप वास्तव में मसीह में विश्वास रखते हैं और परमेश्वर को 'पिता' के रूप में संबोधित करते हैं, तो आप देखेंगे कि प्रार्थना करना कितना आसान होता है। आपके लिए प्रार्थना करना आसान हो जाएगा क्योंकि परमेश्वर का पवित्र आत्मा जो आपके हृदय में रहने आया हैं, वह आपको परमेश्वर के साथ एक नई घनिष्टता देगा और आप उसे अपने स्वर्गीय पिता के रूप में पहचान लेंगे।

बाइबल कहती है -

"आप यह यकीन से कह सकते हैं कि परमेश्वर ने आप को अपने संतान के रूप में अपनाया है, क्योंकि परमेश्वर ने अपने पुत्र का आत्मा हमारे हृदय में 'जो अब्बा (अरामी भाषा = पिता) पिता" पुकारने के लिए भेजा है!' क्या यह परमेश्वर के साथ घनिष्ट वार्ता का विशेषाधिकार नहीं है कि आप दास नहीं हैं, लेकिन उसकी संतान है?" गलातियों 4:6,7

और तुम जो पुत्र हो, इसलिये परमेश्वर ने अपने पुत्र के आत्मा को, जो हे अब्बा, हे पिता कह कर पुकारता है, हमारे हृदय में भेजा है। अब हम उसे अपने पिता के रुप में ही पहचानते है।

एक खोज करने वाले की व्यक्तिगत गवाही

बिल्किस शेख ने अपनी जीवनी में लिखा, 'आई ड्रेअर्ड टू कॉल हिम फादर (मैं उसे हिम्मत से पिता बुलाती हूँ)' बताती है कि उनका जन्म एक रूढ़िवादी मुस्लिम परिवार में हुआ था। उनके पति ने पाकिस्तान के आतंरिक मंत्री के रूप में सेवा की थी। वह आत्मिक सच्चाई की तलाश के कारण अशांत थी, इसलिए उसने अपने

एक आतिषदान को जो एक मसीही था बाइबल लाने के लिए आदेश दिया। कभी-कभी वह दोनों बाइबल और कुरान में से पढ़ती थी।

उसने एक बार एक मसीही कार्यकर्ता से कहा, "मैं आपके विश्वास के बारे में उलझन में हूँ। ऐसा लगता है कि परमेश्वर कितना निजी हैं।" जिस पर महिला ने उत्तर दिया, 'तुम परमेश्वर से ऐसे बात क्यों नहीं करती जैसे वह तुम्हारा पिता हो?"

बिल्किस शेख अपने बेडरूम में जाती है, घुटनों पर आती है और परमेश्वर को "पिता" पुकारने की कोशिश करती है, सबसे पहले उसने संघर्ष किया और परमेश्वर को 'पिता'

के रूप में पुकारने से डरती थी, यह सोचकर कि परमेश्वर को उसके स्तर तक लाने की कोशिश करना यह पाप हो सकता है। उसने महसूस किया कि वह नहीं कर सकी और न हिम्मत की, इसलिए उसने छोड़ दिया। हालांकि बाद में उस रात वह बिस्तर से बाहर आई, अपने घुटनों पर आई और "पिता" को बुलाया!

वह बताती है कि आगे क्या हुआः "अचानक अब मेरा कमरा खाली नहीं था। परमेश्वर वहां थे। मैं उनकी उपस्थिति को महसूस कर सकती थी। मैं उनके हाथ को मेरे सिर पर धीरे से रखा हुआ महसूस कर रही थी। वह इतना करीब था कि मैं खुद अपना सिर उसके घुटनों पर रखने की सोच रही थी जैसे एक छोटी बच्ची अपने पिता के पैरों पर बैठी हो। एक लंबे समय के लिए मैं चुपचाप थी और उसके प्रेम में तैर रही थी। मैं खुद उससे बात कर रही थी और क्षमा मांग रही थी कि मैंने उसे पहले नहीं जाना था।"

कुछ समय बाद वह बिस्तर पर पहुँच गई जहां उसने बाइबल और कुरान को रखा हुआ था। उसने दोनों हाथों में एक एक किताब उठाई और कहा, "पिता मैं असमंजस में हूँ। कौन सी आपकी किताब है?" अचानक उसके अंदर एक आवाज़ सुनाई दी जिसने उसे स्पष्ट रूप से कहा कि जैसे वह अपने मन से शब्दों को दोहरा रही हो, "आप किस किताब में मुझे पिता के रूप में मिलेंगे?" वह तुरंत जान गई, कि उसका जवाब मिल गया था। उसे एहसास हुआ कि बाइबल उसकी पुस्तक थी और यह उसके अपने हाथों में थी।

जब आप प्रार्थना करते हैं, तो अपने दिल से प्रार्थना करें और अपने स्वर्गीय पिता पर अपना पूरा ध्यान केंद्रित करें। यदि आप परमेश्वर के परिवार में पैदा हुए हैं, तो आप अपने पिता परमेश्वर के एक प्रिय पुत्र हैं। जब आप प्रार्थना में प्रवेश करते हैं, तो आप अपने स्वर्गीय पिता के पैरों पर बैठे या उसकी गोद में बैठे होने की कल्पना कर सकते हैं, अपने हाथों को उसके गले के आसपास रख सकते हैं और उससे बात कर सकते हैं जैसे आप अपने पिता के साथ करेंगे। जो कोई अपने सांसारिक पिता से बात कर सकता है, वह अपने स्वर्गीय पिता से बात कर सकता है। आपको परमेश्वर से बात करने के लिए औपचारिक पुराने राजा जेम्स संस्करण अंग्रेजी या सुवक्ता काव्यात्मक वाक्यांशों में प्रार्थना करने की आवश्यकता नहीं है। आप सिर्फ अपने दिल से परमेश्वर से बात कर सकते हैं। जैसे एक बच्चा अपने पिता से बात करता है।

अगर मैं घर आऊँ और मेरे बच्चों 'जय हो आदरणीय पिता'' कहकर पुकारने पड़े तो मुझे कैसा लगेगा? अपने कार्यालय से घर आने में आपका स्वागत करते हैं। क्या आप अपने बेटे को कुछ पैसे दे सकते हैं, जिससे मैं शॉपिंग सेंटर जा सकूँ और अपने आप के लिए कुछ स्कूल ड्रेस खरीद सकूँ? 'यह बहुत ही औपचारिक और हास्यास्पद होगा"!

इसकी अधिक सम्भावना है कि जब में घर आऊं तो मेरे बच्चे कहें, 'पिताजी मुझे बहुत खुशी है कि आप वापस आ गए। पिताजी, मेरे पास एक जरूरी आवश्यकता है। कल के लिए मुझे एक स्कूल वर्दी चाहिए? क्या मुझे कुछ पैसे मिल सकते हैं? 'उसने मुझे अपने दिल से कहा क्योंकि मैं उसका पिता हूँ।

यीशु ने कहा कि जब आप प्रार्थना करना शुरू करते हो, तो पता करें कि आप किससे बात कर रहे हैं - "तुम्हारा पिता जो स्वर्ग में है, जिसका नाम पवित्र है।" तो उसके साथ श्रद्धा से बोलें और जैसा एक बच्चा प्रेम से अपने हृदय से बोलता है। अगर हम "इस तरीके से" प्रार्थना करते हैं, यह मानते हुए कि हम अपने "स्वर्गीय पिता" से बात कर रहे हैं, तो हम परमेश्वर की उपस्थिति में सार्थक और घनिष्ट प्रार्थना में प्रवेश करते हैं।

दूसरा, यीशु ने हमें बताया ...

2. अपनी प्रार्थना में परमेश्वर की प्राथमिकता और वायदों पर ध्यान दें

इसके बाद, यीशु ने "इस तरह" प्रार्थना करने के लिए कहा - "तेरा राज्य आए, जैसे तेरी इच्छा स्वर्ग में पूरी होती है पृथ्वी पर भी हो।"

किसी भी राज्य में, राजा एकमात्र प्रभारी होता है। जबकि परमेश्वर के राज्य के पूर्ण नियम और प्राधिकरण स्थापित किए जाएंगें, जब यीशु अपनी दूसरे आगमन में वापिस आएगा, आज भी परमेश्वर यह इच्छा करता है कि उसकी कलीसिया (उसके प्रिय लोगों) के द्वारा, राजा की इच्छा स्थापित हो और उसके राज्य का आत्मिक जीवन प्रकट हो।

प्रार्थना का एकमात्र उद्देश्य है और वह यह है कि परमेश्वर की इच्छा (जैसा वह स्वर्ग में होती है), पृथ्वी पर हो। प्रार्थना पृथ्वी पर मनुष्य की इच्छा को प्राप्त करने की कोशिश करना नहीं है। प्रार्थना यह अनुरोध करना है कि परमेश्वर की स्वर्ग में जो इच्छा है वह पृथ्वी पर पूरी हो।

पवित्रशास्त्र यह स्पष्ट करता है कि परमेश्वर उन प्रार्थनाओं को सुनता और उत्तर देता है जो उसकी इच्छा के अनुसार की जाती है।

> बाइबल 1 यूहन्ना 5:14-15 में कहता है -
>
> "और हमें उसके साम्हने जो हियाव होता है, वह यह है कि यदि हम उस की इच्छा के अनुसार कुछ मांगते हैं, तो हमारी सुनता है। और जब हम जानते हैं, कि जो कुछ हम मांगते हैं वह हमारी सुनता है, तो यह भी जानते हैं, कि जो कुछ हम ने उस से मांगा, वह पाया है।"

इसलिए, यदि हम प्रार्थना के उत्तर चाहते हैं, तो हमें परमेश्वर की इच्छा के अनुसार प्रार्थना करना सीखना चाहिए जैसा कि उसके वचन में प्रकट किया गया है और जैसा हमें उसकी पवित्र आत्मा के द्वारा प्रकट किया गया है।

सच्ची प्रार्थना हमेशा -

- सबसे पहले, परमेश्वर के वचन और परमेश्वर के वायदों के अनुसार
- दूसरा, पवित्र आत्मा के अगुवाई के अनुसार

परमेश्वर के वचन और परमेश्वर के वायदों के अनुसार प्रार्थना करना

चार्ल्स स्पार्जन ने एक बार कहा था, "पवित्र शास्त्र का हर वचन परमेश्वर का लेखन है जिसे उसके सामने उचित अनुरोध के साथ पेश किया जा सकता है, 'प्रभु, जैसा आपने कहा है, करो'। स्वर्गीय पिता अपनी संतान के प्रति अपना वचन नहीं तोड़ देगा।"

परमेश्वर के वायदों की व्यापक श्रेणी

सावधानीपूर्वक अध्ययन करने के बाद कुछ मेहनती बाइबल छात्रों ने बताया कि परमेश्वर के वचन में आठ हजार से अधिक ऐसे वायदे हैं, जो एक विश्वासी विश्वास के द्वारा (रख सकता है) प्रयोग कर सकता है। प्रेरित पतरस ने उन्हें "बहुमूल्य और बहुत ही बड़ी प्रतिज्ञाएं" कहा है। (2 पतरस 1:4)।

पवित्र शास्त्र पढ़ते समय, हमें यह पता करने के लिए सतर्क रहना चाहिए कि परमेश्वर ने क्या करने का वादा किया है, और फिर हमें उसके वचन को पकड़ना चाहिए। हम शांति, मार्गदर्शन, ज्ञान, संरक्षण, शक्ति, उद्धार, उपचार, खुशी और अन्य सैंकड़ों आशीषों की खोज करनी चाहिए। प्रार्थना के द्वारा एक विश्वासी अपने स्वयं के अनुभव से परमेश्वर के वायदों को वास्तविकता में बदल सकता है। इसीलिए एक मसीही जो उत्साह और शक्ति के साथ प्रार्थना करना चाहता है, उसे परमेश्वर के वादे के बारे में पता होना चाहिए जो बाइबल में हैं।

इसलिए जब हम उसके वचनों में से एक के साथ सषस्त्र होकर परमेश्वर के पास आते हैं, तो हम अति आत्मविश्वास से ऐसा कर सकते हैं।

"हम अब्राहम के अटल भरोसे में परमेश्वर के वायदे को बाँट सकते हैं, जिसके बारे में यह कहा गया है 'और न अविश्वासी होकर परमेश्वर की प्रतिज्ञा पर संदेह किया, पर विश्वास में दृढ़ होकर परमेश्वर की महिमा की। और निश्चय जाना, कि जिस बात की उस ने प्रतिज्ञा की है, वह उसे पूरी करने को भी सामर्थी है" (रोमियों 4:20-21)।

हम किसी भी विषय पर परमेश्वर की इच्छा के अनुसार प्रार्थना करना कैसे सीख सकते हैं? ठीक है, कुछ चीजें स्पष्ट रूप से परमेश्वर के वचन में परमेश्वर की इच्छा के रूप में कहीं गईं हैं।

उदाहरण के लिए:

* बाइबल कहती है कि "प्रभु अपनी प्रतिज्ञा के विषय में देर नहीं करता, जैसी देर कितने लोग समझते हैं, पर तुम्हारे विषय में धीरज धरता है, और नहीं चाहता, कि कोई नाश हो वरन यह कि सब को मन फिराव का अवसर मिले।" (2 पतरस 3:9)। इसलिए, धरती के दूर के हिस्सों में भी खोए हुए लोगों के लिए प्रार्थना करना परमेश्वर की इच्छा हैं। परमेश्वर ऐसी प्रार्थना का जवाब देना पसंद करते हैं।
* बाइबल कहती है कि जब एक व्यक्ति उद्धार पाता है, तो परमेश्वर इच्छा करता है कि वे उसके विश्वासयोग्य चेले और पवित्र (शुद्ध) जीवन जीना सीखें। 1 थिस्सलुनीकियों 4:3 कहता है, "क्योंकि परमेश्वर की इच्छा यह है, कि तुम पवित्र बनोः अर्थात व्यभिचार से बचे रहो।"
* बाइबल हमें बताती है कि उसकी कलीसिया में एकता रखना यह परमेश्वर की इच्छा है। इफिसियों 4:3-4 में हमें "और मेल के बन्ध में आत्मा की एकता रखने का यत्न करो। एक ही देह है, और एक ही आत्मा, जैसे तुम्हें जो बुलाए गए थे अपने बुलाए जाने से एक ही आशा है।"

जबकि हम जानते हैं कि कुछ चीजें परमेश्वर की इच्छा हैं, अन्य बातों में हमें पवित्र आत्मा द्वारा उसकी इच्छा खोजनी होगी। यही कारण है कि एक विश्वासी को अपने (या उसकी) प्रार्थना में पवित्र आत्मा की अगुवाई की आवश्यकता है।

पवित्र आत्मा की अगुवाई के अनुसार प्रार्थना करना

यदि सभी मामलों में हम पवित्र आत्मा के मार्गदर्शन की तलाश करते हैं तो, वह हमें परमेश्वर की इच्छा जानने में मदद करेगा। पवित्र आत्मा हमें परमेश्वर की इच्छा के अनुसार प्रार्थना करने में मदद करेगा।

> रोमियों 8:26-27 कहता है - "इसी रीति से आत्मा भी हमारी दुर्बलता में सहायता करता है, क्योंकि हम नहीं जानते, कि प्रार्थना किस रीति से करनी चाहिए। परन्तु आत्मा आप ही ऐसी आहें भर भरकर जो बयान से बाहर है,

> हमारे लिये बिनती करता है। और मनों का जांचने वाला जानता है, कि आत्मा की मनसा क्या है क्योंकि वह पवित्र लोगों के लिये परमेश्वर की इच्छा के अनुसार बिनती करता है"। बहुत से विश्वासी जब उन्हें किसी के लिए प्रार्थना करने के लिए कहा जाता है तो वे सिर्फ अपनी आंखें बंद करते हैं और इस अवसर पर 'मानक' या 'औपचारिक' या 'विनम्र' प्रार्थना करते है। हालांकि सच्ची प्रार्थना हमेशा पवित्र आत्मा के अभिषेक और मार्गदर्शन के तहत की जाती है।"

बहुत से विश्वासी जब उन्हें किसी के लिए प्रार्थना करने के लिए कहा जाता है तो वे सिर्फ अपनी आंखें बंद करते हैं और इस अवसर पर 'मानक' या 'औपचारिक' या 'विनम्र' प्रार्थना करते है। हालांकि सच्ची प्रार्थना हमेशा पवित्र आत्मा के अभिषेक और मार्गदर्शन के तहत की जाती है।

> इफिसियों 6:18 हमें सलाह देता है -
>
> "और हर समय और हर प्रकार से आत्मा में प्रार्थना, और बिनती करते रहो।"

जब हम प्रार्थना में प्रवेश करते हैं, तो "इससे पहले कि हम हमारे मन में बोलें," हमें पहले परमेश्वर के साथ आराधना और सामंजस्य की भावना में प्रवेश करना चाहिए। जब हमारी आत्मा पवित्र आत्मा के माध्यम से परमेश्वर के साथ सहभागिता में होती है, तो परमेश्वर का आत्मा हमारे दिल पर उतरेगा और हमे किससे प्रार्थना करे, क्या प्रार्थना करें और परमेश्वर के मन के अनुसार कैसे प्रार्थना करे। जब हम इस तरीके से प्रार्थना करना सीखते हैं - "आत्मा में", तो हम और धीमे से प्रार्थना करते हैं, जैसे हम अक्सर करते थे, हम अक्सर रुक सकते हैं, लेकिन हमारी प्रार्थनाएं अधिक हार्दिक और प्रभावी होगी, क्योंकि हम पवित्र आत्मा के मन के अनुसार प्रार्थना करते हैं।

जब परमेश्वर की इच्छा हमारी इच्छा बन जाएगी

जब हम परमेश्वर के वचन (और उसके वादों) के अनुसार प्रार्थना करना सीखते हैं और पवित्र आत्मा की अगुवाई प्राप्त करते हैं, तो 'जो कुछ भी हम चाहते हैं' मांग सकते हैं, क्योंकि अब हमें पता चल जाएगा कि परमेश्वर की इच्छा (इच्छा) हमारी इच्छा बन गई है (इच्छा)।

यीशु ने कहा -

“यदि तुम मुझ में बने रहो, और मेरी बातें तुम में बनी रहें तो जो चाहो मांगो और वह तुम्हारे लिये हो जाएगी” (यूहन्ना 15:7)।

“बने रहना” का अर्थ यीशु पर आश्रित होना और यीशु पर निर्भर होना है। इसका यह भी अर्थ है कि हमें रोजाना परमेश्वर का वचन पढ़ना है, इसके वादों और सिद्धांतों को लिखित पृश्ठों से हमारे हृदय में आगे बढ़ने की इजाजत देनी है। तब पवित्र आत्मा हमें दिखाएगा कि कैसे प्रार्थना करें और किस बात के लिए प्रार्थना करे, ताकि हमारी प्रार्थनाएं जो परमेश्वर की इच्छा है उसके अनुरूप हों।

हमारे अंदर पवित्र आत्मा हमें प्रार्थना करने में मदद करता है। हम पुत्र के नाम पर पवित्र आत्मा की अगुवाई के द्वारा, पिता से प्रार्थना करते हैं। अगर हम परमेश्वर के आत्मा के प्रति समर्पण करते हैं और हमारे अंदर मसीह के वचनों का पालन करते हैं, तो हम मसीह में निहित हैं। इसलिए जो हम इच्छा रखते हैं उसके लिए प्रार्थना कर सकते हैं, क्योंकि अजीब और आश्चर्यजनक है कि, अब हम वो चाहेंगे जो वह चाहेगा क्योंकि हमारे पास अब मसीह का मन है। जब हम प्रार्थना करते हैं, हम मसीह के विचारों को सोचते हैं।

यह अध्याय सबसे सुगन्धित अध्यायों में से एक है जो आप कभी भी प्रार्थना के बारे में जान सकते हैं: ‘जो प्रार्थना स्वर्ग में जाती है वह स्वर्ग से शुरू होती है।’ हम जो करते हैं वह यह है कि हम प्रार्थना में हमारे हृदय और अधिकार का प्रयोग कर उसे बंद करते हैं। परमेश्वर हमारे हृदय में प्रार्थना करने के लिए कुछ डालते हैं, हम उसके लिए प्रार्थना करते हैं और वह वापिस स्वर्ग में चला जाता है। प्रार्थना पवित्र आत्मा का पिता के हृदय में एक इच्छा प्राप्त करना है और फिर हमारे दिल में उस इच्छा को डालना है और फिर उसे स्वर्ग में वापस यीशु के नाम की सामर्थ में भेजना है।

याद रखें कि हमने शुरुआत में क्या कहा था। प्रार्थना पृथ्वी पर मनुष्य की इच्छा को स्वर्ग में पूरा करने की कोशिश करना नहीं है। प्रार्थना यह अनुरोध कर रही है कि स्वर्ग में परमेश्वर की इच्छा पृथ्वी पर पूरी हो।

यीशु ने प्रार्थना करने के लिए कहा - परमेश्वर का राज्य आए और जैसे उसकी इच्छा स्वर्ग में पूरी होती है स्वर्ग में भी हो। ताकि परमेश्वर की इच्छा हमारी कलीसिया में, हमारे देशों में और हमारे विश्व के अगुवों में सबसे पहले होगी। इसके अलावा परमेश्वर की इच्छा प्रकट होगी हमारे निजी जीवन और हमारे परिवार और दोस्तों में - हमारे हाथों से, हमारे पैरों, हमारी वित्तीय, हमारी संपत्ति और हमारी योजनाओं के माध्यम से होगी।

तीसरा, यीशु ने हमें बताया .....

3. प्रार्थना के माध्यम से परमेश्वर के प्रावधान को खोजें

फिर यीशु ने प्रार्थना करने के लिए कहा, "आज की रोटी आज हमें दे।" (मत्ती 6:11)

जब हमें परमेश्वर की प्राथमिकताओं के अनुसार प्रार्थना करने की सावधानी बरतने की जरूरत है, जब हमें यह याद रखना चाहिए कि उसकी प्राथमिकताओं में से एक यह है कि हमारी दैनिक आवश्यकताएं पूरी होनी चाहिए। हमारा स्वर्गीय पिता वायदा करता है कि वह हमें कपड़े पहनाएगा और हमें खिलाएगा (मत्ती 6:25-34) और हमारी जरूरतों के लिए प्रदान करेगा।

बच्चों को अपनी जरूरतों को पूरा करने के लिए अपने पिता से पूछते समय कोई बाधा नहीं होती है। हमें भी हमारी वैध जरूरतों को पूरा करने के लिए परमेश्वर से आग्रह करने के लिए पीछे नहीं होना चाहिए।

यीशु ने कहा -

"उस दिन तुम मुझ से कुछ न पूछोगेः मैं तुम से सच सच कहता हूँ, यदि पिता से कुछ मांगोगे, तो वह मेरे नाम से तुम्हें देगा। अब तक तुम ने मेरे नाम से कुछ नहीं मांगा। मांगो तो पाओगे ताकि तुम्हारा आनन्द पूरा हो जाए" (यूहन्ना 16:23-24)।

बाइबल में महान वायदों में से एक यह है कि -

"और मेरा परमेश्वर भी अपने उस धन के अनुसार जो महिमा सहित मसीह यीशु में है तुम्हारी हर एक घटी को पूरी करेगा" (फिलिप्पियों 4:19)।

पूछने पर हमें अपनी सामान्यताओं से संतुष्ट नहीं होना चाहिए। हमें विशेष रूप से आवश्यकताओं के संदर्भ में प्रार्थना करने की आवश्यकता है।

यहाँ एक सच्ची और दिलचस्प कहानी है। एक मिशनरियों जोड़ा केनेथ वेयर और उनकी फ्रांसीसी पत्नी को 1944 में फ्रांस छोड़ने और नाजियों से यहूदियों को छुपाने में युद्ध समय की गतिविधियों के कारण स्विट्जरलैंड में स्थानांतरित करने के लिए मजबूर किया गया था। एक अवसर पर घर में कोई भोजन नहीं था और प्रावधानों को खरीदने के लिए कोई धन नहीं था।

श्रीमती वेयर ने बच्चे के समान विश्वास और सादगी में प्रार्थना की, "यीशु, मुझे षनिवार के लिए ढाई किलो आलू, 1 किलो पेस्ट्री आटा, सेब, नाशपाती, एक फूलगोभी, गाजर,

मछली का कटलेट और रविवार के लिए कुछ गोष्त चाहिए'। अपने अनुरोधों को सूचीबद्ध करने के बाद उसने कहा, "प्रभु यीशु का धन्यवाद हो।"

उसी सुबह 11:30 बजे, प्रधानात्मक लंबे नीले आवरण पहनकर एक उज्ज्वल चेहरा वाला नीला आंखों का गोरा आदमी जो एक डिलीवरी देने वाला आदमी था, जो विश्व के किसी अन्य भाग से आकर उनका दरवाजा खटखटाता है और बिना किसी स्विस उच्चारण के फ्रेंच में कहता है "श्रीमती वेयर, मैं आपको लिए वह लाया हूँ जो आप चाहती है'। दोनों श्री और श्रीमती वेयर ने विरोध किया कि कुछ गलती हुई है। लेकिन डिलीवरी लाने वाला व्यक्ति अड़ा रहता है और कहता है, "मुझे यह आपके घर पर देने के लिए कहा गया है।"

फिर उसने मेज पर किराने की टोकरी को खाली कर दिया, वे चीजें न तो कम और न ज्यादा थी जो श्रीमती वेयर ने परमेश्वर से कहीं थी और आटा का सटीक ब्रांड भी। फिर वह चला गया।

श्री वेयर कहानी पूरी करते हैं, "उस डिलीवरी देने वाले व्यक्ति के लिए केवल एक ही रास्ता था जो उस खिड़की से जाता था, वह खड़े थे। लेकिन हालांकि मैंने देखा और श्रीमती वेयर ने दालान की जांच के लिए दरवाजा फिर से खोला, तब तक वह चला गया था। उस डिलीवरी देने वाले व्यक्ति का कहीं भी कोई निशान नहीं था।"

क्या हम इस कहानी से हैरान हैं? हमें नहीं होना चाहिए। क्या प्रेरित पौलुस ने नहीं कहा -

"किसी भी बात की चिन्ता मत करोः परन्तु हर एक बात में तुम्हारे निवेदन, प्रार्थना और बिनती के द्वारा धन्यवाद के साथ परमेश्वर के सम्मुख उपस्थित किए जाएं। तब परमेश्वर की बुकशैल्फ, जो समझ से बिल्कुल परे है, तुम्हारे हृदय और तुम्हारे विचारों को मसीह यीशु में सुरिक्षत रखेगी" (फिलिप्पियों 4:6-7)।

यदि आपको "दैनिक रोटी" की आवश्यकता है, तो परमेश्वर से सवा किलो रोटी के लिए कहें। यदि आपको नौकरी की आवश्यकता है, तो उसे नौकरी के लिए कहें। अगर आपको एक घर की आवश्यकता है, तो उसे एक घर के लिए कहें। पवित्र आत्मा आपको यह बताए कि किस के लिए प्रार्थना करनी चाहिए और फिर विश्वास के साथ प्रार्थना करें, यह विश्वास करो कि वह आपकी आवश्यकताओं को पूरा करेगा। मुझे विश्वास है कि कई मसीहियों की अपनी जरूरतों पूरा नहीं होती होंगी क्योंकि वे प्रार्थना करने में विफल रहते हैं। याकूब 4:2 में, हम पढ़ते हैं कि "तुम्हें इसलिये नहीं मिलता, कि मांगते नहीं।"

एक दिन जब मेरी पत्नी सूज़न अनाथों के लिए हमारे बच्चों के घर में बच्चों के बीच सेवकाई कर रही थी, तो अधीक्षक ने उन्हें बताया कि कार्यालय के लिए प्रिंटर की सख्त जरूरत है। तो उस सुबह, सूज़न और अनाथ बच्चों की टीम परमेश्वर से प्रार्थना में प्रिंटर की आवश्यकता को लाए। कुछ ही घंटों के बाद, कोई बच्चों से मिलने उस घर में आया था, उसके जाने से पहले, उसने अपना बैग खोला और उन्हें कुछ उपहार देने के लिए निकाले और अंत में उन्होंने एक लेजर प्रिंटर बाहर निकाला, "मेरे पास यह प्रिंटर है। मुझे आश्चर्य है कि क्या यह आपके उपयोग का है?"

प्रार्थना के उत्तर में परमेश्वर के अद्भुत प्रावधानों की कहानियों को दुनिया भर में बताया जा सकता है। हमें अपनी आवश्यकताओं के लिए रोज प्रार्थना करने और जब तक जवाब नहीं मिलता तब तक प्रार्थना करते रहना चाहिए।

चौथा, यीशु ने हमें बताया ...

4. परमेश्वर के लोगों को क्षमा करें और उनके प्रति दया रखें

इसके बाद, यीशु हमें प्रार्थना करने के लिए सिखाता है- "और जिस प्रकार हम ने अपने अपराधियों को क्षमा किया है, वैसे ही तू भी हमारे अपराधों को क्षमा कर" (मत्ती 6:12)।

हमारी जरूरतों के लिए पूछने के साथ-साथ, हमें यह याद रखना चाहिए कि हमें एक चीज की जरूरत है - व्यक्तिगत क्षमा और दूसरे के प्रति दयालु व्यवहार। यही कारण है कि परमेश्वर ने हमें प्रार्थना करने के लिए सिखाया है - "और जिस प्रकार हम ने अपने अपराधियों को क्षमा किया है, वैसे ही तू भी हमारे अपराधों को क्षमा कर।"

यह कितना दिलचस्प है कि यीशु ने एक से अधिक मौकों पर प्रार्थना और क्षमाशीलता के पक्ष में कहा।

> यीशु ने एक और अवसर पर मरकुस 11:24-25 में कहा -
>
> "इसलिये मैं तुम से कहता हूँ, कि जो कुछ तुम प्रार्थना करके मांगो तो प्रतीति कर लो कि तुम्हें मिल गया, और तुम्हारे लिये हो जाएगा। और जब कभी तुम खड़े हुए प्रार्थना करते हो, तो यदि तुम्हारे मन में किसी की ओर से कुछ विरोध हो तो क्षमा करोः इसलिये कि तुम्हारा स्वर्गीय पिता भी तुम्हारे अपराध क्षमा करे।"

क्यों यीशु अक्सर कहते हैं, "जब हम प्रार्थना करें, तो उन्हें क्षमा करें जिसने आपके विरुद्ध पाप किया है?"। मैं व्यक्तिगत तौर पर विश्वास करता हूँ कि अगर हम परमेश्वर के लोगों के प्रति या किसी के भी प्रति (यानि पवित्र आत्मा द्वारा हमें दोषी ठहराए जाने के बाद भी) क्षमा न करने को इच्छापूर्वक अपने अन्दर बनाए रखते हैं, तो यह परमेश्वर के साथ हमारी सहभागिता और प्रार्थना में जिस सामर्थ का हम अनुभव करते हैं, उसे रोकेगा। कृपया याद रखें कि यीशु ने ऊपर के पदों में जिस क्षमा की बात की है, वह विश्वासी के पापों के अनन्त दंड के लिए "परमेश्वर से अनन्त क्षमा" नहीं है, जो उद्धार के लिए एक बार और सभी विश्वासियों के लिए एक ही बार में हो गई। जिस क्षमा के बारे में यीशु यहाँ बात कर रहे हैं वह "लोगों के बीच क्षमा" है, जिसे अगर स्वतंत्र रूप से नहीं दिया जाता है, वह परमेश्वर के साथ हमारे सहभागिता को प्रभावित करती है।

अगर हम परमेश्वर के साथ सामर्थ का अनुभव करना चाहते हैं और हमारी प्रार्थनाएं बाधित नहीं करना चाहते हैं, तोः

* सबसे पहले, जब कभी हम पाप करते हैं तो हमें परमेश्वर से नियमित रूप से क्षमा मांगने की जरूरत है और अंगीकार न किए हुए पापों में नहीं रहना चाहिए।
* दूसरा, हमें उन लोगों को मुफ्त में क्षमा कर देना चाहिए जिन्होंने हमें चोट पहुंचाई है, ताकि हम परमेश्वर की क्षमा और सहभागिता को पूरी तरह से बहुतायत से अनुभव कर सकें।

यहाँ कुछ पद हैं, जो स्पष्ट रूप से संकेत करते है कि दूसरों के प्रति जानबूझकर निजी पाप या क्षमाहीनता में रहना हमारी प्रार्थना में बाधा डाल सकता है।

> भजन संहिता 66:18 "यदि मैं मन में अनर्थ बात सोचता तो प्रभु मेरी न सुनता।"
>
> यशायाह 59:1-2 "सुनो, यहोवा का हाथ ऐसा छोटा नहीं हो गया कि उद्धार न कर सके, न वह ऐसा बहिरा हो गया है कि सुन न सके। परन्तु तुम्हारे अधर्म के कामों ने तुम को तुम्हारे परमेश्वर से अलग कर दिया है, और तुम्हारे पापों के कारण उस का मुँह तुम से ऐसा छिपा है कि वह नहीं सुनता।"
>
> 1 पतरस 3:7 "वैसे ही हे पतियों, तुम भी बुद्धिमानी से पत्नियों के साथ जीवन निर्वाह करो और स्त्री को निर्बल पात्र जान कर उसका आदर करो, यह समझ

> कर कि हम दोनों जीवन के वरदान के वारिस हैं, जिस से तुम्हारी प्रार्थनाएं रुक न जाएं।"

परमेश्वर की स्तुति हो कि 1 यूहन्ना 1:9 में यह वादा है कि, "यदि हम अपने पापों को मान लें, तो वह (परमेश्वर) हमारे पापों को क्षमा करने, और हमें सब अधर्म से शुद्ध करने में विश्वासयोग्य और धर्मी है।"

फिर पांचवां, यीशु ने हमें बताया ...

5. परमेश्वर की सुरक्षा और सामर्थ पर सच्चे हृदय से निर्भर होना

यीशु ने अंत में कहा, "और हमें परीक्षा में न ला, परन्तु बुराई से बचा, क्योंकि राज्य और पराक्रम और महिमा सदा तेरे ही हैं" (मत्ती 6:13)।

"सचेत हो, और जागते रहो, क्योंकि तुम्हारा विरोधी शैतान गर्जनेवाले सिंह की नाईं इस खोज में रहता है, कि किस को फाड़ खाए" (1 पतरस 5:8)।

हर मसीही को यह याद रखना चाहिए कि हमारा एक दुश्मन है, शैतान। उसका एकमात्र लक्ष्य हमें धोखा देना है, हम पर (मानसिक, भावनात्मक और शारीरिक रूप से) से हमला करना और हमें परमेश्वर के लिए प्रभावी होने से बचाना है।

यीशु ने कहा, "चोर (शैतान) केवल चोरी, घात करने और नष्ट करने के लिए आता है" (यूहन्ना 10:10)। यही कारण है कि यीशु ने अपने शिष्यों से कहा, "जागते रहो, और प्रार्थना करते रहो, कि तुम परीक्षा में न पड़ोः आत्मा तो तैयार है, परन्तु शरीर दुर्बल है" (मत्ती 26:41)। जैसे-जैसे हम अपनी प्रार्थना में परिपक्व होते जाते हैं, हम न केवल पवित्र आत्मा की अगुवाई के प्रति संवेदनशील होना सीखते हैं बल्कि हम बुराई, शैतान की रणनीतियों और प्रलोभन के प्रति सतर्क रहना सीखते हैं। हम सक्रिय रूप से अपने संभावित हमलों के लिए देखते हैं और उसी अनुसार प्रार्थना करना सीखते हैं।

एक शैतान है। वह बहुत ही वास्तविक है और वह आपको प्रार्थना से दूर रखना चाहता है। वह अपनी दुष्ट आत्माओं से कहता है, "उस व्यक्ति को प्रार्थना करने से रोको क्योंकि अगर तुम उसे प्रार्थना करने से रोकोगे तो हम हर बार उसे हरा सकते हैं। लेकिन अगर वह देखना और प्रार्थना करना सीख लेता है, तो वह हमें हर समय मार देगा!' यह कहा गया है, 'जब वह कमजोर से कमजोर संतो को घुटनों पर देखता है तो शैतान कांप जाता है"।

> अब याकूब 1:13 कहता है कि “न तो बुरी बातों से परमेश्वर की परीक्षा हो सकती है, और न वह किसी की परीक्षा आप करता है।”

अगर परमेश्वर किसी को प्रलोभन या बुराई में नहीं लाता है, फिर यीशु का क्या अर्थ है कि प्रार्थना किया करो - ‘हमें परीक्षा में न ला, बल्कि बुराई से बचा’?

> असल में मत्ती 6:13 का एक बेहतर शाब्दिक यूनानी अनुवाद है- “हमारी अगुवाई कर, ताकि हम प्रलोभन में न पड़ें। और हमें दुष्ट से बचा।” यह अनुवाद बहुत अच्छे से समझाता है। प्रार्थना में हम परमेश्वर से मांगते हैं कि वह अपनी आत्मा से हमारी अगुवाई करे, ताकि हम प्रलोभन में न पड़ जाएं और हम बुराई से बच जाएं।
>
> 2 पतरस 2:9 हमें वादा करता है कि “वह प्रभु के भक्तों को परीक्षा में से निकाल लेना और अधर्मियों को न्याय के दिन तक दण्ड की दशा में रखना भी जानता है।” हमें हर दिन प्रार्थना करते रहना है ताकि परमेश्वर हमारी सुरक्षा करें और हमें शत्रुओं से छुटकारा दिला दें।

शैतान ने स्वयं परमेश्वर को याद दिलाया कि वह अय्यूब को छूने में असमर्थ था क्योंकि परमेश्वर ने उसके चारों ओर, उसके घराने और उसके पास की चीज पर बाड़ा लगा (अय्यूब 1:9-11) रखा था। हमें अपने लिए सुरक्षा के बाड़े की प्रार्थना करने की आवश्यकता है।

बिली ग्राहम, अपनी पुस्तक में, ‘एंजल्स, गॉड्स सीक्रेट एजेंट’ निम्नलिखित सच्ची कहानी से संबंधित है।

जॉन जी. पैटन, न्यू हेब्रैड्स द्वीप समूह में एक अग्रणी मिशनरियों थे। उन्होंने स्वर्गदूतों की रक्षात्मक देखभाल से संबंधित एक रोमांचक कहानी को बताया। शत्रुतापूर्ण मूल निवासी अपने मिशन मुख्यालय में एक रात, पैटन के घर जलाने और उन्हें मारने का इरादा कर रहे थे। जॉन पैटन और उनकी पत्नी उस आतंक-भरी रात के दौरान प्रार्थना करते रहे कि परमेश्वर उन्हें छुटकारा दे। जब दिन हुआ, तो वे आश्चर्यचकित हो गए थे कि, अनजाने में, हमलावर वहां से चले गए थे। उन्होंने उन्हें बचाने के लिए परमेश्वर का धन्यवाद किया।

एक साल बाद, उस जनजाति के प्रधान ने यीशु मसीह को ग्रहण किया, और श्री पैटन, जो कुछ हुआ था, यह याद करते हुए, उसने पूछा कि उसने उसे और उसके पुरुषों को घर को जलाने से और उन्हें मारने से किसने रोका था। प्रधान ने आश्चर्य में कहा, 'आपके साथ वे मनुष्य कौन थे?' मिशनरियों ने जवाब दिया, 'वहाँ कोई पुरुष नहीं थे, सिर्फ मेरी पत्नी और मैं।' प्रधान ने तर्क दिया कि उन्होंने कई पुरुषों को खड़े देखा था - सैकड़ों बड़े पुरुष अपने हाथों में तलवार लेकर चमकते कपड़ों में खड़े थे। वे मिशन स्टेशन को घेरे हुए थे इसलिए मूल निवासी हमला करने से डर गए। तभी श्री पेटन ने महसूस किया कि परमेश्वर ने अपने स्वर्गदूतों को उनकी रक्षा के लिए भेजा था। मुखिया ने सहमति व्यक्त की कि कोई अन्य स्पश्टीकरण नहीं था।

क्या हम परमेश्वर के छुटकारे की इस अद्भुत कहानी पर आश्चर्यचकित हैं? हमें नहीं होना चाहिए। भजन 91:11 हमें वादा करता है, "क्योंकि वह अपने दूतों को तेरे निमित्त आज्ञा देगा, कि जहां कहीं तू जाए वे तेरी रक्षा करें।"

विख्यात विवाह सलाहकार डॉ. जेम्स डॉब्सन और उनकी पत्नी षर्ली को एक बार पूछा गया था, "सबसे महत्वपूर्ण बात क्या है जो एक जोड़ा अपने बच्चों की परवरिश करते समय कर सकते हैं?" बिना किसी हिचकिचाहट के उन्होंने एक आवाज़ से उत्तर दियाः "उनके लिए प्रार्थना करो"। और फिर उन्होंने साक्षात्कारकर्ता को बताया कि वे अपने जवाब के बारे में इतने भरोसेमंद क्यों थे। यहाँ उनके अनुभवों में से एक थाः

डॉबसनस एक रात जब खाने की तैयारी कर रहे थे, वे दोनों अपनी बेटी डेना के बारे में असहज महसूस करने लगे। वे अपने कमरे में बैठे थे, वे घुटनों पर आ गए और डेना के लिए प्रार्थना करने लगे। बाद में उन्हें यह पता चला कि, उसी समय के दौरान डेना और उसकी सहेली एक नाश्ते करने एक कार में बैठे थे और उन्होंने ऊपर पहाड़ों से शहर की रोशनी को नजरअंदाज कर दिया था। वे दोस्तों के रूप में एक अच्छा मजेदार समय बिता रहे थे, जब एक पुलिस कार वहां आकर रुकी और उनके ऊपर प्रकाश डाला। तभी उन्होंने अपना दरवाजा बंद करने के लिए सोचा। जैसे ही पुलिस की गाड़ी चली गई, एक दाढ़ी वाला आदमी कार के नीचे से निकल गया और दरवाजे के हैंडल को पकड़ा, और कार में घुसने का प्रयास करने लगा। उन्होंने जल्दी से कार को शुरू किया और भाग निकले। डा. डॉब्सन ने बाद में कहा, "कोई मुझे कभी भी यह नहीं समझा पाएगा कि हमारी प्रार्थना का उस स्थिति में कोई असर नहीं हुआ था। वह परमेश्वर ही था - हमारे परमेश्वर यीशु, जो जानते थे कि मेरी बेटी की जिंदगी खतरे में थी जिसके चलते हम

हमारे घुटनों पर आकर प्रार्थना करने लगे, जिसने पुलिस की कार को वहां भेजा और उन्हें अपने दरवाजे बंद करने के लिए उकसाया।”

हर प्रार्थना करने वाले माता-पिता की इस तरह की बहुत गवाहियां होंगी। किसी न किसी तरह परमेश्वर माता-पिता को बच्चों की सुरक्षा के लिए प्रार्थना करने का हृदय देता है।

हमेशा याद रखें कि परमेश्वर हमारी अगुवाई करता है और हमें बुराई से बचाता है, जैसा कि हम देखते और प्रार्थना करते हैं!

तो संक्षेप में, जब हम प्रार्थना करते हैं, तो हम उस तरीके से यीशु के दिशानिर्देशों को याद कर सकते हैं जिसमें हमें प्रार्थना करनी चाहिए। उन्होंने जो हमें सिखाया है उसका यह एक अंतिम अनुस्मारक है।

- ★ परमेश्वर की व्यक्तिगत उपस्थिति पर अपने हृदय को लगाएं,...' पिता जो स्वर्ग में हैं ..'
- ★ परमेश्वर की प्राथमिकताओं और वायदों पर ध्यान दें, .. 'जैसे आपकी इच्छा स्वर्ग में पूरी होती है वैसे पृथ्वी पर भी हो ..'
- ★ प्रार्थना में परमेश्वर के सभी प्रावधानों को खोजें, ... 'आज की रोटी आज हमें दे ..'
- ★ परमेश्वर के लोगों को क्षमा करें, ... 'हमें क्षमा कर और हमें दूसरों को क्षमा करने में मदद करें ..'
- ★ ईमानदारी से परमेश्वर की सुरक्षा के लिए प्रार्थना करें, ... 'हमारी अगुवाई करें और हमें बुराई से बचाएं ..'

संदर्भः

1. बेली ग्राहम द्वारा “एन्जल्स, गॉडस् सीक्रेट एजेंट”

2. जेम्स डोबसन द्वारा “नाईट लाइट”

गृहकार्य # 14 । अध्याय # 14

1. यीशु ने हमें 'प्रभु की प्रार्थना' को एक अच्छी मार्गदर्शिका के रूप में दिया है, जैसा रूपरेखा, विषय वस्तु और हमारी प्रार्थनाओं की सामान्य दिशा होनी चाहिए। कृपया पांच सबसे महत्वपूर्ण सूची को सूचीबद्ध करें जिन दिशा-निर्देशों के अनुसार यीशु ने आपको याद किया, जैसा आप प्रार्थना करते हैं और प्रत्येक को संक्षिप्त रूप से समझाते हैं।
2. सही प्रार्थना हमेशा पहले, परमेश्वर के वचन और परमेश्वर के वायदों के अनुसार और दूसरा, पवित्र आत्मा के अगुवाई के अनुसार है। कृपया समझाएँ।
3. निम्नलिखित वाक्य पूरे करें:
    1. कई मसीहियों के लिए जीवन में बड़ी असफलता वास्तव में सीखने में नाकाम रही है कि कैसे...........।
    2. हमें एहसास होना चाहिए कि .... प्रार्थना के .... से परे है, सिवाय इसके कि जो .... परमेश्वर के .... वह झूठ है।
    3. प्रार्थना .... की कठिनाइयों को खटखटाती है जो हमें प्राकृतिक .... में दुर्गम लगता है।
    4. पहली बात यह है जो यीशु प्रार्थना षुरू करने से पहले चाहते हैं कि आप परमेश्वर की .... की .... को पहचाने।
    5. प्रार्थना स्वर्ग में पृथ्वी पर .... प्राप्त करने की कोशिश नहीं करती। प्रार्थना यह अनुरोध करती है कि स्वर्ग .... पृथ्वी पर किया जाता है।
    6. प्रार्थना जो स्वर्ग में .... है वह प्रार्थना है जो स्वर्ग में .... है।
    7. प्रार्थना पवित्र आत्मा है .... के हृदय में .... और फिर हमारे हृदयों में उस इच्छा को डालना है और फिर इसे वापस .... नाम की सामर्थ में स्वर्ग में भेजना है।
    8. 'और मेरा परमेश्वर ....जो .... यीशु में है तुम्हारी हर एक घटी को पूरी करेगा।' (फिलिप्पियों 4:19)।

9. यह कहा गया है, 'शैतान .... होता है जब वह .... संत को देखता है अपने .... पर।'

10. पवित्र शास्त्र का हर वचन परमेश्वर का एक .... है जिसे इस उचित अनुरोध के साथ उसके सामने पेश किया जा सकता है, 'प्रभु, ...'।

अध्याय 15

परमेश्वर के परिवार के लिए आत्मिक आवरण

आदम और हव्वा को शैतान ने धोखा दिया और अदन के वाटिका में उन्हांने पाप किया, परमेश्वर ने एक भेड़ का बच्चा मारा और जानवर की त्वचा के आवरण को ले लिया - एक आत्मिक आवरण के प्रतीकात्मक, और उसे आदम और हव्वा पर रखा। शैतान से हमारा बचाव करने के लिए, परमेश्वर हमारे आत्मिक संरक्षण के लिए आत्मिक ढांचे की एक छतरी के साथ हमें सुरक्षा प्रदान करता है।

मैं समझाता हूँ कि हमें आत्मिक आवरण की आवश्यकता क्यों है? यदि आपका भौतिक शरीर भौतिक संरक्षण के बिना छोड़ दिया जाता है - आपका सिर बिना सर के ऊपर की छत के, शारीरिक कपड़े या भौतिक पोषण, समय की अवधि के अनुसार, तो आप शारीरिक रूप से बीमार हो जाएंगे। उसी तरह, जब आपकी आत्मा को आत्मिक आवरण के बिना या समय के बिना आत्मिक पोषण के बिना छोड़ दिया जाता है, तो शैतान के लिए आप पर आत्मिक रूप से हमला करना आसान होता है।

एक आत्मिक आवरण आपको आत्मिक रूप से बचाने के लिए, आपको आशीष देने के लिए और आपके लिए परमेश्वर के साथ अपने आत्मिक चलन के लिए स्पष्ट निर्देश, दर्शन और गति प्रदान करना है।

लूसीफर के पूर्व-निर्माण आवरण

बाइबल हमें बताती है कि लूसीफर परमेश्वर की आत्मिक सामर्थ के विरुद्ध विद्रोह करने से पहले आत्मिक और शारीरिक रूप से सुरक्षित किया गया था -

"हे मनुष्य के सन्तान, सोर के राजा के विषय में विलाप का गीत बनाकर उस से कह, परमेश्वर यहोवा यों कहता है, तू तो उत्तम से भी उत्तम है। तू बुद्धि से भरपूर और सर्वांग सुन्दर है। तू परमेश्वर की एदेन नाम बारी में था। तेरे पास आभूषण, माणिक, पद्मराग, हीरा, फीरोजा, सुलैमानी मणि, यशब, नीलमणि, मरकद, और लाल सब भांति के मणि और सोने के पहिरावे थे। तेरे डफ और बांसुलियां तुझी में बनाई गईं थीं। जिस दिन तू

सिरजा गया था, उस दिन वे भी तैयार की गई थीं। तू छानेवाला अभिशिक्त करूब था, मैं ने तुझे ऐसा ठहराया कि तू परमेश्वर के पवित्र पर्वत पर रहता था। तू आग सरीखे चमकने वाले मणियों के बीच चलता फिरता था" (यहेजकेल 28:12-14)।

लूसीफर अभिशिक्त करूब था, जिसे ढका गया था और जिसे स्वर्गदूतों के लिए एक आवरण के रूप में परमेश्वर के नेतृत्व में नियुक्त किया हुआ था। वह स्थान उसे परमेश्वर ने सौंपा था। वह अन्य सृष्टि किए हुए प्राणियों पर आवरण के लिए नियुक्त पहला प्रतिनिधि था। वह स्वर्ग में आराधना करने वाला अगुवा था जो आग सरीखे मणियों के बीच में रहता था।

लेकिन लूसीफर को कुछ हुआ - जो आज भी हो सकता है, जो यह पढ़ रहा है - मेरे साथ भी। लूसीफर ने अपनी आत्मिक आवरण के विरूद्ध विद्रोह किया।

लूसीफर के विद्रोह की 4 अवस्थाएं

> हमें यहेजकेल 28:15-17 में लूसीफर के विद्रोह के चार चरणों के बारे में बताया गया है।

यहाँ परमेश्वर ने लूसीफर के बारे में क्या कहा है -

"जिस दिन से तू सिरजा गया, और जिस दिन तक तुझ में कुटिलता न पाई गई, उस समय तक तू अपनी सारी चालचलन में निर्दोष रहा। परन्तु लेन-देन की बहुतायत के कारण तू उपद्रव से भर कर पापी हो गया। इसी से मैं ने तुझे अपवित्र जान कर परमेश्वर के पर्वत पर से उतारा, और हे छाने वाले करूब, मैं ने तुझे आग सरीखे चमकने वाले मणियों के बीच से नाश किया है। सुन्दरता के कारण तेरा मन फूल उठा था और वैभव के कारण तेरी बुद्धि बिगड़ गई थी। मैं ने तुझे भूमि पर पटक दिया और राजाओं के साम्हने तुझे रखा कि वे तुझ को देखें"

लूसीफर के विद्रोह के चार चरण थे -

चरण 1 - व्यर्थता (जिसका अर्थ है गर्व)

"सुन्दरता के कारण तेरा मन फूल उठा था और वैभव के कारण तेरी बुद्धि बिगड़ गई थी। मैं ने तुझे भूमि पर पटक दिया और राजाओं के साम्हने तुझे रखा कि वे तुझ को देखें" (यहेजकेल 28:17)।

लूसीफर का दिल उसकी सुंदरता और उसकी स्थिति के कारण गर्व से ऊपर उठा हुआ था। उसने आईने में देखा और कहा - 'मैं अधिक योग्य हूँ ...। मुझे स्वर्गदूतों के ऊपर ह.ोना चाहिए... मैं परमेश्वर के बराबर होना चाहता हूं।' वह भयानक खतरनाक गर्व से भर गया था। धीरे-धीरे उसकी बुद्धि भ्रष्ट हो गई थी। उसका प्रकाश अंधकार में बदल गया था।

कदम 2 - अपवित्रता (जिसका अर्थ है परिचितता)

"इसी से मैं ने तुझे अपवित्र जान कर परमेश्वर के पर्वत पर से उतारा..." (यहेजकेल 28:16)।

लूसीफर के गर्व और उसके ज्ञान के भ्रष्ट होने के कारण, उसने पवित्र चीजों के साथ साधारण रूप से व्यवहार करना शुरू कर दिया था, जिसे परमेश्वर ने उसके ऊपर और नीचे रखी थी। वह भूल गया था कि परमेश्वर उसका शिक्षक थे और वह यह भी भूल गया था कि परमेश्वर ने उसे नियुक्त किया था और उसके अधिकारों को सौंपा था। यह एक गंभीर बात है जब हम उन चीजों के साथ साधारण व्यवहार करना शुरू करते हैं जिन्हें परमेश्वर पवित्रता के साथ शुद्ध समझते हैं।

चरण 3 - कुटिलता (जिसका अर्थ है जाबूझकर किया जाने वाला विद्रोह)

"जिस दिन से तू सिरजा गया, और जिस दिन तक तुझ में कुटिलता न पाई गई, उस समय तक तू अपनी सारी चालचलन में निर्दोष रहा" (यहेजकेल 28:15)।

क्योंकि लूसीफर ने पवित्र चीजों के साथ साधारण व्यवहार शुरू कर दिया था, जिसे परमेश्वर ने उसके ऊपर और नीचे रखी थी, यह केवल समय की बात थी कि उसका गुप्त विद्रोह पूर्ण रूप से एक भयानक बाहरी विद्रोह में बदल गया था। इब्रू भाषा में, कुटिलता का अर्थ जानबूझकर किया जाने वाला विद्रोह है।

यहाँ कुछ मुझे दिलचस्प लगता है - यदि आप अंग्रेजी का शब्द UNITY लेते हैं और उसमें 3 अतिरिक्त अक्षर जोड़ते हैं - I (आई), I (आई), Q (क्यू), तो हमें शब्द INIQUITY (कुटिलता) मिलता है। यही कुटिलता है - परमेश्वर के मन से अलग एक स्वतंत्र मनोभाव होना।

चरण 4 - नकारात्मकता (जिसका मतलब है कि बुवाई की कटाई)

"परन्तु लेन-देन की बहुतायत के कारण तू उपद्रव से भर कर पापी हो गया" (यहजेकले 28:16)।

एक बार जब लूसीफर ने परमेश्वर के विरुद्ध बागी होकर विद्रोह किया, तो वह धीरे-धीरे स्वर्गदूतों के बीच नकारात्मकता का बीज बोने लगा। इब्रू अर्थ में "लेन-देन की बहुतायत" शब्द - लूसीफर ने अन्य स्वर्गदूतों को दूसरे विद्रोहियों में शामिल होने के लिए इच्छा करना शुरू कर दिया। उसने एक साजिष शुरू की। बाइबल बताती है कि स्वर्ग में 1/3 स्वर्गदूत मूर्खता से उसके साथ जुड़ गए - "और एक और चिन्ह स्वर्ग पर दिखाई दिया, और देखो, एक बड़ा लाल अजगर था जिस के सात सिर और दस सींग थे, और उसके सिरों पर सात राजमुकुट थे। और उस की पूंछ ने आकाश के तारों की एक तिहाई को खींच कर पृथ्वी पर डाल दिया, और वह अजगर उस स्त्री से साम्हने जो जच्चा थी, खड़ा हुआ, कि जब वह बच्चा जने तो उसके बच्चे को निगल जाए" (प्रकाशितवाक्य 12:3-4)।

देखिए, परमेश्वर ने लूसीफर के साथ क्या किया क्योंकि उसने अपने आत्मिक आवरण को छोड़ दिया था।

- ★ उसने उसे परमेश्वर के पर्वत से हटा दिया - कोई संगति नहीं।
- ★ उसने उसे पृथ्वी पर डाल दिया - कोई पदवी नहीं।

शैतान ने कभी अपने स्वभाव को नहीं बदला। वह अभी भी चार चरणों का उपयोग करता है जिससे कि विश्वासियों को उनके आत्मिक आवरणों से बाहर निकालने का अवसर मिलता है-

गर्व, परिचित्ता, विद्रोह, नकारात्मकता। कई साल पहले डॉ. स्टीवंस (हमारी सेवकाई के संस्थापक और मेरे आत्मिक सलाहकार) ने आत्मिक आवरणों पर एक पुस्तिक लिखी, मैंने उनके कई महत्वपूर्ण विचार और सरल, संशोधित, सचित्र और इन महत्वपूर्ण विचारों को लागू किया है ताकि कोई भी सरल गांव से आया हुआ भी इन अद्भुत सच्चाईयों को समझने में सक्षम हो।

10 आत्मिक आवरण

हम कम से कम 10 आत्मिक आवरणों को सूचीबद्ध करने जा रहे हैं जो कि परमेश्वर ने हर विश्वासी को दुष्ट के हमलों से अपने जीवन की रक्षा के लिए दिए हैं। जितने अनुपात में आप और मैं अपने आप को इन आत्मिक आवरणों के तले रखते हैं, उसी अनुपात में हम आत्मिक रूप से सुरक्षित हैं। ये आवरण व्यावहारिक

रूप से अनुभव करने के लिए परमेश्वर से मिले उपहार हैं।

1. परमेश्वर पिता के अनन्त उद्देश्य का आत्मिक आवरण

पृथ्वी की नींव के अरबों साल पहले (इफिसियों 1:3), इससे पहले कि जब आप अपनी माँ के गर्भ में थे (भजन संहिता 139:16), पिता परमेश्वर के पास आपके जीवन के लिए एक योजना और उद्देश्य था।

> भजन संहिता 91:1-4, हमें उन लोगों के लिए परमेश्वर पिता के सुरक्षात्मक आवरण के बारे में बताता है जो उनके शरणस्थान में रहते हैं।

"जो परमप्रधान के छाए हुए स्थान में बैठा रहे, वह सर्वशक्तिमान की छाया में ठिकाना पाएगा। मैं यहोवा के विषय कहूँगा, कि वह मेरा शरणस्थान और गढ़ है। वह मेरा परमेश्वर है, मैं उस पर भरोसा रखूंगा। वह तो तुझे बहेलिये के जाल से, और महामारी से बचाएगा। वह तुझे अपने पंखों की आड़ में ले लेगा, और तू उसके पैरों के नीचे शरण पाएगा। उसकी सच्चाई तेरे लिये ढाल और झिलम ठहरेगी।"

> यशायाह 51:16 में परमेश्वर कहते हैं -
>
> "और तुझे अपने हाथ की आड़ में छिपा रखा है कि मैं आकाश को तानूं और पृथ्वी की नेव डालूं, और सिय्योन से कहूँ, तुम मेरी प्रजा हो।"

2. परमेश्वर पुत्र और उसकी प्रार्थनाओं का आत्मिक आवरण

यीशु स्वर्ग में गया और अपनी प्रार्थनाओं और मध्यस्थता के साथ उन सभी को जो उसके बलिदान के द्वारा पास आते हैं उन्हे ढक लेता है -

इसी लिये जो उसके द्वारा परमेश्वर के पास आते हैं, वह उन का पूरा पूरा उद्धार कर सकता है, क्योंकि वह उन के लिये बिनती करने को सर्वदा जीवित है (इब्रानियों 7:25)।

3. परमेश्वर पवित्र आत्मा और उसकी प्रबंधन अगुवाई का आत्मिक आवरण

हर विश्वासी को पवित्र आत्मा उसमें वास करने के लिए दिया जाता है ताकि वह हमें परमेश्वर की योजना में अगुवाई कर सके (यूहन्ना 16:13)। पवित्र आत्मा हमें सामर्थ के (लूका 24:49) कपड़े पहिनता है और हमें प्रशंसा के वस्त्रों से ढांपता है (यशायाह 61:4) और आत्मा का फल - प्रेम, आनन्द, मेल, धीरज, और कृपा, भलाई, विश्वास, नम्रता, और संयम, जब हम इन्हें हमें नियंत्रित करने की अनुमति देते हैं।

याद रखें, जब शैतान ने अय्यूब पर आत्मिक रूप से हमला किया था, तो उसने परमेश्वर से शिकायत की -

"क्या तू ने उसकी, और उसके घर की, और जो कुछ उसका है उसके चारों ओर बाड़ा नहीं बान्धा? तू ने तो उसके काम पर आशीष दी है" (अय्यूब 1:10)।

इस प्रकार हर विश्वासी पर परमेश्वर के सुरक्षात्मक आवरण हैं - परमेश्वर पिता, परमेश्वर - पुत्र और परमेश्वर - पवित्र आत्मा। ये सुरक्षात्मक आवरण एक विश्वासी के आसपास एक "सुरक्षा" आवरण बनाते हैं।

अब त्रिएक के इन 3 अद्‌भुत आवरणों के अलावा, परमेश्वर ने अपने विश्वासी को बचाने, मार्गदर्शन करने और उसके जीवन को आशीष देने के लिए प्रत्येक विश्वासी को 7 और अधिक आत्मिक आवरण दिए हैं।

4. परमेश्वर के वचन के द्वारा आत्मिक प्रकाश का आवरण

> भजन 104:1,2 हमें बताता है कि परमेश्वर वैभव और ऐश्वर्य का वस्त्र पहिने हुए है न केवल वह उजियाले को चादर की नाईं ओढ़े रहता है, परन्तु वह अपने वचनों के उजियाले को अपने विश्वासियों को भी पहनाना चाहता है।
>
> भजन 119:130 बताता है -
>
> "तेरी बातों के खुलने से प्रकाश होता है। उससे भोले लोग समझ प्राप्त करते हैं।"

इब्रू अनुवादों में से एक का कहना है कि 'आपके वचन के द्वारा प्रकाश का खुलासा होता है।' भजन 97:11 घोषित करता है -

> भजन 119:130 बताता है -
>
> "धर्मी के लिये ज्योति, और सीधे मन वालों के लिये आनन्द बोया गया है।"

अधिकांश विद्वानों का मानना है कि जब आदम और हव्वा अदन की वाटिका में चले गए, तो वे परमेश्वर के वचन के आत्मिक आवरण के तले चले गए। परमेश्वर के वचन के द्वारा उन्हें आंतरिक रूप से प्रकाश और जीवन के साथ सुरक्षित किया गया था। प्रकाश इतना सुंदर था कि वे आत्म-सचेतन नहीं थे, परन्तु केवल परमेश्वर के प्रति सचेत थे।

परमेश्वर उनके साथ चलता था और उनके साथ बात करता था। वे यीशु की ज्योति में चल रहे थे और उसके शब्द उन्हें उनकी आत्मा के लिए प्रकाश और जीवन को ढांप रहे थे। हर सुबह, दिन के शांत वातावरण में, परमेश्वर उन्हें अपना वचन और निर्देश सिखाने आता था। परमेश्वर के इस वचन ने उन्हें आवृत किया और उन्हें ढांप रखा था।

यह दिलचस्प है कि जब यीशु इस धरती पर था, तो यह यशायाह 50:6 में लिखा गया है कि परमेश्वर, पिता हर सुबह यीशु को वचन के द्वारा अपने उद्देश्य का ताजा प्रकाशन देने के लिए उठाता था - "सुबह सुबह वह (परमेश्वर) एक शिष्य के रूप में सुनने के लिए मुझे (मसीह) जागता है ..."

पिता परमेश्वर द्वारा यीशु को स्पष्ट सिद्धांत सिखाया गया था, उस समय से जब वह एक छोटा बच्चा था। उसका बाहर से कोई शिक्षक नहीं था। पिता उसे हर सुबह उठाता और उसे सिद्धान्तों को सिखाता था - अपने मानवता में सप्ताह के 7 दिन। यही कारण है कि जब शैतान उसकी परीक्षा करने आया, तो यीशु ने उसके विरुद्ध परमेश्वर के वचन का इस्तेमाल करते हुए कहा - "यह लिखा गया है ... यह लिखा गया है यह लिखा गया है ..." यीशु ने हमें दिखाया कि हमारा आवरण सिद्धांत है। इफिसियों 6 में, हमें बताया गया है कि दुष्ट के विरूद्ध इस्तेमाल करने वाला हमारा आत्मिक हथियार, "परमेश्वर का वचन जो आत्मा की तलवार है .."

जैसे ही हम गर्म रखने के लिए अपने ऊपर कंबल ओढ़ते हैं, हमें अपने दिमाग की मार्गदर्शिका और सुरक्षा के लिए हमारे चारों ओर सिद्धांत लपेटने की आवश्यकता है। याद रखें, शैतान परमेश्वर के वचन के बीज से घृणा करता है, क्योंकि यह प्रकाश है। वह हमसे इसे छीनने की कोशिश करता है ताकि हम फल न उगाएँ।

इसलिए एक कलीसिया के रूप में, हम विश्वासियों को हर दिन परमेश्वर के वचन का अध्ययन करने की सलाह देते हैं। यही कारण है कि हम एक सप्ताह में कम से कम 2 सेवाएं करने की सलाह देते हैं। यही कारण है कि हम एक बाइबल कॉलेज से शिक्षा लेने की सलाह देते हैं, ताकि हम परमेश्वर के वचन के ताजा प्रकाशन को प्राप्त कर सके। यह आपकी आत्मा के लिए एक आवरण, सुरक्षा और आशीष है।

5. छुटकारे का आत्मिक आवरण - धार्मिकता का वस्त्र

जब आदम और हव्वा ने अदन की वाटिका में पाप किया, तो परमेश्वर ने उन्हें ढक दिया और मेम्ने के चमड़े के कोट के साथ उन्हें कपड़े पहने। आदम और हव्वा के अपने

आप को ढांपने के बारे में कोई बात नहीं बताई गई है। परमेश्वर ने कृत्रिम अंजीर को छिपाने के लिए लिया और उन्हें मेम्ने की खाल के साथ ढॉप दिया। यह एक प्रतीकात्मक तस्वीर है कि जब एक पापी मसीह पर विश्वास करता है, तो केवल उसके पापों को क्षमा नहीं किया जाता है और साफ नहीं किया जाता है (तीतुस 3:5), बल्कि परमेश्वर उसे 'धार्मिकता के वस्त्र' से ढॉप देता है।

> यशायाह 61:10 - "मैं यहोवा के कारण अति आनन्दित होऊंगा, मेरा प्राण परमेश्वर के कारण मगन रहेगा, क्योंकि उसने मुझे उद्धार के वस्त्र पहिनाए, और धर्म की चद्दर ऐसे ओढ़ा दी है..."

हमारे आत्मिक आवरण के रूप में हमें "धार्मिकता की झिलम" पहननी हैं। जब शैतान हमें दोषी ठहराए, हम उसे याद दिलाना हैं कि हमें हमेशा के लिए मसीह की धार्मिकता के वस्त्र पहनाए गए हैं।

6. एक पासबान (चरवाहा) का आत्मिक आवरण

परमेश्वर के परिवार के लिए एक बहुत महत्वपूर्ण आवरण पादरी का आत्मिक आवरण है - शिक्षक। सही बाइबल के माध्यम से, हम एक पर्यवेक्षक चरवाहा के महत्व को देखते हैं। इस्राएल की मण्डली में, यह मूसा था (बुजुर्गों की सहायता से)। इस्राएल राष्ट्र में, यह दाऊद था। जब यीशु स्वर्ग पर उठाया गया, तब उसने कलीसिया को सक्षम करने के लिए पुरुषों को उपहार दिया - प्रेरितों और भविष्यद्वक्ता को कलीसिया की स्थापना के लिए दिया गया (इफिसियों 2:20) और कलीसिया के दर्शन और प्रोत्साहन के लिए पादरियों और सुसमाचारकों को दिया गया था (इफिसियों 4:11)।

> प्रकाशितवाक्य 1:20 में, यूहन्ना ने अपने हाथों में 7 तारों वाली 7 कलीसियाओं के बीच में महिमा प्राप्त मसीह को देखा। यीशु के हाथ में ये 7 तारें प्रत्येक कलीसिया के दूत (पादरी) थे। उन्हें तारों के रूप में जाना जाता है क्योंकि वे आत्मिक ज्ञान रखते हैं और कई लोगों को धार्मिकता की ओर अगुवाई करने के लिए जिम्मेदार होते हैं (दानिय्येल 12:3)।
>
> व्यवस्थाविवरण 1:1 में, मूसा ने इस्राएल के सभी लोगों को इकट्ठा किया - बुजुर्ग, अगुवों, पति, पत्नियां और बच्चों और सभी लोगों को उन सभी बातों के अनुसार जो परमेश्वर ने उसे बताने के लिए कहा था, उसके अनुसार किया।

हर पासबान को कलीसिया को एक उपहार के रूप में दिया जाता है ताकि मण्डली के लिए एक आत्मिक आवरण हो, जिसमें पति, पत्नियां और बच्चे शामिल हैं। पादरियों के एक चरवाहा और परमेश्वर के वचन के शिक्षक के रूप में प्रेम और देखभाल से, वह मण्डली को आत्मिक दृष्टि और आत्मिक पोषण के साथ प्रोत्साहित करता है जिनकी उन्हें अपने जीवन की आवश्यकता होती है।

अब ये एक बहुत महत्वपूर्ण सिद्धांत है जो दुर्भाग्य से मसीह की देह में पर्याप्त नहीं सिखाया जाता है - "प्रत्येक पासबान को एक अधिक परिपक्व और अनुभवी पासबान को जवाबदेही होना जरूरी है जो उसके लिए आत्मिक आवरण बन जाता है।" यह आवश्यक क्यों है?

इसके 2 मुख्य कारण हैं:

1. **पास्टर के लिए** - एक पादरी जब निजी परीक्षाओं से गुजरता जाता है तो प्रोत्साहित और निर्देशित होने के लिए वह कहां जाता है - उदाहरण के लिए, अगर उसकी विवाहित जीवन में या उसके परिवार में समस्या हो रही है या जब उसकी कलीसिया के सदस्य उस पर अन्यायपूर्ण तरीके से आरोप लगा रहे हैं? इन परिस्थितियों में उनके लिए उसके मण्डली के सदस्यों के साथ अपने जीवन में क्या हो रहा है यह साझा करना अक्सर मुश्किल होता है। इसलिए जब एक अधिक अनुभवी पादरी जो एक आत्मिक आवरण है वह उसका मित्र, परामर्शदाता और प्रोत्साहक हो सकता है।
2. मण्डली के लिए - एक मण्डली में क्या होता है जहां एक पादरी अपने आत्मिक अधिकार का दुरुपयोग कर रहा है - उदाहरण के लिए, वह सच्चे उपदेशों से निकलना शुरू कर देता है या वह अनैतिकता में रहना शुरू कर देता है या वह कलीसिया केधन का दुरुपयोग करना शुरू कर देता है या वैधतावादी, सत्तावादी और नियंत्रण सनकी हो जाता है? उसके लिए कौन जवाबदेह है? इसलिए तब एक अधिक अनुभवी पादरी जो एक आत्मिक आवरण है वह कदम उठा सकता है और कलीसिया के लिए आत्मिक सुधार, मार्गदर्शन और उपचार प्रदान कर सकता है।

हर कलीसिया को अपने पादरी से यह कहना चाहिए कि "उसका आत्मिक आवरण कौन है?" और "वह किसके प्रति जबावदेह है?" इसके अलावा, पादरी की जवाबदेही के प्रति उसकी आत्मिक आवरण को जांचने के लिए, मण्डली के लिए आवश्यक है कि वह

“आत्मिक आवरण” कलीसिया में अक्सर आना चाहिए ताकि कलीसिया के सदस्यों को पता चले कि अगर पादरी भटक जाता है तो वे किसके पास जा सकते हैं।

आम तौर पर, पादरी के आत्मिक आवरण विश्वास में उसके आत्मिक पिता होने चाहिए - जिसने उसमें निवेश किया और उसे एक अगुवा बनने के लिए प्रशिक्षित किया। पौलुस ने कुरिन्थियों की कलीसिया को लिखा था कि उन्हें अपने आत्मिक पिता के रूप में अपनी भूमिका के बारे में याद दिलाता है -

“मैं तुम्हें लज्जित करने के लिये ये बातें नहीं लिखता, परन्तु अपने प्रिय बालक जानकर उन्हें चिताता हूँ। क्योंकि यदि मसीह में तुम्हारे सिखाने वाले दस हजार भी होते, तौभी तुम्हारे पिता बहुत से नहीं, इसलिये कि मसीह यीशु में सुसमाचार के

द्वारा मैं तुम्हारा पिता हुआ। सो मैं तुम से बिनती करता हूँ, कि मेरी सी चाल चलो।” {जैसा एक बच्चा अपने पिता की नकल करता है (1 कुरिन्थियों 4:14-16)}

मेरी राय में, अक्सर एक पादरी को कम से कम 15-20 साल एक आत्मिक परिपक्वता और ज्ञान को एक आत्मिक पिता के रूप विकसित करने के लिए लगते हैं। एक आत्मिक पिता वह है जो परमेश्वर के हृदय को अच्छी तरह से जानता है (1 यूहन्ना 2:13) और जिसका विश्वास और उदाहरण अनुकरण करने के योग्य है (1 कुरिन्थियों 4:16)।

जैसा एक पिता अपने छोटे बच्चे को स्कूल में कई अलग-अलग अध्यापकों के देखरेख में रख सकता है, लेकिन अपने बच्चे के आत्मिक और शारीरिक विकास की जिम्मेदारी पूरी तरह से निभाता है, इसलिए एक आत्मिक पिता अपने आत्मिक बेटे (या बेटी) को कई अन्य बाइबल प्रषिक्षकों की देखरेख में रख सकता है, फिर भी वह उसके समग्र विकास (या उसके) की जिम्मेदारी और देखभाल दिखाता है।

यह वैसे ही है जैसे आपके पिता और मां के सम्मान में एक वायदे की आशीष है - “कि तेरा भला हो, और तू धरती पर बहुत दिन जीवित रहे।” (इफिसियों 6:2-3), इसलिए आपके आत्मिक आवरण को सम्मान देने में भी एक वायदे की आशीष दी गई है।

> इब्रानियों 13:17 में हमें आज्ञा दी जाती है -
>
> “अपने अगुवों की मानो और उनके आधीन रहो, क्योंकि वे उन की नाईं तुम्हारे प्राणों के लिये जागते रहते हैं, जिन्हें लेखा देना पड़ेगा, कि वे यह काम आनन्द से करें, न कि ठंडी सांस ले लेकर, क्योंकि इस दशा में तुम्हें कुछ लाभ नहीं।”

7. कलीसिया का आत्मिक आवरण - मसीह की देह

क्या आपको याद है, निर्गमन 13:21-22? यह बताता है - "और यहोवा उन्हें दिन को मार्ग दिखाने के लिये मेघ के खम्भे में, और रात को उजियाला देने के लिये आग के खम्भे में हो कर उनके आगे आगे चला करता था, जिससे वे रात और दिन दोनों में चल सकें। उसने न तो बादल के खम्भे को दिन में और न आग के खम्भे को रात में लोगों के आगे से हटाया।"

इस्राएल के लोगों को यह नहीं पता था कि वे कहाँ जा रहे थे। उन्हें पूछना था, 'क्या मैं बादल का खंभा देख सकता हूँ, "क्या मैं आग का खंभा देख सकता हूँ? 'और यह आपको और मुझे पूछने की जरूरत है - "क्या मैं परमेश्वर की उपस्थिति को समझता हूँ - उसकी उपस्थिति जो मेरी, मेरी कलीसिया और मेरे आत्मिक अगुवों को अगुवाई देती है"?

जब परमेश्वर की उपस्थिति का बादल आगे बढ़ा, तो मंडली भी आगे बढ़ी - परमेश्वर की उपस्थिति से मंडली के तौर पर उन्हें मार्गदर्शन दिया गया। परमेश्वर ने मूसा से बात की और मूसा ने मण्डली से बात की - वे परमेश्वर के पवित्र आत्मा की आवाज़ के नेतृत्व में थे जो उन्हें सुनाई दे रही थी। जब परमेश्वर उनके लिए पोषण प्रदान करना चाहता था, उसने मन्ना को मण्डली की सीमाओं के भीतर गिरने दिया - उन्हें भोजन दिया गया और मण्डली के भीतर रहने के द्वारा आत्मिक रूप से संरक्षित किए गए।

डॉ. वॉरेन विएर्सबे एक मिशनरियों की कहानी बताते हैं जो धन जुटाने के लिए उनकी कलीसिया में आए थे। डॉ. विएर्सबे ने उनसे पूछा, "आप किस स्थानीय कलीसिया से संबंधित हैं और आप किसके लिए जवाबदेह हैं?" उस सुसमाचारक ने उत्तर दिया, 'मैं किसी भी स्थानीय कलीसिया से संबंधित नहीं हूँ या किसी पादरी के प्रति मेरी जवाबदेही नहीं है। मैं मसीह की देह से हूँ - अदृष्य कलीसिया! 'डॉ. विएर्सबे ने कहा, "वास्तव में ... यह बहुत बुरा है। यहाँ, मैं आपको अपने काम का समर्थन करने के लिए कुछ अदृष्य धन देता दूँ!"

नए नियम की कलीसिया में हर विश्वासी की तुलना एक जीवित पत्थर से की जाती है जिसे परमेश्वर अपने आत्मिक घर का निर्माण करने के लिए प्रयोग कर रहे हैं -

"तुम भी आप जीवते पत्थरों की नाईं आत्मिक घर बनते जाते हो, जिस से याजकों का पवित्र समाज बन कर, ऐसे आत्मिक बलिदान चढ़ाओ, जो यीशु मसीह के द्वारा परमेश्वर को ग्राह्य हों" (1 पतरस 2:5)।

जब हम किसी सुंदर इमारत को देखते हैं, तो हम देखते हैं कि पत्थरों को ध्यान से एक दूसरे के ऊपर रखा गया है और जिस तरीके से वास्तुकार उन्हें रखना चाहता था। यह मसीह की देह की तरह है, जहां परमेश्वर चाहता है वहां हर सदस्य को रखा जाता है -

"परन्तु सचमुच परमेश्वर ने अंगो को अपनी इच्छा के अनुसार एक एक कर के देह में रखा है" (1 कुरिन्थियों 12:18)।

इस प्रकार हर "जीवित पत्थर" अन्य 'जीवित पत्थरों' से घिरा हुआ है (जो ऊपर, नीचे और किनारो में स्थित हैं), जो उनके प्रोत्साहन और संरक्षण के लिए एक आत्मिक आवरण के रूप में हैं।

8. पति का आत्मिक आवरण तथा
9. पत्नी का आत्मिक आवरण

> 1 कुरिन्थियों 11:3 में, पौलुस लिखते हैं -
>
> "सो मैं चाहता हूँ, कि तुम यह जान लो, कि हर एक पुरूष का सिर मसीह हैः और स्त्री का सिर पुरूष हैः और मसीह का सिर परमेश्वर है।"

इसका सचमुच क्या अर्थ है कि हर मसीही पति का सिर मसीह है? इसका मतलब है कि पति की जिम्मेदारी अपने घर में यीशु के स्वभाव और उद्देश्य का प्रतिनिधित्व करना।

वह अपने परिवार के मार्गदर्शन में आत्मिक रूप से निश्क्रिय नहीं होना चाहिए - अपने काम के स्थान से पूरी तरह लिप्त हो या घरेलू बातों में व्यस्त हो। उसे अपने परिवार को परमेश्वर की सेवा में प्रोत्साहित करना है। उसके परिवार को यह देखना होगा कि मसीह उसके जीवन में सबसे पहले है। ओह, एक ईश्वरीय पति और पिता का मूल्य जो घर के लिए आत्मिक आवरण प्रदान करता है!

पति को यह सुनिश्चित करना है कि उसका परिवार आत्मिक आवरणों के तहत काम कर रहा है- पिता, पुत्र और पवित्र आत्मा का आवरण, परमेश्वर के वचन का आवरण, मसीह और स्थानीय कलीसिया की धार्मिकता का आवरण।

क्या आपको याद है कि आपने पहले अध्याय में क्या सीखा है? जब एक पत्नी आत्मा से भरी होती है, तो वह अपने पति को अधीनता से प्रेम करती है। आधीनता स्वैच्छिक रूप से अपने आप को एक दूसरे के समान रखना है जिससे परमेश्वर की महिमा हो। एक

महिला कैसे घर के परमेश्वर के नियुक्त सिर के अधीन होने की भावना जान सकती है? केवल परमेश्वर के पवित्र आत्मा से भरे होने के द्वारा। उसके लिए लड़ना, दोष ढूँढना और बहस करना स्वाभाविक है। सम्मान करना और आधीनता में रहना यह अलौकिक है।

परन्तु पति के लिए परमेश्वर ने एक कठिन काम दिया है। 'हे पतियों, अपनी अपनी पत्नी से प्रेम रखो, जैसा मसीह ने भी कलीसिया से प्रेम करके अपने आप को उसके लिये दे दिया। ..' (इफिसियों 5:25)। मसीह ने कलीसिया से जैसा प्रेम किया एक पति अपनी पत्नी से कैसे वैसा प्रेम कर सकता है? केवल जब वह पवित्र आत्मा से भर जाता है जब एक पति पवित्र आत्मा से भर जाता है, तो उसे पता चल जाएगा कि यीशु का प्रेम उसके हृदय में उंडेला गया है (रोमियों 5:5)। जब एक पति आत्मा से भर जाता है, तो वह अपनी पत्नी को बलिदान, निःस्वार्थता और दृढ़ता से प्रेम करता है।

जब एक विवाहित दंपत्ति आत्मा में जीते हैं और चलना सीखते हैं, तो पता चल जाएगा कि वे सामर्थ और आत्मा का फल पहने हैं - प्रेम, आनन्द, मेल, धीरज, और कृपा, भलाई, विश्वास, नम्रता, और संयम उनके घर को नियंत्रण करेगी।

10. विनम्रता का आत्मिक आवरण

मेरे पास आपके लिए एक महत्वपूर्ण सवाल है। क्या है जो एक विश्वासी को, एक अगुवे को या पति को अपने आत्मिक आवरणों से बाहर निकालता है? इसका जवाब स्वतंत्रता और गर्व की भावना है। शैतान प्रत्येक विश्वासी को उसी 4 चरणों के साथ संक्रमित करने का प्रयास करता है जिससे उसने परमेश्वर के विरुद्ध विद्रोह किया - गर्व, परिचित्ता, विद्रोह और नकारात्मकता। हमारे आत्मिक आवरणों के आशीष के तहत रहने की कुंजी अपने आप को नम्रता से सुसज्जित करना है।

इसीलिए प्रेरित पतरस अगुवों को लिखित रूप में लिखता है -

"हे नवयुवकों, तुम भी प्राचीनों के आधीन रहो, वरन तुम सब के सब एक दूसरे की सेवा के लिये दीनता से कमर बान्धे रहो, क्योंकि परमेश्वर अभिमानियों का साम्हना करता है, परन्तु दीनों पर अनुग्रह करता है। इसलिये परमेश्वर के बलवन्त हाथ के नीचे दीनता से रहो, जिस से वह तुम्हें उचित समय पर बढ़ाए। और अपनी सारी चिन्ता उसी पर डाल दो, क्योंकि उस को तुम्हारा ध्यान है। सचेत हो, और जागते रहो, क्योंकि तुम्हारा विरोधी शैतान गर्जने वाले सिंह की नाईं इस खोज में रहता है, कि किस को फाड़ खाए" (1 पतरस 5:5 -8)।

अगर हम गर्व करते हैं, तो परमेश्वर हमारा विरोध करता है और शैतान हमारे अभिमान को 'सूंघ जाएगा' और हमें लुभाएगा। हालांकि, अगर हम विनम्रता से निपुण होते हैं और विनम्र रहते हैं, तो शैतान को यह प्राप्त करना कठिन लगेगा। इसके अलावा, परमेश्वर हमें अपनी कृपा प्रदान करता है और उचित समय पर हमें बढ़ावा देता है।

बाइबल हमें बार-बार क्यों बताती है कि परमेश्वर गर्व के पाप से घृणा करता है (नीतिवचन 6:16-17)? क्योंकि यह गर्व ही था जिसने लूसीफर को शैतान में बदल दिया (यशायाह 14:12-15)। जब एक मसीही गर्व करता है तो वह खुद को गिरावट के लिए स्थापित कर रहा है। यदि हम विनम्र नहीं हैं तो परमेश्वर हमें बढ़ावा नहीं दे सकता है।

हम सभी को अपने आत्मिक आवरण के नीचे खुद को जगह देने की जरूरत है।

पास्टर स्टीवन साइबली (जी जी डब्ल्यू ओ के मिशन निदेशक) ने एक बार कहा था कि 5 प्रकार के विश्वासी होते हैं ...

1. कुछ लोग अपने आत्मिक आवरण छोड़ देते हैं।
2. कुछ लोग अपने आत्मिक आवरणों को छोड़ते हैं और हमला करते हैं।
3. कुछ लोग आत्मिक आवरण के नीचे हैं लेकिन वे बहुत निश्क्रिय हैं।
4. कुछ लोग आत्मिक आवरण के नीचे है और फल उत्पन्न करते हैं - मसीह के आंतरिक फल - समानता और जीतने वाली आत्माओं के बाहरी फल।
5. कुछ लोग आत्मिक आवरण के नीचे होते हैं और दूसरों के लिए आत्मिक आवरण बन गए हैं।

एक पादरी के रूप में मेरे सारे वर्षों में, मैंने देखा है कि जो लोग उनके आत्मिक आवरणों के तले हैं वे सुरक्षित और धन्य हैं ..

संदर्भः

[1]डॉ. कार्ल स्टीवंस द्वारा आत्मिक आवरण

विक्रय-पत्र # 15 । अध्याय # 15

1. रिक्त स्थानों को भरें:

   1. शैतान से हमारा बचाव करने के लिए, परमेश्वर हमारे आत्मिक संरक्षण के लिए हमें .... की छात्रा प्रदान करता है।
   2. लूसीफर अभिशिक्त .... था, जिन्हें ढांपा गया था और जिसे स्वर्गदूतों के लिए एक आवरण होने के लिए परमेश्वर के नेतृत्व में दिया गया था।
   3. शैतान अभी भी चार चरणों का उपयोग करता है विश्वासियों को उनके आत्मिक आवरण से बाहर निकलने के लिए - ...., ..., ..., ...
   4. ...., उन लोगों के लिए परमेश्वर पिता के सुरक्षात्मक आवरण के बारे में हमें बताता है, जो उनकी आश्रय में रहते हैं।
   5. यीशु स्वर्ग पर उठाया गया और अपने .... और .... को ढांपता है जो लोग उसके बलिदान के द्वारा उसके पास आते हैं।
   6. पवित्र आत्मा हमें .... (लूका 24:49) के साथ वस्त्र पहनता है और हमें एक परिधान के .... से ढांपता है। (यशायाह 61:1-4)
   7. हर विश्वासी में परमेश्वर के सुरक्षात्मक आवरण हैं- पिता, परमेश्वर - पुत्र और परमेश्वर - पवित्र आत्मा जो विश्वासी के आसपास एक .... बनाते हैं।
   8. जैसे ही हम अपने आप को गर्म रखने के लिए कंबल लपेटते हैं, हमें .... को चारों ओर लपेटने की आवष्यकता होती है हमारे दिमाग .... और .... हो जाएं।
   9. जब भी षैतान हमें दोशी ठहराए, हमें उसे यह याद दिलाना हैं कि हम हमेशा के लिए मसीह की धार्मिकता में .... हैं।
   10. प्रत्येक .... को अपनी कलीसिया के लिए एक उपहार के रूप में दिया गया है ताकि वे मण्डली के लिए आत्मिक आवरण बन सके - पति, पत्नियों और बच्चों सहित।

11. एक आत्मिक पिता वह है जो परमेश्वर के हृदय को अच्छी तरह जानता है (1 यूहन्ना 2:13) और जिसका .... और .... अनुकरण करने योग्य है (1 कुरिन्थियों 4:16)

12. कलीसिया में हर 'जीवित पत्थर' दूसरे 'जीवित पत्थरों' (जो ऊपर, नीचे और उनके किनारे रखा गया है) से घिरा हुआ है, जो वहां उनके .... और .... के लिए आत्मिक आवरण के रूप में हैं।

2. समझाएं कि एक विश्वासी को आत्मिक आवरणों में क्यों होना चाहिए।

3. यहेजकेल 28:15-17 में लूसीफर के विद्रोह के चार चरणों में से प्रत्येक में कुछ पंक्तियां बताएं।

4. लूसीफर के लिए परमेश्वर ने क्या किया जब उसने अपने आत्मिक आवरण को छोड़ दिया?

5. 10 आत्मिक आवरणों को सूचीबद्ध करें जो परमेश्वर ने हर विश्वासी को दिए हैं ताकि दुष्मन के हमलों से अपने जीवन की रक्षा कर सके।

6. 'प्रत्येक पादरी को एक अधिक परिपक्व और अनुभवी पादरी के लिए जवाबदेह होना जरूरी है जो उसके लिए एक आत्मिक आवरण बन जाता है।' इस बयान के दो मुख्य कारण बताएं।

7. इसका वास्तव में क्या अर्थ है कि हर मसीही पति का सर मसीह है?

8. वह क्या है जो एक विश्वासी, एक अगुवे या पति को अपने आत्मिक आवरणों से बाहर निकालता है? इसके अलावा हमारे आत्मिक आवरणों के आशीष के तहत रहने की कुंजी समझाओ।

बुनियादी मसीही सच्चाईयाँ वॉल्यूम # 2 में शामिल विषय

1. स्थानीय कलीसिया का महत्व
2. अच्छी मिट्टी में परमेश्वर के वचन का बीज बोना
3. प्रार्थना भाग I - हमारी प्रार्थनाएँ परमेश्वर के सम्मुख एक सुगन्धित धुप के रूप में जाती हैं
4. प्रार्थना भाग II - दूसरों के लिए प्रार्थना कैसे करें - विनंती की प्रार्थना
5. सेवकाई के समर्थन करने के लिए देना - दशमांश और भेंट
6. परमेश्वर द्वारा दिए गए आत्मिक वरदानो की खोज कैसे करें-भाग I
7. परमेश्वर द्वारा दिए गए आत्मिक वरदानो की खोज कैसे करें-भाग II
8. चंगाई के लिए परमेश्वर के सामर्थ को समझना
9. मसीह जैसा चरित्र बनाने के लिए परमेश्वर द्वारा दिए गए परीक्षाओं का उद्देश्य
10. प्रलोभनों को कैसे संभालें
11. विश्वासी का पुनरुत्थान और चर्च का उठा लिया जाना
12. मसीह के न्याय का सिंहासन
13. यीशु मसीह का दूसरा आगमन
14. स्वर्ग की महिमा
15. नरक - परमेश्वर से अलगाव का स्थान

www.ingramcontent.com/pod-product-compliance
Lightning Source LLC
LaVergne TN
LVHW041013150826
845672LV00001B/85

* 9 7 9 8 8 9 0 2 6 7 7 3 3 *